圖一　西元二或三世紀的拜占庭城銅幣，刻畫建城者拜占斯的形象。（圖片來源：World Imaging）

圖二　位於羅馬卡比托利歐博物館（Capitoline Museum）的君士坦丁一世巨大頭像。西元三三〇年，君士坦丁將拜占庭城重建為羅馬帝國的東都。（圖片來源：Jean-Christophe Benoist）

圖三　西元三三〇年五月十一日君士坦丁堡獻城時豎立的君士坦丁立柱。原始羅馬人蓋的基部為土耳其石砌覆蓋，立柱外層也覆以現代金屬圈支撐。大理石頂曾於十二世紀整修。今日稱為千百利塔，意為焚燒的立柱。

圖四　埃及方尖碑底層上刻畫的賽馬場皇家包廂一景。中央為狄奧多西一世皇帝與兒子，兩側都由朝臣與侍衛包圍；下方則是觀眾。（圖片來源：George Jansonne）

圖五　西元四五〇年完成的狄奧多西二世陸牆遺址。長約十二英里，中間設有將近兩百座哨塔。

圖六　黃金門建築群遺址，羅馬皇帝由此凱旋入城。此區現為耶迪庫勒堡壘。

圖七　西元五三七年由查士丁尼一世皇帝興建的偉大教堂，聖索菲亞大教堂。歷經千年時光，聖索菲亞仍舊是君士坦丁堡最重要的建築，今日仍舊主宰伊斯坦堡舊城區。現已轉成博物館。（圖片來源：Arild Vågen）

圖八　聖索菲亞牆上的鑲嵌壁畫，刻畫兩位皇帝護持的聖母與聖子。右側是獻上君士坦丁堡的君士坦丁一世；左側是獻上聖索菲亞大教堂的查士丁尼一世。

圖九　十世紀鑲嵌壁畫刻畫皇帝利奧六世匍匐腳下，王座上的基督由聖母瑪利亞與大天使扶持。此畫直接鑲在聖索菲亞大教堂的皇家主門上，只有皇帝能由此進入教堂。

圖十　西元一二〇〇年的君士坦丁堡。這幅拜占庭首都顛峰時期的鳥瞰重建圖中，賽馬場位於中央，右側是聖索菲亞大教堂，君士坦丁廣場在上方，大皇宮群位於下方。（圖片來源：Byzantine1200.com）

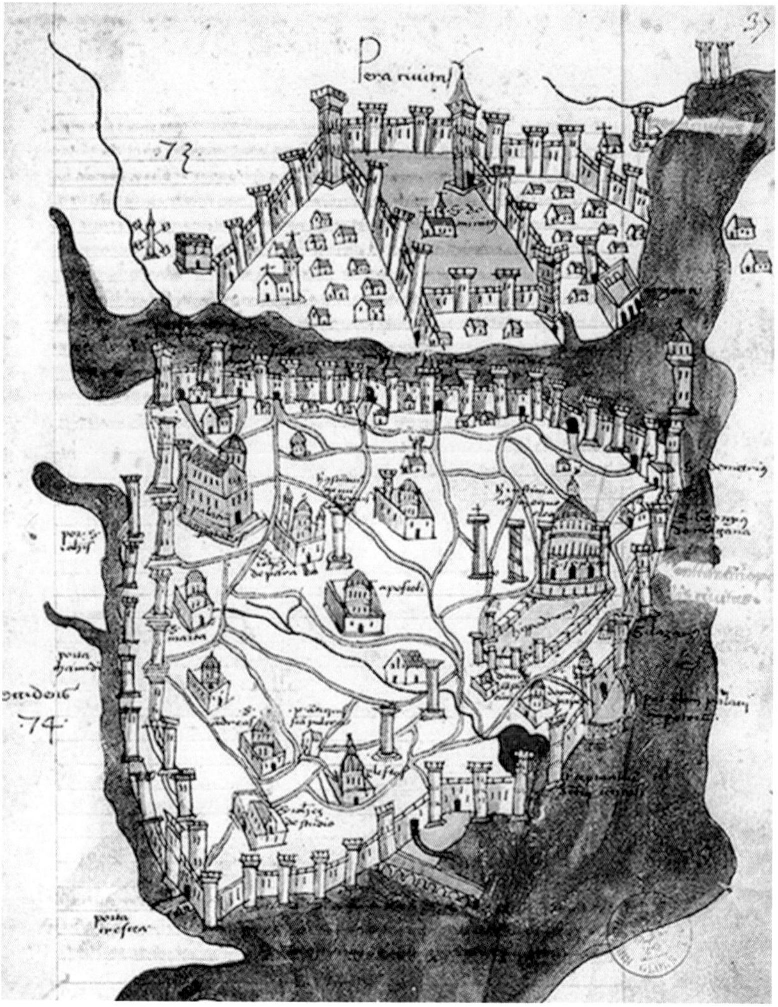

圖十一　現存最早的君士坦丁堡地圖之一。由佛羅倫斯神父克里斯托佛洛．布翁德爾蒙提（Cristoforo Buondelmonti）在一四二二年繪製，包含重要地標如賽馬場、聖索菲亞大教堂、聖使徒教堂及布雷契耐宮。

圖十二　征服君士坦丁堡的蘇丹穆罕默德二世，並將其轉為鄂圖曼帝國新都。此畫由威尼斯畫家真蒂萊・貝里尼（Gentile Bellini）繪於一四八〇年。

圖十三　彼得・柯克・凡埃斯特（Pieter Coecke van Aelst）高度細緻描繪蘇萊曼大帝騎馬穿越賽馬場遺址的景象。（圖片來源：The Metropolitan Museum of Art）

圖十四　由金角灣遠眺希南（Mimar Sinan）的建築傑作，蘇萊曼清真寺。

圖十五　一九一八年占領君士坦丁堡期間，英國軍隊行過佩拉大道（今為獨立大道）。此為一四五三年後都城首次為外國軍隊占領。

榮耀之城
伊斯坦堡

位處世界十字路口的偉大城市

ISTANBUL

City of Majesty at the Crossroads of the World

湯瑪士·麥登
Thomas F. Madden

林玉菁 譯

獻給佩姬、海蓮娜與梅琳達
總是與我同行

導讀

屹立金角灣畔，光彩與憂患交錯之城

范姜士璁　倫敦大學國王學院博士、國立中興大學助理教授

本書譯自以研究十字軍、威尼斯等主題見長的湯瑪士・麥登（Thomas F. Madden）最新著作*Istanbul: City of Majesty at the Crossroads of the World*。內容以伊斯坦堡（古稱拜占庭，Byzantium[1]與君士坦丁堡，Constantinople）這座重要城市為核心，書寫此地自西元前七世紀以來至二十一世紀的歷史與文化。較之西亞等地的古老城市，舊名拜占庭的伊斯坦堡歷史並不算悠久。人類史上最早的城市乃是西元前三千多年，位於兩河流域下游的烏爾（Ur）、烏魯克（Uruk）等城邦。地中海東岸等地，由不同部族建立的城市更在鄰近地區的政治、貿易活動中扮演至關重要的地位。若以建築的規模來說，新巴比倫帝國（Neo-Babylnoian Empire）的統治者尼布甲尼撒二世

1　此處的「拜占庭」乃指伊斯坦堡一地的古地名，而非建都於君士坦丁堡的拜占庭帝國（Byzantine Empire）。

（Nebuchadnezzar II, c. 605 BCE- c. 562 BCE）[2]在西元前六世紀時於都城巴比倫（Babylon）所建的伊什塔爾城門（Ishtar Gate）雖早已不存，其規模仍可自柏林佩加蒙博物館（Pergamon Museum）對相關建物的重建看出。

然而，在世界上的大小都市中，很少有一座城市如伊斯坦堡一般具有如此多元繽紛的歷史。自此地為來自希臘城邦墨伽拉（Megara）的墾殖者據有，並命名為「拜占庭」以來，位於黑海、馬摩拉海（Marmara Sea）等水域的交會，以及色雷斯（Thrace）、俾西尼亞（Bithynia）的交角處的地理位置使這座城市的命運從此和巴爾幹半島以及西亞兩地的諸多政權、文化有著密不可分的連結。政治上，坐落於金角灣（Golden Horn）的這座城市迎來了自地中海與西亞的統治者，更曾經面對來自北方的保加利亞人與薩珊帝國（Sasanian Empire）的威脅。文化上，拜占庭研究學者 Dimitri Obolensky 在上個世紀指出拜占庭在東歐等國文化形塑上所扮演的關鍵角色，[3]在多方長期的交流中，做為都城的君士坦丁堡所扮演的重要性自不待言。

自本世紀以來，學界有關伊斯坦堡的著述相當豐富。以古典時代晚期（Late Antiquity）為例，牛津大學出版社在幾年前出版的論文集 *Two Romes: Rome and Constantinople in Late Antiquity* 對這座城市的政治、宗教與儀式等課題有著細緻的探討。研究十字軍與拜占庭領域的著名學者 Jonathan Harris 亦以九世紀中葉至十三世紀初葉的君士坦丁堡為核心，寫成 *Constantinople: Capital of Byzantium* 一書。此外，以重建拜占庭時期重要建築為核心的 Byzantium 1200 計畫，[4]以及以鄂圖曼土耳其帝國圍攻君士坦丁堡為主軸的電影《征服 1453》（*Fetih 1453*，二〇一二年上映）皆象徵著晚近有關重現、甚至重新敘述這座城市景況，以及歷史事件的諸多嘗試。

以時間跨度論之，這本《榮耀之城・伊斯坦堡》涵括者遠較上述著述為廣，作者從這座城市自西元前七世紀的建立談起，帶讀著遍覽當地兩千多年以來的歷史與文化。書寫這樣一個承載數千年歷史，歷經超過百名統治者的城市發展誠非易事，除了諸多細節的略去必不可免，對相關資料的整理、剪裁與運用更是具有相當挑戰性的工作。這些記載散落於以不同語言、文體寫成的著作中，如六世紀普羅科匹厄斯（Procopius）以希臘文寫成的《戰史》（*History of Wars*），以及有關十字軍東征的重要史料，由維爾阿杜安（Geoffroi de Villehardouin）以法文寫成的《論君士坦丁堡之征服》（*De la Conquête de Constantinople*）。儘管運用了大量史料，本書卻並非一本生硬而難以親近的史料分析與論證著作。相反地，很多過去的細節得以躍然紙上，對於非專業領域出身者讀來亦不覺枯燥。

本書並非僅是一部有關伊斯坦堡這座城市的歷史，更是一部有關此地兩千多年以來所承載的人群、文化的著作。以「城市」這條軸線而言，本書並未盡可能地囊括諸多大小史事。不可否認地，統治階層間的爭鬥乃是拜占庭與鄂圖曼兩大帝國政治生活的特徵之一。然而，在曾經君臨這座城市的諸多統治者中，僅有部分成為書寫的重點。在六世紀時，東羅馬帝國查士丁尼一世（Justinian I, 527-565）的政策對這座城市留下的深遠影響至今可見。在將近千年後，鄂圖曼土耳

2 除特別注明外，本文所列的年代皆為西元後。
3 Dimitri Obolensky (1971), *The Byzantine Commonwealth: Eastern Europe, 500-1453*, London: Weidenfeld and Nicolson.
4 此一計畫的網站可參考http://www.byzantium1200.com。

其帝國「偉大的蘇萊曼」(Suleiman the Magnificent, 1520-1566)不僅兵指中歐，更在都城內擴建皇宮、軍事與民生設施。在今日，前者的聖索菲亞大教堂(Hagia Sophia)與後者的蘇萊曼清真寺(Süleymaniye Mosque)已然和這座城市密不可分。

誠如前文所述，古名拜占庭與君士坦丁堡的伊斯坦堡自建城伊始即受到周圍諸多政權、文化的影響。在阿契美尼德帝國(Achaemenid Empire)向東南歐擴張，以及希臘城邦競相建立霸權之時，此地的統治權曾數度易手。從六世紀下半葉起，多瑙河畔的阿瓦爾人(Avars)與斯拉夫人(Slavs)曾深入色雷斯等地；定都泰西封(Ctesiphon)的薩珊帝國更頻繁侵擾東地中海地區的城鎮。從七世紀中葉起，自阿拉伯半島崛起，進而席捲大片西亞領土的穆斯林政權以及保加利亞人等亦對帝國的邊防造成嚴重威脅。因此，在有關「城市」的細節之餘，本書的另一核心乃是將這座城市與相關「事件」緊密相連。舉例來說，在閱讀有關七世紀上半葉波斯與阿瓦爾人對君士坦丁堡的夾攻，以及城內景況的篇章之時，讀者亦可藉此對拜占庭與波斯兩大帝國間的衝突有初步的認識。

在「城市」與「事件」兩條軸線之外，本書的另一特色是對伊斯坦堡地景(topography)與建物的描寫。在超過兩千五百年的歷史中，自各地而來，卻又遠去、抑或崩解的政權在這座城市的各個角落留下了深淺不一的足跡。更重要的是，從君士坦丁一世(Constantine I, 306-337)開始，在政治上，相繼成為拜占庭與鄂圖曼兩大帝國都城的伊斯坦堡成為歷代統治者投入可觀資金、人力，競相建造各式建築，如皇宮、教堂與清真寺的地點。儘管這些建築過去的形貌，如拜占庭時期的賽馬場(hippodrome)在人事遞嬗下多已不存，透過作者對文字記載與考古發掘的考察，讀者仍可想像當時的榮景。以拜占庭帝國為例，狄奧多西二世（Theodosius II, 408-450）於五世紀時興建的狄奧多西城牆（Theodosian Walls）在往後的數百年當中成為戍衛帝都的重要屏障。其結合多層城牆、護城河，以及哨塔的防禦結構不僅在古代世界極其罕見，在今日看來仍是極為壯觀的建築傑作。

本書第一部分以「拜占庭」成為「君士坦丁堡」之前近千年的史事與發展為核心。從建城伊始，至馬其頓（Macedon）的菲力普二世（Philip II of Macedon, 359 BCE- 336 BCE）建立霸權為止，在智識上，拜占庭當地的人民從未如雅典一般，在文學、藝術等領域有著耀眼的成就，亦未如各地的希臘城邦，如斯巴達、雅典與底比斯（Thebes）等建立起屬於自己的霸權。

在羅馬帝國晚期，地中海世界的部分城市，如曾為戴克里先（Diocletian, 284-305）同僚馬克西米安（Maximian, 286-305）駐紮的米蘭、易守難攻的拉文納（Ravenna）皆因遽變的政治、外交情勢而興起。從三世紀中葉開始，羅馬人於多瑙河一帶面臨強大軍事壓力，[5]諸多部族相繼侵擾帝國領土，從而使此地的重要性水漲船高。自君士坦丁一世於四世紀上半葉建立君士坦丁堡起，這座城市做為東羅馬（拜占庭）帝國的首都長達千年之久。無論就篇幅或細節言之，帝都的大小事務與細節皆為本書第二部分的重點。在帝國與境外互動方面，較之來自西亞與東南歐者，作者對拜占庭與西歐政治、宗教權威的互動著墨甚多。從十一世紀末葉起，由西歐各地將士組成的十字軍及相關的軍事行動在往後的數百年中更對立足君士坦丁堡的拜占庭政權產生深遠影響。

5 衛戍多瑙河邊境的重要性可從四帝共治時期（tetrarchy）帝國副都之一的希爾米恩（Sirmium）建立與駐軍看出。

「征服者」穆罕默德二世（Mehmed II, 1444-1446, 1451-1481）於一四五三年五月攻下君士坦丁堡一事揭開此地的另一篇章。除了宮廷爭鬥外，拜占庭帝國的遺緒、歷代蘇丹的建設，以及伊斯坦堡與境外世界是此部分的三條軸線。儘管伊斯坦堡曾在地中海、東歐等地的商貿往來扮演至關重要的角色。然而，大航海時代的來臨終使人們將眼光移往他處，加以內部保守勢力的頑抗，鄂圖曼土耳其帝國與伊斯坦堡的步調逐漸落後在諸多歐陸政權之後。相較於對古代與中古時期君士坦丁堡的多所敘述，二十世紀以來伊斯坦堡，以及土耳其共和國（Republic of Turkey）的細節並非本書著墨的重點。作者書寫本書之際，恰是土耳其總統埃爾多安（Recep Tayyip Erdo an）逐步將國家自世俗化道路帶離之時。儘管這座城市未來的風貌仍屬未知，但可以確定的是，兩千多年以來層層相疊的文化底蘊仍將存在於各處的教堂、市集（Bazaar）與巷弄中。

目次

第二部　拜占庭帝國的君士坦丁堡，西元三三〇至一四五三年

第三部　鄂圖曼帝國的君士坦丁堡，西元一四五三至一九二三年

第四部　伊斯坦堡，西元一九二三至二〇一六年

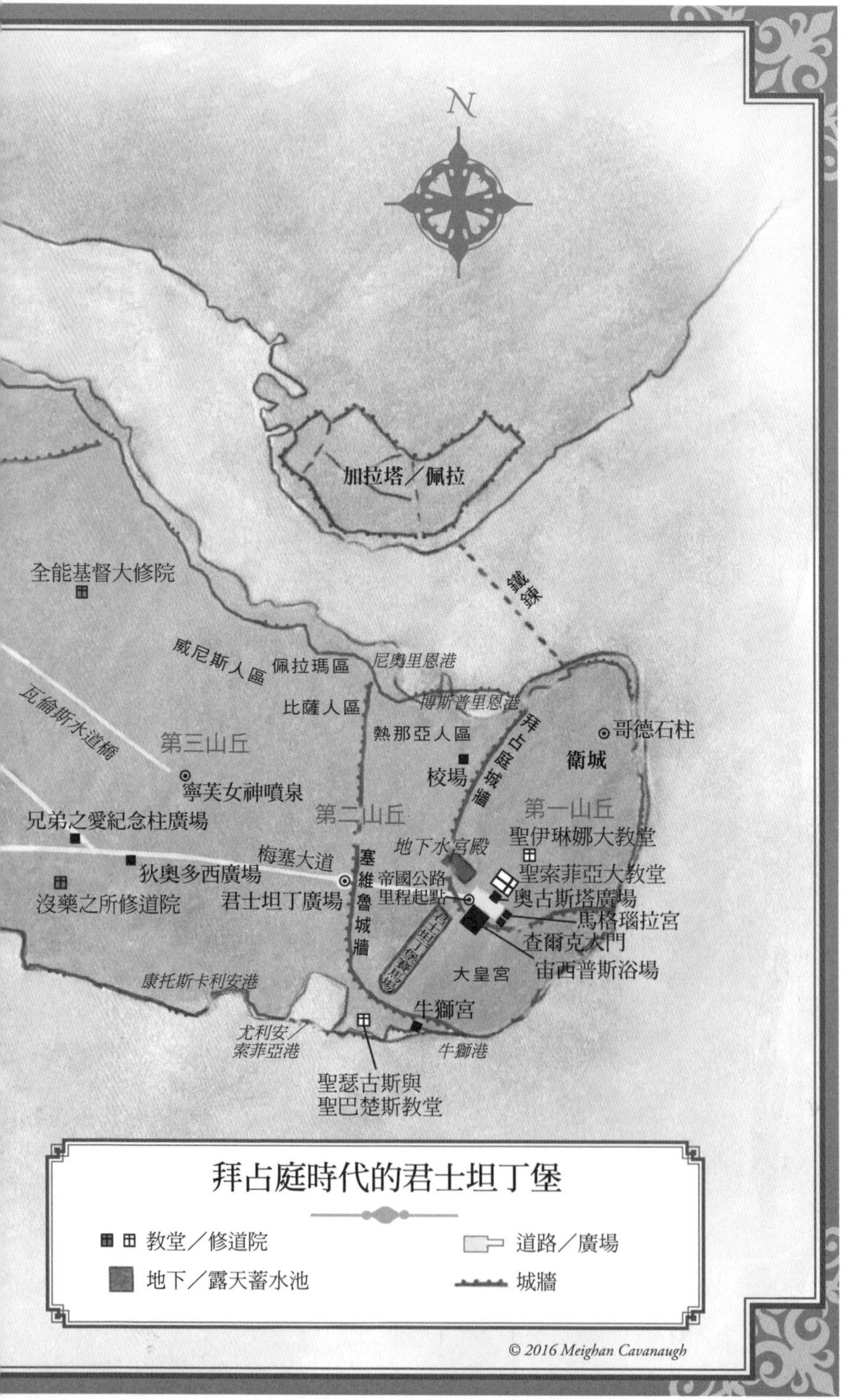

拜占庭時代的君士坦丁堡

教堂／修道院

地下／露天蓄水池

道路／廣場

城牆

聖科斯馬與聖達米安修道院
布雷契耐聖瑪利亞教堂
布雷契耐宮
布雷契耐區
紫衣貴族宮
柯拉神聖救主教堂
阿德里安堡門
埃提烏斯蓄水池
佩特里翁區
第六山丘
梅塞大道
都特翁區
第五山丘
中牆
聖羅曼努斯門
里卡斯河
聖使徒教堂
第七山丘
君士坦丁城牆
第四山丘
利普斯修道院
馬爾西安皇帝立柱
狄奧多西陸牆
摩休斯蓄水池
公牛廣場
梅塞大道
阿卡狄奧斯廣場
佩吉門
狄奧多西港
榮顯聖母修道院
第二軍用城門
聖約翰斯圖狄翁修道院
黃金門
埃格納提亞大道

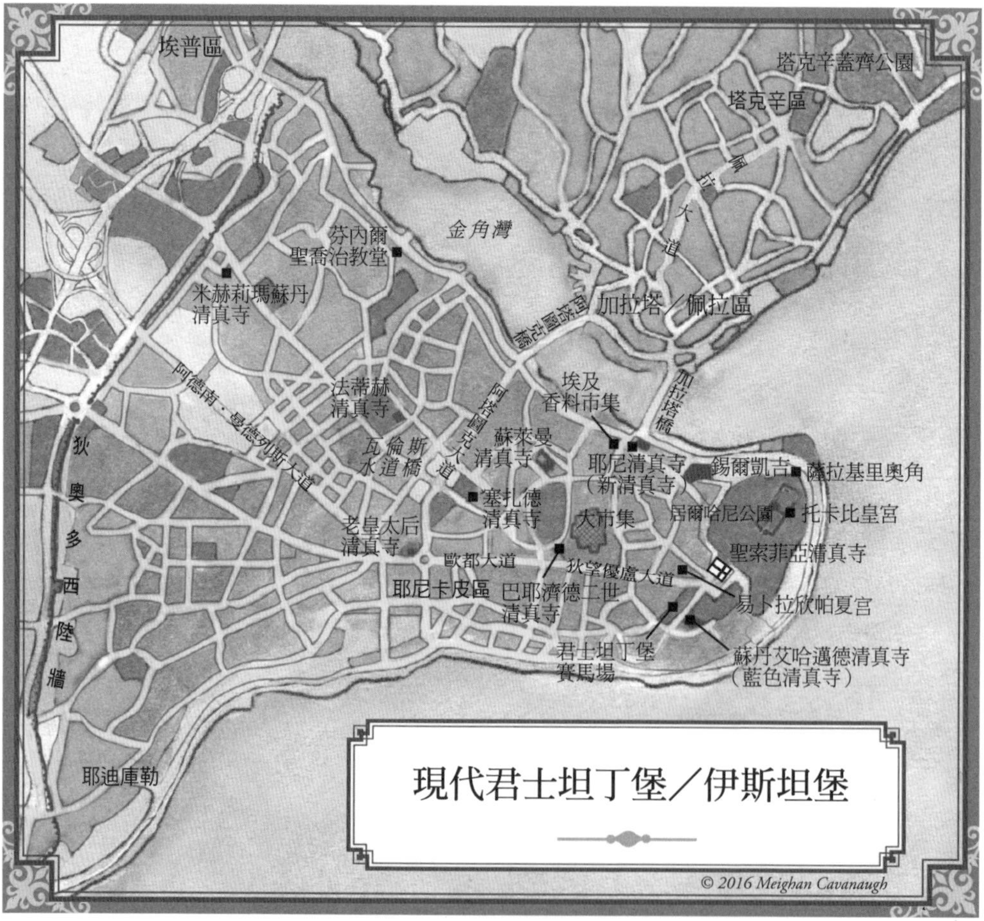
埃普區
塔克辛蓋齊公園
塔克辛區
佩拉大道
金角灣
芬內爾
聖喬治教堂
米赫莉瑪蘇丹
清真寺
阿塔圖克橋
加拉塔／佩拉區
加拉塔橋
阿德南・曼德列斯大道
法蒂赫
清真寺
阿塔圖克大道
埃及
香料市集
瓦倫斯
水道橋
蘇萊曼
清真寺
耶尼清真寺
（新清真寺）
錫爾凱吉
薩拉基里奧角
狄奧多西陸牆
塞扎德
清真寺
居爾哈尼公園
托卡比皇宮
大市集
老皇太后
清真寺
聖索菲亞清真寺
歐都大道
狄望優盧大道
耶尼卡皮區
巴耶濟德二世
清真寺
易卜拉欣帕夏宮
君士坦丁堡
賽馬場
蘇丹艾哈邁德清真寺
（藍色清真寺）
耶迪庫勒
現代君士坦丁堡／伊斯坦堡
© 2016 Meighan Cavanaugh

拜占庭帝國世系表[1]

君士坦丁王朝（306–363）

君士坦丁一世（Constantine I, 306-337），在拜占庭建立了新羅馬。

君士坦提烏斯二世（Constantius II, 337-361），君士坦丁一世之子。

尤利安（Julian, 361-363），君士坦丁一世的姪子，死於對波斯的戰爭。

約維安（Jovian, 363-364），尤利安死後曾經短暫接任皇帝。

瓦倫丁尼安－狄奧多西亞王朝（364–379）

瓦倫丁尼安一世（Valentinian I, 363-364），尤利安戰死後被擁立為帝。

瓦倫斯（Valens, 364-378），瓦倫丁尼安一世的弟弟。

格拉提安（Gratian, 378-379），瓦倫丁尼安一世之子。

---

1 編按：以下兩表為編輯增補，供讀者參閱。

狄奧多西王朝（379–457）

狄奧多西一世（Theodosius I, 379-395），瓦倫丁尼安一世的女婿。
阿卡狄奧斯（Arcadius, 395-408），狄奧多西一世之子。
狄奧多西二世（Theodosius II, 408-450），阿卡狄奧斯之子。
馬爾西安（Marcian, 450-457），阿卡狄奧斯的女婿。

利奧王朝（457–518）

利奧一世（Leo I, 457-474），色雷斯總督，馬爾西安的繼承人。
利奧二世（Leo II, 474），利奧一世的孫子，芝諾的兒子。
芝諾（Zeno, 474-475, 476-491），利奧一世的女婿，擊敗巴西利斯庫斯後復位。
巴西利斯庫斯（Basiliscus, 475-476），利奧一世的妻弟。
阿納斯塔修斯一世（Anastasius I, 491-518），芝諾死後被推舉為帝。

查士丁尼王朝（518–602）

查士丁一世（Justin I, 518-527），原帝都警備隊將領。
查士丁尼一世（Justinian I, 527-565），查士丁一世的外甥。
查士丁二世（Justin II, 565-578），查士丁尼一世的外甥。
提比略二世（Tiberius II. 578-582），查士丁二世的養子。
摩里士（Maurice, 582-602），提比略二世的女婿。

福卡斯（Phocas, 602-610），推翻摩里士，結束查士丁尼王朝。

席哈克略王朝（610–695, 705–711）

席哈克略一世（Heraclius I, 610-641），推翻福卡斯後取得帝位。
君士坦丁三世（Constantine III, 641），席哈克略一世的長子。
席哈克略二世（Heraclius II, 641），席哈克略一世的次子。
君士坦斯二世（Constans II, 641-668），君士坦丁三世之子。
君士坦丁四世（Constans IV, 668-685），君士坦斯二世之子，擊退阿拉伯人的首波攻勢。
查士丁尼二世（Justinian II, 685-695, 705-711），君士坦丁四世之子。

二十年混亂時期（695–717）

列昂提（Leontios, 695-698），廢黜了查士丁尼二世。
提比略三世（Tiberius III, 698-705），推翻列昂提取得帝位。
菲利皮科斯（Philippicus, 711-713），殺害了復辟的查士丁尼二世，結束席哈克略王朝。
阿納斯塔修斯二世（Anastasius II, 713-715），菲利皮科斯死後被推舉為帝。
狄奧多西三世（Theodosius III, 715-727），阿納斯塔修斯二世死後被推舉為帝。

伊蘇里亞王朝（717–802）

利奧三世（Leo III, 717-741），在戰亂中取得帝位，發起破壞聖像運動。

君士坦丁五世（Constantine V, 741-775），利奧三世之子，延續父親的破壞聖像運動。
利奧四世（Leo IV, 775-780），君士坦丁五世之子。
君士坦丁六世（Constantine VI, 780-797），利奧四世之子，在位期間有十年由母親伊琳娜攝政。
伊琳娜女皇（Empress Irene, 797-802），推翻兒子君士坦丁六世自立為帝。

尼基弗魯斯王朝（802–813）

尼基弗魯斯一世（Nikephoros I, 802-811），原伊琳娜女皇財政大臣。
史陶拉基奧斯（Stauracius, 811-812），尼基弗魯斯一世之子。
米海爾一世（Michael I, 812-813），尼基弗魯斯一世的女婿。
利奧五世（Leo V, 813-820），推翻米海爾一世，結束尼基弗魯斯王朝。

弗里吉亞王朝（820–867）

米海爾二世（Michael II, 820-829），殺害利奧五世後自立為帝。
狄奧菲洛（Theophilus, 829-842），米海爾二世之子。
米海爾三世（Michael III, 842-867），狄奧菲洛之子，遭其部將巴西爾殺害。

馬其頓王朝（867–1056）

巴西爾一世（Basil I, 867-886），米海爾三世的寵臣，後殺害米海爾自立。
利奧六世（Leo VI, 886-912），米海爾三世之子，但卻以巴西爾一世之子名義繼承帝位。

亞歷山大（Alexander, 912-913），巴西爾一世之子，利奧三世同母異父兄弟。

君士坦丁七世（Constantine VII, 913-959），利奧六世之子。

羅曼努斯一世（Romanus I, 920-944），君士坦丁七世的岳父，曾與女婿共同治理帝國。

羅曼努斯二世（Romanus II, 959-963），君士坦丁七世之子。

尼基弗魯斯二世（Nicephorus II, 963-969），原羅曼努斯二世將領，後被推舉為帝。

約翰一世（John I, 969-976），尼基弗魯斯二世的外甥。

巴西爾二世（Basil II, 976-1025），羅曼努斯二世的長子，外號「保加利亞人屠夫」。

君士坦丁八世（Constantine VIII, 1025-1028），羅曼努斯二世的次子。

佐伊女皇（Zoe Porphyrogenita, 1028-1050），君士坦丁八世之女，先後與多位皇帝共同執政。

羅曼努斯三世（Romanus III, 1028-1034），佐伊女皇的第一任丈夫。

米海爾四世（Michael IV, 1034-1041），佐伊女皇的第二任丈夫。

米海爾五世（Michael V, 1041-1042），米海爾四世的姪子。

狄奧多拉女皇（Theodora Porphyrogenita, 1042-1056），佐伊女皇的妹妹。

君士坦丁九世（Constantine IX, 1042-1055），佐伊女皇的第三任丈夫，任內發生東西教會大分裂。

米海爾六世（Michael VI, 1056-1057），狄奧多拉女皇無嗣而被選為繼承者，馬其頓王朝告終。

科穆寧王朝（1057–1059）

伊薩克一世（Issac I, 1057-1059），廢黜米海爾六世後即位。

杜卡斯王朝（1059–1081）

君士坦丁十世（Constantine X, 1059-1067），逼迫伊薩克一世退位，短暫建立杜卡斯王朝。

米海爾七世（Michael VII, 1067-1078），君士坦丁十世之子。

羅曼努斯四世（Romanus IV, 1068-1071），發生著名的曼齊克特戰役，帝國大敗於塞爾柱人。

尼基弗魯斯三世（Nicephorus III, 1078-1081），推翻米海爾七世，後被復辟的科穆寧家族推翻。

科穆寧王朝（1081–1185）

阿歷克塞一世（Alexius I, 1081-1118），伊薩克一世的姪子，響應第一次十字軍東征。

約翰二世（John II, 1118-1143），阿歷克塞一世之子。

曼努埃爾一世（Manuel I, 1143-1180），約翰二世之子。

阿歷克塞二世（Alexius II, 1180-1183），曼努埃爾一世之子。

安德洛尼卡一世（Andronicus I, 1183-1185），曼努埃爾一世堂哥，奪取堂姪阿歷克塞二世的皇位。

安格洛斯王朝（1185–1204）

伊薩克二世（Issac II, 1185-1195），推翻安德洛尼卡一世後即位。

阿歷克塞三世（Alexius III, 1195-1203），伊薩克二世的弟弟，廢黜兄長奪取皇位。

伊薩克二世（Issac II, 1203-1204），第四次十字軍期間曾短暫復位，後遭兒子廢黜。

阿歷克塞四世（Alexius IV, 1203-1204），伊薩克二世之子，藉十字軍之力取得帝位。

阿歷克塞五世（Alexius IV, 1204），阿歷克塞三世的女婿，即莫爾策弗魯斯。

拉斯卡里斯王朝（1204–1261）

狄奧多爾一世（Theodore I, 1205-1222），阿歷克塞三世的女婿，尼西亞政權皇帝。

約翰三世（John III, 1222-1254），狄奧多爾一世的女婿。

狄奧多爾二世（Theodore I, 1254-1258），約翰三世之子。

約翰四世（John IV, 1258-1261），狄奧多爾二世之子，其將領米海爾收復君士坦丁堡。

帕里奧洛格斯王朝（1261–1453）

米海爾八世（Michael VIII, 1259-1282），推翻約翰四世後即位，建立拜占庭末代王朝。

安德洛尼卡二世（Andronicus II, 1282-1328），米海爾八世之子。

米海爾九世（Michael IV, 1294-1320），安德洛尼卡二世之子，

安德洛尼卡三世（Andronicus III, 1328-1341），米海爾九世之子。

約翰五世（John V, 1341-1376, 1379-1390, 1390-1391），安德洛尼卡三世之子，曾二度復位。

約翰六世（John VI, 1347-1354），約翰五世的岳父，與約翰五世共治。

安德洛尼卡四世（Andronicus IV, 1376-1379），約翰五世之子，廢黜了自己的父親。

約翰七世（John VII, 1390），安德洛尼卡四世之子，廢黜了祖父約翰五世。

曼努埃爾二世（Manuel II, 1391-1425），安德洛尼卡四世的弟弟。

約翰八世（John VIII, 1425-1448），曼努埃爾二世之子。

君士坦丁十一世（Constantine XI, 1449-1453），約翰八世的弟弟，拜占庭末代皇帝。

鄂圖曼帝國世系表

奧斯曼一世（Osman I, 1299-1326），鄂圖曼帝國開國者。

奧爾汗一世（Orhan I, 1326-1359），拜占庭皇帝約翰六世的女婿，曾協助他擊敗約翰五世。

穆拉德一世（Murad I, 1359-1389），在位期間拜占庭成為帝國附庸，創建蘇丹親兵制度。

巴耶濟德一世（Bayezid I, 1389-1402），綽號「雷霆」，曾圍攻君士坦丁堡八年。

穆罕默德一世（Mehmed I, 1413-1421），結束「大空位時期」（Ottoman Interregnum）。

穆拉德二世（Murad II, 1421-1444, 1446-1451），再次興兵圍攻君士坦丁堡未果。

穆罕默德二世（Mehmed II, 1444-1446, 1451-1481），綽號「征服者」，成功攻下君士坦丁堡。

巴耶濟德二世（Bayezid II, 1481-1521），傳說曾毒殺父親穆罕默德二世。

塞利姆一世（Selim I, 1512-1520），綽號「冷酷者」，逼迫父親巴耶濟德二世退位。

蘇萊曼一世（Suleiman I, 1520-1566），鄂圖曼帝國史上最偉大的蘇丹，人稱蘇萊曼大帝。

塞利姆二世（Selim II, 1566-1574），綽號「酒鬼」，熱愛外出打獵。

穆拉德三世（Murad III, 1574-1595），因深怕蘇丹親兵造反，在位期間幾乎沒有離開過皇宮。

穆罕默德三世（Mehmed III, 1595-1603），政權被牢牢掌握在母后莎菲耶手中。

艾哈邁德一世（Ahmed I, 1603-1617），任內興建著名的蘇丹艾哈邁德清真寺（藍色清真寺）

穆斯塔法一世（Mustafa I, 1617-1618, 1622-1623），艾哈邁德的弟弟，打破此前蘇丹傳子制度。

奧斯曼二世（Osman II, 1618-1622），曾試圖改革蘇丹親兵制度，卻遭親兵絞殺。

穆拉德四世（Murad IV, 1623-1640），在位期間由母后柯塞姆攝政，帝國史上首次。

易卜拉欣一世（Ibrahim, 1640-1648），遭母后柯塞姆廢黜，改立孫子穆罕默德四世。

穆罕默德四世（Mehmed IV, 1648-1687），在位達四十年，但大權始終握在祖母和母親手中。

蘇萊曼二世（Suleiman II, 1687-1691），穆罕默德四世的弟弟。

艾哈邁德二世（Ahmed II, 1691-1695），穆罕默德四世另一個弟弟。

穆斯塔法二世（Mustafa II, 1695-1703），穆罕默德四世之子。

艾哈邁德三世（Ahmed III, 1703-1730），穆斯塔法二世的弟弟，在蘇丹親兵兵變中下台。

馬哈茂德一世（Mahmud I, 1730-1754），試圖改革蘇丹親兵制度未果。

奧斯曼三世（Osman III, 1754-1757），馬哈茂德一世的弟弟。

穆斯塔法三世（Mustafa III, 1757-1774），同樣試圖改革蘇丹親兵制度未果。

阿卜杜勒哈米德一世（Abdülhamid I, 1774-1789），穆斯塔法三世的弟弟。

塞利姆三世（Selim III, 1789-1807），開啟「新秩序」改革。

穆斯塔法四世（Mustafa IV, 1807-1808），塞利姆三世被親兵罷黜後接任蘇丹。

馬哈茂德二世（Mahmud II, 1808-1838），成功改革蘇丹親兵制度，推動中央集權。

阿卜杜勒麥吉德一世（Abdülmecid I, 1839-1861），發布「花廳御詔」，推動「坦志麥特」改革。

阿卜杜勒阿濟茲一世（Abdülaziz I, 1861-1876），因拒絕施行君主立憲，遭土耳其青年團罷黜。

穆拉德五世（Murad V, 1876），精神不穩定，隨即遭到罷黜。

阿卜杜勒哈米德二世（Abdülhamid II, 1876-1909），任內建立君主立憲國家。

穆罕默德五世（Mehmed V, 1909-1918），在位時向協約國宣戰。

穆罕默德六世（Mehmed VI, 1918-1922），帝國末代蘇丹，土耳其共和國成立後終身流亡海外。

奧斯曼一世（1299-1326）
↓
奧爾汗一世（1326-1359）
↓
穆拉德一世（1359-1389）
↓
巴耶濟德一世（1389-1402）
↓
穆罕默德一世（1413-1421）
↓
穆拉德二世（1421-1444, 1446-1451）
↓
穆罕默德二世（1444-1446, 1451-1481）
↓
巴耶濟德二世（1481-1521）
↓
塞利姆一世（1512-1520）
↓
蘇萊曼一世（1520-1566）
↓
塞利姆二世（1566-1574）
↓
穆拉德三世（1574-1595）
↓
穆罕默德三世（1595-1603）

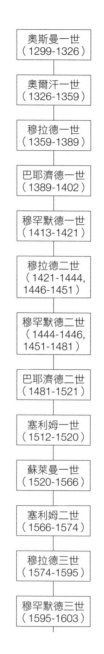

27　鄂圖曼帝國世系表

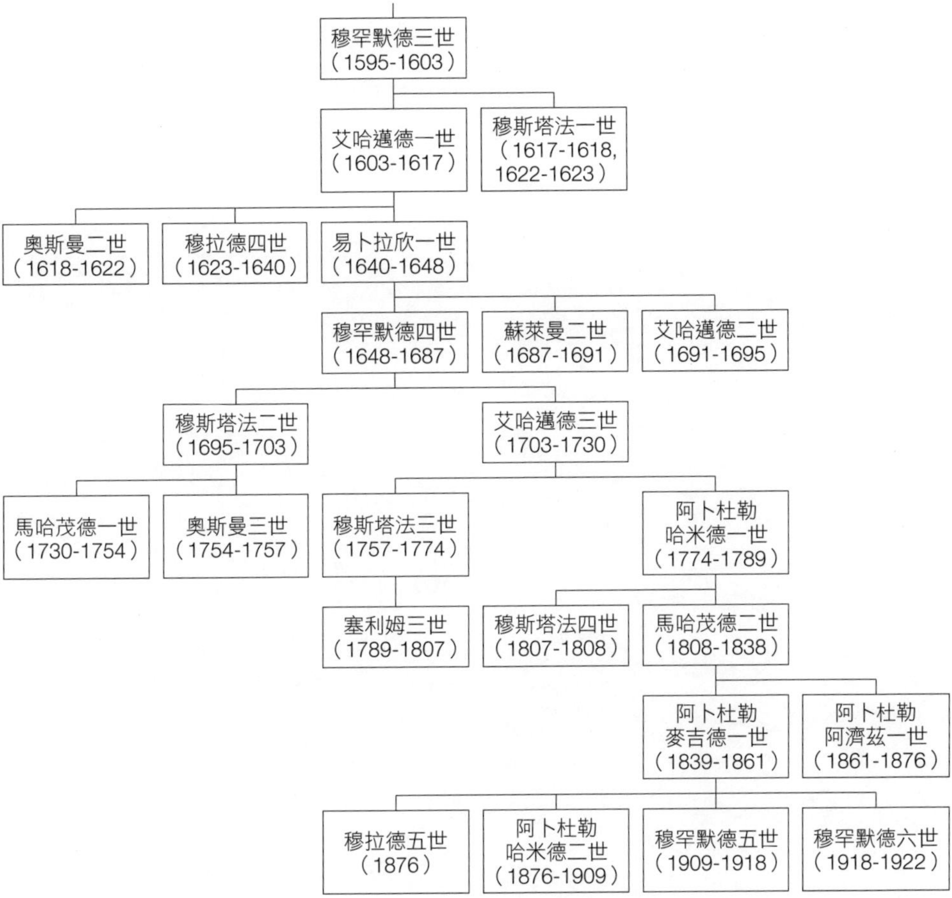

穆罕默德三世（1595-1603）
艾哈邁德一世（1603-1617）
穆斯塔法一世（1617-1618, 1622-1623）
奧斯曼二世（1618-1622）
穆拉德四世（1623-1640）
易卜拉欣一世（1640-1648）
穆罕默德四世（1648-1687）
蘇萊曼二世（1687-1691）
艾哈邁德二世（1691-1695）
穆斯塔法二世（1695-1703）
艾哈邁德三世（1703-1730）
馬哈茂德一世（1730-1754）
奧斯曼三世（1754-1757）
穆斯塔法三世（1757-1774）
阿卜杜勒哈米德一世（1774-1789）
塞利姆三世（1789-1807）
穆斯塔法四世（1807-1808）
馬哈茂德二世（1808-1838）
阿卜杜勒麥吉德一世（1839-1861）
阿卜杜勒阿濟茲一世（1861-1876）
穆拉德五世（1876）
阿卜杜勒哈米德二世（1876-1909）
穆罕默德五世（1909-1918）
穆罕默德六世（1918-1922）

前言

所有其他城市都歷經興盛統治與衰敗頹圮，唯有君士坦丁堡似乎享有某種永恆性，只要人類依然居住或重建，這座城市就會持續存在。[1]

——一五四八年，皮耶．吉爾，《古代君士坦丁堡》

幾艘希臘式三列槳座戰船在馬摩拉海（Sea of Marmara）浪間起伏，風滿船帆，槳大聲拍打怒水，迎向南方水流。北方前頭浮現博斯普魯斯海峽（Bosporus Strait），以輕率船隻難以通行的粗礪岩岸聞名。再往前是宜人之海（Pontos Axeinos），乃一片海盜橫行、好戰部族從岸上林間窺伺的不宜人居之海。堅定持續向北，船隻進入博斯普魯斯海峽；辛苦划行數英里後，帆舵迅速轉向，朝西側河口前進。輕鬆滑入天然港內平靜水面後，水手下船，將補給品運上岸。南方翠綠半

1 作者注：Pierre Gilles著，John Ball譯，Ronald G. Musto編，《古代君士坦丁堡》（*The Antiquities of Constantinople*，Italica出版社，一九八八年），頁xiv。（編按：除特別標明，本書所有隨頁注皆為譯者注。）

島山丘起伏，往前插入博斯普魯斯海峽的胃部。半個小時就能爬上附近半島尖端的山丘，眼前展現的新家園全景令人不禁屏息。他們立於歐洲，然而跨過海峽向東望，則是亞洲海岸。此處位於希臘疆土前線，往北是一望無際的色雷斯（Thracian）森林及博斯普魯斯海道，潛藏許多未知的神祕之處。西元前六六七年，就在此處，數百名拓荒者大膽開創一個新的聚落。

雖然此後這個聚落將以殖民者無法想像的方式開展，但永遠都懸宕在世界與世界之間：希臘與波斯、西羅馬與東羅馬、天主教與希臘正教、歐洲與亞洲、基督徒與穆斯林、西方與東方。多世轉生中，這座城市曾經成為奢華墮落的巢穴、聖者之城、火焚廢墟及兩大帝國的首都。在轉向伊斯蘭教，承繼穆斯林哈里發政權的衣缽前，這裡曾是世界上最偉大的基督教都市。

今日，它的名字是伊斯坦堡。然而數世紀中，也曾身負許多不同名號：拜占庭城、新羅馬、安東尼努斯（Antoniniana）、君士坦丁堡、眾城女王（Queen of Cities）、米克拉葛（Miklagard）、沙皇格勒（Tsargrad）、史丹堡（Stamboul）、伊斯坦堡、歡喜之門（Gate of Happiness）。但其中最動人者，莫過於「都城」（the City）一詞便足以涵蓋。

此地始終就是「都城」。「伊斯坦堡」一詞，不過源自土耳其人聽聞的希臘語 στην Πόλη，意為「在城」或「進城」。此名頗為適當，數世紀來伊斯坦堡風華獨立，令所有其他城市相形失色。不論是在遠離都城的數千英里外，或撞擊堅實海牆的怒水對岸，「都城」一直是博斯普魯斯海峽上的巨大都市，如同兩大洲與兩海之間的寶石。

深思獨特之地的壯闊歷史，很難令人不心生敬畏。一度，它曾是統治者的壯麗之都，地理位置賦予其掌控四方的地位。從綿延宮殿之中，歷史上的強權者向廣闊帝國的四方發號施令。帝國無不臣服敬畏於首都腳下，獻之以財富，飾之以建築奇觀，令其凌駕於其他眾城之上。

雖曾見證二十五個世紀的興衰起落，伊斯坦堡並非歷史遺跡，反是深具脈動活力、繁華富庶之地。伊斯坦堡擁有超過一千五百萬居民，是今日歐洲最大、全球第五大城。金融區現代高樓林立，商業活動蓬勃發展。伊斯坦堡各行各業快速成長，成為帶動全國穩定驚人經濟成長的動力。經歷二〇一〇年後的穩健成長，二〇一四年土耳其的經濟成長率已是歐盟整體的兩倍。伊斯坦堡的持續繁榮從區域復甦、華美公園及藝術社群成長可見一斑。伊斯坦堡確已成為全球主要觀光旅遊景點，異國風光、殊勝歷史與多樣性文化景觀，常令《紐約時報》與《華爾街日報》讚譽有加。今日的伊斯坦堡，除了蘇丹艾哈邁德清真寺（Sultan Ahmet Camii，即藍色清真寺）與托卡比宮（Topkapi Palace）的歷史光榮外，繁花爭開的藝術社群與時髦餐廳亦成勝景。

本書期以清楚愉悅的文字，將都城奇觀的歷史呈現在讀者眼前。從一開始，這就是不可能的任務。伊斯坦堡的歷史十分複雜，跨越許多文化、事件及生命，即便整座圖書館的藏書也不足以涵蓋所有。因此即使無法訴說完整歷史，仍然可以勾勒最重要的篇章與瞭望視野。本書中心目的，希望讓有興趣的讀者得以一窺伊斯坦堡的深厚歷史，並沿途提示指引，供進一步探索。伊斯坦堡史與西方世界史密不可分。所有地中海商業、思想、宗教及權力的潮流，無一不通過伊斯坦堡的道路、碼頭、廣場與宮殿。研究上古史、中世紀、基督教或伊斯蘭教的人，皆須航經伊斯坦堡的海岸，造訪其學術殿堂，探首眾多教堂與清真寺。過去如同此刻，伊斯坦堡仍就是唯一的「都城」。

我對於伊斯坦堡的興趣始於中世紀研究。大學時代，當我發現羅馬帝國在歐洲覆滅後，精神仍在這座城市貪婪求生時，感到驚訝不已。在此，廣場人潮依舊熙來攘往，馬車戰士持續競賽，皇帝權柄榮耀依舊無所披敵。一九八六年首度造訪伊斯坦堡時，我正開始歷史博士研究。當時美國遊客稀少，即便在蘇丹艾哈邁德清真寺等核心區域，市內環境也相當破敗。伊斯坦堡的氣味是都市地景中無法逃避也難以忘懷的一環。有些氣味確實宜人，如街邊小食旋轉烤肉攤或岸邊傳來的火烤鮮魚香。但多數並非如此。最糟的是柴油公車廢氣、露天溝渠及陸上堆積垃圾混合而成的空氣，並融合金角灣水道汙水散發的窒息氣味。伊斯坦堡計程車壅塞街道，駕駛的手永遠停在喇叭上，大開車窗向其他駕駛或不幸經過的路人大鳴大放。但我依舊熱愛這座城市；在擁擠、嘈雜、氣味難聞的混亂下，是層層交疊的歷史榮光。

只要約美金五十分的門票，就能造訪一千四百年歷史的聖索菲亞大教堂（Hagia Sophia），從不需擔心排隊人潮。附近的地下水宮殿（Basilica Cistern）也是同樣情況。今日以舉行奢華活動和音樂會聞名的賓比爾德瑞克地下蓄水池（Binbirdirek Cistern），當年要從一個地板上的洞鑽入，入口會有個老人出租手電筒給意欲探索鼠輩橫行洞穴的膽大之人。

從當時起，我在伊斯坦堡度過許多時光，學術事業泰半也專注研究書寫此地。我試著將研究成果納入本書；當然書中還有許多篇章關於城市實體，其建築、廣場、道路及港岸。但最終，我仍試著將重點擺在曾生活於此的人物故事：帝王后妃、匠人與建築師、水手和漁人、街販與後宮妃嬪。他們都是這眾城之上的大都會，豐厚歷史的一頁篇章。

現代史通常獨厚現代，我嘗試避免這個狀況。畢竟，兩千五百年的生命值得我們尊敬。透過較為持平的取向來衡量伊斯坦堡漫長的生命歷史，早期世代的厚度才不至於失落在當代事件的急迫中。真正的歷史需要關照的視野。西元五三二年尼卡暴動（Nika Riots）的長期影響已無庸置疑；然二〇一三年的蓋齊公園暴動（Gezi Park riots）則尚未蓋棺定論。書寫通史的困難之一，在於決定論史的止點。我謹慎地將行文止於書寫本書之時，但試著不誇大當代事件僅因時代較近而產生的重要性。伊斯坦堡史反覆展現出，當時幾不可察的微小事件，常於後續世代產生深遠影響。評估當代事件時，當謹記謹慎謙遜的原則。

這座城市如何掌控所處的世界，正是耐人深究的故事。

第一部

拜占庭城，
西元前六六七至西元三三〇年

拜占庭城令所有商船長沉醉其中。[1]

——米南德[2]，《吹笛女》

1 作者注：Menamder著，《吹笛女》殘篇（*The Flute Girl*），收於J. M. Edmonds編譯，《雅典喜劇殘篇》（*Fragments of Attic Comedy*，Brill出版社，一九五七年），2:567。

2 米南德（Menamder），西元前四世紀古希臘劇作家。

第一章 盲者之城對岸

伊斯坦堡起源於西方文明的孩童時期。兩千七百年前，希臘殖民者常結隊出航，駕駛三列槳座戰船，暢行地中海岸，尋求有利可圖的新家園。他們通常是對現狀不滿的男人，欲往他處尋求更好人生。有時或由城邦政府派出，建立新的附庸殖民地。這群堅毅航海者尋找富饒的處女地，以為安身及通商之所。西方的西西里島與南義大利此時已多為希臘城邦所有，勢力之盛令初期羅馬人稱呼此地為大希臘區（Magna Graecia）。

此時希臘人開始覬覦東北方的土地，並在馬摩拉海沿岸，建立一串新的殖民地。馬摩拉海位於愛琴海與黑海之間，由赫勒斯滂（Hellespont，今日名為達達尼爾海峽，Dardanelles Strait）連接希臘世界，三十八英里寬的海峽分隔歐洲與亞洲大陸。馬摩拉海島嶼及沿岸富含自然資源，包含木材與大理石，並以此得名。[1]

西元前七五〇年左右，希臘城邦墨伽拉（Megara）由附近城邦科林斯（Corinth）手中獨立。

1 Marmara（馬摩拉）即希臘語中大理石之意。

墨伽拉商人從自家領土，將織品、木材、牲口等商品快速運送至偏遠港口，獲得巨大利潤。墨伽拉商品四處可見。但從西元前七〇〇年開始，墨伽拉商人逐漸轉向馬摩拉海。

追隨其他城邦腳步，甫獨立的墨伽拉人一開始也往西到西西里島尋求殖民地。西元前七二五年，墨伽拉人在島的東岸建立墨伽拉・希布利亞城（Megara Hyblaea）。古代文獻與現代考古發掘都證實墨伽拉・希布利亞是個繁榮港市。然而隨著墨伽拉貿易路線往東北方移動，新一代殖民者開始定居馬摩拉海北岸的色雷斯。賽林布利亞（Selymbria，即今之希利布利，Silivri）建於一座天然港灣東側的陡坡上，很快成為富裕城市。十五年後，西元前六八五年，墨伽拉人派出另一隊殖民者，選在賽林布利亞西方三十英里處，馬摩拉海的亞洲岸邊，建立新殖民地。雖然面對馬摩拉海，迦克墩（Chalcedon，即今之伊斯坦堡的卡德科伊區，Kadıköy）正位於博斯普魯斯海峽的西側，這是通往黑海的唯一水道。迦克墩附近潮流和緩，因此可能做為當地商人的避風港，也是少數海峽貿易冒險家的停泊點。

早期歷史中，這三座墨伽拉殖民地的成立都極具風險。從赫勒斯滂湧出的潮流一路向南，還須迎著五月中到九月中盛行的地中海季風，又稱美爾丹風（Meltemi winds），因此從希臘到馬摩拉海的航程往往耗時甚久。馬摩拉海沿岸森林或平原居住的部落是另一個問題。歐洲側住著勇猛的色雷斯人，亞洲側則是棘手的俾西尼亞人（Bithynian）。隨著愈來愈多希臘殖民地成立，此區逐漸穩定，也成為利潤可觀之處。

北方是危險的黑海。在馬摩拉海與黑海之間，長約二十英里的博斯普魯斯海峽，部分區域僅有半英里寬，也以險阻聞名。知名的傑森與亞果號冒險故事將此地描繪為巨人在海峽岩岸間梭巡，以巨石攻擊船隻的危險之地。羅得島的阿波羅尼烏斯（Apollonius of Rhodes）的版本中，傑森一群人穿越博斯普魯斯海峽，進入黑海前，被兩堵撞擊巨岩（Symplegades）所阻。巨岩隨時會撞擊粉碎試圖穿越者。傑森決心穿越陷阱，使計放出一隻白鴿，從撞擊之岩中穿過。巨岩撞擊力道之強，激起的水花甚至遮蔽了視線。然而白鴿順利穿越巨岩，僅留下幾根尾羽。趁著岩石相撞後反彈的時機，傑森下令亞果號奮力一划。如此雖成功穿越巨岩，卻差點被暴漲的黑海所吞沒。危機之際，雅典娜女神出手一推，正是時候。巨岩再次合擊，雖粉碎船尾，但人員毫髮無傷。傑森成功打破撞擊巨岩魔咒，黑海之路從此大開。

希臘開始在近黑海處建立新殖民地後，這個區域便成為較宜人居之地（至少對希臘人而言）。他們開始直呼此地為滂吐斯（Pontus，希臘文「海」之意），並稱馬摩拉海為勃羅滂提斯（Propontis），意為「海之前」；這暗示著北向航程愈發普遍。黑海對希臘世界的商人深具吸引力，不單可以取得多瑙河及克里米亞的豐厚物產，還有透過陸路而來的亞洲草原、甚至是印度的商品。黑海也許危機四伏，但利潤也十分誘人。

正是對利潤的追尋，催生了伊斯坦堡。西元前六六七年左右，滿載墨伽拉殖民者的船，進入博斯普魯斯海峽，尋求新家園。海峽西側，可望見迦克墩，有一處隆起翠綠丘陵的半島，突出於海中。緊鄰半島北方，是一條寬闊平緩的河流，慵懶注入博斯普魯斯海峽。半島西側則是茂密森林及色雷斯鄉間沃土。從各方條件看來，似乎是建立貿易城市的好據點。這條河很快被命名為「金角」（Golden Horn，希臘文Chrysokeras），提供船隻停泊的天然港灣，保護它們不受博斯普魯斯海峽南向急流的衝擊。此處同時也是漁場，曲折灣岸讓游向愛琴海的魚群迷航。半島頂端的山丘（今日之薩拉基里奧角，Seraglio Point）不僅可盡覽出入海峽的船隻，也受到陡坡與海水庇護。在此位置，只要擁有足夠海軍軍力，便足以掌控連接黑海與地中海的博斯普魯斯海峽。

墨伽拉殖民者停下船舶，舉行獻祭儀式，開展建立新城的艱苦工作。他們命名此地為拜占庭（Byzantium）。早期希臘殖民者陷入一場巨額賭注。在博斯普魯斯海峽對岸的迦克墩，殖民者已經建立馬摩拉海的貿易中心。迦克墩觸手可及，希臘商船實不須冒著博斯普魯斯潮浪，前往拜占庭。然則拜占庭看中的是另一塊潛在的市場。拜占庭若要成功，必得仰賴希臘黑海的貿易線。

確實如此。下個世紀當中，希臘殖民者開始在上博斯普魯斯海峽，甚至黑海南岸出沒；海峽貿易頻繁往來。很快地，拜占庭在各方面超越舊迦克墩。事實上，造訪該區的訪客往往誤認拜占庭是原初聚落，迦克墩反倒是郊區（直到今日仍舊如此）。西元前六世紀初，波斯將領梅格巴蘇斯（Megabasus）驚訝地發現墨伽拉殖民者在拜占庭建城前十七年，就建立了迦克墩。迦克墩人為何錯過博斯普魯斯海峽對岸的富庶半島？他開玩笑著說迦克墩可能是由一群盲人所建立的。

梅格巴蘇斯的玩笑很快融入拜占庭建城神話之中。早期殖民者通常無暇書寫歷史，留待後人撰寫各自版本的建城史。在拜占庭，後人聲稱當時的墨伽拉殖民者領袖名為拜占斯（Byzas），是海神波賽頓與仙女賽洛伊莎（Ceroëssa）之子。吟遊樂隊與詩人告訴全神貫注的聽眾，拜占斯首先帶領無畏的隊員前往德爾菲神廟，向名為西碧爾（Sibyl）的狂野女祭司請求指引。她建議這群人「在盲者之城對岸」建立新家園。雖惑於神啟，拜占斯依舊出航尋找奇異之地。不多時，他與隊員發現博斯普魯斯半島空曠的山坡，難以置信地回頭望著潮浪對岸的既有城市。當然！他們宣稱迦克墩定是盲者之城！就在這一天，他們建立拜占庭城，自然以其首領為名。根據傳說，拜占斯成為第一代君王。

拜占庭後代對建城者的英勇深信不疑。拜占庭城打造的錢幣常以傳說君主拜占斯的形象為主（參見彩色插圖一）。然而真相可能沒這麼精采豐富。在衛城區（Acropolis）當代的考古挖掘發現，色雷斯人遠在墨伽拉希臘人抵達前，就曾在此建立簡單聚落。最近在耶尼卡皮區（Yenikapı）的考古發掘也出土新石器時代聚落遺跡，包含草屋、墳墓，甚至可遠溯至西元前六〇〇〇年的足印。但在西元前一二〇〇年至拜占庭建城之間，確實有一段考古空白期。因此，半島雖有石器時代與鐵器時代部落遺址，但墨伽拉殖民者抵達時，似乎確實無人居住。迦克墩人真的眼盲如斯？當然這些選擇與視力無關，選擇定居迦克墩的殖民者單純專注在另一塊市場，無奈後世為博斯普魯斯海峽上蓬勃的貿易活動所掩蓋。

早期歲月對於拜占庭人來說，無疑是困苦的，他們忙著建設聚落及對抗色雷斯人劫掠的基礎防衛。我們可以假設他們應該獲得墨伽拉提供的部分協助及新移民，但還有其他新成員加入。例如，我們發現大批移民來自愛琴海小亞細亞沿岸的米利都（Miletus）。此城無疑在第一個百年中穩定成長，但我們無法確認規模。如同多數希臘城邦，衛城是政治與宗教生活的中心，四周環繞一圈城牆，約莫與今日環繞托卡比宮與居爾哈尼公園（Gülhane Park）的城牆相當。當時可能不需要海牆，博斯普魯斯海峽的強勁潮流與陡峭山坡，讓任何武力登岸的企圖皆屬枉然。金角河只需一道橫跨河口、綑於兩側堡壘的粗鐵鍊，就可高枕無憂。當時應有集會所、露天市集、市民會議與軍隊召集。毋庸置疑還有神廟殿堂，我們幾乎可以確認宙西普斯（Zeuxippus）神殿的存在，這是當地色雷斯版的宙斯神。

不幸地，關於拜占庭的早期歷史資料十分稀少。只有在主要歷史事件中扮演某種角色時，古典作者才會提上一句；由於城市在後續世紀中經歷重大變化，考古學也幫不上忙。一九七〇年代在衛城區出土大量考古破片，包含貨幣、塑像及大量此時期的陶土破片。拜占庭確實是一座小而富庶的城市。

拜占庭首次在世界舞台上露臉的機會，是波希戰爭期間。理論上，希臘城邦的自然狀態為各自獨立，但這並無法阻止強大的希臘人霸凌希臘近鄰，予取予求。原則上，古希臘人相信只有在城邦自治的自由中，才能帶來文明生活。但許多非希臘人並不同意。畢竟相對而言，希臘人是當時文明世界的後進者，在東方有更古老、更富裕、更強大的帝國。西元前六世紀，位於今日伊朗地區，波斯帝國在居魯士大帝（Cyrus the Great）治下快速成長。除了軍隊效率外，居魯士還有一套嶄新且驚人成功的征服策略。當他選定想納入帝國的城市、王國或區域時，會提供當地人一個簡單選項。若選擇投降，他們的財產將毫髮無損，人員不受傷害。領導階層與官員通常可以保有原位，持續施行原有律法，但須聽命於稱為「總督」的波斯官員。此外，被征服區域僅須維持和平、繳納貢金，並提供波斯帝國征戰所需的軍力。居魯士對於改變當地語言、宗教或習俗毫無興趣，表現良好的波斯帝國成員盡可保留這一切。然而拒絕投降或後續反叛者，則會受到全力報復。居魯士的報復行動往往震懾人心，被征服者將失去所有財產，人民被屠戮殆盡，城市遭夷為平地。他的敵人身後經常只留下荒煙蔓草，散落成山的枯骨。

多數人選擇投降，即使偉大的巴比倫城也幾乎不興一卒放棄抵抗。進入偉大的美索不達米亞城市後，居魯士不只釋放猶太囚犯，同時下令重建耶路撒冷的猶太殿堂。居魯士的慷慨大度在聖經中贏得肯定，被形容為神的英勇僕人。

希臘人對居魯士的仁慈統治，並不像猶太人這麼熱情擁戴。從他們的觀點看來，如同所有非希臘人一般，居魯士是個野蠻人。由於所有希臘男子生來自由，臣服於非希臘人自是違反自然的狀態。距離擴張中波斯帝國最近的希臘人住在小亞細亞西部城邦，包括了特洛伊（Troy）、以弗所（Ephesus）及米利都。西元前六世紀中，這一區受呂底亞王國（Kingdom of Lydia）鬆散統治，克羅索斯（Croesus）國王從首都薩蒂斯（Sardis）發號施令。就像居魯士，克羅索斯也對擴張領土深感興趣，然而欠缺精明手段。根據希羅多德記載，克羅索斯向德爾菲神諭尋求對波斯戰爭的建議，神諭則回覆他應尋求與希臘最有力者結為同盟，此戰將造成一個偉大帝國的殞落。

西元前五四〇年左右，居魯士的軍隊進入呂底亞，所向披靡。在希臘同盟軍抵達之前，居魯士大軍已兵臨薩蒂斯城牆下。波斯人迅速擊潰呂底亞軍，並擄獲克羅索斯本人。國王也許被處決，但在希羅多德的故事中，在克羅索斯將活活被燒死前，居魯士下令釋放了這位勁敵。在這個故事版本中，克羅索斯成為居魯士最親近的顧問之一。不論克羅索斯生或死，呂底亞王國已不復存在。神諭成真，一個偉大王國確實殞落。

征服薩蒂斯數年後，呂底亞的波斯人忙著將各希臘城邦納入帝國版圖。如同其他被征服的區域，只要持續忠於帝國，希臘人得以保留財產、宗教與習俗。管理地方政府的帝國總督，也往往從希臘人中選出。城邦則由總督聘任的希臘獨裁者統治。

拜占庭人無疑對博斯普魯斯海峽對岸的情勢發展如臨深淵。向西擴張到愛琴海岸的波斯帝國，對跨越海峽進入色雷斯插足歐洲，已蓄勢待發。雖無法確定戰事究竟發生於何時，但肯定在西元前五一三年之前，此時拜占庭城已劃歸在波斯帝國赫勒斯滂・弗里吉亞行省（Hellespontine Phrygia）之下。此時，波斯帝國統治者是大流士一世（Darius I），他決心要讓帝國版圖深入歐洲。為了前進歐洲鋪路，他被迫先面對黑海以北和以東的強悍游牧民族斯基台人[2]。一段時間以來，斯基台人讓波斯人深感芒刺在背，他們劫掠邊界，攻擊波斯軍隊，攪亂利益豐厚的黑海貿易。大流士決心整頓現狀。

西元前五一三年，大流士率領大軍行抵博斯普魯斯海峽，拜占庭城對岸。他的計畫是渡海，踏過色雷斯，往北進入多瑙河流域，肅清黑海岸的斯基台人。博斯普魯斯海峽是個問題，不過大流士已胸有成竹。來自薩摩斯島（Samos）的希臘工程師曼多克里斯（Mandrocles）開始建造由船組成的跨海寬橋，足以讓大流士的軍隊、馱獸及車輛通過。這座橋建在博斯普魯斯海峽最窄處，正是今日征服者穆罕默德蘇丹大橋（Fatih Sultan Mehmet Bridge）懸空跨越水面之處。大流士對此奇蹟浮橋甚感滿意之餘，重賞了曼多克里斯，並在兩岸設置兩座大理石立柱，紀念他征服險波。立柱之上，大流士羅列支持此番西征的城市，西柱以希臘文刻注，東柱上則是亞述文[3]。今日石柱已不復存在，但希臘文石柱顯然後來被送進拜占庭城，裝飾阿特密斯神殿（Temple of Artemis）。

大流士的歐洲西征只能算是稍稍獲取成功。一方面，他從未輸過任何一場戰鬥，但這是因為斯基台人運用聚落稀疏的廣大領地作戰。當波斯軍隊向北踏入多瑙河流域，斯基台人就消失在森林中。大流士一行人大費周章跨越大河，卻無法向持續撤退的敵人取得關鍵性勝利。由於這塊區域缺乏城市及農業，因此大流士無法迫使斯基台人起而保護財產。他們沒有任何財產。最後，大流士下令建築一些堡壘，防禦對黑海岸的騷擾，大軍則返回色雷斯。雖然大流士本人回到薩蒂斯，但留下的將領梅格巴蘇斯完成波斯在色雷斯地區的征服行動。正是這位梅格巴蘇斯宣稱，迦克墩由一群盲人所建立。馬其頓自願加入波斯帝國同盟後沒多久，自由希臘的領土正迅速縮減。

希臘人追求自治的欲望與波斯霸權的衝突也許終不可免。經過數十年地方獨裁者與波斯行省總督的統治，小亞細亞的希臘人渴望回到民主的理想年代。西元前四九九年，米利都統治者阿里斯塔哥拉斯（Aristagoras）召集該城市民領袖，欲對區域的波斯勢力進行奇襲，一舉解放亞洲西岸愛奧尼亞[4]地方的城市。市民領袖同意。米利都一舉事，幾乎所有小亞細亞的希臘城邦均群起響應。希臘區域也送來資源與軍事支持。

西元前四九八年，愛奧尼亞軍與雅典軍隊會合，向波斯行省省會薩蒂斯進軍。薩蒂斯事先未

---

2 斯基台人（Scythian，依古希臘文音譯），不同聖經版本也譯為西古提人或叔提雅人，部分書籍依英文音譯為西徐亞人或塞西亞人，為希臘古典時代在歐洲東北部、東歐大草原至中亞一帶居住與活動的游牧民族，擅養馬，西元前七世紀曾大舉入侵高加索、小亞細亞、亞美尼亞、米底亞及亞述帝國，威脅西亞近七十年。

3 亞述人（Assyrian）是西元前三〇〇〇年末期，興起於西亞兩河流域北部的古老民族，使用阿卡德語亞述方言。西元前八世紀末，亞述帝國強盛時期，先後征服小亞細亞東部、敘利亞、腓尼基、巴勒斯坦、巴比倫和埃及等地。國都定於尼尼微（Nineveh，今伊拉克摩蘇爾附近）。西元前六二六年，巴比倫宣告獨立，並與伊朗高原西北、同受亞述統治的米底亞人結成同盟，於西元前六一二年攻陷亞述首都尼尼微，亞述帝國為新巴比倫王國及米底亞瓜分。西元前五三九年，波斯帝國居魯士大帝併吞新巴比倫王國及米底亞王國，亞述文化區遂納入波斯治下。

4 愛奧尼亞（Ionian）是古希臘時代對今日土耳其安納托利亞西南海岸地區的稱呼，重要的城邦有以弗所、米利都等，靠愛琴海貿易富強，並結為愛奧尼亞聯盟。

獲警訊，很快就開城降服。希臘人引火焚城，全城俱毀；波斯霸權在亞洲的核心毀於一夕，其他城市也前仆後繼加入推翻行省總督的浪潮。拜占庭也宣布從波斯獨立。

大流士譴責雅典為叛變推手。他認為是雅典人的民主自由主張，煽動愛奧尼亞希臘人叛變，並誓言要其付出代價。根據希羅多德記載，大流士命令僕人每日三次，提醒他報復雅典人。但需要馴服的不只是雅典。大流士認定倘若其他希臘兄弟持續過著自由生活，波斯將無法穩固掌握亞洲與色雷斯的希臘城邦。

首要任務是鎮壓叛變。其次則是一勞永逸解決希臘問題。

波斯人出動大軍進入小亞細亞，但仍花費數年才真正鎮壓愛奧尼亞叛變。波斯人與希臘城邦分別訂定不同條件，部分城市願意重回帝國版圖，交換免除叛變者常會有的懲罰。但許多城市即使明顯落敗，仍持續忠於愛奧尼亞認同。戰爭在西元前四九四年達到高峰，波斯擊敗大批愛奧尼亞船艦，並圍攻叛變主要城市米利都。米利都是湛藍愛琴海岸上的希臘文明之傲，給予希臘世界偉大的詩歌、哲學、藝術，甚至今日都市規劃者仍舊使用的街道系統，此刻卻被渴望報復的外國軍隊圍攻。米利都無法長久對抗圍城，當城牆最終陷落時，波斯軍隊集結全城男性，一一屠戮。女性與兒童被送進奴隸市場，全城付之一炬。偉大的米利都從此消失。

其他叛變城市等待相同命運。殲滅亞洲所有反抗勢力後，波斯軍隊轉向馬摩拉海與博斯普魯斯海峽。拜占庭與迦克墩市民明白眼前等著的命運。歷史上未曾記載他們是否請求波斯人饒恕，但他們也未挺身而戰。相反地，他們帶著所有家當，向北逃進黑海，並在此建立新城市：墨森布里亞[5]。當波斯人終於抵達拜占庭時，發現城市空無一人，僅有博斯普魯斯海風吹過空蕩蕩的街道。如同米利都，拜占庭也被摧毀。

如其計畫，大流士成功鎮壓希臘叛變，並最終導向對希臘本土的軍事行動。西元前四九〇年波斯對雅典的海軍攻擊完全是場災難，尤其在馬拉松戰役（Battle of Marathon）損失大批軍力後。大流士倍增軍力，同時準備御駕親征希臘。但他未能活著看到這場戰爭，西元前四八六年，偉大的波斯軍事領袖死於病榻上。

大流士開啟的全面軍事籌備，在兒子薛西斯一世（Xerxes I）治下持續進行。波斯人已經控制多數愛琴海岸及許多島嶼。色雷斯區也建立軍事補給站，供養成千上萬即將出戰的波斯軍隊。現在我們很難確認，被摧毀的拜占庭城在此過程中所扮演的角色。薛西斯下令在馬摩拉海南方的赫勒斯滂建造兩座船橋。波斯人跳過博斯普魯斯海峽，顯示此刻的拜占庭可能仍是瓦礫一片。但證據顯示西元前四八〇年左右，拜占庭再次出現聚落，也許是波斯海軍基地。而根據希羅多德記載，拜占庭提供一百艘船艦加入薛西斯的遠征船隊。不過，波斯軍隊首次跨越赫勒斯滂的企圖為風暴所阻，導致薛西斯龍顏大怒，下令懲戒海峽，以鐵鍊綑綁海峽，施加三百下鞭刑。這項懲戒確實執行，波斯官員將鐵鍊投擲入海，以皮鞭嚴肅擊打海水。赫勒斯滂隨即乖順，後續渡海較為成功，西元前四八〇年薛西斯領軍進入希臘。

薛西斯雖有強大軍力及謹慎籌備，但侵略希臘的行動打從一開始就出師不利。溫泉關戰役（Battle of Thermopylae）受阻於斯巴達人，即便最後波斯獲得勝利，卻損傷大量兵員。絕望的雅典

5 墨森布里亞（Mesembria）遺址位於今日保加利亞黑海岸的內塞伯爾（Nesebar）。

人紛紛出逃，跨海前往科林斯地峽（Isthmus of Corinth）。波斯人焚毀雅典，並出動船艦追擊麻煩製造者的餘孽。然而在薩拉米斯海戰（Battle of Salamis）中，雅典海軍擊潰波斯軍隊，將成千上萬波斯人沉入海底。多數波斯軍隊此時奉命回國，鎮壓巴比倫叛變，但薛西斯仍留下足夠軍隊持續希臘戰役。雅典軍的勝利鼓舞了其他希臘城邦，終於西元前四七九年的普拉提亞戰役（Battle of Plataea）中，完全擊敗波斯人。偉大的東方帝國儘管動員極大力量，終究未能降伏難以掌控的希臘人。

普拉提亞之戰勝利後，希臘人收集戰敗波斯軍的青銅戰甲與武器，熔鑄成一座二十英尺高的三蛇銅像。三蛇相互交纏，頭部形成三足聖鼎的基礎。這座雄偉的三蛇立柱隨後被奉獻給德爾菲神廟，感謝阿波羅神帶領希臘出人意表、奇蹟般的勝利。來自多利安地區[6]斯巴達城邦的戰士在立柱周圍放置一個底座，聲稱紀念波斯戰事中的斯巴達貢獻。當其他希臘城邦的朝聖者對斯巴達人的詮釋提出異議時，底座被移除。取而代之的是，參與希臘同盟所有城市的名稱，都被刻在三蛇交纏最低處。過去兩千五百年來，這座立柱都在戶外公開展示，今日則立於伊斯坦堡蘇丹艾哈邁德清真寺附近。這座雄偉遺跡為何移到此處，則是另一章的故事。

波斯戰敗後，各地希臘城市紛紛宣告獨立，在某些地方則需要透過武裝行動。波斯政權聰明之處，在於盡可能仰賴地方人民進行統治，這表示此刻有不少受惠於波斯統治的希臘人將失業。部分人逃到波斯，其他人則期待撐過這段時期，盼望著波斯軍隊反攻。在拜占庭，波斯勢力似乎仍持續。西元前四七八年，斯巴達王克雷翁布羅圖斯（Cleombrotus）之子鮑薩尼亞斯（Pausanias）領軍解放拜占庭。當時城內人口可能不多，但流亡歸來者逐漸增加。無疑地，鮑薩尼亞斯致力於穩定重建此城，並贏得民心。經過重重波折，拜占庭仍舊是擁有豐厚利潤潛力的策略之地。

不幸地，鮑薩尼亞斯有他自己的問題。他還在斯巴達時，被指控與波斯人陰謀叛變，欲將斯巴達納入波斯帝國之中，並自任為獨裁者。他因此受審，卻無罪釋放。此刻在拜占庭，同樣疑慮再起。首先，拜占庭的高階波斯囚犯竟得以「脫逃」返回薛西斯宮廷。謠言傳聞波斯密使進出斯巴達將領住所。有些人害怕鮑薩尼亞斯會交出色雷斯，做為當波斯征服希臘後出任高官的代價。這些恐懼是否有所本，至今仍是個謎；但當權者卻有足夠證據宣召鮑薩尼亞斯返回斯巴達受審。如同前次，他依舊無罪釋放。

未帶一兵一卒的鮑薩尼亞斯，充滿善意地返回拜占庭。拜占庭市民稱其為領袖，他建立政府制度與律法，自然以斯巴達為本，並展開建設計畫，重建港口與市集。拜占庭再次成為漁業與貿易中心，並開始打造錢幣。日後群聚發掘物出土，證明這些錢幣曾廣泛流通。

親近斯巴達王室的鮑薩尼亞斯，也許曾期待以拜占庭為基地，在色雷斯建立自己的王國。倘若在另一個時代，他也許會成功。但在波希戰後，雅典決心統籌希臘城邦建立一個防衛同盟，以對抗未來入侵勢力。拜占庭在此同盟中扮演重要關鍵，不單阻卻波斯跨越博斯普魯斯海峽，更立即的影響在於確保黑海穀物的自由流通與否。這對缺乏大片農地的雅典及其他希臘海岸城鎮來說，至關重要。無論波斯人或希臘人，任何敵人都不可以關閉這座海峽。

無論鮑薩尼亞斯對拜占庭有何計畫，都與雅典軍統帥奇蒙（Cimon）不對盤，後者將鮑薩尼

---

6 多利安（Dorian），古希臘中南部。

亞斯逐出拜占庭。其後，鮑薩尼亞斯前往小亞細亞的科洛封[7]，但數年後再次遭指控與波斯暗通款曲，因而返回斯巴達。這回鮑薩尼亞斯雖然再次澄清所有罪名，但他的敵人仍持續尋找證據，並顯然最後成功迫使鮑薩尼亞斯逃進雅典娜神廟尋求庇護。最終，神殿建築遭到外部封鎖，鮑薩尼亞斯則被活活餓死。

拜占庭為了希臘獨立付出重大代價。此刻，當居民人數再度成長，重新積累財富時，這座城市的自由也再度面對新的挑戰。不過這回並非波斯人，而是來自其希臘保護者。

7 科洛封（Colophon）是愛奧尼亞聯盟十二大城邦之一，遺址位於今日土耳其伊茲米爾（İzmir）附近的 Değirmendere Fev。

第二章　雅典穀倉

隨著波斯帝國戰敗，拜占庭人迎來新時代。長期蹂躪小亞細亞與希臘的猛烈戰事終於停歇，少了波斯威脅，希臘人得以自由追求利益，選擇自己的統治者，並與希臘鄰居開戰。這是希臘人的生活方式。拜占庭解放後斯巴達人隨即返回家鄉，正式大膽宣示：一旦目標達成，他們就停止爭戰。

但雅典人不同意。雅典是波斯的首要目標，市民以鮮血、財產及灰燼下的城市，付出抵抗的慘痛代價。他們決心不單解除威脅，更要確保威脅不再重演，同時不放棄仍在波斯治下的小亞細亞愛奧尼亞城市。因此，當斯巴達人前腳從拜占庭撤退，雅典軍隊後腳就跟進入城。

雅典的野心很大，雖然偽裝成簡單無害。他們提議所有希臘城邦組成同盟，將波斯人從愛琴海及希臘小亞細亞徹底驅逐。有興趣的城邦在位置居中的愛琴海島嶼提洛（Delos）舉行會議，訂定條約共同驅除波斯威脅，對波斯攻擊施以報復，並持續防衛同盟城邦。為此目的，所有城邦均須貢獻人力、船隻與儲存在提洛島的資源。提洛同盟（Delian League）就此成立，拜占庭自然是重要一員。

提洛同盟成立之初，一切如計畫推動。提洛同盟擊敗波斯人，將其徹底從希臘世界中驅逐；但成功也帶來問題。隨著威脅減低，雅典人提議同盟成員可用金錢貢獻取代軍隊船艦。既然承平時期豢養大批軍隊實屬累贅，多數城邦也就欣然接受。此舉同時也是拜占庭經濟穩健的證明，它所繳納的貢獻在提洛同盟中名列前茅。如同提議，這筆資金存放在提洛島，然同盟管理權卻逐漸落入雅典手中。

雅典掌權之舉並未逃過眾人目光，畢竟同盟徵收的金額不小，事實上等同城邦雇用軍隊與支付造船所需的費用。因此，同盟城邦動員自家軍隊或作戰的預算，常因同盟義務大幅消減。沒過多久，部分成員開始表達脫離意願，卻赫然發現分手並非選項。西元前四七一年，納克索斯島（Naxos）宣布脫離同盟時，盟邦隨即宣戰，摧毀納克索斯的堡壘，迫其重新入盟，並剝奪其投票權。類似命運也等待著其他脫離者，提洛同盟是個強大且不可分割的集合體。

許多拜占庭人無疑厭惡同盟的高額會費，但也無力反對。雅典人餐桌上的食物，多來自烏克蘭與克里米亞的沃土，穿越黑海、博斯普魯斯海峽及赫勒斯滂，才抵達雅典。因此掌握這條策略水道，對雅典人至關緊要。一份在雅典發現的銘文，可追溯至西元前四二〇年左右，指出一支「赫勒斯滂衛隊」（Hellespontine Guards）駐紮在拜占庭。這些官員的職責在於檢查所有往南穿越博斯普魯斯海峽的穀物海運，並引導船隻航向雅典或其他愛琴海同盟城邦。此一重責大任，雅典人斷然不願落入當地商人之手。這也代表雅典勢力長駐拜占庭。

西元前五世紀中，提洛同盟已成為希臘史上最強而有力的軍事力量，但實質上則為雅典帝國。西元前四五四年，雅典領袖伯里克里斯（Pericles）下令將提洛同盟資金庫從提洛島遷至雅典，並開始運用同盟資金美化雅典，興建紀念建築，例如知名的帕德嫩神廟（Parthenon）。雅典成為力抗波斯、爭取獨立的百萬希臘人首都，對眾多希臘人來說，最終他們只是換一個統治者罷了。

強盛的斯巴達獨立於提洛同盟之外，也能在其他城邦被迫入盟時，出面捍衛友邦。實際上這表示希臘世界很快分裂成兩大軍事陣營。經過數年大小衝突，雅典與斯巴達之間的伯羅奔尼撒戰爭（Peloponnesian War）終於在西元前四三一年展開。拜占庭人可能並未積極參戰，但他們的財務貢獻及確保博斯普魯斯海峽通暢對雅典來說十分重要。幾乎打從戰爭初始，斯巴達軍隊就摧毀雅典近郊農田，並包圍城牆。雅典主要仰賴強大海軍及海洋商業貿易，因此斯巴達攻勢影響很小。只要糧船持續通過拜占庭送往雅典，一切均無大礙。

然而被動支持並不代表忠於雅典。許多拜占庭人仍記憶猶新，在鮑薩尼亞斯主政的舊時光裡，斯巴達人重建了這座城。拜占庭城中無疑有不少人巴望著斯巴達，能幫忙解除雅典的箝制。西元前四一三年，雅典大大挫敗的消息在拜占庭繁忙港區大肆流傳時，這種心情更一覽無遺。兩年後，雅典派遣超過百艘船艦，由阿爾西比亞德斯（Alcibiades）領軍，進攻希臘城邦敘拉古（Syracuse）。此舉雖是回應愛奧尼亞的援軍請求，但也想藉機攻擊斯巴達在西西里島的富裕殖民地。此舉若成功，雅典帝國可能真正成為泛地中海帝國；然而雅典軍不僅戰敗，更被徹底驅逐。波希戰後頭一遭，雅典伏首稱臣。

拜占庭對雅典戰敗的反應一如愛奧尼亞與愛琴海區其他城邦：驅逐雅典官員，退出提洛同盟，加入斯巴達新成立的伯羅奔尼撒同盟。波斯甚至提供金錢與軍隊，支持斯巴達對抗世仇雅典。雅典本身則四分五裂。混亂之中，拜占庭再次獲得自由獨立。

然而伯羅奔尼撒戰爭尚未終結。雅典將軍阿爾西比亞德斯前往東方的薩摩斯島，掌握了因應緊急需求而備的雅典百船艦隊。他主張緊急狀況已經發生。阿爾西比亞德斯拒絕承認雅典的寡頭政權，後者則期盼著與斯巴達談和。他雖未攻擊雅典，卻施加足夠壓力，令其重返傳統民主政體。隨後他率領艦隊往北，直衝海峽而來。在赫勒斯滂，阿爾西比亞德斯遭遇力挺叛變城邦的斯巴達艦隊，後者在此切斷通往雅典的糧道。西元前四一〇年的基濟科斯之役（Battle of Cyzicus）中，他擊潰斯巴達軍，讓區域重回雅典掌握。之後更持續往北穿越馬摩拉海，直航博斯普魯斯海峽，正對著拜占庭而來。

對拜占庭人來說，這天從衛城上再次看到海面百艘雅典戰艦船帆齊飛的情景，應該像是惡夢重演。雅典大軍竟然再臨這片海洋？拜占庭依舊備足對抗雅典的戰船與軍隊，斯巴達則派出克里巧斯（Clearchus）率領的一小支軍隊。拜占庭人不會輕易投降。

不幸的是，其他叛變城邦欠缺拜占庭人的堅強意志。阿爾西比亞德斯透過恩威並施，已將赫勒斯滂及馬摩拉海沿岸多數城邦，重新納入雅典掌控之下。鄰近的賽林布利亞幾乎即刻投降，接受雅典駐軍以換來赦免。當拜占庭人拒絕類似條件時，阿爾西比亞德斯以海軍封鎖陸牆發動圍城，意圖餓死守軍。同時為了確保博斯普魯斯海峽交通持續暢行，他在海峽對岸的克里索波里斯（Chrysopolis，今日伊斯坦堡的於斯屈達爾區，Üsküdar）建造海軍堡壘，並開始索討通行費。阿爾西比亞德斯意圖進行持久戰。

拜占庭古城佇立在半島頂端，無力對抗圍攻。自從阿爾西比亞德斯掌控海面，食物及其他補給日益稀少；貿易活動無法進行，財庫日空。除非盡快採取一些行動，否則拜占庭覆滅指日可待。面對嚴峻情勢，克里巧斯離城尋求斯巴達資源及協助。在他返回之前，拜占庭人必須自強。

然而克里巧斯一走，拜占庭內部立刻興起支持投降的聲音。投降派成員眼見鄰邦與雅典和談後享受的舒適生活，自己卻必須忍受劫掠，深感厭倦不耐。他們要求派遣使者向阿爾西比亞德斯請求類似的和談條件。親斯巴達派則反對投降，其中可能包含軍隊中的斯巴達人。親斯巴達派誓言絕不放棄衛城的堡壘區域，而這將導致任何投降談判皆徒勞無功。拜占庭人必須耐心等待克里巧斯的援軍。在任何激辯都無法拉近與雅典方的距離下，只有行動始能突破現狀。一日，投降派成員放下武器，走出城門，宣稱自己忠於雅典。守軍則始終嚴守崗位，但這也只是因為親斯巴達派拒絕讓士兵離開堡壘半步。阿爾西比亞德斯嗅到反抗鬆動的風向，向駐軍送出消息，擔保所有降者的安全。這已足夠讓多數駐軍轉向，刺殺親斯巴達派並占領全城，並將城市交予阿爾西比亞德斯。雅典人信守承諾，並未劫掠拜占庭。這座城邦再次牢牢掌握在提洛同盟手中。

阿爾西比亞德斯雖拯救雅典免於軍事潰敗，卻無能改變政治困局。雅典當局困於派系鬥爭，且對任何軍事失利都難以容忍。西元前四〇六年，阿爾西比亞德斯失去民主支持，後續海軍失利更導致許多雅典頂尖指揮官被審判處決。與此同時，斯巴達將軍賴山德（Lysander）在接連不斷的戰役中贏得先機。西元前四〇四年，賴山德帶領一隊強大海軍重返赫勒斯滂，切斷雅典海上的糧道；雅典同樣派出強大艦隊肅清海峽。然而在伊哥斯波塔米會戰（Battle of Aegospotami）中，賴山德全數殲滅雅典艦隊。穩定赫勒斯滂後，賴山德航向拜占庭。另一支雅典艦隊曾試圖攔阻，也迅速遭到驅離。拜占庭周圍海面再次飄揚船帆，而這一回是斯巴達戰艦。眼見雅典援軍無望，拜占庭與迦克墩均投降斯巴達，驅逐最近才歸位的雅典官員。

拜占庭失陷對雅典是重大災難。拜占庭是帝國的策略基石，失去此城，帝國將無以為繼。同年，雅典便向斯巴達投降；伯羅奔尼撒戰爭終於劃下句點。

在雅典帝國治下，拜占庭人長期備受輕視。但若誤認雅典帝國傾覆將賦予他們更大自由，就大錯特錯了。斯巴達人很清楚拜占庭是掐住雅典的轡繩，不會輕易鬆手。斯巴達參議會派出一個軍團駐紮拜占庭，領軍者克里巧斯正是西元前四〇九年帶領拜占庭反抗阿爾西比亞德斯的將領。不用說，他自然對拜占庭叛投雅典的行為惱恨不已。因為這群不守誓言等待援軍的傻笑懦夫，導致斯巴達人與友邦濺灑鮮血，克里巧斯將讓他們付出代價。他下令逮捕、處決投降派所有成員，其中包含許多富人權貴。接著他施以恐怖獨裁統治，殘酷程度甚至令斯巴達政府也覺得不妥。最後，斯巴達召回克里巧斯，以迫害拜占庭人的罪名送審，獲判死刑。後來克里巧斯逃出斯巴達，前往波斯，在居魯士二世朝中任職。

自提洛同盟後，城邦政府的形式常隨所屬聯盟而定。身為民主制度發明者與倡導者的雅典，對於採行同樣政治制度的城邦青眼有加。同樣，採行寡頭政治的斯巴達也推行類似制度。隨著雅典戰敗，民主制度失去最強有力的支持者。雅典在斯巴達控制下，改行寡頭政治，稱為「三十僭主」（Thirty Tyrants）。拜占庭也採行寡頭政治。如同雅典，拜占庭政府唯斯巴達之命是從。同時出於拜占庭的經濟與策略價值，斯巴達官員持續駐守此地。自克里巧斯血腥統治之後，拜占庭情況頗有改善，但城內反對斯巴達統治的呼聲依舊不減。記憶迷霧再次令拜占庭人相信，逝去的雅典同盟舊時光，似乎比當今的斯巴達主人來得美好。

幸運的是，伯羅奔尼撒戰爭已耗盡斯巴達與雅典的資源，雙方再也無法施展過往的毀滅性力量。斯巴達在雅典成立的三十僭主並不長久，一位前雅典將領色拉希布洛斯（Thrasybulus）集結一群流亡軍隊，推翻寡頭政權。色拉希布洛斯長期身為雅典民主支持者，此後在前雅典帝國區域，開始傳布雅典的價值與影響。色拉希布洛斯密切注意對抗斯巴達式獨裁者的民主政府，很多時候也向他們提供資源與軍事協助。西元前三九〇年前後，他跨越愛琴海尋找類似機會。拜占庭領導者認為這是驅逐斯巴達人的機會，遂成立民主政府，向色拉希布洛斯請求協助。支援快速到來，色拉希布洛斯率領雅典艦隊進入拜占庭港口，命令斯巴達人離開。斯巴達人缺乏家鄉助力，在沒有選擇之下，只得離去。

拜占庭的民主政府標誌著與雅典的親善關係。在下個十年中，拜占庭多半可以不受干擾、自立自決；這是波斯人跨越海峽一百多年後的頭一遭。西元前三七七年，雅典成立第二個同盟，主要對抗敵意逐漸高漲的斯巴達。雅典人在新章程（至今仍存）中清楚表示，參與城邦仍可保有其獨立自主，每邦享有一票。若無盟邦同意，雅典不得逕行決斷。更重要的是成員毋須支付貢金，因此不會有金錢誘惑雅典獨裁者建立新帝國。拜占庭同意加入同盟，但不清楚是否會貢獻任何奧援以支持戰爭。西元前三七一年，第二同盟擊敗斯巴達，令其無力再建立新帝國。隨著斯巴達的威脅消失，同盟已沒有任何理由繼續維持，但雅典人再次不願放手。最後，西元前三五七年，拜占庭、希俄斯島（Chios）、羅得島及科斯島（Cos）推翻其民主政府，並退出同盟。雅典派出艦隊前往希俄斯島，但無功而返。接著艦隊前往拜占庭，卻又遭氣候與叛軍擊潰。這是一場可笑的小戰爭，垂暮帝國的無心之戰。愛奧尼亞人的時代已然結束。

取而代之者，是無人預見的新勢力，他們來自馬其頓（Macedon），即今日希臘馬其頓省

（Macedonia）中西部的崎嶇山地。此地居民宣稱他們是希臘人，但許多住在繁華南方的希臘人對此頗有疑慮。馬其頓人使用希臘語的方言，然文化較為原始低落。主流希臘人早已揚棄獨裁政體及王朝傳承，堅持運作較為細膩的寡頭或民主政體，必要時候或夾雜幾位獨裁者。然而馬其頓人不但仍是王朝傳承的王國，更行一夫多妻制，對希臘哲學一無所知。這是一群粗野好戰之人，缺乏城市生活。但馬其頓人並非野蠻人，至少希臘人願意承認這一點。不過，身為馬其頓人的近鄰，卻讓自視為古典希臘精緻文化的希臘人感到羞恥且不安。

馬其頓王國第一次戲劇性地吸引希臘人的注意力，是在西元前三五〇年代，菲力普二世（Philip II）開始在國內集結勇猛戰士，鞏固權力，並向南北擴張。這幾年裡，菲力普經常與雅典發生衝突，後者嘗試集結守衛抵禦自由世界的最新一波威脅。當菲力普攫取色薩利（Thessaly）後，已然成為區域霸主。恐懼征服劫掠，讓許多希臘城邦向馬其頓輸誠，但雅典與斯巴達仍屹立不搖。

菲力普在西元前三四〇年代主要的軍事行動之一，是將王國版圖拓展到色雷斯。他派兵對抗斯基台人，如同波斯人當年所為。挾著勝利之姿，菲力普兵臨拜占庭近郊。西元前三四〇年，他圍攻拜占庭與往西六十英里的希臘城邦佩林蘇斯[1]。征服拜占庭將為後續東征波斯鋪平道路，同時也能明確掌控博斯普魯斯海峽利益豐潤的貿易線。拜占庭依舊是掌握驕傲雅典人食糧的關鍵，菲力普決心要好好利用這一點。

然而在西元前三四〇年，拜占庭的防衛機制與抗衡意志，遠較十年前堅定許多。陸上城牆已大幅重建鞏固，甚至被認為是希臘世界中最好的城牆。後世作者形容拜占庭堡壘是由完美切割的巨大石塊組成，以鐵片強力聚合，看似一堵防衛城市的岩壁。菲力普圍城持續了大半年，這段期間燒毀田中作物，並劫掠附近鄉間地區。拜占庭人向雅典求援，雅典終於回應。就在拜占庭人最黑暗的時刻，馬摩拉海面上出現雅典艦隊。雅典人帶來軍隊、補給及武器。菲力普最後讓步，解除圍城並返回馬其頓。這對菲力普來說是不尋常且未曾聽聞的挫敗，有損他在希臘世界中的名聲。拜占庭人大喜過望，將勝利歸功於黑卡蒂（Hecate，掌管岔路口的希臘女神）的神助。黑卡蒂是這個要衝城市最熱愛的神祇。挫敗菲力普後不久鑄造的拜占庭錢幣，就以黑卡蒂女神的象徵星與月為圖像。雖與現代伊斯坦堡各處懸掛的旗幟圖像相同，但純屬巧合。

根據在今日已散失的城市檔案局中工作的狄摩西尼[2]所言，拜占庭議會集結以表揚雅典的支持。狄摩西尼引述一段以「博斯普魯斯紀錄官」之名頒發的諭令，記載拜占庭議員達瑪格吐斯（Damagetus）提出一項深受眾人歡迎的提案。該提案讚揚雅典人拯救拜占庭與佩林蘇斯的成就，接著提出因此雅典人應在拜占庭及佩林蘇斯，享有通婚、成為公民、擁有財產、向議會請願及城邦賽事中優先坐席的權利。同時該案更要求興建一座紀念碑，由三座二十四英尺高的巨像組成，分別代表拜占庭及佩林蘇斯城邦，共同擁護雅典。這座紀念碑將放置在「博斯普魯斯地區」，可能是衛城區域。為了那些無法親眼目睹這座紀念碑的人，拜占庭應派出代表，前往所有泛希臘賽事，宣揚此等榮耀，令「希臘眾人得以知悉雅典人之美德，及拜占庭與佩林蘇斯人的感謝」。

1　佩林蘇斯（Perinthos），位於今日土耳其的馬摩拉－埃雷利西（Marmara Ereğlisi）。

2　狄摩西尼（Demosthenes），雅典政治家，公認為古希臘最偉大的演說家之一，曾鼓動雅典人反抗馬其頓的菲力普二世與亞歷山大大帝。

當然，菲力普對於雅典人在色雷斯戰役中橫加阻撓的行徑，另有想法。事實上，他認為這直接破壞了他與雅典的約定。接下來數年，他與年紀尚輕的兒子亞歷山大（Alexander）持續南征，欲討平希臘城邦，特別是雅典。他們最終成功了，西元前三三八年，菲力普將所有希臘城邦組成一個同盟，史家稱之為科林斯同盟（League of Corinth）。同盟只有一個目的，組成希臘聯軍東征波斯。這回風水可輪流轉了。

然而，遠征波斯並非透過菲力普之手。兩年後菲力普遭貼身侍衛殺害。年方弱冠的亞歷山大（很快將成為「大帝」）繼位。由於這是希臘，因此雅典與多數城邦立刻發動叛變，但亞歷山大也以迅雷行動降伏這些城邦。他同時出兵色雷斯，進一步穩定這塊狂野區域。俟其希臘地盤穩固，亞歷山大承繼父業，開始集結大軍，向江河日下的波斯帝國挺進。

我們只能假設，拜占庭人接到菲力普去世的消息時，可能感到有些解脫。在斯巴達之外，全希臘只有很少數地區成功擊退菲力普。無疑地，菲力普最終還是將重回拜占庭，奪取博斯普魯斯海峽。而且肯定是挾宿怨而來。此時雅典已臣服馬其頓腳下，再也沒有任何外援支持拜占庭。當然，亞歷山大也帶來危機，但卻也奇妙地結束了。也許年輕帝王比父親更急於東征，因此不願在博斯普魯斯圍城拖延時間。抑或認為雅典既已緊握在手，拜占庭自然無關緊要。不論理由為何，亞歷山大完全跳過拜占庭，率領大軍穿越赫勒斯滂前往亞洲。拜占庭人心中大喜，在這場馬其頓遠征中扮演路人的角色。

亞歷山大的希臘遠征軍將改變世界。在他的帶領下，希臘與馬其頓軍隊以出人意表的閃電作戰，征服小亞細亞、敘利亞、巴勒斯坦、埃及、亞述、巴比倫及整個波斯。亞歷山大持續東進印度，直到大軍終於反彈，拒絕再前進。最後他返回巴比倫，並在此過世。他可能死於毒殺，享年三十二歲。

亞歷山大東征根本改變上古世界的文化，並推動希臘文化成為西方世界的主軸。希臘文因此成為東地中海區域菁英階級的語言。希臘當權者統治亞洲、非洲及歐洲。在史家稱之為「希臘化時代」（Hellenistic period）的新時期，希臘貿易、財富及文化輸出大幅成長。拜占庭此刻已是自由民主政體，積極利用這些變化，伴隨城市人口與財富增加，也開始掌控周圍區域。菲力普圍城後不久，博斯普魯斯海峽對岸的迦克墩城隨即被納入拜占庭。西元前三二三年亞歷山大去世時，拜占庭的影響力已向西伸入色雷斯，往東進入俾西尼亞。此時拜占庭已掌握馬摩拉海北岸以及南博斯普魯斯海峽的兩側。確實是個令人垂涎的位置。

當錢幣堆入銀櫃，四方商賈在碼頭湧現，拜占庭開始享有大都會聲名，以享樂生活聞名。希俄斯島的特奧波姆普斯（Theopompus）於西元前三二〇年代時曾寫道，雖然拜占庭人也是民主城邦的自由成員，並居住在商業中心，「但整座城市的人們鎮日流連市集與水岸，因此習於淫靡之事及酒肆狂飲的生活。」特奧波姆普斯感嘆迦克墩人曾經清明正直，然則加入拜占庭後，即「陷入貪腐奢靡之中」，並很快成為「爛醉與奢侈之人」。

此番評論必然有所本，也非特奧波姆普斯一人獨見。瑙克拉提斯（Naucratis）的阿特納奧斯（Athenaeus）也在西元前二世紀，引用古代詩人之口，形容拜占庭人均「爛醉如泥，幾乎居住在酒肆之中」。他繼續寫道：「他們將臥室連同妻子一併出租。即便在睡夢中，也無法忍受任何戰事號角響起。事實上，某次戰爭中，他們的李奧尼達（Leonides）將軍命令城中酒商在城牆上設起攤位，才得以說服衛兵不致擅離職守。」希臘劇作家米南德也在西元前三〇〇年左右，將這眾所周知的刻板印象，用在作品裡。在《吹笛女》中，他讓一位雅典商人宣稱：「拜占庭城令所有商船長沉醉其中。我們為您而喝，且是美好烈酒。現在我們飲盡，我可以告訴您，我有四頭，而非僅只一顆。」

財富美酒當前，當有詩歌相隨。西元前三〇〇年之前，拜占庭確實擁有相當活躍的文化環境，然我們一無所知。這一切都要怪罪抄寫詩歌、歷史與正式紀錄的紙莎草紙。紙莎草紙捲耐用便宜，但根據氣候條件，通常只能存活幾個世紀。這就表示所有古代世界留下的文字紀錄幾乎消失殆盡。所有存活下來的斷簡殘章都是保存在沙漠洞穴或墓葬中，或刻注銘文，或數百年後經中世紀僧侶謄寫到羊皮紙上的少數重要作品。在拜占庭衛城（靠近現代的考古學博物館）發掘出土的精美設計陶器破片，證明財富成長，並暗示希臘化時期的擴張忙碌城市中，文化正開花結果。

這個時期的拜占庭也是古希臘最優秀的女詩人之一，宓羅（Moero）的家鄉。宓羅年少時就寫出知名的英雄詩篇，年長後創作了包含《記憶》（*Memory*）在內的史詩作品。《記憶》描述宙斯的童年故事。她曾寫下一首獻給波賽頓的讚美詩，一首名為《咒詛》（*The Curse*）的敘事詩，以及不少短篇警句，其中一篇以蟋蟀之死為主題。古希臘警句編輯者，加大拉（Gadara）的詩人墨勒阿格（Meleager）曾形容宓羅的詩句，像織進他詩歌花環中的「水仙花」。她眾多作品中只有少數斷簡殘篇留存今日，句句珠璣。例如，其中一件是關於葡萄串的警句，當初可能伴隨著雕像或畫作：

群聚，滿溢狄奧尼索斯果實汁液

您安睡在阿芙羅黛蒂金殿屋頂下
此處毋藤不須再延伸愛撫枝蔓
或在頭頂展開甜美葉片[3]

雖然並非天才傑作，但就微薄證據判斷宓羅才氣亦不甚公平。無疑她在同儕之間享有高度肯定，知名希臘雕刻家塞弗索多斯（Cephisodotus），普拉克西特列斯[4]之子，據稱曾為她製作一尊雕像，當年可能在拜占庭公開展示。

宓羅可能是另一位偉大詩人拜占庭的荷馬魯斯（Homerus of Byzantium）的母親或女兒。身為文法家與悲劇詩人，荷馬魯斯的知名作品在希臘裔埃及王托勒密二世費拉德法斯（Ptolemy II Philadelphus）的富裕朝廷中深受喜愛。托勒密家族慷慨資助科學與藝術發展，事實上他以資助希伯來聖經譯為希臘文的七十士譯本（Septuagint）而聞名。如同富裕的亞歷山大港（Alexandria）其他詩人，荷馬魯斯可能也創作一些歌功頌德的作品。然而他真正才能表現在超過四十部悲劇劇本，其中多數咸認在出生地拜占庭創作演出。然而目前全數佚失。

只有少數西元前三世紀拜占庭人的名諱留存至今。拜占庭的費隆（Philo of Byzantium）如同

3 作者注：〈拜占庭的宓羅〉（Moero of Byzantium），收於 W. R. Paton 譯，《希臘文選》（*The Greek Anthology*，哈佛大學出版社，一九一六年），第一卷，6: 119。

4 普拉克西特列斯（Praxiteles），古典希臘晚期雕刻家，追尋溫柔之美，常將男性柔性化。

他之前的荷馬魯斯，深受希臘化時期亞歷山大港的富庶所吸引。身為傑出工程師，費隆所著的《機械學概要》（*Compendium of Mechanics*）一書包含建築、道路、機械玩具及氣動學篇章。在諸多發明中，他被後世認定為計劃興建水磨坊的第一人。拜占庭的伊壁琴尼（Epigenes of Byzantium）是帶著信仰色彩的數學家，同時也是天文學者，雖然他採取的命運預卜路線，往往為其他希臘知識分子輕視。他擁有記錄詳盡的天文資料，包含對土星運行的精確觀測。雖然作品並未留存後世，然他的名聲卻上達天界；月球正面北極附近的一座直徑三十英里的隕坑，即以他命名。西元前第三世紀的其餘時光是拜占庭城的黃金年代。如亞歷山大大帝東征跳過拜占庭，同一時期的大型戰爭與苦難也未肆虐此地。西元前二七九年，高盧（Gaul）大軍由北往色雷斯逼近，決心大肆劫掠知名的希臘富庶之地。由於高盧人主要目標在南方，因此僅接受象徵性的貢金，平安放過了拜占庭。其後有大批高盧人脫離主力部隊，從拜占庭附近穿越博斯普魯斯海峽，加入俾西尼亞內戰。這群人後來定居在安納托利亞（Anatolia）北部，成為知名的加拉太人（Galatian）。

西元前二二〇年代，拜占庭再次受到威脅。財富增長及對博斯普魯斯海峽日趨嚴格的掌控，似乎令外力覬覦成為常態，如羅得島海軍與俾西尼亞國王就為了通行費爭議而興戰。明顯地，拜占庭人開始過度收取商船通行海峽的費用。不過拜占庭本身毫髮無傷；典型的拜占庭風格寧願接受條件，也不願聽到號角響起。

拜占庭人因為掌控雅典存亡的海峽通道，在希臘戰爭期間損傷慘重。在亞歷山大東征後的相對承平時期，拜占庭人開始發現自己的天分。如同古代詩人與作家一再書寫，拜占庭是商業、享樂之都，並極度厭戰。希臘化時期則全面滿足這些需求。

第三章　羅馬人的恩惠

在想像希臘化時代的拜占庭之前，必須先移除腦中對於現代伊斯坦堡的印象。眼前的水泥叢林與延伸到地平線盡頭的柏油路平原，過去曾一度覆滿參天巨樹與豐美草原。西元前三世紀，今日稱為「舊城」的區域多數尚無人居。希臘時代的拜占庭城是一處位於半島頂端的緊密社區，街道由岩頂衛城向下延伸；這個區域位於今日的托卡比宮底下。全城範圍大致包含今日的宮殿區域、居爾哈尼公園及聖索菲亞大教堂；城牆內住有約兩萬人，以這個年紀的城市來說，只能算是中等規模。更多人住在博斯普魯斯海峽對岸的迦克墩；此時在政治上，兩城已合為一體。

多數古代興盛城市後期毀棄後，常提供當代考古學家許多透過遺址研究歷史的機會，然而拜占庭卻不然。這塊土地在歷史長河中始終為人所居，文明在今日的伊斯坦堡上，層層疊疊，繁榮毀壞再重建，全然隱去希臘化時期的城市遺跡。因此只有透過四散的發掘機會及跨越世紀的模糊文書紀錄，才得以一窺古拜占庭城的風采。

如同其他希臘衛城，拜占庭市中心也擁有防衛堡壘與政府機構建築群，包含一群神殿，供奉狄奧尼索斯、雅典娜、阿特米斯（Artemis）及阿芙羅黛蒂等神祇。另有一座海神波賽頓的神殿，恰當建於坡底近岸處。拜占庭商業往來蓬勃，因應而生兩座港口，均位於金角灣的和緩水域。第一座是博斯普里恩港（Prosphorion），位於陸城城牆內，接近現代火車站（錫爾凱吉，Sirkeci）的位置。其次是尼奧里恩港（Neorion），位於城牆外，接近今日的加拉塔橋（Galata Bridge），耶尼清真寺（Yeni Camii，即新清真寺）寺地之上。兩處皆為繁忙商港，往來商賈與水手持續裝卸滿載區域豐饒貨品的船隻。

越過尼奧里恩港向西，沿著金角灣岸，七座山丘其中六者一路延伸，有朝一日都將成為君士坦丁堡範圍。西元前三世紀，這些山丘仍翠綠盎然，散布拜占庭人開拓的步道與小徑，供其散布觀覽港灣美景。灣岸沿線星羅棋布神廟與祭壇，和無數庫房。不幸的是，只有摧毀之時，我們才有機會聽聞這些外圍建築。波斯人毀去一座希拉神廟；菲力普二世燒毀一座普魯托神殿。這些建築表示許多拜占庭人並未住在內城，而是向北散布在金角灣岸，只有危險降臨時才躲回城牆內的庇護所。

城牆內可見希臘城邦文明常見的各種設施。城北靠近博斯普里恩港，設有校場（Strategion）。這片開闊空地戰時用來召集部隊，其他時間則用來舉行公共活動。周圍設有其他祭壇與神殿，供奉厄琉息斯（Eleusis）、阿基里斯（Achilles）及阿賈克斯（Ajax）。附近有一座向北面海的環形劇院，觀眾得以在博斯普魯斯海峽壯闊海景襯托下，享受戲劇娛樂。

拜占庭的南城牆向東南方向急切，約莫由今日蘇丹艾哈邁特公園（Sultanahmet Park）延伸至博斯普魯斯海峽岸邊。主要的陸上城門在帝國公路里程起點（Milion）的當代遺跡附近發現，離地下水宮殿的遊客入口處不遠。城門內是四柱廊廣場（Tetrastoon），由四支裝飾廊柱環抱的寬闊市集廣場。令人驚訝地，此地今日仍是廣場，就在聖索菲亞大教堂的西南側。無庸置疑四柱廊廣場的商業活動古今同樣活躍，然則販售的商品服務必大不相同。如同所有活躍的希臘市集，四柱廊廣場附近也有許多宗教建築，包含供奉提克與瑞亞（Tyche and Rhea）的神龕及宙斯神殿。宙斯神殿之後改名為宙西普斯神殿，也許出自對色雷斯版宙斯神的敬意。

步出主要城牆，將會發現通往色雷斯與其他希臘城邦的長路起點，這條路順著馬摩拉海岸一路延伸。靠近城門處，也許是現今蘇丹艾哈邁德清真寺所在地，當年則為黑卡蒂神廟。任何步上今日狄望優盧大道（Divanyolu Caddesi）的人，正依循著數千年來連結這個城市與外在世界的同一條古老道路。事實上，沿著此路步行約二十分鐘，將來到巴耶濟德二世清真寺（Bayezid II Mosque）與伊斯坦堡大學。此地過去是拜占庭人埋葬死者之處。

古典時期的拜占庭實際上更為豐富，但已全數失落，埋葬在過度叢生的水泥與歷史之下。我們相信應曾有公共噴泉、體育場與浴場。我們聽聞曾有一座阿基里斯浴場（Bath of Achilles），但除了名字之外，一無所知。若古代文獻中許多敘述可信，拜占庭應有為數可觀的酒館與酒鋪。

當西元前三世紀接近尾聲，醞釀中的新變化終將對拜占庭及整個希臘世界帶來深刻影響。他們來自最超乎預期的地方：西方。若拿起地中海及周圍陸地的地圖，從中畫一條直線，平均切分東邊與西邊，將對於古文明史發展有更深刻的認識。此線以東屬於舊世界；文明始於兩河流域，並向東、西延伸至地中海。東地中海區域包括小亞細亞、敘利亞和埃及，擁有高度精緻的古老文化。此區土壤肥沃、人口稠密。希臘位於東地中海最西端，是文明進程中相對後進者，因此希臘軍隊所向披靡之勢更令人驚訝。

地圖西半側主要是古代世界的外圍區域，文明多半晚近成立，人口稀少，財富更寡。西歐多數為森林覆蓋的原始部族區域。其中最知名的是高盧人，以劫掠城鎮維生的野人。西側區域當然也有文明存在。在西西里島與南義大利，希臘人建立數個都城中心如敘拉古、尼亞波里斯（Neapolis，今日那不勒斯）及泰倫坦（Tarentum），與東方的姊妹城邦相比毫不遜色。西方也有數個非希臘國家。北非迦太基（Carthage）地區腓尼基人（Phoenician）殖民地蓬勃發展；北義大利則有一群伊特拉斯坎人（Etruscans）。但都不足以對抗東方希臘王國的權力與文明。這些西方的非希臘文明甚至不值一提，在希臘文獻中幾不可見。

然而情勢很快將改變。義大利中部有一小群部落，夾在北方伊特拉斯坎人與南方希臘人中間，最終自行建立了掙扎求生的城市，名為羅馬。

我們不能責怪希臘人未曾注意像羅馬建城這般無關痛癢的小事。對希臘人來說，羅馬人是蠻族。他們的習俗怪異，多半以伊特拉斯坎人為本。他們並未比其他義大利人更好戰，但顯然較為善戰。在拉丁平原（plain of Latium）庇護下，他們有自己的語言——拉丁語，但借用希臘字母書寫。早期世紀中，羅馬人忙著推翻伊特拉斯坎人的統治，說服、賄賂或威脅其他北義大利人組成一個對抗高盧人的同盟。羅馬人並非天生熱愛擴張勢力，而是專注防衛自身與盟友；這份執著最終導致擴張。推翻國王後，羅馬人對於集權政治缺乏信任，因此創造出共和國政體，以阻擋任何極權統治的企圖。對希臘人，獨裁只是個形容詞；對羅馬人，這是種侮辱。

雖然並非希臘人，羅馬人十分崇敬並經常複製希臘人的生活方式。他們接受希臘神明，並順理成章與本地家戶信仰的神祇融合。西元前四三一年，羅馬擁有希臘女神狄米特（Demeter）及阿波羅神的神殿。此刻雖僅是原始陶土建築，但隨著成長的地位與榮景，不多時簡樸結構已被更大規模的石材與大理石建築所取代。西元前二〇〇年，希臘文已成為羅馬菁英階級的貴族文化用語。事實上，羅馬的第一部歷史是由羅馬作者費邊．皮克托爾（Fabius Pictor）以希臘文寫成。羅馬人閱讀希羅多德、修昔底德（Thucydides）、柏拉圖與亞里斯多德的著作，與這些遠方哲人建立強大文化連結。希臘人並不認識羅馬，但羅馬人對希臘一清二楚。

西元前三世紀前，兩個團體沒有近距離接觸，直到羅馬鞏固了對北義的控制，並開始在希臘控制的南方，扮演更直接的角色。此時，羅馬人重視條約和同盟等同神聖信託的態度，已聲名卓著。事實上，這些條約經由羅馬祭司祝聖，任何打破合約的羅馬人將被視為違法且褻瀆神聖。由於南義的希臘城邦常攻擊弱小的希臘鄰居，後者開始尋求羅馬協助對抗前者。由於在北義的勝利，羅馬開始以扶助受暴者的強權而聞名。

當時南義最大的強權是希臘城邦泰倫坦，泰倫坦人厭倦羅馬蠻族插手希臘事務，因此請來最知名的希臘將領與統治者皮洛士（Pyrrhus）。皮洛士率領兩萬五千名專業士兵及二十頭大象抵達義大利，他的任務很簡單：發揚希臘自由，擊潰任何威脅希臘自由的人。羅馬人當時仍習於動員民兵出戰，從未見識過此刻抵達海岸線的專業軍隊。西元前二八〇年，「皮洛士式」的慘勝中，羅馬軍雖被擊敗，但聯盟卻未潰散。數年後，羅馬人捲土重來，西元前二七五年一役終於擊敗皮洛士，徹底將他逐出義大利。

羅馬對皮洛士令人震驚的勝利，首度讓他們獲得大希臘世界的注意力。其他南義的希臘城邦幾乎立刻安排與羅馬結盟。羅馬人代表一種截然不同的新帝國，一開始對希臘人來說很難理解。

這個帝國並非以直接征服為基礎，而是奠基在相互信任之上。羅馬人討厭帝國的概念，也強烈抨擊任何宣稱羅馬正在建立帝國的說法。相反地，他們建立的是防衛同盟。問題是，當羅馬擁有愈多盟友，就會被迫打更多戰爭，以協防盟邦。羅馬擊敗的國家並非被兼併，而是轉變成盟邦；羅馬則是同盟的領導。與提洛同盟的雅典不同，羅馬並未濫用權位。事實上，羅馬謹慎平等對待所有盟邦，特別是希臘。

這項原則在希臘屬西西里島受到挑戰。西元前二六四年，羅馬與迦太基因西西里島控制權而開戰。這是一場漫長痛苦的戰爭，羅馬不只因此建立一支海軍，甚至必須學習使用海軍。西元前二四一年戰爭結束後，迦太基人被逐出西西里，羅馬計劃讓此地的希臘城邦自治，同時也成為大防衛同盟組織的一分子。然而此時富裕繁華的西西里希臘城邦多半仰賴傭兵打仗，因此對於提供人力武器供養民兵一事毫無興趣。他們情願付錢換取保護。因此羅馬同意讓西西里成為第一個行省。城邦仍然維持自治，但須繳納貢金並與駐紮島上的羅馬將軍合作。身為羅馬同盟的一分子，未獲羅馬同意前，他們不得再對鄰居或其他人開戰。實務上這表示，和平終於降臨這片動亂區域。

不意外地，西西里事件讓羅馬成為全地中海人談話的主題。希臘數學家埃拉托斯特尼（Eratosthenes）在西元前二三〇年稱羅馬人為「有教養的野蠻人」，可能是因為他們持續模仿希臘文化，並熱衷取得希臘認同。希臘史學家陶爾米納的提麥奧斯（Timaeus of Tauromenium）預測羅馬對迦太基的勝利將持續擴展，進而控制整個西方。然而這件事實際上只影響一小群住在西方的希臘人。多數住在富裕文明東方世界的希臘人對羅馬毫不在意。

羅馬與迦太基的爭鬥在第二次布匿戰爭[1]期間劃下句點。西元前二一八至西元前二一〇年間，兩強戰火遍及義大利、西班牙及北非。最後提麥奧斯的預測成真，羅馬人擊敗迦太基，並獲得整個西地中海的控制權。這雖非羅馬人追尋的目標，但羅馬已然成為與希臘、敘利亞、埃及等地的希臘王國並駕齊驅的強權。

另一方面在馬其頓，國王菲力普五世（Philip V）夢想著如一世紀前的菲力普二世，揮軍征服希臘。羅馬與迦太基戰爭期間，菲力普五世與迦太基領袖漢尼拔結盟，希冀趁羅馬分身乏術，搶奪伊利里亞地區[2]或愛琴海島嶼。菲力普剛成立一支海軍，急著想試試身手。西元前二〇二年，他結合一些海盜，劫掠愛琴海與博斯普魯斯海峽的希臘城邦，拜占庭也是目標之一。城市本身雖未有損傷，海峽貿易卻深受影響。拜占庭遂結合小亞細亞的希臘城邦帕加馬（Pergamum）及羅得島，對菲力普宣戰，希望將其逐出這片海域。不幸的是，菲力普獲得賽琉古[3]國王安條克（Antiochus）

---

1 布匿戰爭（Punic War），或譯布匿克戰爭，從西元前三世紀開始，羅馬和迦太基之間的三次戰爭，名字來自當時羅馬對迦太基的稱呼 Punicus（布匿庫斯）。第一次是起於西西里島的地中海海戰，迦太基被打敗。第二次是三戰中最著名者，迦太基主帥漢尼拔（Hannibal）率六萬大軍穿過阿爾卑斯山，入侵羅馬。羅馬則出兵迦太基本土，漢尼拔回軍馳援，迦太基戰敗，喪失所有海外領地，交出艦船，並向羅馬賠款。布匿戰爭最終結果是迦太基被滅，迦太基城夷為平地，羅馬取得西地中海霸權。

2 伊利里亞（Illyria），古典希臘時期指稱巴爾幹半島西部亞得里亞海沿岸地區。

3 塞琉古帝國（Seleucid Empire），又稱塞琉古王朝或塞流卡斯王朝，中國古代稱之為條支。它由亞歷山大大帝部將塞琉古一世所創建，以敘利亞為中心，包括伊朗和美索不達米亞在內的希臘化國家。塞琉古帝國是希臘化時期最主要的國家之一。

奧援。馬其頓看來將再次興起，拜占庭及其他自由希臘城邦自然懼怕馬其頓征服再臨。

菲力普五世勢力強盛，事實上也許比輕易馴服希臘的菲力普二世更強大。然而西方新興的野蠻之邦對希臘人及其文化抱持著孩童般的熱情。羅馬人是否可能被說服，協助希臘對抗馬其頓？這不是椿輕鬆買賣，畢竟羅馬人剛結束對抗漢尼拔漫長又消耗的戰爭。然而，仍舊值得一試。於是羅得島、帕加馬與拜占庭派出大使，航向羅馬，向元老院陳情。

我們可以想像，抵達羅馬的拜占庭及其他希臘城邦大使必然受到極度禮遇。在迦太基勝利後，羅馬城儼然成為財富之地。羅馬元老精通希臘語，熟稔希臘文學、藝術與科學，對於大使轉述的種種無端暴力與貪婪混亂，更是同理同感。元老們難以抗拒回想起亞歷山大父親腳下，希臘自由受到剝奪的往事。現在羅馬人有機會馳援文化上的先祖，協助捍衛自由。他們迅速派遣使者前往菲力普宮廷，要求停止不義之戰，並賠償希臘人的損失。馬其頓國王高傲拒絕，於是羅馬宣戰。

史稱為「第二次馬其頓戰爭」，發生於西元前二〇〇至西元前一九六年。結局無庸置疑，羅馬擁有強盛海軍，軍團陣容龐大，還有一群堅定希臘同盟，包含拜占庭。羅馬指揮官弗拉米尼努斯（Flamininus）率領的軍團所向披靡，最終將菲力普趕回馬其頓，所有菲力普占領的城邦則落入羅馬人手中。

從希臘驅逐侵略者後，羅馬人就必須面對高度自傲且獨立的希臘城邦。馬其頓威脅一消失，羅馬人在希臘本土的存在，開始令當地人難以忍受。然而若羅馬撤軍會帶來什麼後果呢？現在還有敘利亞的安條克正虎視眈眈，他的偉大帝國就在東邊，隨時準備完成菲力普未竟之業。若羅馬人打道回府，誰來保護希臘免受威脅呢？同樣重要的，誰能保護他們免於相互攻擊呢？

當希臘人在廣場市集上相互恭賀議論時事，也忖思羅馬將如何處置現下控制的希臘城邦。由於這些城邦戰時都與羅馬為敵，多數人同意若羅馬持續統治是有其依據。其他人則認為羅馬可在希臘策略據點建立軍事基地，但從比較高調知名的城市如塞薩洛尼基[4]及科林斯撤軍。隨著每波羅馬信使到來，謠言愈傳愈盛，情勢更加詭譎。

西元前一九六年春天，所有希臘人受邀參加科林斯地峽運動會（Isthmian Games）。這場盛大活動通常吸引大批群眾參與。弗拉米尼努斯本人也會現身，盛傳將會進行重要宣示。運動會在滿場群眾盛大歡迎下開幕，但出乎眾人意料，一名使者出列走進會場中央，僅伴隨著一名小號手。一聲巨響，全場立刻靜默。這是眾人等待已久的宣示。沒人想錯過一個字。

使者一步向前，打開卷軸，大聲朗誦以下內容：

> 征服菲力普王與馬其頓人的羅馬元老院及其將領提圖斯．昆克修斯（Titus Quinctius，即弗拉米尼努斯）諭令，（希臘）城邦應享自由，豁免繳納貢金，並由其律法治理。[5]

4　今日希臘第二大城塞薩洛尼基（Thessaloniki），曾為拜占庭帝國的副都及兩大羅馬路的交會點，一條是連結君士坦丁堡與羅馬的埃格納提亞大道（Via Egnatia），另一條連結愛琴海與多瑙河流域。

5　作者注：Livius著，Evan T. Sage譯，《羅馬史》（*History of Rome*，哈佛大學出版社，一九三五年），第九卷，32:32。此為作者翻譯。

使者隨後依序列出尚未自由的希臘城邦，包含對抗羅馬者。結束宣讀後，使者收束卷軸，隨著小號手離開靜默的會場。一瞬間全場靜默，震驚的希臘人面面相覷，不確定親耳所聞是低俗笑話或恐怖錯誤。接著如同雷鳴一般，群眾爆出驚訝吼聲。根據普魯塔克[6]記載，眾人的吼聲驚人以致於震昏頭頂飛掠的烏鴉，從天空落下。他們要求使者返回會場，重新朗誦卷軸。這是真的，羅馬確實解放希臘——所有希臘人。

競賽持續進行，但大家心不在此。當獎項頒發，節慶活動結束後，群眾衝出看台，衝向弗拉米尼努斯的包廂。他們獻上讚美，投擲花環與彩帶，群眾不斷蜂擁而至，一瞬間弗拉米尼努斯甚至感到安全受威脅。希臘人十分感激，羅馬人遠道而來為解放而戰，卻分文未取。史上未曾聽聞這樣的事，令人難以置信。當消息在希臘各地傳開，羅馬官員與軍人常在路上受到希臘人致謝。根據李維[7]的記載，各地的希臘人都說：

> 世上有一種人，願挺身為他人自由而戰。他們不計自身安危榮辱，對於自由的承諾不限於隔鄰、近交或周邊國家，甚至願意挺身渡海，以確保各地不受不義帝國所治，正義、公理與法治得以施行。[8]

隨著最後一位羅馬軍人撤退，羅馬元老院保證希臘獨立自主。若任何強權欲再次奴役希臘，羅馬將有所回應。

然而任何事一牽涉到希臘，從來沒這麼簡單。隨時光流逝，許多人對羅馬的熱情開始消退。

羅馬人確實助力甚深，但也該知所進退。特別是希臘中部的埃托利亞（Aetolia）開始傾向與希臘裔的賽琉古國王安條克結盟。他的偉大帝國包含亞歷山大留在東方的多數領土。

對拜占庭來說，情況更為複雜。就法理權利來說，安條克的領土包含多數小亞細亞及色雷斯地區。但拜占庭始終維持獨立。隨著菲力普戰敗與羅馬人撤退，拜占庭逐漸被納入安條克的勢力範圍。兩大強權——羅馬與安條克的敘利亞，彼此逐步接近，拜占庭正身處其中。

安條克並未低估羅馬人，但也堅持羅馬應該尊重他的權利。他指出自己從未干涉義大利事務，羅馬為何覺得自己理應干涉希臘？羅馬人可能也問過自己類似問題，尤其維持希臘秩序變得愈來愈棘手。反羅馬情緒在希臘各地層出不窮，多因驕傲的希臘人不習慣蠻族保護。最後，西元前一九二年，埃托利亞人公開反抗羅馬，並要求安條克派軍解放希臘同胞。安條克同意派出約一萬人及數百頭大象的小型軍隊，其他軍隊則進攻小亞細亞地區的獨立希臘城邦，如帕加馬。安條克可能也曾出兵拜占庭。根據隨後與羅馬人的協商，安條克明顯認定拜占庭應隸屬於他。

面對安條克的挑釁，羅馬元老院以宣戰回應。超過四萬人的大軍在大西庇阿（Scipio Africanus，第二次布匿戰爭英雄）及弟弟帶領下，前往希臘。他們很快解決在希臘本土的安條克軍隊，便往北推進色雷斯，在拜占庭附近渡海前往亞洲。拜占庭人提供羅馬軍各項協助，根據李

---

6 普魯塔克（Plutarch），生於羅馬時代的希臘歷史學家，以《希臘羅馬名人傳》（*Parallel Lives*）等書傳世。

7 李維（Livius），古羅馬歷史學家，以《羅馬史》一書傳世。

8 作者注：《羅馬史》，第九卷，32:32。

維的紀錄，他們甚至派兵加入對抗安條克。

羅馬人對安條克送出清楚的最後通牒：自小亞細亞所有希臘城邦撤軍，否則後果自負；安條克選擇一戰。安條克戰敗後，被迫放棄在希臘、色雷斯與小亞細亞所有領土。西元前一八九年，羅馬人宣布這些區域的希臘城邦自由獨立，並再次撤軍返回義大利。

動亂的這幾年，拜占庭看來似乎能運用自身在羅馬與敘利亞強權邊界的地位，維持實際上的獨立。然而西元前一八九年後，它不只取得法理上的獨立，更如其他希臘城邦，獲得羅馬人保護。若任何拜占庭人曾反對此一情勢，也未曾留下紀錄。事實上，強制維持和平確保貿易通暢，似乎也讓拜占庭的商業活動蓬勃發展。西元前二世紀，拜占庭人對羅馬的態度，與小亞細亞其他希臘城邦，如以弗所和士麥拿[9]的態度相似，總體考量下，他們都是強烈親羅馬派。

然而在希臘本土，反羅馬派勢力占上風。羅馬官員經常被嘲弄，連街上頑童也不例外。羅馬人仍舊欽慕希臘文化，以希臘自由保護者的角色為傲，但也對希臘人感到不耐。西元前二世紀，羅馬人兩次出兵鎮壓馬其頓的希臘野心，最終將其納為行省。拜占庭在兩次戰爭中都支持羅馬，雖然多數南方希臘人站在馬其頓這一邊。羅馬元老院經常看到希臘人請求對抗好戰的希臘鄰邦，迫使羅馬成為無數爭端的仲裁者，兩邊都不討好。

西元前一四七年，斯巴達宣布脫離亞該亞同盟（Achaean League）。由於脫盟並非可能選項，因此同盟軍攻擊斯巴達，迫使位於馬其頓的羅馬軍迅速南返鎮壓戰事。為了維持和平，羅馬派遣元老院藍帶代表團前往科林斯，與亞該亞同盟成員會面。他們並未受到歡迎。反羅馬勢力帶領科林斯人在大規模抗議中，突破防護，暴力攻擊來訪的元老。為求保命，身著羅馬袍的元老奔過科林斯大街，兩旁居民就從二樓窗戶歡欣地將穢物傾倒在羅馬最受尊敬的人身上。元老們勉強逃過一劫。

希臘的歡呼笑聲還未散去，羅馬回應即至。西元前一四六年，大批羅馬戰艦抵達希臘海岸，穆米烏斯（Mummius）帶領四個羅馬軍團對抗亞該亞聯盟軍。輕易取得勝利後，進一步攫取科林斯。希臘人長久以來習於看到羅馬軍隊大步入城，但未料到這次並非以解放者身分前來。科林斯市民歡快踐踏羅馬大使的尊嚴，這不只是挑釁，而是宣戰行為。這是數十年來最新一起反羅馬的挑釁行為。羅馬人無奈決定，他們已經難以承受自由希臘的高昂代價，特別是希臘人自身並不珍惜手上的自由。

當戰鬥結束，塵囂稍定，穆米烏斯宣布集合所有科林斯市民，聽取元老院諭示。無疑許多希臘人期待羅馬再次宣示確認希臘自由，羅馬撤軍；然而穆米烏斯帶來一份非常不同的諭示：要求全體科林斯居民離城。城內所有珍貴藝術品移往羅馬後，科林斯將被夷為平地。群集的希臘人彷彿遭受雷擊，難以想像的厄運從天而降。經過半世紀時日，希臘人終於耗盡羅馬的耐心。科林斯城毀後，希臘被重整為幾個行政區域，由羅馬軍區支援。理論上，希臘仍維持獨立，但近在咫尺的羅馬軍力是另一回事。希臘人從此再也無法對彼此或羅馬宣戰。

羅馬人強加在希臘的和平維持了四百年，是史無前例的成就。對拜占庭人來說，羅馬平定希臘不只是好消息，更對博斯普魯斯海峽上的城市帶來重大改變。身為羅馬穩定的盟友，拜占庭獲

9 士麥拿（Smyrna），即今日土耳其第三大城伊茲密爾（Izmir）。

得元老院承認完全的獨立，同時更獲得獨家權利，可收取海峽的通行費與關稅。

科林斯城毀次年，羅馬元老埃格納提烏斯（Egnatius）抵達馬其頓，擔任新的行省總督。他立即下令建設一條羅馬路，提供橫越希臘，最終可通往亞洲的東、西快速交通需求。當時如同現代，羅馬人享有道路建設專家的美名。隨著羅馬帝國擴張，羅馬路蜿蜒穿過義大利，通往廣大世界。顛峰時期，羅馬路網總長將近二十五萬英里。如同現代美國跨州高速公路網，羅馬路有兩大主要目的。首先也是最重要的，提供軍隊和補給安全快速的運輸路線；其次，也是羅馬人民與盟邦交通商貿的動脈。

埃格納提亞大道（如後世所稱）是知名的阿庇亞大道（Via Appia）的東向延伸。阿庇亞大道自羅馬向南，終於義大利長靴鞋跟處的布林迪西港（Brindisi）。隔著亞得里亞海的對岸是底耳哈琴（Dyrrachium，今阿爾巴尼亞的杜拉斯，Durrës），正是埃格納提亞大道起點。自此，一條蜿蜒崎嶇的路徑穿越馬其頓山區，最後下降到佩拉平原（Pella），在塞薩洛尼基與愛琴海會合。由此往東，新的路線將連結海岸上主要希臘城邦，直到抵達色雷斯的奇普賽拉[10]。由於總長及地形崎嶇，埃格納提亞大道花了二十五年才完工，但即便如此也非完全底定。我們並不清楚羅馬人如何決定路徑，次要細節可能交由現場工程師決定。然而起點、終點及沿路主要城市應當是在羅馬定案。無論如何，我們看不出任何決定性因素讓奇普賽拉成為埃格納提亞大道的終點，因此當初可能無法決定，究竟要讓路沿著赫勒斯滂向南，指向亞洲渡口，還是指向東北方的拜占庭。最終，羅馬人選了後者。

埃格納提亞大道抵達拜占庭城門口那一日，必然舉城鼓舞歡慶。這條二十英尺寬的七百英里高速公路，讓拜占庭直通羅馬。對拜占庭商賈來說，埃格納提亞大道提供安全免費的路線，讓貨物穿越希臘，進入義大利與西方。博斯普魯斯海峽另一側，新的羅馬路也提供通往亞洲與東方的便利交通。自此時起，埃格納提亞大道成為一條極度繁忙的大道。拜占庭港載運旅客居民穿越博斯普魯斯海峽的生意繁盛如舊，現在更開始產業化。拜占庭人已經掌控連結黑海與地中海的水道，此刻起更主掌歐亞之間唯一的陸路交通動脈，連結地圖的東、西兩側。世上沒有任何城市，即便是羅馬，處於如此有力的戰略地位。

拜占庭確實成為世界十字路口的城市。

10　奇普賽拉（Kypsela），今日土耳其 Ispana 附近。

第四章　毀滅與倖存

西元一九五年冬季深夜裡，數以千計涕泣恐懼的拜占庭人衝進金角灣的港口，爭先恐後想擠上停泊港中的船隻。船夫很快將船駛離碼頭，往港口鎖鏈前進。嘈雜聲中，鎖鏈降下讓船駛入博斯普魯斯漆黑翻飛的浪潮裡。今晚並非適合出航的夜晚。狂勁海風撕扯著船帆，海峽與馬摩拉海翻攪如狂亂沸騰的鍋爐，僅有閃電迸現一絲光亮。若有選擇餘地，沒人會冒險出海。但這一夜祈禱平安渡海的哭泣難民沒有選擇，因為羅馬人正勃然大怒，且朝拜占庭而來。他們遠比任何風暴更恐怖。

無人能預見驚恐之由來。數代以來，拜占庭與羅馬人持續維持絕佳關係。羅馬霸權在地中海的興起，從各方面來說，對博斯普魯斯海峽上的城市都是個好消息。羅馬軍維持區域和平，海軍掃蕩海盜與掠劫者。羅馬治世（Pax Romana）降臨世界，拜占庭商賈水手熱誠擁戴。羅馬對拜占庭的敵意其實與拜占庭人無涉，而是來自影響羅馬人及其帝國的深遠改變。

在羅馬體系中，根據加入帝國的方式，不同城市享有不同地位。長期支持羅馬的拜占庭享有最優厚的地位，稱為自由城邦。因此，只要不違反羅馬人民利益，拜占庭得以不受羅馬干涉，自行治理城市及周圍領地。拜占庭與羅馬的關係以條約訂定，羅馬保證護衛拜占庭，拜占庭則提供軍事支持及支付貢金（稍晚）。數以千計類似的安排，為地中海區域帶來前所未有的和平繁榮。拜占庭的市集與港口生機蓬勃，充滿來自文明世界各個角落的人群。西元前一世紀，拜占庭已控制色雷斯多數地區，包含附近的賽林布利亞，海峽對岸的迦克墩、克里索波里斯及俾西尼亞主要區域。這是一段美好時光。

當羅馬開始向東地中海擴張，共和國的政治經緯終於無法承受廣袤領土的壓力。畢竟共和政體是設計來治理城市，而非帝國。羅馬人試著填補漏洞，但最終政府開始崩毀，導致毀滅性的內戰。西元前一世紀，共和政體開始衰退，取而代之的是能控制軍團的不同元老／將軍。拜占庭支持任何一位能取得大權的將軍，例如提供軍援給蘇拉（Sulla）及龐培（Pompey）。西元前二七年，奧古斯都・凱撒（Augustus Caesar）成為羅馬帝國唯一的統治者，開啟全新的政府型態。共和國名存實亡，羅馬成為皇帝之都。

羅馬的改變對元老是個打擊，但行省與盟邦莫不歡迎重啟和平。根據羅馬史家塔西陀（Tacitus）的記載，拜占庭提供奧古斯都及其繼承者許多服務，「能提供這些服務，是因為（拜占庭人）所占據的區域，便利這些將軍與軍隊的陸、海通運，同樣也利於運送補給。」[1]當半獨立的色雷斯王國在西元四六年反叛羅馬時，拜占庭遣送軍隊協助平變。隨後色雷斯變成羅馬行省，拜占庭仍舊維持獨立。克勞狄一世（Claudius I）皇帝感謝之餘，甚至讓拜占庭減免支付五年貢金。

接下來的一世紀，拜占庭人持續享受榮景。然而，樹立羅馬威權代表拜占庭開始失去一些外圍領地。在某個時間點，也許在奧古斯都治下，俾西尼亞成為羅馬行省。西元一〇〇年，圖拉真

（Trajan）皇帝將拜占庭納入此行省，雖然仍維持自由城市的地位。這是羅馬帝國的黃金時代，廣大版圖從蘇格蘭延伸到波斯灣。羅馬財富為帝國境內的城市建立基本生活水準，羅馬人致贈各地許多神殿、花園及其他設施。拜占庭也不例外。可能在一一八年定居拜占庭的哈德良（Hadrian）皇帝下令興建大型水道，為市內成長的人口提供清水。這是一項大型計畫，包含興建一座跨越拜占庭第三及第四山丘的巨大水橋。經過後世改建與整修，此一建物即為俯視現代伊斯坦堡的「瓦倫斯水道橋」（Aqueduct of Valens）。羅馬都市生活需要大量清水，用於美化並為都市降溫的噴泉、提供市民清潔及豪華聚會所的公共浴場。此時拜占庭擁有至少兩個浴場，一個是阿基里斯，另一個是宙西普斯。兩個浴場可能都在哈德良時期擴建美化。

長期和平繁榮導致羅馬帝國的城市多半忽視，或乾脆廢棄防衛；然而拜占庭從未放棄。由於策略位置，拜占庭非常注重城牆防衛。事實上，城牆幾乎是拜占庭人的執念。他們的傳奇陸牆以巨大切割石塊及鐵板完美構成，看來幾乎成為一體。根據拜占庭的狄奧尼索斯[2]記載，城牆向內陸延伸三點五英里，並圍繞所有海岸線。巨大鐵鍊橫越金角河口，抵禦外來船隻入侵。城牆上設有二十七座哨塔，防衛軍可據此攻擊入侵者。一方面，我們得知城牆蜿蜒興建，可從哨塔對入侵者採取側翼攻擊，確保幾乎不可能由陸地正面大舉進攻。兩道主要城門，一道通往埃格納提亞大

1 作者注：Tacitus著，John Jackson譯，《編年史》（*Annals*，哈佛大學出版社，一九三七年），第四卷，頁六二。

2 拜占庭的狄奧尼索斯（Dionysius of Byzantium），西元前二世紀的希臘地理學者，以描繪博斯普魯斯海峽沿岸及拜占庭城的地理著作傳世。

道，另一道通往大海，中間夾有七座哨塔。根據卡西烏斯[3]的記載，哨塔間甚至可以「傳話」。

> 若接近第一座以外的任何（哨塔），它們是安靜的。若在第一塔大喊或向其投擲石塊，不只會產生回音並「說話」，更導致第二塔也同樣發出聲音，塔塔相傳，直到第七塔。它們的聲音不會互相干擾，而是依序從前塔接獲聲響後，再發出聲音往後傳遞。[4]

拜占庭人以其城牆防衛為傲，並相信能抵禦任何攻擊。此一信心在西元二世紀末受到考驗。此時的羅馬帝國開始衰弱。當強大皇帝能穩定掌控軍隊與中央政府時，帝國呈現一片榮景。但若皇帝勢衰，則帝國掌控趨向不穩，整個系統就會崩盤。每位將軍都是潛在皇帝人選，擋在帝國權柄與自身之間的，就是現任皇帝。羅馬中央一旦衰弱，立刻在各行省引發帝國權力競逐者的內戰。

拜占庭向來閃避這類權力鬥爭，畢竟讓羅馬人解決自己的問題，比較安全。無疑地，西元一九二年當精神不穩的康茂德（Commodus）皇帝被菁英羅馬禁衛軍（Praetorian Guard）暗殺時，這是拜占庭人的想法。雖然禁衛軍成立目的在於捍衛皇帝，卻逐漸腐敗。禁衛軍領袖自認為造王者，確實也是如此。康茂德被暗殺不久後，禁衛軍隨即擁立羅馬城執政官佩蒂奈克斯（Pertinax）登基為帝。他即位後立刻發動一連串改革，其中威脅禁衛軍龐大利益。當佩蒂奈克斯拒絕支付禁衛軍擁護他登基的回報時，他隨即遭到暗殺。此後禁衛軍拋開一切表面掩飾，軍頭開始將帝位拍賣給出價最高的人。其中之一的尤利安努斯（Julianus）以最高價承諾，成為新一任凱撒。

尤利安努斯在羅馬及帝國各處，都深受厭惡。因此西元一九三年，人民走上羅馬街頭，要求元老院召回頗得民心的敘利亞總督奈哲爾（Niger）成為皇帝。奈哲爾在位於安條克城的總部接受羅馬人民的提名。他開始穿越帝國東部各省，取得各地總督與主要城市的支持。一切底定後，他計劃航向羅馬，與妻子會合，登基成為新帝。

然而另一位在多瑙河前線的羅馬將軍卻出手干預。上潘諾尼亞行省（Pannonia Superior）總督塞維魯（Severus）此時已觀察首都情勢一段時間，尤利安努斯民心向背正是他攫取帝國寶座的良機，然而東方的奈哲爾迅速接受提名，威脅著要將這扇門關上。塞維魯必須迅速行動。運用一點施壓及許多承諾，多瑙河軍團宣示支持塞維魯登基。身在西方的塞維魯在奈哲爾出海之前，就進入羅馬。不費一兵一卒，羅馬接納塞維魯為帝。登基後，塞維魯推動比佩蒂奈克斯更尖銳的改革；取代尤利安努斯後，他下令處決所有參與佩蒂奈克斯暗殺事件的羅馬禁衛軍，並開除其他成員。接著逮捕奈哲爾的家人，要求這位皇帝候選人放棄帝位野心。

如同每個東方人，拜占庭人傾向奈哲爾。雖然我們對他所知不多，但他的綽號「公正者」說明他為何贏得人民支持。然而，奈哲爾手上控制的軍力不及塞維魯。若希望奪回帝位，他就必須快速行軍，對塞維魯的歐洲軍團取得迅速且決定性的勝利，以期瓦解新皇帝的政軍支持。對奈哲爾的亞洲軍團來說，進入歐洲的關鍵就是色雷斯，而進入色雷斯的鑰匙是拜占庭。塞維魯也很清

---

3 狄奧・卡西烏斯（Dio Cassius），古羅馬政治家與希臘歷史學家，以八十冊古羅馬歷史傳世。

4 作者注：Dio Cassius著，Earnest Cary譯，《羅馬史》（*Roman History*，哈佛大學出版社，一九二七年），第七十五卷。

楚這一點。

眼見大批對戰軍隊向自己城市邁進，將決定整個帝國命運，對拜占庭人來說必定坐立難安。當羅馬鬥爭遠在天邊時，維持謹慎中立並非難事；但若在自家門前開戰，想冷眼旁觀又是另一回事。出於必要，奈哲爾兵臨城下時，拜占庭人獻上支持。奈哲爾無疑承諾擊敗塞維魯後，將賜予大批獎賞。若他不幸兵敗，也還有難以攻克的城牆。

塞維魯的前鋒軍駐紮在希臘城市佩林蘇斯，拜占庭以西七十英里處，馬摩拉海北岸。奈哲爾快速出兵攻擊佩林蘇斯，並擊敗塞維魯軍。帶著勝利喜悅，奈哲爾軍返回拜占庭，並宣布以此為歐洲的軍事總部。然而對塞維魯來說，真正的戰鬥尚未開始。從羅馬沿著埃格納提亞大道東進，穩定佩林蘇斯後，他派遣許多軍團跨越赫勒斯滂，進攻小亞細亞。奈哲爾也派出軍隊反擊，防衛馬摩拉海南岸。戰線由此劃定，拜占庭身處風暴核心。奈哲爾了解到自己軍力不足，遂從拜占庭派遣特使，向塞維魯議和。若塞維魯願撤軍，則奈哲爾同意將帝國一分為二，塞維魯將擁有西方一半的領土。塞維魯雖拒絕，但也提出議和條件：若奈哲爾立刻投降，性命可保。奈哲爾自然拒絕。拜占庭情勢一觸即發。

西元一九三年秋天，雙方軍團核心在馬摩拉海南岸的基濟科斯交戰，塞維魯軍隊取得上風。他們快速向東北方前進，希望將奈哲爾圍困在拜占庭。然而差臨門一腳，奈哲爾前腳就逃往尼西亞（Nicaea）重整軍隊。塞維魯留在佩林蘇斯的軍隊，未能在拜占庭抓到奈哲爾，遂要求拜占庭投降，卻遭到拜占庭人拒絕。塞維魯軍因此從陸、海兩路圍攻拜占庭。

歷史學者長久以來始終不解，為何拜占庭人對奈哲爾如此死忠的擁護。基濟科斯之役後，許多原本支持奈哲爾的城市，轉投塞維魯。一九三年十二月，塞維魯的軍隊在尼西亞擊敗奈哲爾後，更多城市倒戈。當奈哲爾軍取道托羅斯山脈（Taurus）後方逃往安條克時，看來似乎他永遠也無法兌現給拜占庭的承諾。拜占庭人的抗戰為何無法避免？無論如何，拜占庭持續抗爭。即便當整個帝國已經落入塞維魯手中，月復一月，拜占庭仍拒絕臣服。尼科米底亞（Nicomedia，今日伊茲密特，Izmit）已經投降，其他數十座城市也迅速跟進，包含敘利亞的泰爾（Tyre）。一九四年初，埃及也向塞維魯輸誠。同年五月，最後決戰在敘利亞的伊索士（Issus）上演。塞維魯再次獲勝，迫使奈哲爾逃往安條克，並在此打包欲逃往安息帝國[5]。奈哲爾在出城路上被俘斬首，首級送往拜占庭。拜占庭仍舊不屈服。

腐爛的奈哲爾首級高懸在拜占庭城門外立竿上，證明拜占庭的抵抗並非期待奈哲爾酬謝。一定有更重要的原因影響他們的決定，是今日無法清楚得知的。卡西烏斯當時有個朋友住在拜占庭，暗示拜占庭人單純認為他們的城市堅不可破，不只是因為地理位置，更因為深受崇敬的巨牆。塞維魯的圍城軍從未能對拜占庭本身發動有效攻擊。受阻於金角灣上的巨大鐵鍊，羅馬船艦只能攻擊博斯普魯斯海峽及馬摩拉海沿岸的海牆。此地海流甚強，因此難以帶來實質破壞。如卡西烏斯所言：「簡言之，博斯普魯斯海峽對此地居民來說是一大天險，無庸置疑任何進入海潮者必無法避免被拋擲上岸。對盟友而言最有利，對敵人最羞辱的天然條件。」[6]

5 安息帝國（Parthian Empire）又稱帕提亞帝國或波斯第二帝國，存在於西元前二四七至西元二二四年。

6 作者注：《羅馬史》，第七十五卷。

塞維魯軍團同樣無法接近拜占庭的陸牆。除了巨大體積及許多哨塔，城牆上配備許多投擲各種武器的機械。卡西烏斯形容這些令人生畏的設置（其友人所設計）包含兩大類。第一類可在短距離投擲大石塊及粗樹幹，破壞任何人接近的妄想。第二類則包含各種機械，可以強力發射箭矢及石塊，攻擊遠方的敵人。遠近相輔相成，這些防禦措施讓敵人寸步難行。羅馬人的策略是切斷拜占庭進出通道，等待餓昏的拜占庭人開城投降。

這是一場漫長的等待。拜占庭是個富裕城市，願意支付高額代價給敢冒走私風險的商人。當羅馬人壓制夜間走私，拜占庭人又想出另一套取得糧食的計畫。金角灣對岸及南側是羅馬軍團及指揮官補給船的臨時港口，在黑夜掩護下，拜占庭潛水夫結隊游向停泊在此的商船。他們安靜地潛入水下，尋找滿載船隻，割斷錨繩，然後將大型鉤具打入船殼。鉤具綁上強力纜繩，另一端繫於城牆上的絞盤。信號發出後，城牆上的絞盤開始轉動，商船就會安靜滑過水面，航向拜占庭岸邊，貨物很快清運上岸。根據卡西烏斯的記載，此一做法成為常態，以至於部分商賈直接將船停在最容易遭劫持的地點，因此他們可在不觸怒羅馬天威下，販售貨物。當然，這項做法最後也為羅馬人發現並壓制。

內戰結束，塞維魯成為新的皇帝，忙於帝國東方前線事務。然而拜占庭人持續抗爭。當然他們並不認為孤身能敵羅馬權威。我們只能假設，當時拜占庭並未提出投降條件。拜占庭是奈哲爾最後也是最惱人的支持者。塞維魯要他們付出代價。塞維魯確實對奈哲爾支持者採取嚴厲報復政策。倒向奈哲爾的城市被褫奪許多特權，例如自由城市的地位。提供資金給奈哲爾的個人，不論是給他的合法稅金或貢金，都被迫支付四倍罰金給塞維魯。羅馬多數元老的財產都被沒收，許多從未自願支持奈哲爾的羅馬人，被處叛國。塞維魯當然也處決了奈哲爾的家人，並沒收所有財產。塞維魯會如何對待曾是奈哲爾歐洲總部，直到最後仍忠心耿耿的拜占庭呢？

難以逃避的結論是，不論理由為何，拜占庭已經錯失轉投的機會，現在塞維魯必須殺雞儆猴。所以拜占庭圍城持續不斷。守衛者只能寄望帝國其他地方發生新叛亂。這並非不切實際，在這段混亂歲月中叛亂是家常便飯。不列顛總督阿爾拜努斯（Albinus）當時正試圖取代羅馬的塞維魯。但經過兩年半圍城，拜占庭已經沒有時間和補給。為了維修船隻，人民拆房取材。婦女剃光頭髮，編織急需的繩索。由於投擲機缺乏火力，市民拆除劇院取石，甚至以沉重的神殿銅像裝填發射器。更令人擔憂的是食物匱乏。情況甚至糟到有人開始以煮過的皮革果腹。這是西元一九五、一九六年冬天，盡頭將至。

出逃是唯一答案，但在羅馬軍四面環伺下並不容易。因此這一夜，當狂亂風暴捲起，多數居民做出拚死的決定。帶著疲倦與淚水，他們塞進船隻，航向馬摩拉海黑暗致命的驚濤中。風暴如此強烈，羅馬人除非瘋了，才會緊追不捨。他們的出逃純粹是絕望之舉，僅有少數人得以倖存，但留下的人並沒有比較幸運。疾病與饑荒橫行，活人以亡者屍體果腹。拜占庭曾是享樂的富庶之城，如今卻變成令人驚駭的恐怖之地。

數週後，在另一場強烈風暴中，數千名拜占庭人決定再次冒險出海。然而港口僅剩一小部分城中的船隻，滿載急迫逃生的居民及微薄財產。超載的船隻搖搖晃晃出海，迅速為風暴傾覆，或被羅馬軍艦衝撞翻覆。留在城中的人整晚都聽到同胞的尖喊悲鳴。根據卡西烏斯所言：「第二天居民受到更大的恐怖驚嚇，當波浪逐漸平靜，整個拜占庭周圍海面遍布死屍、船隻殘骸及血水。

許多恐怖肢骸被沖到城邊岸上，因此整起災難對人們的影響比實際程度更大。」[7]將近三年的抵抗，驕傲城市的最後居民在降旗之下步出城樓。

倖存的士兵與政府官員集合之後，被迅速處決。其他市民失去所有財產，許多人被賣入奴隸市場。他們悲苦地看著軍團摧毀偉大城牆。「（塞維魯）給居民最大的打擊莫過於摧毀城牆，讓他們失去任何人看到城牆時所享有的光榮與榮譽。」最殘忍的一擊，是將拜占庭廢墟交給敵對城市佩林蘇斯管理，後者視其為病態依附的小村莊。在數千英里外的兩河流域，塞維魯皇帝收到拜占庭陷落的報告。他開心大笑並告訴將軍，今天真是美好的一日。

對拜占庭的仇敵塞維魯來說，拜占庭的命運不過是恰如其所。然而，拜占庭的位置依舊關鍵，不能棄置。隔年，西元一九七年夏季，皇帝巡視遺址，並宣布在此建立一座新的羅馬城市。為了重建拜占庭，塞維魯花了跟摧毀此城相等的精力與資源。一年內，舊港口充滿載運切割石塊、糧食及大量酒類的船隻。拜占庭再次生機蓬勃，團隊不只重建舊城，甚至往西延伸。這不是拜占庭，而是一座新城市，以塞維魯的年輕兒子命名為「安東尼努斯」。這座城市將成為皇帝繼承者的堡壘。事實上根據部分資料，正是後世以卡拉卡拉（Caracalla）皇帝聞名的這位皇子，建議塞維魯恢復拜占庭的權利，並將其由佩林蘇斯治下獨立出來。

安東尼努斯城的建設是一件大工程，直到西元二一一年塞維魯去世仍未完工。戰後費力拆除的陸牆，歷經艱辛重建，甚至更往西延伸，從金角灣到馬摩拉海，橫斷整個半島。主要城門依舊面向埃格納提亞大道，非常靠近今日的千貝利塔（Çemberlitas）電車站。城門內的主要街道（梅塞大道，Mese）兩側立柱夾道，滿飾雕像，直通重新修建的四柱廊廣場。廣場四邊建有門廊供市集與聚會在烈日下有個遮蔭，可能有神龕、藝術品及噴泉裝飾著開放區域。廣場中央置有閃亮的赫利奧斯（Helios）雕像，他是古希臘的太陽擬人象徵。今日訪客仍可一窺置身古廣場的感受，其位置包含今日蘇丹艾哈邁特公園及聖索菲亞大教堂的西南側。廊柱環側的梅塞大道則在今日狄望優盧大道下方。

塞維魯的新城市將成為展示場，配得上羅馬皇帝身分地位的總部。破敗失修的宙西普斯浴場獲得整修擴建。對古羅馬人來說，浴場不只是清潔身體的場所，更是一種經驗，是廣場的延伸，市民的生活設施。宙西普斯浴場飾有鮮明壁畫、廊道及各種精美藝術品。塞維魯同時也關注羅馬生活中必須具備的公共娛樂。衛城東斜坡上的劇場與露天環型劇場被擴大重建；西坡上則蓋了新的體育場，面向成長中的城市中心。在衛城本身，塞維魯擴大政府建築群，並興建皇家行館。許多神殿獲得重建，我們也可假設增建了其他神殿。

此等規模的羅馬城市也需要一個競技場，讓市民觀賞戰車在長賽道上危險競馳。塞維魯規劃安東尼努斯城的競技場位於四柱廊廣場的西南角。寬大的東北－西南向賽道圍繞著中央骨幹，中央骨幹上設有更多雕像、紀念碑，可能也有噴泉及金字塔狀建築，用以明顯標誌出落後的參賽者。賽道兩側設有裝飾華美的石製高架觀眾席，可容納數千名觀眾。入口閘門設在東北方，遙遠的西南角則設有某種曲線疆界。由於西南角的地面迅速下切到接近海岸的平台，塞維魯的工程師無法在此設置觀眾席。這個競技場命名為賽馬場（Hippodrome），成為市民生活的核心，及居民

7 作者注：《羅馬史》，第七十五卷。

自傲的來源。今日我們仍可在蘇丹艾哈邁德清真寺西北角的艾特・邁丹尼地區（At Meydani），看到競技場的基本規劃。我們對於塞維魯時代的賽事所知甚少，但光是競技場的存在就足以讓安東尼努斯城躋身羅馬世界最大且最尊貴的城市之一。

塞維魯將拜占庭重建為安東尼努斯城，是該城首度大規模文化融合；大都會多元性此後也成為定義拜占庭的特色。出於羅馬人需求而建，安東尼努斯城卻是站在東、西方文化疆界上的混血。來自大拜占庭區域，數以千計拜占庭人與其他希臘人進城工作生活。此城不再是一個希臘城邦（polis），而是一個羅馬城（urbs）。希臘語不再是街頭、廣場或政府機關中唯一的語言。拉丁語大舉入侵，充斥這個拉丁人重建的城市。

拜占庭重建並非一項慈善之舉，而是清楚認知此城的地理位置，使其成為皇帝控制廣大帝國的潛在寶座。再一次，拜占庭險險逃過涉入下一場權力鬥爭的命運。塞維魯有兩個很像他的兒子。卡拉卡拉及弟弟蓋塔（Geta）之前就爭鬥不斷；他們的母親尤莉亞・多姆納（Julia Domna）則居中調停。但兩人成年後，調停之舉日益艱難。西元二一一年，塞維魯去世後，宣布兩子共治羅馬，但兩人均無法接受。眼見雙方陰謀叢生，尤莉亞建議兩分帝國，蓋塔統治東方，卡拉卡拉則統治西方。一開始雙方似乎都同意這項提案，羅馬仍舊是西方的首都，但卡拉卡拉宣稱安東尼努斯城／拜占庭為他的軍事總部。蓋塔則回應將基地設於迦克墩，博斯普魯斯海峽的正對面。兩位皇帝之間的巨大鬥爭將再次於拜占庭爆發。

然而，這次是卡拉卡拉的陰謀救了拜占庭。西元二一一年十二月十九日，他提議在母親的羅馬處所，與蓋塔會面，底定分治計畫。對談開始沒多久，忠於卡拉卡拉的羅馬禁衛隊持劍進入，衝向蓋塔。尤莉亞擋住去路，要求兵士立刻離開。數秒後，蓋塔的浴血身軀一動不動地躺在哭泣母親的懷裡。卡拉卡拉離去，成為羅馬唯一的皇帝。

卡拉卡拉的統治十分短暫。塞維魯病榻前曾告訴二子，務必確保軍隊歡愉，其他事務可不予理會。卡拉卡拉遵從建議，提高軍團的薪餉福利。為了支付軍費，他採取提升稅基的方法。西元二一二年，他下令羅馬帝國各地自由人民此後一律成為羅馬公民。此項命令完全掃除舊羅馬聯盟結構的最後殘跡，將帝國融合為同一政體，同時可以向所有人徵稅。就像其他地方，安東尼努斯城／拜占庭自此成為一個羅馬城市，充滿可徵稅的羅馬公民。此一情況將持續未來的十二個世紀。

卡拉卡拉統治後期並未大幅影響這個以他命名的城市。極度殘暴且逐漸瘋狂的卡拉卡拉開始相信自己是亞歷山大大帝轉世。為證明這一點，他將軍團打扮成希臘重裝步兵，進攻波斯。在屠殺數千名亞歷山大港居民，報復嘲弄他發瘋的諷刺劇後，卡拉卡拉向東進入波斯，處決了自己的迎親隊伍。最後在西元二一七年，卡拉卡拉在北敘利亞路邊小解時，被心存不滿的侍衛刺殺。很少人為他哀悼。在安東尼努斯城，拜占庭歡欣慶祝，公開將城名改回拜占庭。

當羅馬政府在內戰的重擔之下崩毀，北方的日耳曼蠻族開始入侵。前線岌岌可危，事實上許多地方防線已潰散。西元二五〇年代，蠻族部落之一的哥德人（Goths）攻下達基亞行省[8]，並大舉入侵黑海及色雷斯地區。突然間，貿易船不再由動亂北方前來，也少有商賈願冒風險北航經

---

8 達基亞（Roman Dacia）位於喀爾巴仟山與多瑙河之間，西元一〇五至二七一年之間為羅馬帝國行省，位於今日羅馬尼亞中部與西部。

商。缺乏穩定的貿易活動，拜占庭成為僅是征服者的過口，入侵者的十字路口。

西元二五五年，哥德海盜開始劫掠俾西尼亞與馬摩拉海沿岸城市。隔著博斯普魯斯海峽，拜占庭人可以看到這些恐怖船隻如何肆虐不習慣外來入侵的當地人。西元二五七年，哥德人劫掠迦克墩，但人數不足以威脅拜占庭。

然而十年後，哥德人帶著更大批軍力，約有五百艘軍艦，重回拜占庭。趁拜占庭人不備，哥德人占領港口，劫掠城市；但入侵者並無意久留。急著往新目標前進，再次出航的哥德人被巡航愛琴海的羅馬船艦擊敗。

羅馬人已無力護衛邊界的現實，難逃眾人之眼。當拜占庭人仍在清理市容，修整城牆之際，黑海地區更大規模的入侵正在醞釀中。

西元二六八年，入侵者帶著前所未有的壯盛軍容，入侵壓境。從博斯普魯斯海峽北望，整片海面上都是船艦，滿載充盈劫掠渴求的日耳曼戰士。若非如此致命，此景當頗引人入勝。蠻族艦隊總共約有兩千艘主要船隻，有些資料來源稱有六千艘。入侵者攻擊拜占庭及克里索波里斯，但並不清楚究竟是占領，或劫掠這兩城。可能因為天氣不佳，或拜占庭人有效反擊，蠻族在拜占庭折損許多船隻。日耳曼倖存者往南流散至愛琴海各處，以火與劍劫掠古希臘世界的核心。克里特、羅得島及賽普勒斯無一倖免。偉大的以弗所古城也遭劫，古代世界七大奇蹟之一的阿特米斯神殿付之一炬。最後，羅馬人在皇帝克勞狄二世（Claudius II）統合下，打敗入侵者。為紀念勝利，克勞狄在拜占庭的東點設置立柱，俯瞰他解放的海域。此立柱今日猶在。

當西元三世紀即將邁向尾聲，永恆的羅馬帝國陷入混亂。對拜占庭人來說，這是嚴重問題；

羅馬與拜占庭一榮俱榮，一損俱損。不待先知預言，拜占庭可能隨著將它拱上世界十字路口的帝國一同快速殞滅。

但事實上，這座城市的榮景才正要開始。

第二部

拜占庭帝國的君士坦丁堡，
西元三三〇至一四五三年

世上四十大富庶城市中，我自己也不認為何者擁有如君士坦丁堡的財富。如希臘人言，世上三分之二財富盡在君士坦丁堡，餘者則分散世界各地。[1]

——克萊里的羅貝爾，《君士坦丁堡征服記》[2]

見那泉水，神聖泉水，再次顯現！將帶來繁榮、喜悅與康健！[3]

——君士坦丁堡建城紀念日賽馬場誦讚歌謠殘篇

---

1 作者注：Robert of Clari著，Edgar Holmes McNeal譯，《君士坦丁堡征服記》（*The Conquest of Constantinople*，哥倫比亞大學出版社，一九三六年），頁一〇一。

2 克萊里的羅貝爾（Robert of Clari）是一名參與一二〇四年第四次十字軍東征攻占君士坦丁堡的騎士，來自法蘭克北部。他所寫的《君士坦丁堡征服記》，從一名普通士兵的視角記錄第四次東征從開始的艱辛到君士坦丁堡圍城戰的殘酷，是研究第四次十字軍東征和拜占庭帝國的重要參考資料。

3 作者注：Edwin A Grosvenor，《君士坦丁堡的賽馬場與倖存紀念物》（*The Hippodrome of Constantinople and Its Still Existing Monuments*，Sir Joseph Causton and Sons出版社，一八八九年），頁三四。

第五章　建立新羅馬

西元三二四年九月，兩位羅馬皇帝前來拜占庭，決定西方世界的命運。一如動亂時代常態，此類討論常以刀劍、盔甲與鮮血進行。拜占庭人已相當習於這類貨品。當羅馬帝國在前方吃緊與背後分裂的壓力下呻吟破碎，斷層線似乎總是在博斯普魯斯海峽的城市交會。

西元三二四年，交戰雙方是君士坦丁一世（Constantine I）與李錫尼（Licinius）皇帝。羅馬帝國擁有兩名皇帝是相對新近的做法。西元二九〇年代晚期，戴克里先（Diocletian）皇帝將帝國一分為二，兩邊各有一位皇帝（稱為奧古斯都）及一位副帝（稱為凱撒）統治，希望透過四人統治（稱為四帝共治），減少帝國朝廷外的將領，尋求挑戰帝位的誘惑。身為奧古斯都的繼承人，凱撒有機會與軍團建立連結，進而遏阻低階軍官叛變的狀況。這想法很傑出，但從未成功。幾乎從一開始，四帝共治就充滿內鬥與公開叛變。但因為缺乏更好選擇，羅馬人仍舊維持這個制度。

西方皇帝君士坦丁與東方皇帝李錫尼均透過戰爭取得帝位，然而君士坦丁卻是真正翻轉世界的異類。他是基督徒。耶穌基督的宗教長期在羅馬帝國和平時期中興盛，沿著羅馬道、乘著羅馬船、在文明世界各處的羅馬廣場與劇院裡，使徒傳播著福音。羅馬人一般傾向宗教盡可能多元並行，但基督徒不承認異教神祇或視其為惡魔，因此也不認同這個理念。西元頭兩世紀多數時候，基督教在羅馬世界廣大宗教體系中取得一席之地。然而從第三世紀開始，成長的基督教與衰弱帝國之間的衝突愈演愈烈，有時成為宗教迫害。

最後決裂在西元三〇三年到來，戴克里先皇帝下令查禁基督教，摧毀所有經典，焚燒所有教堂，所有基督徒不得集會或進行信仰活動。羅馬帝國似乎失去神的喜愛，並認為基督徒強烈拒絕接受異教神的存在，可能是基督教失寵之因。帝國各處的軍人搜捕處決基督徒，導致基督教遁入地下。多數地區嚴格執行皇帝命令，但在君士坦丁統治的不列顛及高盧，權力當局常睜一隻眼、閉一隻眼。當時君士坦丁尚未成為基督徒，但顯然對受迫害的教眾甚感同情。在帝國各處經常可以看到殉教者面對死亡時，內心深信將前往更美好所在。很難不被如此景象撼動。

君士坦丁與西方皇帝馬克森提烏斯（Maxentius）的內戰在西元三一二年爆發。一開始這場內戰並無太多特殊之處。然而當君士坦丁帶領軍隊穿越阿爾卑斯山，前往義大利的路上，卻感受到深刻的宗教體驗。在異象中他看到耶穌基督，給他兩個希臘字母chi與rho合一組成的符號「☧」[1]。藉著「基督」一詞希臘文寫法的頭兩個字母組成的符號，君士坦丁相信基督教的神已賜予他勝利。他下令將此符號繪製在所有軍團旗幟及盾牌上。當時必然是一幕奇異景象，羅馬軍團通常以鷹、蛇或神祇雕像裝飾旗幟。馬克森提烏斯對改變感到訝異，但仍決心不計代價取得勝利。

西元三一二年十月二十八日，世上最重大的戰役之一在羅馬北方的米爾維安大橋（Milvian Bridge）爆發。君士坦丁最終擊敗馬克森提烏斯，進入羅馬成為西方的新皇帝。他將這場勝利歸給耶穌基督，並立刻宣布改信基督教，他的家族也跟著改信。次年，君士坦丁與東方皇帝李錫尼正式廢止禁教令。幾乎一夜之間，基督教的命運有了戲劇性轉變。過去主要在文盲貧窮階級流傳、受人嗤笑的宗教，突然間成了帝國統治者的信仰。過去從未正眼看過基督教的權勢男女，現在也開始另眼相待。許多人改信並受洗。從統治初始，君士坦丁對於教會福祉甚為關心，在羅馬捐獻興建原始的拉特朗聖若望大殿[2]及第一座聖彼得教堂[3]。

君士坦丁與李錫尼和平共存一段時間，兩人也都選擇兒子擔任凱撒。但雙方都不是能共享權力之人。經過一些摩擦與條約協定，內戰在西元三二四年爆發。君士坦丁召集大軍，在基督羅馬旗之下出征，預備征服另一半的帝國。

李錫尼決意要在君士坦丁涉足小亞細亞前，擊潰對方大軍。如同過去許多皇帝，李錫尼以拜占庭為軍事總部，召集大軍，並將海軍駐紮在此。西元三二四年夏天，他派出艦隊前往赫勒斯滂，將君士坦丁之子克里斯普斯（Crispus）統領的海軍，擋在馬摩拉海之外。李錫尼則帶領約莫十六萬人的軍團，前往色雷斯的阿德里安堡[4]，等待君士坦丁。

---

1 中譯為凱樂符號，由ΧΡΙΣΤΟΣ（「基督」的希臘文寫法）的字首兩字X（chi）和P（rho）所組成的複合符號。

2 拉特朗聖若望大殿（Church of St. John Lateran）為天主教羅馬教區的主教座堂，羅馬主教（即教宗）的正式駐地，也是位於羅馬的四座特級宗座聖殿（拉特朗聖若望大殿、聖伯多祿大殿、聖母大殿和城外聖保祿大殿）中最古老的一座，享有全世界天主教會母堂的稱號。

3 舊聖彼得大教堂（Shrine of St. Peter）存於西元四至十六世紀，位於今日梵諦岡聖彼得大教堂位址上。

4 阿德里安堡（Adrianople）為哈德良大帝所建，位於今土耳其埃迪爾內（Edirne），鄰近希臘及保加利亞。一三六三至一四五三年期間，曾是鄂圖曼帝國的首都。

再一次，拜占庭成為帝國鬥爭的舞台。然而此次，不單將決定羅馬帝國的命運，基督教的未來發展也命懸一線。

在形勢上，李錫尼略占上風，他的陸軍與海軍戰力明顯高過君士坦丁。然而君士坦丁滿懷改信的熱情士氣，確信基督將引領勝利。在阿德里安堡，他擊敗李錫尼軍團，迫其逃回拜占庭的安全範圍。南方的克里斯普斯也帶領艦隊大敗李錫尼海軍，得勝航向博斯普魯斯。無力維持攻勢的李錫尼跨海回到迦克墩，試圖從亞洲召集更多軍隊。秋天接近時，君士坦丁與克里斯普斯率領滿載的數百艘軍艦，從克里索波里斯北方穿越博斯普魯斯海峽，迎上好整以暇等待的李錫尼。李錫尼增加軍力，在西元三二四年九月十八日與君士坦丁軍正面交鋒。再一次，君士坦丁戴著基督標記迎向勝利。完全被擊潰的李錫尼選擇投降，同意以平民身分安享餘年。君士坦丁自此成為羅馬帝國唯一的統治者（參見彩色插圖二）。

經過重大勝利，多數人期待君士坦丁將回到羅馬接受風光的勝利凱旋。但相反地，他帶著朝廷直接前往拜占庭，並在可見未來中，持續定居此地。由於童年時期住在四十英里以東的尼科米底亞，君士坦丁對這區域熟稔於心。經過多年輾轉於英格蘭、高盧及義大利，五十多歲的君士坦丁也許渴望藉機返回美麗的馬摩拉海。然而，更重要的是拜占庭的地理位置。身為東方與西方的皇帝，君士坦丁需要一個首都，能讓他快速反應兩個方向的需求。在情勢如此不穩的時代裡，拜占庭是個完美選擇。

此時，羅馬皇帝已習慣將行政中心定於羅馬以外的城市。塞維魯皇帝為了兒子卡拉卡拉，將拜占庭重建為一座華美的皇家行宮。君士坦丁意圖擴大這個計畫。西元三二四年十一月八日，群眾聚集在拜占庭的塞維魯陸牆外，君士坦丁與家族重臣盛裝出席歷史悠久的羅馬建城典禮。他們肅穆宣示，拜占庭將由西方世界霸主重新建立。異教祭司施行慣常儀式，基督教士也受邀祝福。皇室隊伍接著前往由壯碩公牛群拉動的祭犁。根據傳統，君士坦丁皇帝將駕馭祭犁，劃出城市的神聖疆域，亦即拜占庭新城的疆界。塞維魯重建拜占庭陸牆時，已向西推進四百碼，擴大舊希臘城邦的範圍。君士坦丁則由塞維魯陸牆持續向西，穿越開闊草原，推進一點五英里，劃下一道從金角灣到馬摩拉海的南北向溝渠。這並非修繕裝飾之舉，君士坦丁意欲將拜占庭城的範圍擴張四倍。這幾乎令人難以置信。祭禮結束後，新的城市正式定名為：君士坦丁堡，即君士坦丁皇帝之城。

重建拜占庭為君士坦丁堡的工程規模，在古代世界是前所未聞的。數不盡的船艦運來大群工程師、木匠、石匠及工人，以及建造偉大城市需要的原物料。塞維魯陸牆外的山丘平原一夜之間成為世上最大的工程基地。這個計畫將耗費數十年才竣工，由君士坦丁一手規劃新城藍圖。他意圖建造一座易於防守、資源豐厚的城市，成為羅馬帝國的行政中心。當然，羅馬城將永遠是帝國的首都，畢竟包括君士坦丁皇帝在內，無人能奪去永恆之城的王冠。然而君士坦丁堡將是永久的政府中心，君士坦丁皇帝與子孫的家鄉。

當城裡充斥著鐵鎚、鏈鋸及工人聲響時，西元三二五年，君士坦丁皇帝前往東南方五十英里外的尼西亞（今日土耳其伊茲尼克，İznik）。他邀請全帝國所有主教在此集合，召開自使徒時代以來第一次大公會議（Ecumenical council）。會中有許多議題需要討論，基督教不只受到禁教影響，內部也因為信仰爭議分裂。身為使徒繼承者，主教們在皇帝保護下集會，討論神學爭議，祈求聖靈指引，最終做出決議。君士坦丁皇帝參與儀式，但未直接參與討論或決議。尼西亞立下西方獨特的政教分離概念：身為皇帝，君士坦丁發現其權力屬於世俗事務。君士坦丁既非神父或主教，無法施行聖餐禮或判定信仰議題。只有大公會中的主教可以宣稱阿里烏派（Arianism，認為基督並非完全的神）為異端思想，他們也如此決議。身為世俗權威，君士坦丁則可以放逐阿里烏派信徒，他也確實下令放逐。

尼西亞大公會後隔年，君士坦丁與家族前往羅馬，慶祝即位二十週年。在歡慶活動中，君士坦丁卻發現一樁陰謀，又或者只是年輕妻子法烏斯塔（Fausta）與長子克里斯普斯（由妾所生）之間的不倫戀。無論事實如何，君士坦丁下令處以紀錄抹煞之刑（Damnatio memoriae），依法徹底抹除兩者存在的任何紀錄。西元三二六年，法烏斯塔與克里斯普斯在羅馬受審行刑。君士坦丁受夠了羅馬。如同過去的皇帝，他已經以各種紀念物美化城市，甚至造了自己的陵寢；現在他渴望將一切拋諸腦後。君士坦丁從此終身未再返回羅馬。

自君士坦丁童年開始，此時已年過七十歲的母親海蓮娜（Helena），一直是他最親近的顧問。君士坦丁近日才為母親加封「奧古斯塔」（Augusta）尊稱，等同「女王」。隨著克里斯普斯與法烏斯塔離世，君士坦丁愈加依賴海蓮娜。兩人決定君士坦丁應當回到君士坦丁堡監督工程。海蓮娜則前往耶路撒冷，因耶穌而神聖的城市。在耶路撒冷，海蓮娜慷慨耗資整修並建造新教堂。在耶穌基督誕生的洞穴上，多年前哈德良皇帝興建了一座阿多尼斯（Adonis）神廟。海蓮娜下令拆除神廟，改建新的教堂，花了六年時間才完工。在橄欖山（Mount of Olives）耶穌升天之地，海蓮娜興建了一座露天教堂。更著名的是她找出耶穌受釘十字架及復活的地點：各各他山

（Golgotha）與聖墓（Holy Sepulcher）。當地基督徒與猶太人都知道位置，先前的羅馬皇帝也很清楚。在許多虔誠羅馬人的憤怒中，海蓮娜下令移除哈德良皇帝在此興建的華偉維納斯神殿。工人在神殿下方不只發現各他山的岩壁及附近的救世主墳墓，同時還發現耶穌基督被釘的真十字架。十字架碎片後續被送往帝國各處教堂。海蓮娜下令在此興建兩間教堂，後世合為一間雄偉的聖墓教堂（Church of the Holy Sepulcher）。海蓮娜為君士坦丁堡及耶路撒冷兩城之間塑造長久連結後，再次返回君士坦丁堡。

接下來四年裡，君士坦丁持續忙碌建造新城。他親自督工新陸牆建造工程，在半島上雄偉橫亙超過一點五英里。巨人足跡已不可見，然而君士坦丁陸牆的存在將超越數個世紀。如同塞維魯及拜占庭前人所建，新的陸牆一樣有哨塔及貫穿牆身的巨大城門。北起金角灣的佩特里翁區（Petrion），就在今日阿塔圖克橋（Ataturk Bridge）西北方。城牆由此往南蛇行，在今日的蘇丹塞利姆清真寺（Mosque of Sultan Selim）及法蒂赫清真寺（Fatih Mosque）之間突出，接著大致沿著今日的歐古詹街（Oguzhan St.）、奇茲列爾瑪街（Kizilelma St.）與埃帖梅茲街（Etyemez St.）。靠近陸牆南端是一個大型典禮祭台，稱為黃金門（Golden Gate）。埃格納提亞大道由此進入城區，變成一條寬廣大道，這是皇帝凱旋接受歡慶之處。黃金門遺跡一直留存到十六世紀，但也消逝在歷史中。城門所在處靠近今日的濟澤列瑪大道（Zizelema Caddesi）與穆斯塔法帕夏長者大街（Koca Mustafapasa Caddesi）。無疑沿著牆還有其他城門，但我們只曾聽聞北方的多夫門（Polyandri Gate）。另一條大道由此入城，一路往西南，直到與埃格納提亞大道在後世稱為兄弟之愛紀念柱廣場（Philadelphion）之處交會。這兩條大道的交會點，是君士坦丁堡最重要，同時可能也是最繁忙的地點。廣場上兩座立柱俯視，屬於卡必托里神殿群[5]的一部分。立柱上鑲嵌四帝的斑岩雕像，每根立柱由兩位統治者環抱，因此廣場以「兄弟友愛之地」而聞名。這些雕像奇異地仍留存至今，鑲嵌在威尼斯聖馬可大教堂（Basilica San Marco）的外牆上。數個世紀以來，這些王者石像俯瞰著古老君士坦丁堡的兩條主要大道。

君士坦丁堡主要街道設計，是為了成為市民生活中心。所有街道都環以長列紀念廊柱，向上延伸兩至三層樓高，上覆以裝飾精美的木質屋頂，遮陽避雨。這些有頂廊道充滿談笑及商賈叫賣聲，商販在廊柱之間設立攤位。君士坦丁與繼承者在這些通道上大量飾以雕像、噴泉與明亮織毯。與其說是道路，毋寧更像商場，同時更是綿延數英里的廣場。行人可以通過這些廊道，當地希臘人稱之為「塞子」（emboloi），來回各地。但車與馱獸則不得駛上主街，只能使用數百條次要露天道路。埃格納提亞大道被稱為「梅塞」（中央之意），是裝飾最華美的道路。沿途廊道有多處間隔，穿越寬闊廣場後，廊道再次延續前行。如同珍珠般，沿著梅塞大道而設的都是君士坦丁堡的重要廣場。最大的是公牛廣場（Forum Tauri），寬敞面積約等於今日的巴耶濟德二世清真寺。

梅塞大道穿越舊拜占庭城的塞維魯陸牆後，沿途有更多華美藝品裝飾。我們可以想像隨著君士坦丁招募的大群石匠與建築工，當然還有數以千計的雕刻師及畫家，來裝飾他的新家。然而帝國沒有足夠藝術家來製作君士坦丁堡公共空間與私人宮殿所需的所有傑出藝品。四世紀的動亂對藝術工坊並不仁慈，導致人數與技術持續下降。因此，君士坦丁從地中海各地城市，奪取數千處古蹟內最好的藝術品，移到君士坦丁堡。年復一年，無數船隻在碼頭卸載許多紀念銅像及栩栩如生的大理石作品。這些都是傳奇藝術家，包含菲迪亞斯[6]與留西波斯[7]的作品。他們的新家確實豪華，但舊家卻明顯破敗。如當時的聖熱羅姆[8]所言，君士坦丁的新城剝光了羅馬帝國其他城市。

塞維魯城牆與新的君士坦丁陸牆之間的開闊丘陵與谷地，給了君士坦丁自由設計自己都市的空間。舊拜占庭城的最東端受限於既有建設，他很難施展身手。當然最精華的區域莫過於衛城區（現今的托卡比宮），高踞的原始希臘聚落仍舊俯視兩大洲與分隔洲際的水道。後世鄂圖曼蘇丹也有同樣眼光，這裡是建築皇家宮殿的最佳地點。然而在君士坦丁的時代，此處充滿異教神殿，是多數君士坦丁堡新市民崇仰的聖地。君士坦丁已因母親摧毀耶路撒冷神殿而受到批評，不過那些神殿畢竟是立在基督教聖地之上。但在君士坦丁堡沒有這個藉口。君士坦丁本人雖虔信基督，也未遺忘基督教此時仍是弱勢宗教。他興建教堂，但也支持國家宗教，同時毫無忌諱地運用希臘羅馬世界的神祇來裝飾他的新城。有論者曰，君士坦丁建設新城時，是以基督教版的異教羅馬為想像。大錯特錯。君士坦丁堡與台伯河畔的遙遠城市，同樣異教，同等基督。

從君士坦丁對拜占庭城的古老四柱廊廣場所做的華麗修飾，最能可見一斑。君士坦丁在此延伸並美化廣場的廊柱，新建兩座異教神龕，分別供奉瑞亞與提克。他的母親於西元三三一年去世

5 羅馬宗教以朱比特（Jupiter）、朱諾（Juno）及米諾娃（Minerva）為最高三位神祇，合稱卡必托里三主神（Capitoline Triad），侍奉三主神的神殿即為卡必托里神殿。

6 菲迪亞斯（Phidias），西元前五世紀，希臘古典時代的雅典雕刻家、畫師與建築師。

7 留西波斯（Lysippos），西元前四世紀，希臘化時代初期三大雕塑家之一，亞歷山大大帝宮廷御用雕塑家。

8 聖熱羅姆（St. Jerome），西元四世紀知名聖經學學者，曾於羅馬、君士坦丁堡及耶路撒冷修行講學，早期拉丁教會尊為西方四聖師之一。

後，傷心的皇帝下令在此豎立一根高柱，上頂巨大的奧古斯塔海蓮娜像。這座廣場此後便以「奧古斯塔廣場」（Augusteion）聞名，並持續做為古老市中心的公共廣場。今日，聖索菲亞大教堂廣場仍舊充滿活力，雖然多數都是觀光活動。自早期希臘村落時代開始，此處即為伊斯坦堡最古老的公共空間。

奧古斯塔廣場／四柱廊廣場以西，是古老的宙西普斯浴場。君士坦丁大幅擴建這座浴場，增建華麗的新廳堂，及一座飾有各式藝術品的戶外圍牆體育場。經過塞維魯美化，在君士坦丁主導下，宙西普斯浴場成為帝國最豪華的公共空間之一。後世科普多斯的克里斯托多羅[9]在所寫的《地方志》一書中描述君士坦丁堡，詳細記錄浴場中描繪神祇、英雄與知名男女的八十座雕像。

浴場西南方是君士坦丁堡賽馬場。君士坦丁也大幅擴建塞維魯開展的建設。賽道兩側的觀眾席架高，並增加後方與座位下方的走道。「卡西雷斯」（carceres）或「起始之門」以高聳大理石高層架構華麗裝飾，做為賽馬場的新門面，迎接所有行人。卡西雷斯頂端則是真人尺寸的雄偉戰車手青銅雕像，立於閃亮戰車之上，策動四匹駿馸。特別困難的是半圓觀眾席（sphendone）工程，在賽道尾端興建觀眾席的圓弧部分。由於此區地面快速沉降入海，塞維魯直接放棄在此進行任何建築。君士坦丁則下令沿著坡面興建一組複雜的地下結構，支撐賽馬場層的半圓觀眾席。竣工後，整個賽馬場建築一氣呵成，掩蓋地下層的巨幅差異。賽馬場總共可容納十萬名觀眾，是舊拜占庭居民的五倍之多。

雖然觀眾席早已消失，但走下納其班特街（Nakilbent Sokak）的山丘，還可以一窺半圓觀眾席的結構。結構之所以能存活至今，是因為半圓觀眾席為眾多當代建築提供地下支撐，包含馬摩拉大學（Marmara University）。蘇丹艾哈邁德清真寺西北方的艾特・邁丹尼地區的長型開放空間，也可一窺賽馬場遺址。比賽時，四位戰車手圍繞著中央骨幹，以急轉過彎及驚人碰撞，刺激觀眾。通常一場比賽裡，賽車繞著中央骨幹連賽七圈，總長約一點五英里。勝者將由皇帝或皇室包廂代表頒發月桂冠。皇帝與朝臣通常在華麗的皇室包廂中觀賞比賽；對多數市民而言，賽馬場是唯一可能見到皇帝的地方。在後續世紀中，群眾會利用機會宣訴憤怒。倘若未能獲得回應，他們可能會忘了比賽，變成一場毀滅性的市民動亂。（我們稍後將會看到。）

君士坦丁決心要讓賽馬場與羅馬大競技場（Circus Maximus）並駕齊驅。由於賽馬場沿著賽道長度興建，因此中央骨幹的美化對整體空間影響甚巨。一九二七年的考古發掘顯示，塞維魯已經在中央骨幹上建置好幾座噴泉。噴泉是競技場常見地景，不只華麗優美，更為觀眾席降溫。君士坦丁可能保留塞維魯的噴泉，也許還添加幾座。中央骨幹的矮牆還有兩處缺口，以裝設埃及方尖碑，如同羅馬競技場一般。君士坦丁已經運來一座斑岩方尖碑，但立在兄弟之愛廣場，頂端加置一個大型十字架。他顯然又下令從埃及運來一組古老方尖碑，卻未能在他死前抵達。

在方尖碑預定處及皇家包廂正對面之間，中央骨幹再次缺口，以置放德爾菲的青銅蛇柱。此件偉大藝術品是西元前四七九年波希戰後，由自由希臘城邦塑造，獻祭給阿波羅神。一體成型鑄造的立柱上由三尾巨蛇交纏，直上三十英尺，蛇首在頂部向不同方向開展，形成三足聖鼎的基

9 克里斯托多羅（Christodorus），西元五世紀末生於上埃及科普多斯（Coptos）的希臘詩人，《地方志》（*Patria*）一書描述許多古老城市的建立、歷史與古蹟。

部。根據希羅多德記載，同盟城市名稱銘刻於交纏蛇身的下層。君士坦丁下令將此知名遺跡由德爾菲移到賽馬場的典禮中心。君士坦丁雖然身為基督徒，但過去曾被視為太陽神而受到崇敬，難怪蒐羅這件阿波羅的知名紀念碑。青銅蛇柱雖遭兵燹破壞，今日依然佇立於一千七百年前君士坦丁立柱之處。在交纏蛇身下層，仍舊見證讓西方倖存的那場波希戰爭。

蛇柱絕非賽馬場中央骨幹上唯一的青銅雕像。事實上，雕像數量曾經多到讓後世觀察家難以一一羅列。這些銅像通常描繪勇士、神祇與動物；所有銅像可能都是從其他都市移置過來。其中之一是留西波斯製作的巨大海克力斯（Hercules）雕像。穿著獅皮的海克力斯展現出了解自己任務後的沮喪。雕像之大，我們聽聞一般人的皮帶僅能約略包住銅像的大拇指，海克力斯的小腿則與人身等高。與海克力斯一起分享中央骨幹空間的，還有一尊騾與驅騾人的雕像，過去是由羅馬帝國首任皇帝奧古斯都放在亞克興角[10]，紀念對馬克・安東尼的勝利。還有幾尊母狼雕像，喚起傳說中的羅馬建城者：羅穆路斯與雷穆斯（Romulus and Remus）。此外尚有河馬、大象、獅子與幾尊人面獅身像。其中一組描繪抓著毒蛇的雄鷹，欲從空中攻擊的景象；另一組則是河馬與鱷魚殊死決戰。

賽馬場西南側的皇家包廂直接連結宮殿群，後者就位於今日蘇丹艾哈邁德清真寺址上。這塊土地因地形向海岸傾斜，多數不屬於舊拜占庭城的範圍。然而沒有其他靠近市中心的土地更合適建築宮殿。史稱大皇宮（Great Palace）的宮殿群，緊貼在賽馬場東南側，讓皇帝居所與城市的公共生活和宗教核心緊密相連。賽馬場因此變成宮殿的一部分，是皇帝可以發布命令與接見子民的宏偉覲見廳。

如同期待，大皇宮的雄偉建築設計，意在驚豔訪客。在君士坦丁時代，大皇宮是一棟單一雄偉建築，含括現今蘇丹艾哈邁德清真寺址。儀典入口的查爾克大門（Chalke）位於奧古斯塔廣場北角。皇宮群向東北角延伸，占據廣場遠端，形成馬格瑙拉宮（Magnaura Palace），此處一開始用來舉行朝廷儀式及接見大使。主宮殿中有一個巨大王座，以珠寶鑲嵌的十字架為飾。宮內還有寬敞的侍衛休息區、數個議事廳、藏有真十字架遺跡的皇家教堂及寬闊的宴會廳。接下來的年代中，大皇宮將往下擴建兩層，最後直抵海岸線。

經過四年密集建設，拜占庭的城市風景已大不相同。現在它是君士坦丁堡，但君士坦丁堡也尚未完成。對任何仔細研究的人來說，明顯地，皇帝心中所想的建設遠大於一座皇家行宮。君士坦丁經常造訪戴克里先皇帝在尼科米底亞的舊宮，逃離鐵鎚噪音與川流不息的工人。相比之下，戴克里先的舊宮顯得渺小。君士坦丁真正的計畫一直到西元三三〇年春天才開始展現出來，他宣布竣工時將舉行四十日慶典儀式，歡慶君士坦丁堡啟用。雖然此刻離竣工仍有一段距離，但典禮場地已完成，這就夠了。

長久期待的一日，終於在西元三三〇年五月十一日到來。所有城市居民都前往賽馬場，參加異教與基督教祝福儀式，祈求上天賜予新城恆久恩惠。接著，在鑼鼓喧天、號角齊響下，皇帝與朝臣行列步出賽馬場，走下裝飾華美、廊柱環列的梅塞大道（今日的狄望優盧大道），人群隨

10 亞克興角（Actium），西元前三一年，屋大維在此打敗馬克・安東尼（Marcus Antonius），開創羅馬帝國。位於今日希臘西岸阿卡納尼亞（Acarnania）。

後。場面盛大的遊行隊伍，沿途走走停停，進行祈禱與演說。遊行路線並不長，今日可以在十分鐘之內走完。路線的盡頭，人們步出覆頂大道，進入寬敞的圓形廣場，周圍為雙層廊柱包圍。這是新的君士坦丁廣場，建於舊塞維魯陸牆外的小丘上。這裡過去是拜占庭古墳場。墳墓被遺忘，覆上無暇的石鋪路面，成為羅馬建築展場的一部分。廣場周圍廊柱地面層的拱門廊道中，飾滿真人大小的騎士青銅像。無數其他雕像點綴著開放空間，包含一尊巨大的希拉銅像。希拉銅像尺寸驚人，需要四頭公牛才能拉動她的頭顱。

群眾擠進廣場，塞滿開放空間，衝上迴廊二樓，爬上最近的屋頂。此一景象令人難忘，將長留君士坦丁堡市民心中達千年之久。君士坦丁偕同朝廷眾臣走向廣場上最重要的紀念碑。廣場正中央立著比人身還大的巨柱基礎，基礎之上的立柱，是以斑岩石鼓層層完美疊立，外以月桂冠形的強力鐵條緊箍。矗立於廣場，柱高超過一百二十英尺，裝飾華麗的柱頭上，立著本人三倍大的建城者君士坦丁皇帝的銅像（參見彩色插圖三）。雕像右手執矛，左手捧著圓球，象徵統治全世界。他的頭頂戴著七道光的王冠，不只連結太陽神赫利奧斯，更象徵神子耶穌。耶穌常被描繪成阿波羅，駕駛戰車拉著太陽橫越天空。這是深具巧思的選擇，同時喚起異教與基督教情感，並將君士坦丁置於兩者之間。然而，從許多方面思考，這也是再次獻城，甚至是再次建城。新城並未如數年前動土時宣稱，命名為君士坦丁堡。它有了另一個名字：「新羅馬」（Nova Roma）。

新名意謂如何？對新羅馬來說，有著各方各面的意涵。雖然位處人口較疏、相對落後的西方，羅馬仍是廣袤帝國的首都。從凱撒年代開始，羅馬人一直害怕領導人之一可能受到東方的財富繁華所誘而遷都。曾打過這主意的凱撒及馬克・安東尼失敗後，不受歡迎的遷都說逐漸淡去。

即使幾乎完全改變羅馬政府架構的戴克里先，也未曾改變羅馬做為首都的特權。君士坦丁卻做到了。西元三三〇年五月十一日奉獻新城時，就此宣示兩個羅馬、兩個首都。這將是永遠改變帝國與此城的驚人宣示。

此後一段時間，人民也許稱呼此城為「新羅馬」，特別是在皇帝左右。然而新名從未生根。君士坦丁去世後不久，羅馬政府也將城名改回君士坦丁堡。然而此城持續做為羅馬帝國的東都。就像鳳凰一般，博斯普魯斯海峽上的城市也從自己毀滅的灰燼中重生，更展榮耀。現在成為一國之都，帝國的統治者。

某個方面來說，建立羅馬帝國第二首都，是帝國權力分裂後的自然結果。畢竟，若有兩位統治者，是否也需要兩個權力寶座？然而，微妙多元的羅馬帝國仍舊與建國之都維持強烈聯繫，以至於羅馬幾乎無法與其他城市分享首都榮耀。只有君士坦丁如此強大且穩固的權力，得以推動第二首都的誕生。也只有羅馬這樣富庶的帝國，能負擔兩個首都的花費。更因伊斯坦堡位於完美的地理位置，才可能長久維持首都地位。

君士坦丁堡新地位最重要的象徵，可能是放在埃格納提亞大道盡頭，奧古斯塔廣場（前四柱廊廣場）以西的紀念碑。一度，埃格納提亞大道滋養古拜占庭城，與西羅馬帝國建立陸上連結，提升博斯普魯斯海峽的策略與利益地位，超越了南方的赫勒斯滂。如同所有羅馬路，埃格納提亞大道上也設置里程碑，顯示該地與羅馬彰示「里程零點」的雄偉金色里程碑（Milliarum Aureum）之間的距離。如同俗語「條條大路通羅馬」，當行者透過路旁里程碑結算行程時，特別心有所感。但西元三三〇年後，這個情況有所改變。在埃格納提亞大道盡頭，君士坦丁堡成為道路起點。事實上，君士坦丁堡成為羅馬帝國東部所有道路的起點，並以大型華麗裝飾的里程碑「帝國公路里程起點」為記。如同羅馬的金色里程碑，帝國公路里程起點上也刻注通往帝國所有主要城市的距離。其上建有繁複四塔門，以四座大型拱門支撐金色圓頂。圓頂之上有君士坦丁與海蓮娜雕像共同護持耶穌基督的真十字架。帝國公路里程起點附近區域也以皇帝騎姿塑像大幅裝飾，包含圖拉真與哈德良皇帝。任何親眼見證君士坦丁堡市中心此座雄偉紀念碑者，肯定不會錯漏其雄偉企圖。此刻，這座城市已是帝國中心，世界的中心。

第六章 受洗的首都

君士坦丁堡的改變令人震驚。三十年間，君士坦丁與兒子君士坦提烏斯二世（Constantius II）將人口兩萬左右的中等規模希臘城鎮，轉變成幅員廣大、擁有超過五十萬人的大都會。

君士坦丁對自己的首都有許多計畫，然而接近六十歲生日時，他知道在有生之年可能無法完成。但某些計畫比其他來得重要，特別當他開始考慮人生盡頭之事。身為數世紀以來第一位死後不會成為神祇的皇帝，君士坦丁仍然希望，引領自己邁向帝位的同一位基督，將迎他進入天國。雖然君士坦丁在羅馬已建有陵寢，但他仍執意葬在以自己為名的城市。由於晚年經常離城征戰哥德外族，他似乎下令建築師在嚴厲期限前，完成君士坦丁堡的陵寢建築。但建築師似乎不甚經心：竣工的陵寢品質堪慮，不過二十年間，進入陵寢已有安全疑慮。

這些長期結構問題在西元三三〇年代陵寢完工時，可能尚未浮現。陵寢建築在君士坦丁堡擴建範圍內一座醒目山丘上，非常靠近新城牆的北方大道出入門（今日為法蒂赫清真寺）。君士坦丁陵寢設計特別突出，與早期皇帝墓葬形式截然不同。君士坦丁的斑岩墓地設在一個大型圓圈正中央，四周由其他十二個墳寢圍繞，如同時鐘的十二個刻度。環繞的墳寢是設計用來埋葬十二使徒，雖然君士坦丁應該期待多位使徒會長眠於此，但若非全數石棺皆移來此處，則在可見的未來，可能只會安放象徵性的聖體匣（reliquaries）。例如，聖彼得的遺體已葬於羅馬，存放於一座君士坦丁興建的殿堂中；君士坦丁也未打算移動遺體。靠近王墓處，是進行彌撒儀式的祭壇。與陵寢相連的是一座雕琢繁複、獻給聖使徒的巴西利卡式教堂[1]。有論者言君士坦丁透過建築形式將自己與使徒相提並論。然而認識君士坦丁的主教與歷史學者優西庇烏斯（Eusebius）則記載，皇帝只是單純希望自己的遺體，能接近不凡宗教聖地將引來的諸多祈禱。

聖使徒教堂（Holy Apostles）並非君士坦丁在新城內建築的唯一教堂。兩座最重要的教堂位於舊城區內寸土寸金之處。雖然衛城區幾乎沒有空地，皇帝努力在南端擠進一座教堂。這座教堂名為「聖伊琳娜大教堂」（Hagia Eirene）或「神聖和平大教堂」（Holy Peace），直到另一座較大教堂完工前，一直做為君士坦丁堡主教堂。第二座教堂立於聖伊琳娜大教堂以南，奧古斯塔廣場以北。一座昂然巴西利卡式建築，被命名為「聖索菲亞大教堂」或「神聖智慧大教堂」。這些早期教堂皆已湮沒，但都是建立在現存版本同樣位址上。西元三六〇年，聖索菲亞大教堂落成，成為君士坦丁堡的新主教堂。

除了面對死亡的建築預備外，君士坦丁尚未完成靈性準備。雖然二十年前已改宗基督，但他迄今尚未受洗。在西元四世紀，這個情況並不像二十一世紀如此不尋常。基督徒相信受洗可以清洗罪人所有罪愆，不論是原罪或本罪。他們也相信受洗基督徒可以透過懺悔與認罪，獲得寬恕。但對於教會是否能寬恕如褻瀆或殺人之類的重罪，仍有爭議。其他則爭議何者屬於重罪。士兵打仗是否犯了謀殺罪？法官宣判死刑？這些神學爭議隨歷史推進將有定論，但在君士坦丁時代，不確定性自然衍生出對個人靈魂狀態的焦慮。出於這個理由，有權者經常拖到年老或瀕死之際，才接受洗禮。六十五歲的君士坦丁，終於開始準備受洗。然而，如同一切帝王生活起居，他希望自己的洗禮隆而重之。西元三三六年，他開始預備出征波斯，並計劃順途造訪耶路撒冷，像基督一樣，在約旦河受洗。

然而計畫趕不上變化。西元三三七年復活節後，皇帝染病。一開始他不以為意，前往附近的溫泉，以溫熱礦泉養病。然而病況持續惡化。既然熱泉未能改善，他前往海倫娜堡（Helenopolis，今日土耳其阿爾提諾娃，Altinova）的聖路濟亞[2]教堂祈求康復。此舉亦未應驗。了解到自己所剩時光有限，皇帝希望能死於心愛的城市，下令立刻將自己送回君士坦丁堡。在一路前往尼科米底亞的路上，圍繞著將士與祭司，裝飾華麗的車駕中，突然傳來醫生叫停的呼喊聲。皇帝無法再往

1　巴西利卡（Basilica）一詞源於希臘語，意為「王者之廳」，本是都市法庭或商場等豪華建築。古羅馬時做為公共建築形式，特點是平面呈長方形，外側有一圈柱廊，早期主入口在長邊，採用短邊的半圓形龕為聖壇位置。君士坦丁以此形式建築羅馬最早的聖彼得大教堂後，巴西利卡式教堂此後數百年成為西方教堂形式的典型。巴西利卡式教堂最前端被稱為「高壇」（chancel），是聖職人員的位置。會眾則在「中殿」（nave）。隨著有更多修士、詩班和聖職人員加入，教堂開始延伸高壇與中殿之間的「十字形翼」，教堂形成十字形，入口也從長邊移到短邊。從四世紀到十二世紀，十字形巴西利卡教堂成為西方基督教堂的主流，直到哥德式教堂興起。巴西利卡式教堂多將「高壇」朝東，但聖彼得大教堂則例外，聖壇位於西方。此一安排在君士坦丁時代教堂中並不罕見；讓初升陽光照耀站在聖壇面向信徒的聖職人員的臉上。

2　戴克里先皇帝迫害基督信仰時的基督徒，聖路濟亞（St. Lucian）向神奉獻她的童貞，拒絕和異教徒結為連理，並把嫁妝分送予貧者。

前行了。君士坦丁被盡可能舒適地放在小農舍床上，幾位隨隊主教來到床側，要求他盡速受洗。他告訴主教自己多希望能在約旦接受聖禮，但若這是主的旨意，他願意現在受洗。皇帝依舊保持樂觀心情，保證自己康復後，將過著對靈魂有益的良好生活。隨著永恆生命之水平緩流過頭頂，君士坦丁堡的建城者離開人世。

君士坦丁一世的遺體在淚眼與盛大儀式中，歸葬君士坦丁堡。他的兒子君士坦提烏斯主持葬禮，讓父親安息在圓形陵寢中，黃金圓頂下，飾有使徒形象畫作。這是場光榮典禮。然而儀禮結束後，君士坦提烏斯拭乾淚水，此刻重擔將落到他身上，那是父親未竟的建築宏業。這是一項艱巨任務，終其一生都未完成。年復一年，城市成長，高速建設的喧鬧中，市容活力十足。不久前仍是草坡或林木丘陵的地方，很快就覆滿街道、房舍與公共空間。君士坦提烏斯於西元三六一年去世時，五十年前其父劃出的陸牆內廣袤空地，如今已填滿城市建設。

君士坦丁堡令人震驚的擴張規模，需要建立大規模公共建設因應，然而今日我們幾乎一無所知。當然，食物供應是主要考量。此等規模的城市無法仰賴本地供應，需要穩定的穀物及其他食物運輸。對君士坦丁堡來說，這些主要都來自埃及肥沃的尼羅河三角洲，三角洲同時也供應飢餓的羅馬人。西元四世紀末，君士坦丁堡已設立二十家公共烘焙坊，每日提供八萬條免費麵包。光是食物運輸，每年就需要三千艘船次的貨運，都停泊在市區漸趨擁擠的港口。君士坦提烏斯在古碼頭區如博斯普里恩港及尼奧里恩港，興建新的貨倉與穀倉。然而一個擁有將近五十萬人口的城市，需要的貨品不只食物。根據最好的推估數字，君士坦丁堡隨時都有約五百艘主要貨船在碼頭區上下貨，這個數字將需要約兩到三英里長的碼頭作業區。拜占庭城的港口不足以應付這股流量。君士坦提烏斯因此下令在城市南區，馬摩拉海岸邊，開建一座全新、由圍牆分隔的港口。雖然今日已不可見，但索菲亞港（Sophia Harbor）的界線仍由今日卡迪爾卡・利米尼街（Kadirga Limani St.）劃定。新港口立刻生意興隆。

然而這樣仍然不夠。我們可以想像數百艘船無法停泊君士坦丁堡港口，被迫離岸泊船，或轉往附近港口等待空檔。接近四世紀末時，狄奧多西一世（Theodosius I）下令在索菲亞港以西，里卡斯河（Lycus）河口形成的天然港灣，建設一個大型新港。河流之上加蓋，深埋在君士坦丁堡地下，今日仍然奔流。這座新的狄奧多西港（或有時稱埃萊夫塞雷港，Eleutherios）吞吐量驚人，數百船次停泊，以及至少一英里的碼頭作業區。如同所有君士坦丁堡港口，此港今日亦不復存，但其位置就在今日的耶尼卡皮區。二〇〇四年穿越耶尼卡皮區的地鐵線及車站鋪設工程，揭露此港的驚人規模與流量。地層中發現無數沉船，讓地鐵工程不得不叫停。自此，耶尼卡皮考古挖掘成為歐洲最大規模的考古計畫之一，出土數十艘各式沉船，部分還載有完整貨品。其他發現包含幾百件船錨及數十具大型切割石塊，部分屬於君士坦丁所建的城牆。也許其中最具趣味的，是數千件日常生活用品，包含梳子、鞋子，以及為進出君士坦丁堡最大港口的不幸旅程而準備的簡單工具。

狄奧多西港解決了食物進口的問題，但未能解決日益升高的清水需求。五十萬人口需要大量清水，不只為了個人需求，還有汙水系統。在古代世界，文明都市生活需要奢華公共浴場及華麗的公共噴泉，這些設施裝點著古代都市地景。部分噴泉尺寸不大，但許多噴泉造型驚人，裝飾華麗的獸像向四面八方噴水。試想羅馬的特雷維噴泉（Trevi Fountain），雖是現代作品，卻由古水道供水。根據一般經驗法則，菁英城市的古羅馬人，每人每天約需二百六十五加侖清水（比較之下，當代美國人每天約使用一百加侖清水），乘以五十萬人，君士坦丁堡每日所需的清水量著實驚人。如同羅馬，君士坦丁堡也必須向城外遠處尋求乾淨水源，並建設廣大水道系統，將水送進地下及穿越谷地。一項大型水利計畫在西元三七三年完工，以當時瓦倫斯（Valens）皇帝為名。雖然現在很多人認為瓦倫斯水道橋只是穿越阿塔圖克大道的雄偉建築物，事實上它屬於一個複雜的水道系統，全長超過六十英里，連結伊斯特蘭加山脈[3]與巴爾幹山脈。

一旦被敵人察覺地點截斷供水，大型水道網絡可能變成策略風險。羅馬人以創意方式回應這項風險，在君士坦丁堡內開挖大型地下蓄水池，供應水井取水，並應付旱災或危機之需。其中最有名的是地下水宮殿，靠近古君士坦丁堡的帝國公路里程起點及奧古斯塔廣場。今日造訪這處寧靜空間，就像一步踏入另一個年代，遠離頭上土耳其都市喧囂。地下水宮殿的拱頂天花板由三百三十六支立柱支撐，集體撐持上方建築物。這個地下蓄水池容量達十萬噸，只是君士坦丁堡市內許多中型地下蓄水池之一。寧靜的立柱群由彩色燈光照射，伴隨著由上滴下的水聲，以其多元外形及設計而聞名。幾乎所有立柱都來自其他古老建築物。事實上，地下水宮殿雖為勝景，卻非設計來步行參訪，目前室內僅餘地面數英寸積水。現代觀光客嘆為觀止的立柱群，十幾世紀以來，皆深埋水中。畢竟，地下水宮殿的建設目的是為了蓄滿清水。

今日仍無法確定君士坦丁堡究竟建有多少地下蓄水池。已知者不滿一百，但未知者無疑仍有數千。數世紀以來，部分崩塌，部分移為他用，仍然有不少尚待發掘。在西元四及五世紀，它們的用途很簡單：儲存大量清水，供市民隨時使用及急難所需。地下蓄水池只是君士坦丁堡的儲水策略之一。此外還有至少三座大型露天蓄水池。四方形深池不只儲存大量清水，更為小型地下蓄水池提供基本過濾功能。露天蓄水池規模之大，以至於其中之一的埃提烏斯蓄水池（Cistern of Aetius），今日轉成足球場（即威法球場，Vefa Stadyumu）使用。

當君士坦提烏斯皇帝於西元三六一年去世時，君士坦丁堡許多方面，已實現其父君士坦丁大帝所勾勒的願景。拜占庭城成為君士坦丁堡。隨著都市改變，帝國同樣也在變化。沒有其他事物，比基督教驚人的崛起之勢，更能見證這股改變。過去曾被憎厭禁絕的低階民眾宗教，在短短數十年間，成為多數羅馬人熱愛的信仰。帝國各地興建了數以千計的教堂，君士坦丁堡的興建速度更是首屈一指。

羅馬帝國改宗基督教，代表著基督教異端也浮上檯面，成為重要議題。在西元三二五年尼西亞大公會中失勢的阿里烏派，於君士坦提烏斯與瓦倫斯皇帝時代，重新復活。兩位皇帝皆聘任阿里烏派基督徒為君士坦丁堡主教。阿里烏派認為基督比神略低一等，應視為某種半神，為神首先創造者。阿里烏派傳教士被帝國派往野蠻之地，吸收日耳曼哥德人改信阿里烏派基督教。而改信基督教正是瓦倫斯皇帝回應哥德人教眾請求，允許數千人進入羅馬帝國，定居巴爾幹的原因。然而哥德人在抵達之後，開始與管理移民營的羅馬掌權者發生衝突。最終，哥德人將憤怒發洩在恩人身上，攻擊鄰近的羅馬城市，並於西元三七八年在色雷斯的阿德里安堡附近，與瓦倫斯皇帝交

3 伊斯特蘭加山脈（Istranca）位於保加利亞西南部與土耳其歐洲土地之間，屬於巴爾幹山脈一部分，西接色雷斯平原，東臨黑海。土耳其段稱為伊斯特蘭加，保加利亞則稱史特蘭察山脈（Strandzha）。

戰。此戰這是數世紀以來，羅馬最慘烈的潰敗。哥德人剷平羅馬軍團，殺害瓦倫斯皇帝，並開始劫掠希臘。君士坦丁堡市民非常憂慮，然而因為希臘充溢許多更容易遭受攻擊的對象，哥德人沒必要強攻高度武裝警戒的首都。

瓦倫斯皇帝的東方帝位由狄奧多西繼承。身為西方人，狄奧多西被迫以武力突破哥德人肆虐的希臘，才能在三八〇年返回君士坦丁堡繼位。阿德里安堡之役後，西方的羅馬軍隊幾乎覆滅，狄奧多西必須雇用其他蠻族傭兵贏取勝利，最終再透過同盟條約與希臘的哥德人和解。狄奧多西接著宣布勝利，並凱旋君士坦丁堡。他決心要整頓帝國東方。

狄奧多西眼前最大的問題仍然是阿里烏異端。數十年來，這項爭議讓羅馬人自相殘殺，基督教統治者回拒尼西亞大公會決議，近期甚至導致阿里烏派皇帝邀請蠻族進入羅馬帝國，造成毀滅性後果。狄奧多西本人是尼西亞信經[4]的忠實信徒，先前已與西方皇帝格拉提安（Gratian）發布共同聲明，宣稱全體基督徒皆應信守尼西亞大公會的決議，因此放逐禁絕阿里烏派。狄奧多西進入君士坦丁堡後數日間，就罷黜首都的阿里烏派主教，以天主教徒取而代之。接著狄奧多西宣布新一屆大公會議，訂於次年在君士坦丁堡靠近宮殿的聖伊琳娜大教堂召開。這是首次在君士坦丁堡舉行的大公會議，其後將會有更多場會議在此舉辦。雖然君士坦丁堡在基督教發展中算是後進者，但因人口眾多及政治影響力，迅速成為羅馬帝國東方的信仰中心。

如同尼西亞大公會，數百位抵達君士坦丁堡大公會的高級聖職人員，理應代表各地基督使徒的傳承者。然而，事實上與會者幾乎都來自帝國東方。羅馬教宗達瑪穌一世（Damasus I）也未派代表與會。本次會議要處理的核心議題是阿里烏派，恰好是羅馬教會明確譴責者。由於會議擁有明確的帝王意志支持，決議得以獲得確實執行。東方各地的阿里烏派神職人員被驅離教會，以天主教神職人員取代。雖然後續東羅馬帝國仍有其他異端思想萌生，但此刻阿里烏派的問題已大致解決。

曾為（亦身兼）羅馬主教的教宗，不像他的東方同僚，會受到大公會議影響。至少目前看來是如此。阿里烏派從未在人口較少、基督化程度低的西方生根。然而君士坦丁堡大公會的神父群同時也關注另一件事務，這將恆久影響羅馬與君士坦丁堡的關係。自基督教發展初始，一般公認某些地方的主教享有較高權力。「都主教」（Metropolitan Bishop）如名稱所指涉，是在大都會教區設立的主教，其根源通常可以追溯至某位特定使徒或其門徒。此階級制度最高位者為三位「宗主教」（Patriarch），在尼西亞大公會中，將羅馬、安條克[5]與亞歷山大港三地的主教定義為宗主教。西元三二五年，這是羅馬帝國境內最大的三座都市，同時掌領周邊廣大區域。對大公會的神父們來說，更重要的是這三個教座公認由使徒之首——聖彼得直接或間接建立。耶穌基督交給彼得「綑綁與釋放」的特殊權力，以及「天國的鑰匙」（馬太福音第十六章，第十三至十九節）。這項權力進一步為使徒行傳（Acts of the Apostles）中的彼得行為所驗證，並在聖保羅書信

4　西元三二五年尼西亞大公會議最後的結論就是尼西亞信經（Nicene Creed），確定耶穌基督是與父神同質同體（homoousios），但未就此平息教會分裂。經過一百二十五年羅馬帝國東、西方教會的風風雨雨，尼西亞信經被多個大公教會確認為基督教信仰核心。今天，羅馬天主教會、希臘東正教會及改革後的新教都宣認持守信經。

5　天主教會傳統將此教座譯為安提阿（Antioch）。

（Letters of St. Paul）中確認。根據傳統，彼得為首任安條克主教，之後前往羅馬，成為首任主教（即教宗）。彼得在羅馬殉教，一般認為彼得的門徒馬可成為亞歷山大港首任主教。

然而，君士坦丁堡的建立攪亂了這個體系。西元三二五年，當君士坦丁皇帝與基督教領袖在尼西亞集會時，帝國只有小部分人口是基督徒，新首都也尚未建立。三八一年，當大公會在君士坦丁堡召開時，大多數羅馬人已成為基督徒。事實上，除了古老貴族家族、學者或鄉村農人外，我們很難找到古代異教的信徒。同樣地，君士坦丁堡不只成為帝國最大都市之一，也是新的東方政治中心。因此，君士坦丁堡主教不應與其他地方主教位階相等，平起平坐。此外，君士坦丁堡主教還是皇帝本人的牧者。君士坦丁堡大公會在決議中的第三條教會法，處理了這個問題：「君士坦丁堡主教在羅馬主教之後，亦享有首席的尊榮，因為君士坦丁堡是新羅馬。」

這條法規構成羅馬與君士坦丁堡此後數世紀鬥爭的最早源頭，至今仍未解決。透過奇妙精簡的文字，此條文提升了君士坦丁堡的地位，超過另外兩個古老教區（亞歷山大港與安條克）；且同時看似維護羅馬，實則貶低其權威。由尼西亞大公會定義的三位宗主教乃基於使徒傳統，特別是聖彼得的傳承。君士坦丁堡沒有任何使徒傳承。拜占庭從未出現於經典之中；甚至沒有任何初期基督使徒曾造訪過此。事實上，此城從未有任何顯著的基督信仰人口。君士坦丁堡大公會的第三條法規，聰明地將宗主教的權威奠基於羅馬的政治權威，而非聖彼得的傳承。法規中同時宣稱羅馬的地位在君士坦丁堡之上，不過僅出於「榮譽」，而非真正對教會事務有任何實質上的權威，但這卻是羅馬長期宣稱自己所擁有的。君士坦丁堡大公會決議的消息隨即傳到教宗達瑪穌一世耳裡，他批准了第三條以外的所有決議。達瑪穌一世堅持君士坦丁堡主教無權僅因教區位於新首都，就將自己提升於安條克及亞歷山大港之上。然而他的抱怨無人聞問。雖然許多世紀以來，西方基督徒持續反對，君士坦丁堡主教仍很快取得「大公宗主教」（Ecumenical Patriarch）的頭銜。君士坦丁堡已經是東方的政治領袖，現在也開始成為精神領袖。

到了西元三八一年，狄奧多西已可歡慶戰場成就，與天主教派基督教的勝利。有論者認為他將基督教定為羅馬帝國國教。事實上他並沒有，因為無此需要。他登基之前，羅馬帝國已經完全基督教化。相反地，狄奧多西與西方統治者所做的，是讓羅馬脫離任何形式的國教。自從共和國初期，異教信仰一直接受羅馬政府資助。到了四世紀末，這項做法已不合時宜。大型神殿僅為少數信徒或一群身兼公職的祭司維護整修。因此，狄奧多西刪除政府對異教信仰的資助。由於多數神殿都是公共資產，這表示它們將關閉、出售或交給基督教會使用。羅馬維斯塔神廟（Temple of Vesta）中的永恆之火獲准熄滅，年邁的維斯塔貞女院（Vestal Virgins）解散。一度興盛的異教信仰僅剩古老軀殼，成為傳統而非實務。狄奧多西僅僅決定不再資助異教，同時大力支持羅馬人民的新宗教——基督信仰。從此異教信仰僅止於新奇之事而已。

重大勝利需要相襯的紀念物，狄奧多西在君士坦丁堡發起數項計畫，以紀念這些成就，其中一項留存至今。此時賽馬場已營運數十年，幾乎週週都有固定賽車及其他公共娛樂活動。但西元三八〇年時，賽馬場在結構上仍明顯有所缺漏。君士坦丁在賽場中央骨幹上留下兩個缺口，預計要安放兩座埃及方尖碑。五十年後，缺口依然存在。羅馬人對埃及方尖碑深具熱情，不只因外形雄美，同時也是帝國版圖與力量的強大鐵證。埃及方尖碑由單一石塊雕刻而成，尺寸巨大卻非常脆弱。欲由埃及神殿搬動一根石柱，穿越沙漠，搭乘特別打造的駁船組，穿越地中海，然後在異地重新豎立，卻又不能有所損壞，是一件極度困難且昂貴的任務。為了新城，君士坦丁下令由卡納克神殿[6]遺跡搬運兩座方尖碑，到繁忙的亞歷山大港。它們可能在三三七年皇帝死後，才抵達港口。雖然兩座都是為了君士坦丁堡賽馬場而遷移，君士坦提烏斯二世卻要求將其中一座送往羅馬，並於三五七年立在羅馬競技場中。這就是今日的羅馬拉特朗方尖碑[7]，一五八八年時由羅馬教宗西斯篤五世（Sixtus V）遷移並以十字架裝飾。第二座方尖碑數十年來一直躺在埃及沙灘上，其重量難以偷竊，運輸費用又昂貴驚人。這座方尖碑甚至開始吸引一小群信徒，睡在尖端以期獲得神祕力量。

雖然君士坦丁繼任皇帝確有計畫將剩下的方尖碑送到君士坦丁堡，但羅馬帝國後期的動亂總是讓計畫停擺。狄奧多西也有其困難，但他似乎將此任務視為優先。狄奧多西登基十年後，西元三九〇年，方尖碑終於抵達君士坦丁堡賽馬場。這一路上似乎各種難題叢生。原本一百英尺高的方尖碑，抵達賽馬場時，底部的第三段卻失蹤了，因此只餘六十四英尺。之後君士坦丁堡執政官普羅克魯斯（Proclus）又花了超過一個月時間，才找出方法將巨大石塊吊起，放在預定的基座上。此一過程費力甚巨，因此基座以兩面銘文記錄，一面是拉丁文，另一面是希臘文。若您無法閱讀這兩種語言，提吊方尖碑的艱辛歷程也被栩栩如生地刻寫在基座下層的北面，供遊人憑弔。

這座偉大紀念物，是未曾陷落的羅馬世界中唯一的埃及方尖碑，同時自就定位後也未曾遷移。方尖碑坐落在四塊青銅包裹的石塊基座上，千百年來僅以碑體本身巨大重量，在原地屹立不搖，殊屬驚人。縱然岩石基座已經歷十六個世紀的風吹雨打、火災地震，上方的方尖碑體看來依舊如新，精美的象形文字浮刻，宣揚著法老王圖特摩斯三世（Tuthmosis III）的勝利戰績，即便這座方尖碑抵達君士坦丁堡時，已有一千七百歲。毀損嚴重但仍雄偉的基座，則為現今已完全消逝的賽馬場世界，打開了一扇窗（參見彩色插圖四）。基座四面都描繪著皇家包廂，皇帝與家族成員在此觀賞賽事。然而每面描繪著不同活動。在南面，皇室由榮譽衛隊及元老貴族簇擁；北方則刻畫賽事一景，展現下方觀眾揮舞不同色彩，聲援支持的賽車隊。西面則見蠻族代表匍匐於皇帝駕前；東方的皇帝站立著，預備為勝利者戴上桂冠，後頭伴隨一群演奏弦樂、號角及管風琴的樂隊。基座南側下方甚至描繪賽事進行的景況。這是真正驚人的藝術品，歷經許多世紀的公開展示後還能持續存在，更加令人震撼。

賽馬場豎立第一座方尖碑後帶來了新問題：第二支何時才會抵達？畢竟空間已經預留，如果只立一支，賽馬場景觀將難以平衡。然而，運載埃及方尖碑的日子已經過去了，對面臨多重挑戰的帝國來說，這個任務太艱難又太昂貴。因此可能就在此刻，第二支方尖碑以石塊組合而成，小

---

6 卡納克神殿群（Karnak）位於今日埃及尼羅河東岸的路克索（Luxor）東北四公里，此地為古埃及首都底比斯所在。整個神殿群興建始於西元前三二〇〇年的中王國時期，經歷一千五百年多位法老擴建，主體完成於新王國拉美西斯二世（Rameses II）時期，是底比斯地區最古老的神廟，主要供奉太陽神阿蒙。卡納克神殿因規模浩大揚名世界，神殿量體可裝下巴黎聖母院，聚落占地則超過半個曼哈頓城區。神殿中的百柱廳是地球上以柱支撐的最大殿堂，約有五千多平方公尺，立有一百三十四根石柱，分十六行排列，中央兩排特別粗大，每根高達二十一公尺，直徑三點五公尺，可容納百人於上並立。入口處仍立有女法老王哈特謝普蘇特（Hatshepsut）與父親圖特摩斯一世（Tuthmosis I）的方尖碑。

7 拉特朗方尖碑（Lateran Obelisk），現位於羅馬拉特朗・聖若望大教堂（Archbasilica of St. John Lateran）前，是世界上現存最大的古埃及方尖碑，高四十五點七公尺。

心建置以平衡埃及方尖碑。新製作的方尖碑外表覆以青銅片，在陽光下閃閃發亮。尖端上置有一球，在賽事中也可能充作日晷之用。如同另一座方尖碑，這座新建的方尖碑今日依舊俯視蘇丹艾哈邁德清真寺附近的開闊空間，往日榮耀雖已褪除，但仍舊閃耀動人。在其後的年月裡，皇帝持續美化賽馬場，增加雕像與噴泉。然而，隨著這兩座方尖碑到位，賽馬場已經完整。

狄奧多西同時也在這個成長中的都市留下印記，於西元三九三年興建啟用一座奢華的大型廣場。狄奧多西沿主要道路（梅塞大道），在君士坦丁廣場與兄弟之愛廣場間的空地，設立一處公牛廣場，此處可能用作牲畜交易市場。今日這個廣場部分做為巴耶濟德廣場（Bayezid Square），部分是伊斯坦堡大學校園。狄奧多西的新廣場是以羅馬圖拉真廣場（Forum of Trajan）為藍本，在當時以世界最大且令人崇敬的廣場聞名。狄奧多西決心要並駕齊驅。整個梅塞大道以北的廣場區鋪滿大理石，並飾以數十座雕像與各式噴泉，包含全城最大的寧芙女神噴泉（Nymphaeum Maius）。圍著廣場有許多美麗廊柱，其中一側是華麗裝飾的巴西利卡式建築。廣場入口處是一座巨大凱旋門，由三座相接拱門組成，紀念拱門立柱則雕刻成樹幹。當年是羅馬世界最大的拱門，即便今日，也可以在現代道路邊看到遺跡。廣場中央立有一根紀念柱，拔高近百英尺，以羅馬的圖拉真立柱為本。立柱頂端是狄奧多西的巨大雕像。如同圖拉真立柱，狄奧多西立柱充滿螺旋浮雕，描繪皇帝的戰爭勝利。此柱也同樣空心，在市街層開有一門，旋轉樓梯可通往頂端的觀景層。如同廣場上其他一切事物，此柱已不復存在，一五〇四年遭鄂圖曼蘇丹巴耶濟德二世推倒，殘餘石料被用作巴耶濟德浴場（Baths of Bayezid）的建築。二十世紀時，現代道路（歐都大道，Ordu Caddesi）拓寬重整時，露出浴場的部分基石。在此，當年狄奧多西麾下的士兵，幾世紀來守衛偉大廣場，終於再次重見天日。行人可以輕易在人行道及附近樓梯上看到他們。

狄奧多西是最後一位統治羅馬帝國全境的皇帝。西元三九五年，他死於米蘭，遺體歸葬君士坦丁堡的聖使徒教堂。帝王遺體轉移是帝國在西方快速沒落的惡兆，及持續存活於東方新都的象徵。羅馬確實將陷落，但君士坦丁堡將持續綿延一千年。

第七章　羅馬陷落後的東方

狄奧多西大帝雖在君士坦丁堡留下不可抹滅的印記，但也無能挽回羅馬帝國在他治下的頹勢。哥德部落依舊在羅馬軍隊主力駐紮的巴爾幹地區肆虐，同時更入侵帝國西半部。西元三九五年，狄奧多西去世時，將危難的羅馬帝國留給兩個兒子，霍諾里烏斯（Honorius）統治義大利，阿卡狄奧斯（Arcadius）則統治君士坦丁堡。阿卡狄奧斯獲得比較有利的區域。此時羅馬城充滿犯罪動盪，以至於霍諾里烏斯也像他父親，選擇以米蘭為王廷。四〇二年哥德人入侵義大利，他將西方的首都移到中型海濱城市拉文納（Ravenna）。這裡也是西羅馬海軍的主要港口。阿蘭人（Alans）的日耳曼系部族蘇維匯人（Suevi）與汪達爾人（Vandals）入侵高盧（今日法國）與西班牙，不列顛則處於叛亂中。四〇八年，哥德領袖阿拉里克（Alaric）帶領軍隊進入義大利，圍攻羅馬。兩年後，他占領永恆之城，暴力洗劫一空。這是八百年來，羅馬城首次被征服。

世界即將滅亡，或至少對帝國西半部的羅馬人來說，確實如此。即使對帝國東半部來說，羅馬之劫也難以承受。有些人不禁懷疑曾護佑羅馬帝國擴張的舊神明，發怒懲罰叛教的帝國。但即便如此，羅馬也未曾有過任何放棄基督教的認真考量。實際上，羅馬的新信仰提供了看待世紀大難的全然不同觀點。聖奧古斯丁（St. Augustine）在影響深厚的著作《上帝之城》（*City of God*）中，建議羅馬人應忽視地上之城的陷落，而專注在基督承諾的上帝之城耶路撒冷。堅忍不拔且始終忠實之人，將獲得豐厚回報。在文明經緯沉默崩潰的困難年代裡，這些話語提供人心撫慰。

羅馬遭受苦難的消息在市井中流傳，然而在君士坦丁堡，這也不過是閒聊話題，而非眼前的真實景況。位於帝國東部的政經文化中心，君士坦丁堡持續以驚人速度成長。不只繁榮市集與廣場上熙來攘往的人群難以想像帝國正處於困境；阿卡狄奧斯皇帝也是如此。他未曾試圖協助西邊的兄弟。國政任由朝臣與皇后艾莉雅・尤多西雅（Aelia Eudoxia）處理，阿卡狄奧斯多半在君士坦丁堡宮廷享受生活，或計劃興建屬於自己的廣場。他的廣場自然也建於梅塞大道沿線，在覆頂大道通往黃金門的南線上，位處今日的加拉帕夏區（Cerrahpaşa）。關於阿卡狄奧斯廣場，有時也稱為公牛廣場，今日我們所知不多。雖然該廣場比狄奧多西廣場的規模小很多，但阿卡狄奧斯決心要裝飾如後者一般的廊柱。問題是，這類廊柱上的浮雕多以興建者在戰場上的勝利為主題，而喜愛城市豪奢生活的阿卡狄奧斯卻少有戰功。無論如何，由於阿卡狄奧斯的朝臣先前曾驅逐、追蹤並屠殺一批駐紮在君士坦丁堡地區，由蓋納斯（Gainas）領導的哥德人，而這也算得上某種勝利，這則故事後來被延伸以裝飾廊柱。今日，阿卡狄奧斯設立的廊柱只剩下礎石，夾在現代建築物間，像一根被截斷的樹幹。

基於上述緣由，當霍諾里烏斯藏匿在拉文納沼澤時，阿卡狄奧斯正忙著建設廣場、參加賽事、舉行宮廷娛樂。當哥德人的火與劍肆虐羅馬街道時，君士坦丁堡的富饒大街上，眾人莫不忙著買賣，或在前往劇院、浴場或賽事的路上。

西元四〇〇年時，君士坦丁堡擁有三或四座劇院，以及至少一座露天半圓形劇院。全部是由國家出資，裝飾相當華美。中、低階層民眾特別喜歡默劇，相當於古代的情境喜劇。這些粗魯的低俗喜劇充滿誇張肢體，內容是以時事為主的粗俗幽默或黃色笑話。古羅馬默劇有時在台上演出性愛動作，但無法確知基督化的君士坦丁堡是否仍允許這類演出。厭惡這類粗俗表演的上層階級民眾則前往別的劇院，通常這些劇院展演大預算、製作華麗的啞劇，配以完整樂隊，戴上面具的演員載歌載舞，但沒有性愛場面。至於露天劇場，傳統上羅馬人在此進行角鬥士對決或與野獸相搏。但這類露天劇碼在帝國東部未曾大受歡迎，即使在羅馬也在基督教觀眾的反彈下，逐漸失去民眾支持。因此，我們目前仍無法確知君士坦丁堡的露天劇場究竟提供何種節目。

然而，在君士坦丁堡，沒有任何劇院比得上雄偉的賽馬場。賽馬場就像市中心宮殿區域的寶石，這座壯觀的競技場可容納十萬名觀眾，且通常座無虛席。這裡經常也是城裡的會面地點與覲見廳，群眾在此聚集，偶爾可向現身皇家包廂的皇帝陳情。戰車賽在希臘化的東方長年受到歡迎。賽車手會接受高度專業訓練，組成團隊，並使用極為昂貴的設備。獲勝的賽車手就像今日的運動明星，獲得民眾如神話般的景仰。例如，伊斯坦堡曾出土偉大賽車手波菲魯斯（Porphyrus）的數尊雕像。做為受本地民眾愛戴的車手，他帶領團隊前往其他城市出賽。

整個古羅馬帝國，總共只有四組戰車賽隊，每隊都有自己的代表色。到了西元五世紀，只剩下兩隊，藍隊與綠隊。每週至少一次，賽馬場敞開大門，迎接上萬君士坦丁堡居民湧入。賽馬場左側是貴族與朝臣的保留席；離皇室包廂愈近，當然愈有利。右側則是一般民眾坐席。賽馬場裡也有明顯區分，首先是支持隊伍不同，接著是社會地位各異。然而分野不僅止於此；藍、綠代表的不只是車隊，更是高度競爭的運動粉絲俱樂部，活動範圍常延伸到賽事之外。如歷史學者所稱，他們是競技場的派系，擁有明確組織。派系領袖坐在皇帝正對面；他們出席頒獎典禮，更參加賽馬場內外所有市民典禮。皇帝通常會支持其中之一（通常是藍隊），後續世紀中受寵的派系有時也會提供武力，協助皇帝鎮壓都市叛變。但不像某些論者所言，這些派系並非政黨。相反地，他們只是極度熱情的粉絲俱樂部，成員不開心時可能相當危險。

賽事由祈禱與典禮拉開序幕，在一陣喇叭聲中，第一場賽事宣布展開。接著當十二道門轟然大開，戰車風馳電掣衝入寬敞賽道，群眾大吼加油，揮舞所屬團隊的彩色旗幟。多數日子，一天將有三十到四十場賽事。每場僅有幾分鐘，因此還有許多時間可以進行其他娛樂，如飲酒、社交，或觀看如特技、雜耍、動物表演及默劇等場邊演出。

並非每個人都喜愛賽馬場的喧囂活動。最知名的批評者莫過於君士坦丁堡牧首聖若望一世（St. John Chrysostom）。備受尊敬的聖若望一世（有「金口」之名），因其講道經常宣揚返回基督傳愛的儉樸之道，而深受君士坦丁堡平民愛戴。更重要的是，他經常批評富者陋習與賽事奢華。在聖索菲亞大教堂的彌撒中，他時常喟嘆比起鄰近賽馬場成千上萬的群眾，教堂的出席率實在難以匹敵。他也經常批評散場後，粉絲「讓城內充滿狂喊與無序喧鬧」。聖若望一世特別譴責那些上等席的有錢人，四周圍繞著許多城內的娼妓與掏金者，「光頭且無羞恥之心，穿金戴銀，嬌媚挑逗，淫聲浪曲。」[1]這些女人，如牧首警告，不僅為賽事帶來淫欲與偷情罪惡，更破壞基督徒的美好婚姻。牧首要求參與賽事者未認罪懺悔並獲赦免前，不得參與聖餐禮。

賽馬場並非聖若望一世講道中唯一譴責的對象。他經常痛罵比起牧養基督羊群，對財富、奢華與宴飲更感興趣的教士。然而在一般人心中大受歡迎的，莫過於他對君士坦丁堡富裕菁英浮誇生活的帶刺嘲諷譴責。他調侃貴族的華衣珠寶，甚至在教堂中也驕傲示人。在某場講道中，艾莉雅皇后認定（也許是正確的）牧首的譏諷是針對她而來，畢竟皇后是全城衣著最華麗的女性。在沉默的憤怒中，皇后與聖若望一世的教會敵人聯手，陰謀舉行宗教會議，要給聖若望一世安插個異端思想罪名。聖若望一世了解到不論真假，他都會被譴責，因此拒絕出席。如聖若望一世所料，在西元四〇四年舉行的宗教會議中，牧首被認定有罪，聖若望一世遭摘除職務，並逐出帝國。深受人民愛戴的牧首遭驅逐，引發群眾憤怒，紛紛走上賽馬場外的街頭。在混亂中，有人提議焚毀聖索菲亞大教堂。恐怖的破壞行動及隨後的一場大地震，逼使皇后認為自己做出了錯誤決定。聖若望一世因此獲准重返君士坦丁堡，恢復原職。然而次年，他再次譴責皇后自私自利，驅使皇帝為她在奧古斯塔廣場豎立雕像。聖若望一世再次遭驅逐出城，但這回沒有地震阻撓。

當西方的羅馬帝國為蠻族入侵而四分五裂時，君士坦丁堡人正煩惱上述那些爭議。令人驚訝的是，當哥德人在舊羅馬劫掠焚殺時，新羅馬最迫切的問題竟是缺乏新建築空間。羅馬人持續萎縮，而君士坦丁堡卻大幅成長。博斯普魯斯海峽城市的財富，已可比擬羅馬的鼎盛時期。舉個例子說明，五世紀初期君士坦丁堡有位名叫安條克的朝臣，決定要在賽馬場北方蓋棟新房，這棟建

1 作者注：St. John Chrysostom，〈賽馬場與劇院講道〉（Sermon on the Hippodrome and Theatre），收於David M. Gwynn，《羅馬帝國晚期基督教文獻本》（*Christianity in the Later Roman Empire: A Sourcebook*，Bloomsbury出版社，二〇一四年），頁九一。

築不只是豪宅，實則像座宮殿。建築中央有露天半圓柱廊，直徑達一百五十英尺，無數房間由此輻射而出。整座建築之宏偉，以至於後續世紀中被改建成一間驚人的教堂。安條克宅邸隔壁是另一位朝臣勞蘇斯（Lausus）的宮殿，以直徑六十六英尺的圓頂圓柱形大廳聞名，連接一百五十英尺長的驚人餐廳，飾有七個大型半圓後殿，以及全城聞名的古典雕像藏品。

上述是普通帝國朝臣之家。皇帝宮殿在君士坦丁時代已然奢華，接著在阿卡狄奧斯與兒子狄奧多西二世（Theodosius II）的年代，宮殿持續擴建。由於大皇宮的東方與南方地勢向海岸急下，此區域被切割成六個陽台，以大理石台階連結，種有草坪、樹木及蒼翠花園。皇室及其他政府高官可在此享受博斯普魯斯海峽美景。陽台最低階建有一座小型私人港口，讓皇帝與重要人士不須經過公共港口，即可出海。由於飾以大量牛獅雕像，此港後來定名為牛獅港（Bucoleon），提供皇帝在動亂時往海上出逃的快速出口。狄奧多西二世雖用不到這逃生口，但許多後繼者確實用到。他們也相繼填滿陽台的綠意空間，讓這片宮殿美景舉世聞名。

皇帝宮殿中享有西元五世紀以來君士坦丁堡日漸稀有的事物：空間。這座城市已驚人地填滿舊拜占庭城與君士坦丁陸牆間的空地。不變的是，城市擴張導致部分建築開始建在陸牆外，但這並非永久解決之道，特別在此刻世道艱險之際。成長中的都市最需要兩件事：成長空間及更好的安全防衛。也許羅馬之劫的消息最終說服政府有所行動。由於狄奧多西二世此時年僅九歲，他的禁衛軍首長安特謬斯（Anthemius）下令建造一組全新的城牆系統，此系統將傲視羅馬世界先前所有城牆建設。知名的狄奧多西城牆歷時十年完工，不僅是座雄偉巨牆，更是土木工程上的奇蹟，直到今日永遠是偉大城市的象徵（參見彩色插圖五）。

許多書籍研究專攻君士坦丁堡狄奧多西城牆，許多人終其一生致力於解開城牆奧祕。整個城牆建設計畫不單是更往西建設新陸牆，藉此擴大城市面積，更是要建設一座固若金湯的防衛體系，完整環繞君士坦丁堡，讓帝國在任何狀態下，都能保全首都。西元四五〇年，當整座系統完工時，所有城牆總長達十二英里，橫跨山丘、谷地以及全城海岸線。君士坦丁堡的周圍地方全數被納入城牆防衛系統中。

由於陸牆部分今日仍舊留存（部分在整修中），因此較易描述。陸牆包含三組城牆，從馬摩拉海到金角灣，跨越三點五英里的範圍。三組之中最高大的主城牆，厚約十七英尺，高約四十英尺。沿牆突出建有九十六座哨塔，保衛塔前區域。多數哨塔約有六十英尺高，三十六英尺寬。主城牆前六十英尺為較矮的第二城牆。第二城牆以拱門結構強化抵禦能力，並提供城垛上的寬闊走道。這座城牆厚約七英尺，四十英尺高，並設有九十座哨塔，每座都設計來配合後方主城牆上較大的哨塔。第二城牆前六十英尺，是第三座小型鋸齒狀城牆，約六英尺高。第三城牆前設有護城河，往前延伸六十英尺，約有二十英尺深。

這樣的防衛系統在古代世界，基本上無法攻克。攻擊者首先必須跨越護城河，同時面對三座城牆與無數哨塔上如雨滴般濺來的各種攻擊。接下來還必須先占領第一座較小城牆。隨即攻擊者會發現自己身處一片毫無遮蔽的平坦開闊空間，同時還有一座四十英尺高的城牆必須攻下。假設一切順利（事實並非如此），攻擊者會發現自己不過占領了中牆，後頭還有另一片空地及更大、更堅不可摧的高牆等著他們。這些城牆強大的防護力，以及重複的防衛體系，以至於在火藥時代來臨前，城牆的第一道防線都未曾被外敵攻下。接下來一千年中，它們堅實地守護著君士坦丁堡。

狄奧多西城牆擁有約十二座城門（兩座以上今日已不存）。部分較小的門供軍事使用，其他則供熙來攘往的大道通行。最大的城門位於城牆最南端，古老的埃格納提亞大道蜿蜒進出。這是新的黃金門，帝王凱旋歸城遊行時的雄偉大門。與沿牆其他城門不同處在於，有些人認為黃金門原本是由狄奧多西一世建造的獨立凱旋門，後世被納入狄奧多西二世的防衛建築中。黃金門由兩座巨大方塔支撐起三處分別出入口。中門較其他兩處大，外形類似其他勝利拱門，如阿爾及利亞的圖拉真拱門（Arch of Trajan）或羅馬的君士坦丁拱門（Arch of Constantine）。整座狄奧多西城牆以磚塊與石灰岩交替組成，而黃金門整體以白色大理石覆蓋。黃金門區域進一步飾以許多勝利女神及神話場景浮雕，上頂一組銅雕，描繪皇帝駕馭四隻大象拉動的車。中門設有巨大金色城門，只有凱旋遊行時才會開啟。主要城門內部刻有銘文：暴君死後狄奧多西裝飾此門。暴君身分取決於狄奧多西的身分，可能是狄奧多西一世在西元三八八年擊敗的馬格努斯・馬格西穆斯（Magnus Maximus），或狄奧多西二世在西元四二五年擊敗的爭位者約翰尼斯（Joannes）。大門外側也刻有銘文（今已佚失）：以黃金建門者統治金色世紀。黃金門歷史上多數時期，側邊入口均開放通行。今日去除所有裝飾的黃金門結構，成為耶迪庫勒（Yedikule，七塔之堡）的一部分。部門入口以砌磚阻擋（參見彩色插圖六）。

在黃金門北方，狄奧多西城牆爬上第七山丘，在聖羅曼努斯門（Gate of St. Romanus，今日的上門，Top Kapısı）達到高點。這座城門以附近的教會得名。城牆由此急速下降，進入里卡斯河谷。此處稱為「美索特其翁」（Mesoteichion），即「中牆」之意，是整體防衛最弱的一環。此處城牆實際上比外圍平原低，因此易受外來拋射武器攻擊。傳統上，此區會部署大量防衛人力抵禦來犯者。城牆從河谷迅速又往上攀升至第六山丘制高點，此處設有查理休斯門（Gate of Charisius），又稱為阿德里安堡門（Gate of Adrianople，今日的埃迪爾內門，Edirnekapı）。在所有出入口中，此門最是繁忙，梅塞大道的北支由此出城。如同名稱所示，行者由此出發前往色雷斯的阿德里安堡。自西羅馬帝國崩潰後，此路的重要性與交通量，便取代了古老的埃格納提亞大道。

自阿德里安堡門起始，狄奧多西城牆沿山丘往下，通向金角灣的海岸線；這段城牆今日僅餘半段。後續世紀中某個時間點，一段大型獨立城牆由此往北延伸，將富裕的布雷契耐（Blachernae）郊區也涵蓋入城。此區設有皇家宮殿，及傳說中藏有聖母袍服及披風的布雷契耐聖瑪利亞教堂（Church of St. Mary of Blachernae）。原始的狄奧多西城牆則被拆除，一如君士坦丁城牆在城市擴張過程中被廢棄一般。

即便今日看來陸牆仍是建築奇觀，但這只是狄奧多西計畫的一環。另一部分則是包含君士坦丁堡完整九英里海岸線的海牆。有趣的是，這個城市過去似乎未曾建築海牆。半島東方與南方的水流湍急向南，向戲劇性突出海面的城市發動海上攻擊的困難性極高。金角灣水流雖然較緩，但正如我們所見，由緊錮在城市及對岸加拉塔高塔上的大型鎖鏈所護衛。此時建築海牆的需求並不清楚。也許汪達爾蠻族由海上攻擊北非的消息，讓君士坦丁堡人相信自己需要額外防衛，以面對新威脅。政府最近才用錢打發匈人（Huns），不過他們也在多瑙河畔虎視眈眈。新的海牆建築離海岸很近，部分甚至建在水中。多數牆段都是高聳堅實的單牆，中間建有數十座塔。某些區域，例如佩特里翁港，則建有雙牆；強化的防衛延伸到海中，以保護主要港口。海牆擁有許多城門，特別是金角灣沿岸。除了小段殘址，海牆今日已完全消失。

感謝狄奧多西二世與其顧問及工程師，君士坦丁堡成為文明世界最棒的防衛都市；事實上也確實有其需要。在西方，日耳曼蠻族與亞洲匈人的無情攻擊下，舊秩序正逐漸瓦解。匈人不只對君士坦丁堡，甚至對整個帝國的存亡，都是嚴重威脅。在阿提拉（Attila）與兄弟布雷達（Bleda）的帶領下，匈人鐵騎於西元四四一年入侵巴爾幹，迫使狄奧多西從西方撤回軍隊，並自哥德「盟友」處募集更多援軍。驅逐匈人之戰是場災難，狄奧多西最後以數千磅黃金，說服阿提拉撤軍。但四四七年，阿提拉捲土重來。數度擊敗羅馬反抗軍後，匈人突破羅馬防線，鐵騎直入希臘，並向君士坦丁堡而來。偉大城牆將面對第一次挑戰。

實際狀況比任何想像來得更驚恐。當阿提拉軍隊沿途蹂躪城市與鄉村，並直向最大獎賞而來時，一場大地震襲擊了君士坦丁堡，震毀許多建築及一整段新陸牆。牆況十分緊急。工人與市民日夜趕工，合作修復震毀的城牆。城牆上一段銘文記錄這段歷史，宣稱：狄奧多西皇帝令下，兩個月內，君士坦丁堡（執政官）光榮興建此堅實城牆。匈人抵達時發現城牆重建已然完工，君士坦丁堡堅不可破。匈人與小亞細亞艾索里亞（Isauria）的羅馬軍交戰數次，同意接受與過去類似的納貢贖金後退兵。在阿提拉的武力下，沒有任何其他城市得以全身而退。

匈人成千上萬鐵騎自君士坦丁堡高牆外挫折地退去後，狄奧多西二世雖得以喘息，仍潛在許多威脅。城市本身持續繁榮發展，然不少內部問題仍需要解決。東方基督教再次面臨分裂，教士、貴族與平民持續爭論耶穌基督的細節。此時爭論的焦點在於基督人性與神性之間的關係。羅馬教宗利奧一世（Leo I）已判定基督同時擁有完全的人性與神性，然而許多東方人拒絕承認這項說法。他們認為基督的人性與神性合而為一，此說通常被稱為基督一性說（Monophysitism）。如同基督教羅馬帝國所有教義論爭，這類爭執通常不僅是宗教，更是權力與認同之爭，往往導致派系爭鬥，令處境艱難的國家更陷入分裂之中。對論爭了解不多的狄奧多西無力阻止事態發展。

狄奧多西二世死於四五〇年，死後由馬爾西安（Marcian）繼承。馬爾西安是一位久經戰亂的中年將軍，娶了狄奧多西的姊姊普爾喀麗亞（Pulcheria）為妻。他是個行動派，大膽通知當時正作亂高盧的阿提拉，君士坦丁堡將不再支付貢金。阿提拉大可自行來取，並測試君士坦丁堡城牆的實力。身為忠實天主教徒，馬爾西安也決心處理一性說的問題。他與利奧一世聯手，召喚基督世界所有主教，前來君士坦丁堡舉行大公會議。由於匈人的威脅，大公會議成員決定改在博斯普魯斯海峽對岸，古老的迦克墩郊區舉行會議。迦克墩大公會於西元四五一年召開，是基督教史上最重要的會議之一。與會教士一致決議，利奧一世對於基督神人二性的見解是正確的，並視一性論為異端。不只如此，迦克墩會議更進一步定義經典中未明確說明的再臨與三位一體問題，從根本形塑基督教義的樣貌。今日幾乎西方所有基督徒，包含多數新教徒，仍然接受這個博斯普魯斯海峽大公會議的決議。

會議既然在君士坦丁堡舉行，也許不意外地，君士坦丁堡宗主教的權力問題又再次浮上檯面。等待教宗代表返回羅馬的同時，其他教父決議君士坦丁堡位階上不再次於羅馬，而是旗鼓相當。如同先前君士坦丁堡大公會的決議，教會法第二十八條（Canon 28）也以帝國權力已由羅馬移往君士坦丁堡的事實為基礎。如其前任，利奧一世也拒絕批准這條法令，雖然他同樣批准了大公會的其他決議。在教會體系中，兩大權威已然形成，一在君士坦丁堡，一在羅馬。最終自然將會有所衝突。

教宗本人無法親自參與大公會，因為羅馬需要他來召集對抗阿提拉的防衛軍力。結束高盧劫掠後，西元四五二年，匈人進入義大利，攻下並燒毀亞得里亞海頂端的美麗羅馬港市阿奎萊亞（Aquileia）。此城與其他城市的倖存者逃到附近潟湖散渚躲避攻擊。鹽鹼風沙中，水鄉澤國裡，他們在數千島嶼上建立簡單的避難所。從這些難民與簡陋小屋，發展出偉大的城市——威尼斯，幾個世紀後，與君士坦丁堡建立起緊密的聯繫。

在威尼斯區域留下一片焦土後，阿提拉的軍隊持續向南，往羅馬挺進。羅馬軍力多數由日耳曼部隊組成，無力阻擋阿提拉。情急之下，利奧一世採取勇敢行動，前往北方曼托瓦（Mantua）會見阿提拉。兩人私下會談，時至今日，我們仍不清楚會談內容。唯一確定的是，會談後阿提拉立刻下令軍隊完全撤出義大利。羅馬獲得拯救，但新羅馬卻岌岌可危。馬爾西安拒絕支付貢金讓阿提拉龍顏大怒，遂將大批軍隊轉往東方，直奔君士坦丁堡而去。但他未能抵達此地。幾個月後阿提拉去世，匈人的威脅也隨之解除。

君士坦丁堡豎立了一根立柱，以彰顯馬爾西安皇帝的功績。一度，這座皇城擁有幾座立柱林，紀念不同皇帝與重要男女人士。馬爾西安立柱之不凡，在於它仍倖存於世。今日稱為「克茲塔希」（Kız Taşı，意為處女石），位於法蒂赫清真寺之南，觀光客甚少造訪之處。這座立柱奠於方形基礎之上，科林斯式柱頭，上頂方形大理石雕像基座，今日仍大致完好，拔地而起三十英尺。磨損嚴重的基礎上，可看到兩位展翅勝利女神高舉基督縮寫標誌，縮寫標誌同時也出現在其他三面。立柱頂端的大理石雕像基座上，飾以由四角下望的猛鷹。馬爾西安的雕像一度站在這基座上，向北凝視附近的聖使徒教堂。基礎上刻有銘文：馬爾西安皇帝之像立柱，執政官塔提亞努斯敬獻。稍後世紀中，當雕像失落，拉丁文被遺忘時，人們則認為這座立柱有偵測處女的神力（今日土耳其文名稱因此得名）。據說，非處女接近立柱時，風會把衣服吹起來，甚至過頭。

在馬爾西安謹慎治理下，君士坦丁堡不只免於西方上百羅馬城市的厄運，也免於未來其他蠻族入侵。他的後繼者色雷斯人利奧一世（Leo I）於四五七年繼位，將日耳曼將領與軍隊完全逐出君士坦丁堡。當新羅馬徹底切斷對不可靠盟友的依賴，舊羅馬卻無能為力。西羅馬帝國版圖所剩無幾；北非與西班牙淪入航海者汪達爾人之手，不列顛稍早已被放棄，任由盎格魯－撒克遜部落瓜分。高盧、巴爾幹及義大利多數地區則被哥德人攻下。西元四七五年，拉文納羅馬軍的日耳曼將領宣稱其十歲兒子的母親為羅馬人，故而登基為西方的新皇帝。少年皇帝羅穆路斯・奧古斯都路斯（Romulus Augustulus）標誌著羅馬帝國在西歐的末日。[2]

在君士坦丁堡，年邁的利奧一世於四七四年去世，由女婿芝諾（Zeno）繼位。兩年後，一份特別的禮物與信件，抵達君士坦丁堡大皇宮奢華的王座廳。這份大禮由數位哥德信使送達，向皇帝致敬並說明來意。哥德人的首領奧多亞塞在義大利對抗拉文納的羅馬政權（羅馬早已被皇帝放棄）。一開始，奧多亞塞要求羅馬人交出義大利三分之一地區的控制權，以交換和平。但羅馬政權拒絕交易，迫使他出手攻下拉文納並擄獲少年皇帝。然而奧多亞塞未如當時習俗殺害小皇帝，

2 西元四七五年，駐守拉文納的日耳曼裔羅馬將軍歐瑞斯特（Orestes）推翻羅馬皇帝尼波斯（Nepos），擁立幼子羅穆路斯為帝。隔年哥德人奧多亞塞（Odoacer）反叛歐瑞斯特，並俘虜小皇帝羅穆路斯，自立為王。該年象徵西羅馬帝國的滅亡。

反而希望尋求更好的解決之道。由於他找不到更適合繼承西方帝位的人選，因此將小皇帝的紫袍、金冠與珠寶王杖，送到君士坦丁堡的芝諾皇帝面前。同時，奧多亞塞的信件宣稱，羅馬帝國唯一皇帝，光榮的芝諾皇帝，唯一首都，偉大的君士坦丁堡！而奧多亞塞甘願擔任芝諾的謙遜僕人，義大利行政官。

當然，事實真相並非如此。奧多亞塞不過是另一個軍閥，依其心意統治義大利。然而羅馬政權得以延續的虛構故事卻是重要的：對奧多亞塞是重要的，這讓哥德人取得與羅馬相當的政治權力；對哥德人統治的羅馬人民是重要的；對芝諾及君士坦丁堡人也很重要，讓他們毋須面對帝國故里義大利失落的屈辱事實。任何史書將記載，羅馬於西元四七六年陷落。然而，這也是虛構。羅馬帝國在地中海東半部仍蓬勃存續，西方的動盪感覺像另一個世界。對埃及、敘利亞與小亞細亞數百萬羅馬人而言，生活幾乎未曾改變。首都堅實、富裕且茁壯。唯一不同的是，此刻博斯普魯斯海峽上的富庶城市，成為羅馬帝國唯一的首都。

第八章　查士丁尼之城

西元五三二年一月初，一個灰暗清晨，數百人聚集在金角灣北岸的希開區（Sycae，今日的加拉塔）的空地上。他們裹上層層羊毛衫與披風，抵禦濕冷空氣，外表綴著戰車賽隊派系的藍與綠飾帶。然而今日聚會與賽隊加油無關，他們來此見證友人受到處決行刑。

處決是這個時代的標誌。此時君士坦丁堡已然擴張成巨大都會，吸引許多貧窮無技術勞工，從鄉村來此尋求更好的生活。部分勞動者找到發展，但多數仍受困於低薪不穩的粗工生活，依靠政府發放的免費麵包，與賽馬場常態車賽及其他娛樂勉強度日。這些被社會遺棄的人成為粉絲俱樂部的死忠支持者。前一世紀，聖若望一世曾抱怨這些從賽事湧出的群眾，大聲吵鬧、酒醉失序且不道德的行徑。到了六世紀，這些賽後歡樂常爆發競爭派系間的公開鬥毆。粉絲流氓在街道上呼嘯、大唱隊歌、破壞財物、偷竊，甚至公然謀殺。

行刑早晨前數週，一場特別瘋狂的鬥毆在市中心發生。事情結束時，許多人死於衝突。當局逮捕七名嫌犯進行審判，由首都執政官尤達蒙（Eudaemon）判定有罪。他同時也在這個嚴肅聚會中，對其中三名頸上圈著套索的嫌犯，宣讀罪名與判決（其他四名已為政府斬首）。過去數十年間，皇帝可能避免這類公開展示，害怕激怒派系領袖。但現今皇帝選擇不同做法，因為他對這些低階出身的惡棍行徑了然於心。他也曾是其中之一。

查士丁尼一世（Justinian I）生於北巴爾幹拉丁語區的一戶農家。他的舅舅查士丁（Justin）在君士坦丁堡警備軍（Excubitors）中一路往上爬，這支菁英軍隊負責保衛皇帝安全。無子的查士丁領養了少年查士丁尼，將他帶到首都，接受良好教育，準備進入公職服務。西元五一八年，阿納斯塔修斯一世（Anastasius I）去世時並未留下後嗣，交遊廣闊的查士丁尼說服軍隊，支持叔叔成為新的統治者。查士丁與查士丁尼在接下來九年中密切合作，難以釐清究竟誰主導了哪個行動。由於查士丁尼的出身，他很了解如何在城市平民中建立支持基礎。五二一年，當他成為帝國執政官時，個人出資四千磅黃金，在賽馬場主辦一日賽事，與包含二十隻獅子及三十頭豹的奇觀娛樂。年邁的查士丁於五二七年去世時，毫無疑問，查士丁尼為當然繼承人。

身材矮小、捲髮英俊的查士丁尼，有著低下出身者友善但堅定的氣質。他尊敬努力奮鬥、超越困難的人，對於貴族元老的高傲作態感到不耐。他的妻子狄奧多拉（Theodora）皇后也是如此。狄奧多拉生於劇場家庭，是一位馴熊師之女。十三歲時成為一名女演員，在古代世界這表示她同時也是一名妓女。狄奧多拉在君士坦丁堡困苦的中下階層討生活，十六歲時吸引了一名官員的注意，他帶著狄奧多拉一起到北非赴任。但三年後厭倦狄奧多拉的官員，將她扔回街上。接下來幾年，她繼續在亞歷山大港及安條克等地的性產業中討生活。返回首都後，也許襁褓中的私生女可能讓她覺得需要一份比較體面的工作，又或者二十二歲的年紀在君士坦丁堡高度競爭的劇場及娼妓業難以為繼，她開始在市中心一間店裡擔任羊毛紡紗的工作。有一天，狄奧多拉在此巧遇四十歲的查士丁尼執政官，後者立刻被她的美貌與堅韌氣質所吸引。無疑地，她的悲慘際遇，同時展現出力爭上游的決心，也吸引著查士丁尼。兩人陷入熱戀。

皇帝與繼承者擁有情婦沒有問題，甚至可以擁有數十名情婦。但無人認為查士丁尼應該娶狄奧多拉這樣的女人為妻。然而，他並不同意。元老貴族對狄奧多拉的輕賤汙辱激怒了查士丁尼，因為他非常清楚，在背後他們也是以同樣語言嘲弄自己。查士丁尼無視貴族反對，西元五二五年，兩人結婚。兩年後，在聖索菲亞大教堂中，君士坦丁堡牧首將皇冠戴在農夫與娼妓的頭上。

查士丁尼與狄奧多拉極度不受貴族喜愛，不只是因為立刻針對富人加稅。此舉自然在平民之間甚為歡迎，彷彿在皇室夫妻的紫袍與珠翠寶冠背後，看到自己的身影。的確，經常造訪賽馬場的上萬群眾已經熟識狄奧多拉，她長期在賽馬場經常性演出。她的父母甚至將她獻給藍隊。查士丁尼與狄奧多拉對低下階層的熟悉，並未減緩派系間的惡行與暴動。查士丁與查士丁尼已經開始動員軍隊，鎮壓派系暴力。查士丁尼皇帝初步採取的行動之一，就是不論皇家的支持喜好，對賽後動亂採取嚴厲懲戒。

此舉正導致五三二年一月初的處決。套圈繞緊脖子後，繩索可能穿過滑輪，然後綁到一隊馬或牛身上。處刑宣讀完畢，完成最後祈禱，命令下達將犯人吊起，最後受刑者將窒息而亡。但一切並未如計畫發生。兩條繩子斷裂或鬆開，砰的一聲人犯掉到地上。旁觀群眾一陣驚呼中，很快地跑向友人。守衛衝進來，將旁觀者擋到刑場外，重新綁上套圈。再一次，兩人被吊起，又再一次，掉到地上，依舊活著。附近聖柯南修道院（Monastery of St. Conan）的修士衝進空地，將兩人抱起，放上停在附近的船隻，划過金角河，前往君士坦丁堡陸牆最北端的布雷契耐區。在此，兩度送上絞刑台的罪犯被送進聖羅倫提烏斯教堂（Church of St. Laurentius）庇護。一位屬於藍隊，另一位則是綠隊。

對於罪犯利用教會躲避追捕，君士坦丁堡官員甚有經驗。他們不會褻瀆殿堂，但也不會輕易放過。他們單純關閉教會，以飢餓迫降。接下來數日，雙方持續對峙。派系成員前往教堂探視，未獲允許進入。雖未發生其他暴力，但雙方似乎都認為，預定一月艾德斯日（Ides，十三日）舉行的賽事中，皇帝可能會特赦兩人。

當天賽馬場一如往常人潮洶湧。受困聖羅倫提烏斯教堂的兩人是數千觀眾的主要話題。一如往常，查士丁尼與狄奧多拉偕同朝臣，現身稱為「卡提斯瑪」（Kathisma）的皇家包廂。包廂以特殊安全通道直接連結皇宮。群眾歡聲雷動迎接皇室，期待接下來整日的賽事和表演。開幕儀式與首輪賽事後，卻發生預期之外的中斷。兩大派系領袖及觀眾席中許多人開始大喊，向皇帝陳情。由於群眾通常只會在賽馬場見到皇帝，此處偶爾也成為陳情或抱怨的平台。派系首領跑進賽道，向查士丁尼陳情，懇求饒恕困在聖羅倫提烏斯教堂的兩人，顯然連上帝也從絞架上饒他們一命。皇帝視而不見，衛兵驅離了陳情者。然而事情並未結束。接下來每場賽事後，群眾陳情聲再起，逐漸打亂當天的活動程序。每次，皇帝對逐漸上漲的躁動都視若罔聞。最後，第二十二場賽事後，數千名粉絲衝出座位，闖入賽道，懇求皇帝聽取陳情。查士丁尼依舊無視，或至少表現出無視之貌。最後有人大喊，「慈悲藍綠萬歲！」此呼聲即刻響遍整個賽馬場。群眾被推回坐席過程中，呼聲愈喊愈響。前所未有的狀況於眼前展開，在面對共同羞辱的狂熱中，兩大派系的敵對意識逐漸消融。後續賽事中，兩派領袖會面醞釀計謀。當全日賽事完結，粉絲開始離去，藍、綠兩派開始高喊一個簡單但危險的字：「尼卡！」（Nika），意指勝利。

數百名高喊的派系成員離開賽馬場，浩蕩走下梅塞大道，前往靠近君士坦丁堡的君士坦丁廣場的執政官署（Praetorium）。他們要求面見執政官，執政官最後出面命令眾人立刻解散回家。派系領袖大聲要求執政官說明被困友人是否無罪獲釋。執政官尤達蒙沒有答案，因此並未回答。他轉身背對憤怒群眾，返回執政官署。戶外再次響起呼聲，讓群眾情緒更加怒火高漲。「尼卡！尼卡！尼卡！」如暴風雨般，他們包圍附近監獄，破壞大門，殺死許多警衛與官員，釋放所有犯人。成功攻下監獄的群眾，衝下梅塞大道，沿途推倒雕像，竊取商鋪，製造混亂。君士坦丁堡史上最嚴重的暴動事件：尼卡暴動（Nika Revolt），就此展開。

來到梅塞大道盡頭，暴動者聚集在雄偉華美的奧古斯塔廣場，東南兩側矗立著大皇宮，北方則是偉大的聖索菲亞大教堂。他們揮舞著火把刀劍，叫喊著暴動標語，聲音之大，在皇宮內都可聽聞。無法闖入高度警戒宮殿的暴徒，一把火燒了廣場東側的華麗典禮入口查爾克大門。火勢在寒冷北風助長下一發不可收拾，蔓延到附近的元老院，最後波及聖索菲亞大教堂。海上行經船隻，博斯普魯斯海峽及金角灣對岸的人，皆目睹大火整夜燃燒。隔日早晨，一月清冷的日光中，君士坦丁堡市中心成為焦土一片。

為令暴動者分心，查士丁尼宣布一月十四日將於賽馬場舉辦特別的第二日賽事。如他期待，憤怒的暴徒前往賽馬場，卻對賽事毫無興趣。他們持續高唱標語，破壞賽馬場，甚至在北側放火。火勢延燒到附近的君士坦丁堡之傲：宙西普斯浴場。查士丁尼非常可能並未出席這天的賽事，但派系領袖仍要求皇帝罷黜三名寵臣。尤達蒙當然是名單之首，他不只將這些人判罪，甚至親自監刑。暴徒還要求罷黜卡帕多奇亞的約翰（John of Cappadocia），及主計長特里波尼安（Tribonian）。增加這兩位罷黜官員恰好證明元老院貴族在賽車場派系領袖身上動手腳。競技運動的粉絲毫無理由認識特里波尼安，他當時正忙著編纂羅馬法典。卡帕多奇亞的約翰確實為派系所熟悉，他是藍隊的忠誠支持者，同時身為新的高額富人稅背後推手，應該反而受到一般人歡迎。然而都城菁英十分厭恨約翰與特里波尼安。此刻查士丁尼無力反駁，三人立刻遭到罷黜。

由於多數暴徒並不真正在乎官員罷黜與否，因此也無意停止劫掠、強暴、殺戮與焚燒惡行。劫掠者搶奪毀壞許多市內豪宅、教堂及廣場。全城陷入混亂。查士丁尼擁有足夠的宮殿禁衛軍力，可壓制暴行。但禁衛軍不願攻擊市民，其次，更重要地，他們擔心一旦查士丁尼失勢，自己將會受到報復。因此他們單純盡忠職守，在全城進一步陷入無政府混亂中，持續防衛宮殿。查士丁尼最信任的將領貝利薩留（Belisarius）當時甫由波斯返國，手上握有約一千五百名哥德傭兵。他們對殺戮羅馬人毫不手軟。貝利薩留幾次帶領他們迎擊暴徒，一次在奧古斯塔廣場，另一次則在梅塞大道焚毀的廢墟中。然而兩次交戰都未帶來決定性結果。

混亂情勢無法持續下去，因此一群貴族建議派系領袖迎接前皇帝阿納斯塔修斯的姪子之一，登基為帝。許多元老恨極查士丁尼，不僅因其低下出身及高額賦稅，更因為他持續將貴族由權力圈中邊緣化，僅給予無用的儀式性角色。有些貴族無疑也對皇帝無能解決動亂感到憂心，他們的房產與事業受到暴動波及。受到新策略鼓舞，群眾衝到阿納斯塔修斯的姪子普羅布斯（Probus）家中，告知他即將晉升凱薩大位。然而普羅布斯事先得知群眾意圖，聰明地逃到城外。遁逃之舉激怒了群眾，一怒之下將他的房子給燒了。阿納斯塔修斯另外兩名姪子龐貝烏斯（Pompeius）與海帕久斯（Hypatius），已經被接入大皇宮，與查士丁尼一起。兩人都不想跟暴徒或其提供的皇家權力有所牽連。

或者只是看起來如此。一月十七日，查士丁尼認定海帕久斯、宮殿禁衛軍及其他朝臣共謀殺害皇帝以奪權。當晚，他下令要兩名姪子與所有貴族離開皇宮。海帕久斯懇求皇帝三思，但此舉只是進一步讓查士丁尼確信，這名青年正策劃政變。次晨，藍、綠派系收到意外邀請，前往賽馬場，與皇帝直接對談。上萬名群眾湧入賽馬場，在勝利情緒與大量酒精中醺醺然。查士丁尼身著皇帝禮服，肅然步入卡提斯瑪，手上捧著滿覆珠寶的福音書。他以福音書起誓，向幾天前無視的群眾喊話，保證會滿足他們所有要求，並赦免暴動期間犯下的一切罪行。暴徒大聲嘲弄皇帝，以騙子或更糟的惡名辱罵，並宣稱不願再支持他為帝。就在這羞辱的一幕中，賽馬場群眾得到消息，海帕久斯已被逐出皇宮，返回家中。暴徒留下一路破壞殘跡，從競技場趕往豪宅，將這名不情願的皇帝送到君士坦丁廣場，舉行倉促的加冕典禮。接著隊伍返回賽馬場，海帕久斯與支持元老進入卡提斯瑪，暴徒大聲宣布他是新的羅馬皇帝。

不遠之外，查士丁尼、狄奧多拉正與貝利薩留及其他信任的近臣，商量下一步該怎麼走。狀況似乎無望。派系已開始武裝，準備正面攻擊皇宮。禁衛軍袖手旁觀。看來幾小時後，海帕久斯將入主宮牆之中。唯一的方案是逃亡，一小隊船隻停泊在皇家港口（牛獅港），隨時準備出發。心灰之餘，查士丁尼下令盡可能蒐羅錢財，準備出逃行省。所有大臣同意這是最好的行動。查士丁尼政權顯然已到盡頭。

然而狄奧多拉極力反對。她走到一群男人面前，大膽出言反對此案。一名羅馬皇后當面反對丈夫與朝廷決議，實為反常驚人之舉，以至於她的發言令貝利薩留深銘於心，稍後轉述給歷史學者普羅科匹厄斯（Procopius）。狄奧多拉深切厭惡眾人顯現出來的懦弱。人皆有死，她說，然帝王之尊成為逃犯，將比死更慘。她繼續說道：

我祈求上蒼，別讓人看到我失去王室紫袍。要是人們不再尊我為后，我絕不願再見到陽光。啊，皇上！此刻若你仍想拯救自己，喔，帝王！沒有問題。我們擁有許多財富，請看那大海，你擁有許多船隻。但對君主而言，雖得以苟活，放逐的安逸將比死亡更可悲。而我只相信這句古老諺語：『帝國是光榮的裹屍布』。[1]

我們可以想像，當狄奧多拉漆黑雙眼盯視全場時的驚懾肅靜。這雙黑眸今日仍於拉文納聖維他教堂（Basilica of San Vitale）的鑲嵌畫中端凝世界。一切未曾改變，暴徒仍舊占領城市，也仍對皇宮虎視眈眈。然而狄奧多拉的大膽意志，帶她脫離君士坦丁堡貧困紅燈區，位處帝國光榮之頂，此刻更是不容忽視的力量。查士丁尼轉向貝利薩留，宣布他將留下奮戰。此刻，貝利薩留能有什麼選擇？忠心將領心中雖有強烈質疑，仍然提出作戰計畫。

暴徒擠在賽馬場的賽道上飲酒狂歡，慶祝勝利，迎接新帝。當他們齊聚一堂，對危險毫無意識之際，正是攻擊最佳時刻。理想上，貝利薩留帶領一小隊武力，穿越通道進入卡提斯瑪，直接將僭位者扯下寶座。然而，宮殿禁衛軍掌控通道，不會允許任何對新帝的攻擊發生。貝利薩留建議採取三方攻擊。首先，將為了潛逃而收集的財富交給宮中太監納瑟斯（Narses），用來賄賂藍營首領。他會提醒藍營首領，海帕久斯一如其伯父，是綠營的有力支持者。若他不再需要藍營支持後，藍營還有什麼好處可得呢？其次，貝利薩留將帶領哥德軍力從已燒毀的宮殿大門查爾克門離開。第三，另一位軍隊領袖蒙都斯（Mundus）將帶領一小隊日耳曼族的赫魯利人（Heruli）軍隊，從同樣路徑離開。這兩支軍力將分別尋求任何可以進入賽馬場的入口。一旦進入，目標是抓住海帕久斯。

這自然是在窮途末路中求生的計畫，很有可能給予狄奧多拉想望的裹屍布。然而貝利薩留的專業與哥德軍隊的紀律，翻轉了情勢。他們自頹圮的查爾克門離宮，困難重重中，穿過奧古斯塔廣場的焦黑餘燼。貝利薩留帶著部下從賽馬場西門進入，朝著通往卡提斯瑪的通道前進。賽馬場擠滿群眾，因此完全無人發現軍隊進入場內。然而皇帝包廂的大門緊閉，後有重兵防衛。欲破門而入不但耗時，更會發出巨大聲響，驚動暴徒。因此貝利薩留命令手下排成橫隊，轉向人民，展開屠殺。此舉完全超乎意料。多數人發現危機前，數百人已倒在哥德人劍下。暴徒開始發現危機時，多數人已無法或醉得無力有效回應。逃往東門的人則遭逢蒙都斯的軍隊，一路砍殺而來。這是一場有系統、有秩序的屠殺。海帕久斯在驚恐中眼睜睜看著他歡欣鼓舞的人民，倒在查士丁尼人馬的力量之下。當海帕久斯最終被捕，送回宮殿時，將近三萬人死在賽馬場的賽道上。尼卡暴

1 狄奧多拉皇后在尼卡暴動中著名的發言，坊間一般譯為「紫袍為光榮的裹屍布」。然作者引述原文中，分別於不同處使用「紫袍」及「帝國」兩字。因此本譯文參照吉朋名作《羅馬帝國衰亡史》第四卷中譯本（譯為「皇座」），本文譯為「帝國」。引文出自普羅科匹厄斯，《戰爭史》（*History of the Wars*）。

動終於結束。

令人驚愕的轉折中，查士丁尼現在將審判海帕久斯、龐貝烏斯及其他十八名領導暴動的元老。海帕久斯說自己是清白的，宣稱若非查士丁尼本人將他丟進革命軍中，他寧可留在宮殿裡。他辯稱曾從賽馬場派遣使者，通知查士丁尼應對暴徒動武，但使者回報皇帝已經逃離城市。迫於情勢，他只好接受紫袍加身。海帕久斯被捲入非其所願的權力鬥爭，實為悲劇，然查士丁尼也無法容忍他們兄弟倆活命。無論他們是否樂意被拱上皇位，將永遠是革命的導火線。兩兄弟被判斬首，身體丟入大海。至於其他元老，則沒收財產，遭到流放。消息很快傳遍帝國各處，查士丁尼皇帝鎮壓叛變，並嚴懲叛徒。他的皇位曾命懸一線，此刻完全鞏固。

然而他的首都卻遍地狼藉。工人花了六星期，才將奧古斯塔廣場上暴動留下的殘磚斷瓦及灰燼清理乾淨。查士丁尼重建圍繞廣場的柱廊，以美麗的新雕像裝飾。在東南方進入宮殿的典儀入口處，完整重建查爾克門。雄偉的銅門外，立有皇帝與貝利薩留的雕像。門上立有十字架及基督聖像。穿過入口是氣勢驚人的大廳，做為宮殿的前廳。牆面向天空延伸，支撐金色圓頂。此廳以各色大理石及鮮豔馬賽克豪奢裝飾。鑲嵌壁畫描繪查士丁尼後續在北非與義大利的軍事功績。大廳正中央則刻畫查士丁尼與狄奧多拉，在歡欣鼓舞的元老及朝臣簇擁下慶祝勝利。

許多靠近查爾克門的房間與碉堡，都在火焰或衝突中損毀。查士丁尼重建所有建築。我們知道他擴建重修整個宮殿，然而細節付之闕如。他可能建了一座大廳或庭院，繞柱式地面鋪設豐美的動物或日常生活鑲嵌畫。這些地面鑲嵌畫在一九三〇年代發現，今日可在大皇宮馬賽克博物館（Great Palace Mosaics Museum）原址得見。這些鑲嵌畫用色豐美、筆觸動感，喚起今日難以想像的極端富裕生活。查爾克門外，查士丁尼擴建新的元老院，取代暴動者焚毀的舊建築。他也重建了宙西普斯浴場，比重建前規模更宏大。

奧古斯塔廣場以藝術品，也許還有噴泉，高度美化裝飾。接下來十年中，查士丁尼在此建造他自己的紀念立柱，約有二百三十英尺高。此柱相當粗壯，全以磚塊砌成，外覆銅皮，陽光下閃閃發亮。柱身立於一座大理石紀念台座上，此座下尚有七級台階。立柱頂端是三倍真人大小的查士丁尼騎士像，穿著阿基里斯的服飾；頭戴象徵勝利的羽冠。雕像左手持有頂著十字架的圓球。右手則以護衛之姿向東延伸，紀念查士丁尼平定波斯。立柱與雕像尺寸之巨，數英里外的海上皆可望見，成為君士坦丁堡最知名的景象。

然而比起查士丁尼在奧古斯塔廣場北側的建築計畫，這些都相形失色。聖索菲亞大教堂第二次毀於市民動亂之手。查士丁尼立志要以前所未聞的規模，重建聖索菲亞大教堂；不單是一間基督教堂，更將是無與倫比的建築。上萬名工人受雇清理舊教堂遺跡，並拆除附近的民房與建築。當代最偉大的建築師特拉勒斯的安提莫斯（Anthemius of Tralles），在以工程技巧聞名的米利都的伊西多爾（Isidore of Miletus）協助下，統理整項建築工事。新聖索菲亞大教堂建築工事始於西元五三二年，五年後完工。以如此雄偉的建築計畫來說，花費的工程時間超乎想像的短（參見彩色插圖七）。

文字無法形容查士丁尼聖索菲亞大教堂之榮光。丈量數字及建築特色都無法傳達這座令人景仰的壯觀建築；在未來一千年中，它是西方世界最巨大的建築，今日依舊主掌著現代伊斯坦堡。照片亦無力描繪其莊嚴氣勢。即使我們清楚今日的聖索菲亞已失去基督教堂年代的繁美裝飾，其光榮輝煌必須身處其中親自體會，始有所感。

此刻，我們仍須藉由文字一窺其美。聖索菲亞大教堂的核心，是約為兩百五十乘以兩百五十五英尺的希臘十字形平面。十字形中心點為一百平方英尺的廣場，由多個拱頂廊道包圍，廊柱向上延伸一百八十英尺，支撐有史以來最大的圓頂（直徑一百英尺）。此結構創造出一個毫無支撐的巨大開放空間，勝過史上任何建築，直到十個世紀後，才為新落成的羅馬聖彼得大教堂（St. Peter's Basilica）超越。此建築形式進一步由東、西兩側的半圓頂，及南、北側的巨大拱壁支撐。建築運用了帝國各地蒐羅的建材。不同地點取得的各色大理石，用來裝飾地板及牆面。各處妝點美麗的鑲嵌畫，然而今日保存者多為查士丁尼之後的時代所繪製。巨大單一石柱從各處運來，有些是從以弗所的黛安娜／阿特密斯神廟遺址取得。數百扇窗為石造建築提供明亮日光，在鎏金圓頂及多彩大理石上閃耀光芒。圓頂由一輪窗櫺圍繞，如普羅科匹厄斯所言，給人一種金鍊懸吊從天垂降的印象。西元五三七年十二月二十七日，查士丁尼及君士坦丁堡牧首門納斯（Menas），在盛大儀禮歡慶中獻堂。進入教堂那一刻，據傳查士丁尼皇帝宣稱：「所羅門，我已經超越了你。」（參見彩色插圖八）

查士丁尼確實超越所羅門。同時在場參與獻堂禮的普羅科匹厄斯，以其生花妙筆，極盡描述西元六世紀的聖索菲亞大教堂：

> 誰能訴說此堂立柱與大理石紋飾之華美？眼見之人無不認為身處繁花盛開之原。誰人不喜紫韻、綠光，燦紅與輝白，及大自然描繪的強烈對比？凡入此堂頂禮膜拜者，無不體認，

此非人力可及，實乃主之恩典，成就完美。吾人心智當獲提升，與主共鳴，感受主身近臨，更鍾愛主揀選之寶地。[2]

根據紀錄，查士丁尼花費三十二萬磅黃金，建設聖索菲亞大教堂，相當於二〇一六年的六十五億美金。無論如何，這是非常值得的投資。聖索菲亞大教堂成為東羅馬帝國最重要的建築，希臘正教會（Orthodox Christianity）的核心。它不只是君士坦丁堡的大教堂，更是無論居住區域，所有希臘語基督徒的共同教會。因此，正如帝國各處開始僅以「都城」一字稱呼君士坦丁堡；人們也以「大教堂」（the Great Church）來簡稱聖索菲亞大教堂。不需更多描述。

聖索菲亞大教堂令人驚嘆，不單來自雄偉建築，更因十五世紀以來，持續矗立在地震頻仍之地仍屹立不搖。如同所有建築，大教堂亦經歷多次整修。數次小規模地震後，西元五五八年五月七日，一次強烈地震讓中央圓頂出現裂縫，導致圓頂崩裂，壓毀下方的讀經台、祭壇及祭壇天蓋。小伊西多爾（Isidore the Younger），米利都的伊斯多爾的姪子，負責建造較穩固的新肋架拱頂，較原始拱頂高出三十英尺左右。新拱頂提供更多底層空間，建造更多大型窗戶，不僅灑入更多日光，晚間圓頂光線明亮，甚至讓大教堂成為博斯普魯斯海峽航海指引地標。後續數世紀進行其他改建，然聖索菲亞大教堂的外觀幾乎與六世紀初建時無異。如今，教堂四周圍有四座叫拜

2 作者注：Procopius，〈建築〉（The Buildings），收於William Richard Lethaby與Harold Swainson合著，《聖索菲亞大教堂》（*The Church of Sancta Sophia*，Macmillan出版社，一八九四年），頁二七。

塔，新月標誌則取代過去千年屹立在圓頂上的十字架。

聖索菲亞大教堂只是查士丁尼興建或重建的三十四座教堂中最知名者。附近的聖伊琳娜大教堂也在叛亂之火中焚毀。查士丁尼將其重建為圓頂巴西利卡式教堂，成為君士坦丁堡的第二大教堂。如同附近的姊妹教堂，聖伊琳娜大教堂今日依舊倖存，偶爾會開放遊客入內參觀。做為帝王安息之處，君士坦丁的聖使徒教堂並未毀於暴動，卻未能倖免建築品質低落及地震災劫。查士丁尼下令拆毀整棟建築，在原地興建一座宏偉的五圓頂十字平面教堂。這座教堂走過未來九個世紀，持續維持良好狀態，直到蘇丹穆罕默德二世（Mehmed II）將其拆毀。然而今日，我們仍可造訪聖使徒教堂的複製品，由威尼斯建築師興建，供奉聖馬可遺體，知名的威尼斯聖馬可大教堂（Basilica of San Marco）。

查士丁尼所建的多數建築皆已消失，連同他所熟悉的那個古代都城。然而，他治下推動的建設之眾，依舊驚人。大賽馬場不只重建，還更加華美。尼卡暴動中受創甚深的梅塞大道，柱廊再次復原。覆頂大道及兩側建築商鋪也全數重建。查士丁尼於西元五六五年去世時，不僅復原受傷的首都，甚至重現光華。過去，君士坦丁堡已經是文明世界最大、最美的城市，現在，它成為一則傳奇。

偉大首都代表著偉大帝國，查士丁尼立志要重建羅馬榮耀。雖然西方的羅馬帝國已經陷落，但查士丁尼及其繼承者從未接受此為永久狀態。西元五三三年，尼卡暴動後一年，當君士坦丁堡中木槌、鏈鋸聲此起彼落，貝利薩留帶領大批艦隊西征。一年內他由汪達爾人手中解放北非，奪回科西嘉、薩丁尼亞及巴利阿里群島（Balearics）。返航時，他在賽馬場接受凱旋歡迎，他也是最後一位獲允在此接受凱旋歡迎的非帝王者。貝利薩留接著反攻義大利。此時內部分裂的哥德人無力抵擋席捲而來的羅馬軍。那不勒斯很快回歸；透過羅馬教宗西爾勿略（Silverius）協助，羅馬城也重回羅馬版圖。此時的羅馬人口嚴重流失，市容黯淡，無法擔當首都。首都榮耀明確轉移到博斯普魯斯海峽上的城市。

君士坦丁堡市容繁盛，有效稅收令皇室財庫滿溢，東方穩定邊界也有助於通商路線一路延伸至中國。羅馬人熱愛精美的中國絲綢，但養蠶取絲技術一向受中國政府嚴密控管。西元五五五年，羅馬代表終於成功從遠東地區帶回蠶，自此開啟該城長久興盛的絲織品產業。

長程貿易路線不只帶來財富，還有危險。五四一年，埃及的佩魯希姆港（Pelusium）發現一種新疾病。感染者的下體、耳後或頸部出現黑色腫脹。這些後來稱為「淋巴腺腫」（buboes）的病徵，是腺鼠疫（bubonic plague）的典型症狀。由於船上鼠隻橫行，這種跳蚤傳染病透過船隻快速傳布到亞歷山大港及敘利亞。不到一年，君士坦丁堡也開始出現病患。東方很少有地方逃過一劫，此致命傳染病也透過羅馬船隻，傳入新征服的西方。整個地中海區經歷前所未有的浩劫。不到幾年時間，估計約有兩千五百萬人死於瘟疫。

君士坦丁堡受創最深。普羅科匹厄斯告訴我們，當前幾名病患去世時，街上仍可聽聞哀弔壯年早逝的喪葬之聲。然而不到一個月，死亡已成常態，街上屍體成山。政府被迫清理死屍，將數以千計的屍體拋入在希開區挖掘的露天坑洞裡。當這些坑洞不敷使用時，就掀開金角灣對岸城塔的屋頂，把屍體扔進去。許多城塔充滿腐爛屍首，以至於首都臭味瀰漫不去。西元五四二年，君士坦丁堡平均每天約有五千人死去。瘟疫終於停歇時，首都人口大約削去一半。查士丁尼本人也感染疫病，但他是幸運者之一，存活下來並成為免疫者。

在帝王對抗疫病期間，狄奧多拉皇后看護查士丁尼、整個帝國及她自己。但西元五四八年，狄奧多拉死於癌症，一部分的查士丁尼也隨她而去。雖然皇帝晚年治理不如過往睿智，但仍完成多數野心勃勃的計畫。君士坦丁堡以暴動黑暗年代中無法想像的規模重建。西元五五五年，查士丁尼的軍隊自哥德人手中，奪回整個義大利及西班牙南部。百年中首度，羅馬人可以再次稱呼地中海為「我們的海」（Mare Nostrum）。

查士丁尼皇帝於西元五六五年去世時，留下一個以君士坦丁堡為基礎的羅馬帝國，各方面再次興盛。瘟疫雖重創首都及帝國，但也同樣橫掃羅馬的仇敵，因此前程不足為慮。至於首都，已經到達未來許多世紀中都未曾再見的高度富裕華麗。世界正在轉變，上古年代已經逝去，取而代之的是嶄新的中古世紀。查士丁尼是最後一位以拉丁語為母語的皇帝。將君士坦丁堡建立成無所匹敵皇城的羅馬人正逐漸希臘化，舊拜占庭城的語言將成為中古世紀君士坦丁堡的語言。

第九章　走過中世紀

拉丁語君士坦丁堡的衰微並不代表這個城市失去羅馬性格。畢竟，君士坦丁堡仍是從西班牙延伸至紅海的羅馬帝國唯一首都。然而，經過數世紀蠻族入侵，西方帝國殘破不堪，無法有效統治，甚至必須向東方求援。

東方逐漸無法負擔援助。瘟疫導致君士坦丁堡失去將近一半人口，並造成嚴重後遺症。狄奧多西二世時代面臨的極度空間緊縮，導致須向外擴築新陸牆的狀況，幾乎一夜消失。西元六〇〇年，城市西半部新增加的區域仍未開發，西部郊外的土地價值低落，許多土地被捐給修道院社群使用。黑袍修士在首都雄偉城牆內建立修院與教堂，開墾土地，收穫莊稼。內城多數人口都住在君士坦丁舊城牆範圍內的東城。現代歷史學者稱呼這段羅馬史的新時代為「拜占庭」（缺乏明顯好原因），此後我們也將以此稱呼。然而我們必須謹記，中古時期沒有人，特別是那些「拜占庭人」使用這個詞彙。他們自始至終都是羅馬人。

瘟疫肆虐導致人口銳減後，義大利的拜占庭軍隊無力遏阻來自日耳曼族倫巴底人的新一波攻勢，半島多數地區再次回到蠻族掌握。君士坦丁堡仍舊掌控羅馬及南義部分區域、西西里及威尼斯。七世紀初，哥德人入侵西班牙，徹底將拜占庭人逐出此區。靠近首都附近，新的中歐部族阿瓦爾（Avars，來自現今高加索山區）的鐵騎入侵色雷斯及巴爾幹，再次重創飽受蹂躪的區域。一如匈人，他們要求貢金媾和；但比匈人更狠，無論支付與否，鐵騎依舊橫行。查士丁尼辛苦贏得的勝利，轉瞬成灰。

但對首都更大的威脅來自東方。長期不穩的和平後，波斯終於再次對拜占庭興兵，快速侵占敘利亞、巴勒斯坦及埃及。波斯軍隊劫掠耶路撒冷，褻瀆聖地，真十字架被送到波斯內地。帝國東方版圖僅剩安納托利亞。入侵的影響立即在君士坦丁堡街頭傳開；缺少來自尼羅河的穀物船，政府再也無力提供市民免費麵包。取而代之的是補貼部分安納托利亞穀物製作的麵包，迫使人民必須自己掏錢購買一直認為是理所當然獲得的食物。這是與羅馬傳統的重大斷裂，令君士坦丁堡的窮苦無業大眾難以接受。因此爆發一些衝突，但都不及尼卡暴動來得劇烈。

重重危機威脅下，君士坦丁堡市民仰望皇帝領導，也幸運地擁有一位才幹出色的領袖。席哈克略（Heraclius）是迦太基總督之子。他首先發動軍事政變推翻無能的前任皇帝福卡斯（Phocas），取得帝位。登基後前十年，席哈克略多半時間都在應付各式災難；波斯侵略固然強大，但拜占庭人內部的分裂鬥爭也是不小的成因。神學論爭再一次分裂帝國。基督一性論派掌控埃及、巴勒斯坦與部分敘利亞地區，認為基督只有一個本質，為人神合一。迦克墩大公會議則定義基督神人二性，同時具有完整人性與神性。所有試圖和解的努力均告枉然。如同過去其他爭議，這類分立同時是宗教、也是政治的爭議。埃及與敘利亞人繳納較高稅捐及其他義務，逐漸對君士坦丁堡的希臘正教帝國心生不滿，因此許多一性論派強烈支持非基督徒的波斯人，認為他們是解放者。波斯人也投桃報李，以新政府高官相饋。

席哈克略皇帝面對殘破的帝國，被迫以兩面戰爭應對強大敵人。對西，他派遣使者以金錢應付阿瓦爾人，並將信心賭在雄偉的君士坦丁堡城牆上。向東，他施行一套大膽進攻戰略，無視被波斯人侵占的領土，帶著軍隊直攻波斯的核心區域。為了籌措賭局中需要的軍隊與傭兵，皇帝需要決戰意志與金錢支持。透過與君士坦丁堡牧首瑟古斯（Sergius）結盟，他同時獲得兩者。畢竟此非一般戰爭，波斯人在異端支持下，劫掠褻瀆了救世主的聖地。透過教會協助，席哈克略承諾將奪回真十字架貴重遺跡，並重懲基督之敵。做為回報，牧首瑟古斯祝福大軍，贈予產生奇蹟的基督及聖母聖像，助帝軍一臂之力，同時更提供大筆財富，包含君士坦丁堡教會中所藏的聖器及貴重法衣。

西元六二六年，席哈克略帶領大軍穿越小亞細亞，進入亞美尼亞，最後往波斯開拔。這出乎意料之舉促使波斯部分軍隊回師，但波斯國王霍斯勞二世（Khosrow II）仍欲藉此機會奪取拜占庭帝國剩餘領地。當席哈克略軍隊入侵波斯鄉間時，波斯軍則踏過安納托利亞，西進君士坦丁堡。年終之際，上萬波斯軍隊已駐紮在首都近郊觸目可及之處。他們不但攻下清空的迦克墩城，也預備橫渡博斯普魯斯海峽。波斯人並非獨自前來，阿瓦爾大軍也穿越平原，駐紮在狄奧多西陸牆外。兩大入侵者有共同目標，因此阿瓦爾人派出艦隊到迦克墩，協運波斯人進行最後總攻擊。

失去廣大帝國，主力軍隊又遠在千里之外，君士坦丁堡被迫自立自強。這確實也是君士坦丁堡建城的目的。難以攻克的城牆與湍急博斯普魯斯海峽上的策略位置，讓任何外來攻擊都顯得十分困難。然而這並未減輕情況危急的程度。在跨越七座山丘的內城裡，居民一向享有俯視附近海域及領土的絕佳視野。但此刻市民視野內盡是將近十萬人的大軍，意欲剷除羅馬帝國的最後堡壘。市民前往教堂祈禱的次數，與防衛城牆的頻率相當。人們向聖母誠摯祈求，懇請其子摧毀這群異教攻擊者，保衛「神所護佑」的君士坦丁堡。聖像在街上及城牆邊梭巡，神父唱誦絕望禱詞。

實際上，兩支入侵敵軍都未能獲得足夠後援，因為在他們抵達前，周圍區域已堅壁清野，資源都送入君士坦丁堡城牆內。拜占庭海軍在馬摩拉海的勝利，也阻擋了阿瓦爾船隻持續接運波斯人，確保雙方未能有效結合攻勢。接著傳來拜占庭在美索不達米亞與波斯的勝利消息。明顯地，君士坦丁堡並非普通城市，需要波斯人與阿瓦爾人耗費更多時間與金錢才可能攻取。波斯人決定撤兵，回頭迎戰席哈克略，重整旗鼓。

霍斯勞二世的博斯普魯斯策略不但輸了戰爭，也讓他失去政權。當席哈克略大軍逼近波斯首都泰西封[1]時，政變推翻了霍斯勞政權。一切底定後，新政府向席哈克略提出十分優渥的議和條件。所有波斯征服的領土（埃及、巴勒斯坦及敘利亞）將交回君士坦丁堡治下。邊界重新回到戰前界線。波斯付出大筆金錢做為戰爭賠償，真十字架當然也立刻歸還。西元六三〇年三月，席哈克略進入失而復得的耶路撒冷，將真十字架肅穆重置於聖墓教堂中。接著啟航返回君士坦丁堡，歡慶光榮勝利，並讚美真主與童貞聖母。自此，聖母瑪利亞公認為君士坦丁堡的特別保護神。

拜占庭的偉大聖戰奇蹟似地結束，在完全毀滅的邊緣，絕望抗爭逆轉局勢。東方帝國再次重建，波斯威脅不再，從波斯取得的賠償也全額償還積欠君士坦丁堡牧首的債務。至於阿瓦爾人，內部分裂令其積弱不振，也讓斯拉夫人藉機進駐巴爾幹半島的權力真空，並從此定居。隨著拜占庭對地中海東部掌控再起，在帝國律法之下，希臘正教再次控制埃及與敘利亞地區。一性論者被捕，教會遭到關閉。由於一性論者串通真主之敵，席哈克略的處置也毫不手軟。

經諸多挑戰，席哈克略此刻已邁入五十歲，原可期待餘生得以享受相當程度的和平安穩。然而時不予人。另一股更強大的威脅，正準備向戰後疲憊的世界展開攻擊。這回並不是君士坦丁堡皇帝熟悉的對手，一些外族或掠奪者的合力結盟。地平線外潛伏的是一股新的意識或信仰，將戲劇性改變君士坦丁堡的歷史走向。

在阿拉伯半島最大城市麥加，一位名為穆罕默德的男子，開始宣稱從猶太教與基督教真神獲得預示及旨意。阿拉伯人崇奉多神信仰，敬拜各種自然神靈，崇敬來自天堂的黑色巨石（隕石），因此穆罕默德的宣示並未受到歡迎。由於巨石置於麥加，當地人可從朝聖行旅中獲取利益。但當穆罕默德受到迫害時，他率眾出逃（Hegira，遷徙）到麥地那，並成為該城的政治與宗教領袖。伊斯蘭教在此成為宗教與政權，祝聖己身所行的戰爭：「聖戰」（Jihad）。聖戰對內意指良好生活行止的內在修練，對外則是反抗異教及迫害穆斯林者的外在戰爭。穆罕默德與追隨者對麥加發動好幾年的激烈聖戰，最終於西元六三〇年攻克麥加。所有被征服的麥加居民被迫轉信伊斯蘭教；自此，麥加成為伊斯蘭教的聖城。朝聖者再次回歸，麥加朝覲成為穆斯林的五功之一。

西元六三二年穆罕默德去世前，完成了看似不可能的任務。他團結了阿拉伯半島，建立一支強大軍隊，充滿無限的宗教狂熱。歷史上，環境艱困的阿拉伯半島每隔一段時期就會有游牧戰士

1　泰西封（Ctesiphon）位於今日伊拉克巴格達東南方三十五公里處，底格里斯河東岸。西元前五八年起，成為安息帝國首都，後成為波斯帝國薩珊王朝首都，直到西元六三七年被穆斯林攻下。

向外劫掠爭奪資源。但在近期數世紀中，羅馬與波斯帝國的龐大勢力壓制了沙漠子民，將他們的侵擾局限在邊境上。穆罕默德領導追隨者持續向外征服，將伊斯蘭教傳播到全世界，並獲得重大成就。此刻正是伊斯蘭向外興戰的絕佳時刻，羅馬與波斯帝國正因近期戰爭元氣大傷，無力對抗積極進取的新威脅。穆罕默德死後五年，穆斯林軍隊已完全征服波斯帝國，對羅馬／拜占庭人的戰爭也幾乎同樣順利。西元六三六年的亞穆克之役[2]，阿拉伯人決定性擊敗拜占庭軍隊。不到一年，他們已征服敘利亞，奪下安條克及大馬士革等城。席哈克略可能低估了阿拉伯人的威脅，但也增軍埃及，並命人將真十字架及其他聖物送回君士坦丁堡。沒有其他地方更安全。君士坦丁堡逐漸成為基督遺物的重大儲藏地，以及未來數世紀的朝聖中心。

西元六三八年，阿拉伯人征服巴勒斯坦，占領耶路撒冷。憂心忡忡的基督徒獲准保留聖墓教堂。阿拉伯傳統是將征服城市中最偉大的教堂，重新祝聖為清真寺。西元六三四至六四四年間統治穆斯林帝國的哈里發歐瑪爾（Umar），刻意下令穆斯林不得進入教堂，而是於鄰近地區建築清真寺。古蘭經及後續不同聖訓（hadith）中闡釋的穆斯林律法，允許包含猶太教及基督徒等一神教眾維持原有信仰，但須接受次等公民地位，並繳納人頭稅。事實上，這項政策讓征服拜占庭帝國更加容易。基督一性論者在基督教埃及占多數，也是敘利亞及巴勒斯坦的重要少數族群。隨著君士坦丁堡迫害日深，他們更有理由偏向穆斯林征服者的統治。阿拉伯人並未區分兩大基督教陣營，且十分樂意接納一性論者。

君士坦丁堡的大皇宮中，席哈克略皇帝接到來自東方一項又一項打擊。他致力維持的帝國正逐漸崩毀。西元六四一年，他在心碎中去世；數月後，埃及淪陷。偉大的亞歷山大港現在聽從哈里發號令。由於哈里發允許一性論者（後世稱為科普特正教基督徒，Coptic Christian）安心崇敬其信仰，他們也樂意俯首稱臣。接下來數世紀中雖有基督徒轉宗伊斯蘭教，然直到現代，這個區域依舊擁有大量基督徒。

阿拉伯人自然不以敘利亞和埃及為滿足。西元七世紀到八世紀初之間，穆斯林軍隊向西推進，攻占北非全境，甚至跨越直布羅陀海峽，征服西班牙大多數區域。穆罕默德去世後一世紀間，他的追隨者征服了三分之二的基督教世界及波斯帝國全境。廣大的穆斯林帝國從印度延伸至大西洋。伊斯蘭教成為地中海超級強權，並持續將近千年之譜。

由於征服世界是穆斯林行動的終極目的，君士坦丁堡自然成為目標。缺少這座城市，前往歐洲的穆斯林軍隊將被迫繞行遠路，穿越非洲及西班牙。這表示穆斯林軍隊將遠離帝國核心，無法對歐洲人施展強大武力。君士坦丁堡同時代表著基督教羅馬帝國最偉大、最有權力的都城。穆罕默德曾在聖訓中，一再預示君士坦丁堡的征服。穆斯林相信，攻下君士坦丁堡的哈里發，將獲得無上祝福及永恆景仰。

哈里發穆阿維亞（Muawiyah）期待自己成為此人。從艱辛內戰中勝利崛起，穆阿維亞建立了新的穆斯林王朝——奠基於新都大馬士革的倭馬亞王朝（Umayyads）。西元六六九年，他派遣兒子亞茲德（Yazid）率領大批軍隊入侵小亞細亞。亞茲德一路順利過關斬將，劫掠鄉間，兵臨迦克墩城下，與君士坦丁堡僅隔博斯普魯斯海峽。阿拉伯人如此逼近首都激起市民惶恐浪潮。穆斯林

---

2 亞穆克之役（Battle of Yarmouk）發生於敘利亞的亞穆克河畔，位於今日敘利亞、約旦、以色列交界處，加利利海以東。

似乎無處不在。即使在威脅君士坦丁堡同時，穆斯林軍隊正攻擊拜占庭所屬的迦太基與西西里島。

受到兒子軍事勝利的激勵，穆阿維亞投入大量財富與資源，意欲征服君士坦丁堡。他正確盤算著，面對此高度防衛城市，任何攻擊都須經細密籌劃，且由海陸並發。西元六七二年，他派遣三艘大型艦隊，在接下來一年中，封鎖海道，並建立敘利亞與愛琴海島嶼之間的補給點。六七四年，艦隊抵達馬摩拉海，第一次親眼見到君士坦丁堡。同時間，另一支穆斯林艦隊奪取羅得島，並以其為基地向小亞細亞發動攻勢。由於埃及陷落後，小亞細亞成為君士坦丁堡主要的糧倉，穆阿維亞計劃摧毀小亞細亞農作，截斷君士坦丁堡的食糧。馬摩拉海的艦隊則阻擋所有進出君士坦丁堡的船運，並將軍隊送入歐洲一側，準備開始攻擊城市。

對君士坦丁堡人來說相當幸運，阿拉伯人抵達之時，正是帝國首都少數擁有強而有力政府的時刻。自席哈克略去世後，君士坦丁堡便陷入陰謀詭計、謀殺動盪之中。然而，共同敵人是最好的團結利器。當馬摩拉海揚滿阿拉伯船帆時，全城市民在君士坦丁四世（Constantine IV）麾下團結一心。二十歲出頭的年輕君士坦丁採取迅速行動。雖然拜占庭海軍已被阿拉伯人摧毀，但皇帝仍擁有停泊在港口及博斯普魯斯海峽北側的艦隊。透過召回色雷斯與巴爾幹的軍隊，他仍然可以抵抗登陸的穆斯林軍隊，也確保戰事限於馬摩拉海北岸，離黃金門不遠處。我們從紀錄中得知，這些戰事幾乎每天開打。雙方勢均力敵，戰況激烈。然而，拜占庭人捍衛首都的決心，表示穆斯林軍隊一直無法沿著狄奧多西城牆向北推進，因此也無法截斷透過色雷斯陸路送往城內的補給。

穆斯林軍隊雖聲勢浩大，卻遲遲無法包圍君士坦丁堡或截斷其對外聯繫，因此這場戰役並非人稱的圍城。然而局勢確實令人憂心，也可能輕易轉為對穆斯林有利。接下來四年中，每年秋季，穆斯林艦隊及軍隊會撤退到馬摩拉海南岸的基濟科斯半島。春季重返城下，攻擊海上運輸，並試著奪取城市以西的陸地。哈里發似乎擁有無限金錢及耐心，但拜占庭人的耐心有限。穆斯林軍隊在小亞細亞造成重大破壞，首都糧價在威脅下來到新高。此刻必須採取更積極的行動。

西元六七八年，君士坦丁皇帝開啟兩面戰爭。數支小亞細亞的拜占庭軍隊合攻穆斯林軍，成功迫使騎兵撤退到敘利亞。同時間，鎮守君士坦丁堡的海軍艦隊駛進馬摩拉海，攻擊阿拉伯船艦。從巨細靡遺的紀錄來看，城內居民必定日日自高崗及海牆頂端，觀察戰鬥局勢。拜占庭軍艦數目雖不及阿拉伯人，但擁有祕密武器。歐洲人稱之為「希臘火」（Greek Fire）的武器裝置，內含君士坦丁堡最高機密下製造的易燃液體混合物。洩漏希臘火製作祕辛者得處死刑，因此時至今日仍舊不為人知。這些液體裝載進特殊船隻內的大型水箱中，成群男人以風箱加壓。在船艙上，專業人士操作複雜管線，向遠距離外噴射液體，在空中瞬間起火。希臘火的效果極具戲劇性。數百艘拜占庭船隻從船首吐出驚人火流，不僅吞噬膽敢靠近的敵艦，甚至讓海面也陷入火海。對不熟悉這種武器的船長，希臘火同時產生軍事及心理震懾效果。為了增加心理壓力，有時拜占庭船艦也以猛獸銅首裝飾船首，從血盆大口噴出地獄之火。

結合航海技術及希臘火，拜占庭船艦擊敗阿拉伯人，迫其返回基濟科斯半島基地。由於小亞細亞軍隊也同時戰敗，因此可見未來中，似乎無望征服君士坦丁堡，攻擊者於是決定撤退。在返航敘利亞途中，一場惡劣風暴竟毀去多數阿拉伯船艦。接受戰敗事實的哈里發與君士坦丁堡達成協議，返還羅得島及其他占領的島嶼，並繳納象徵性貢金。對拜占庭人來說，這是驚人的勝利；對阿拉伯人則是異常的失落。未來數十年中，拜占庭人光復並重建小亞細亞。他們雖失去大部分土地，帝國依舊存活了下來。

阿拉伯入侵一役，驗證了建立與強化君士坦丁堡的先人睿智，然而缺乏大型帝國支持，這個古典大都會將如何存續？中世紀君士坦丁堡生活中，上古市民生活的面向正逐漸褪去，不只因帝國積弱不振，亦因世界持續變動。少了免費麵包或看似無止境的建築工程，過去曾受益的城市居民開始移往希臘、色雷斯或安納托利亞的丘陵鄉間，尋找新生活。西元七至八世紀間，城市居民人數究竟下降多少，迄今未有定論。由於飲水供應也受到戰爭或時間毀壞，有論者認為居民可能僅剩五萬人左右。此數字也許過低，但十萬到十五萬之譜應不意外。由於君士坦丁堡從未被征服，因此也未曾經歷羅馬或其他一度偉大的古代城市遭受的毀滅性破壞。然而人口與財富萎縮，代表市內部分區域及建築物遭到棄置毀壞。有些則轉變用途。

例如，大浴場在試圖節水的城市中無用武之地。無論如何，上古市民生活中心的浴場文化，在西元九世紀時，已完全從君士坦丁堡消失。君士坦丁堡的浴場大門深鎖；一名隱修士曾被記錄住在達吉斯修斯浴場（Baths of Dagistheus）遺址中。十世紀一位無名居民所寫的《君士坦丁堡志》（*Patria*）[3]，記錄君士坦丁堡風土民情。他雖曾聽聞浴場的神奇之水，但終其一生未曾見過任何公共浴場。即便雄偉華美的宙西普斯浴場也在八世紀末廢棄，後世改成碉堡及監獄。

奢華的廣場依舊是市民聚會的公共空間，但也發展出新的使用目的。君士坦丁廣場周圍的雙層柱廊變成零售空間。君士坦丁立柱附近依舊是神聖空間，做為每年五月十一日君士坦丁堡建城之日歡慶儀式的起點。立柱底部設有小型的聖君士坦丁教堂（Chapel of St. Constantine），此為每年儀式中皇帝與牧首聚首之處。狄奧多西廣場空間較大，同樣雄偉，現在則做為首都的豬隻交易市場。乾草市場在不遠處。羊隻交易設在古老的校場，帝國公路里程起點紀念碑則提供奴隸買賣。奧古斯塔廣場依舊裝飾華美，但因直通查爾克門及元老院，因此不對大眾開放。

君士坦丁堡的劇院也在西元七世紀開始衰微。由於劇院為政府所有，時代困難中做為率先裁撤的機構，並不令人訝異。七世紀中，所有君士坦丁堡的劇院皆關門歇業。演員在街頭表演簡短鬧劇，賺取銅板度日。即便如此，六九二年街頭演出也為教會所禁。此後，拜占庭作家甚至無法描述何為啞劇。不過，默劇仍持續在街頭演出。一名十二世紀作家崇那拉斯（Zonaras）形容默劇演員打扮成阿拉伯人或亞美尼亞人，互相毆打頭部。

也許市民生活中最顯而易見的改變，在於賽馬場的賽事。如同現代專業運動賽事，古代車賽在不同城市賽場間，以某種方式相互連結。然而，八世紀的君士坦丁堡賽道雖仍可見馬蹄飛馳，但其他城市如以弗所、米利都及塞薩洛尼基的賽馬場均停賽已久，多數已毀壞或嚴重荒廢。即使羅馬的大競技場也成為荒煙蔓草。相對地，君士坦丁堡的賽馬場依舊維護良好，雄偉華麗。中央骨幹上陳列著幾十座銅像，絢爛泉水持續噴向天際。唯一缺少的是賽車與民眾。少了鐵粉帝國的

---

3 地方志（Patria）是一種記錄城市歷史、風土、紀念物及傳說的文類。此類書寫源自西元前三世紀佩特拉的卡拉尼科斯（Kallinikos of Petra）對於羅馬的紀錄。早期作者雖然也針對行省都市如尼西亞或米利都進行記錄，但西元六世紀後，這類書寫完全以君士坦丁堡為主。《君士坦丁堡志》意指一組運用此文類專門記錄君士坦丁堡的文獻。這組文獻中今日仍存世者包含：六世紀的《君士坦丁堡志》（*Patria of Constantinople*）、八世紀的《歷史短篇》（*Parastaseis syntomoi chronikai*）、九世紀的《聖索菲亞大教堂建築概述》（*Narration of the Construction of Hagia Sophia*）、十世紀的《君士坦丁堡志》（*Patria*）、《地形追憶》（*Topographical Recensions*），以及後拜占庭時代文獻《神奇故事》（*Miraculous Story*）。

支持，賽車手也無以為繼。少了悠閒時光的粉絲，幾乎無法參加賽事。因此賽事數量持續銳減。到了七世紀末，賽車已非娛樂，僅是公眾儀式，不再每週舉行，而是每年固定節日時才舉辦，例如四旬期（Lent）前，復活節後及五月十一日。失控酒醉暴徒被華衣美服的市民所取代，魚貫進入會場，一切行禮如儀。觀眾的興奮加油轉變成精確呼聲，由聖索菲亞大教堂的執事帶領。皇帝與朝臣自然也出席儀式，但再也無人想向皇帝進言，或行任何出軌之事。這類活動中通常只有八場賽事，上下午各四場。再也沒有獻給賽車手的雕像或紀念碑。曾經激起聖若望一世譴責的狂亂賽事，已然變成全日儀禮。不意外地，教士不僅開始參與賽事，甚至在觀眾席中擁有自己的區域。賽馬場不再是人民的場域，而是極為刻板的宮殿群之一。也因此，不使用的時候，總是大門深鎖。

賽馬場被大皇宮群實質吸收實屬合理發展，皇宮是所有上古公眾生活中唯一未曾衰微的部分。皇宮裡浴場持續運作，皇帝與貴族依舊享受美麗的戶外廣場與仔細修剪的花園。在知名的十九躺椅大廳（Hall of the Nineteen Couches），皇帝依舊以古老姿態橫臥桌邊，舉行使用各式黃金餐具的各式佳餚盛宴。由於每任皇帝都擴張增修宮殿群，大皇宮實際上更顯奢華。極度奢靡的宮室，華服貴冠的居住者，繁複儀禮，明顯是為了施威外國使節，彰顯古老帝國的榮耀與權威。在這點上，沒有任何地方比名為馬格瑙拉宮的大王座廳更明顯。穿過雄偉的查爾克門後，將進入一座極盡奢華的長型大廳，盡頭設置的巨型王座，據傳曾為所羅門王所有。王座相關形容雖可追溯至十世紀，但可能早在七世紀初便開始使用。當外國貴賓接近王座時，水風琴開始演奏，機械鳥在精雕細琢的金樹上歡唱，自動獅群則甩動巨尾發出怒吼。王座本身可升至半空，供神聖皇帝戲劇化進出場之用。隨著拜占庭帝國實質力量逐步衰弱，此類外交奇觀更顯重要。

第十章　陰謀叢生的拜占庭

西元八世紀中，君士坦丁堡持續在穆斯林的想像中縈繞不去。倭馬亞王朝的首都大馬士革興起許多肖似拜占庭皇城的宮殿與花園。隨著哈里發勢力四處擴張，所向無敵，虔信者對於君士坦丁堡持續抵抗一事感到不安。對某些人來說，上主似乎將征服的光榮，保留給真正蒙受福祉的哈里發。直到這位哈里發出現之前，穆斯林持續騷擾拜占庭帝國的小亞細亞東境。

西元七一七年，哈里發蘇萊曼（Suleiman）決心摘下基督教帝國的首腦，對君士坦丁堡發動大型攻擊。他不惜花費，甚至昭示天下，願傾盡所有，只求贏得勝利。蘇萊曼發動將近十二萬大軍及一千八百艘軍艦，從敘利亞港口出發，向西航行，軍力遠超越拜占庭帝國陸、海軍總和。在蘇萊曼兄弟馬斯拉瑪（Maslama）領軍下，阿拉伯大軍於七一八年夏季抵達赫勒斯滂。控制附近海域後，大型船隻開始將軍隊送往色雷斯。僅受到保加利亞軍隊些微抵抗，阿拉伯軍整齊挺進，直到狄奧多西城牆視線範圍內。他們無意發動攻城，即便十萬人也無法成功攻下三座巨牆。相反地，他們在半島上建造自己的城牆，截斷所有進入君士坦丁堡的陸路交通，意圖以飢餓逼降。

這個計畫不錯，但須同時完全控制城市周遭海域，過去無數入侵者也從未成功過。數千船帆在強風吹襲下低鳴，推動阿拉伯船行經君士坦丁堡，前往博斯普魯斯海峽的港口，或附近郊區其他登陸地點。當他們北駛經過城市時，風瞬間停息，導致後方無數船隻速度減緩。無法僅靠船槳之力對抗博斯普魯斯海峽強勁水流，阿拉伯船隻無力地向後漂流，接近泊於金角灣的小型拜占庭海軍。灣口鎖鏈立刻降下，拜占庭船艇衝出，向敵人噴射希臘火。當天阿拉伯人損失甚巨；為了避免類似狀況發生，阿拉伯船艦與君士坦丁堡保持一段距離，也因此無法封鎖穩定的海上運輸。

然而，阿拉伯人仍在色雷斯駐有重兵，另一支軍力正跨越小亞細亞，一路踐踏鄉間前來。拜占庭皇帝利奧三世（Leo III）雖難抗重兵，但對阿拉伯人嫻熟於心。一如同時代其他皇帝，利奧三世靠著陰謀、賄賂與軍事恩惠得到寶座。細節雖不明朗，但馬斯拉瑪似乎相信利奧三世會交出君士坦丁堡，交換成為阿拉伯治下的一名總督。兩位領袖間的談判溝通持續未果，最後阿拉伯軍在糧食極度短缺中，不得不以馬匹、駱駝甚至死屍果腹。七一七到七一八年冬天更是記憶中最嚴酷的一季，雪上加霜。

新任哈里發歐瑪爾二世（Umar II）派遣滿載補給的船隻，增援圍城行動。船艦於春季抵達，停泊在迦克墩附近，遠離君士坦丁堡希臘火的威脅。然而，增援船隻上的船員主力是基督徒，抵達後，隨即變節投向拜占庭。叛徒同時帶給拜占庭重要情報，包含阿拉伯船艦位置及穿越安納托利亞的陸軍動向。利奧三世運用這批情報，派出海軍對付因缺乏船員無法自衛的補給船。拜占庭人奪取補給物資，並擊敗區域中的主要阿拉伯艦隊。大海再次對拜占庭人開放。由正規軍及傭兵組成的拜占庭軍東進擊敗阿拉伯援軍。至於駐在色雷斯的阿拉伯人則受到疾病、飢餓與保加利亞人連番攻擊。缺乏這些補給，大軍也無以為繼。十三個月後，哈里發召回部隊，這次圍城攻擊徹底失敗。君士坦丁堡歡欣鼓舞的市民注意到，此事發生在八月十五日，聖母安息（升天）節（Day of Dormition / Day of Assumption）[1]。因此每年此日，君士坦丁堡牧首會向市民重述聖母為其贏取的勝利。

沒有任何對西元七一七至七一八年戰役的簡單描述，能確實點出對君士坦丁堡，或對現代世界的重大影響。地球上最強大力量，第二次祭起精確計畫且資源豐盛的戰旗，意欲征服這個都市。其敗北不只保存拜占庭帝國，同時還有整個西歐。若君士坦丁堡陷落，阿拉伯征服者非常可能在遙遙欲墜的西方長驅直入，與統治西班牙的阿拉伯勢力結合。八世紀的歐洲貧窮、分裂且卑微弱小。對於來自博斯普魯斯海峽上大都會的強大軍力，將毫無反抗之力。君士坦丁堡身為羅馬世界無法攻克的壁壘，雖無能搶救帝國遠方領土，但確實讓自己及歐洲，免於穆斯林征服。若無

1 根據基督教信理，聖母升天是有關聖母瑪利亞的神學觀點，認為耶穌的母親瑪利亞結束今世後，靈魂和肉身一同上升天堂。天主教、東正教、東方正統教會和部分聖公會團體承認此觀點。東正教會稱為聖母安息日（Dormition of the Theotokos）。聖母升天事蹟起源自古老的傳說，雖聖經歷史上並無記載，但逐漸成為普世信理。最廣為流傳的說法是，西元七四九年聖若望·達瑪森（Saint John Damascene）講道詞中提到，東羅馬帝國馬爾西安皇帝請求耶路撒冷主教，於四五一年迦克墩大公會議結束後，將瑪利亞的聖髑帶回君士坦丁堡。據說主教如此回答：「瑪利亞在宗徒的環伺看顧中去世。聖多默要求打開她的棺木時，卻發現她的棺木是空的，因此宗徒論斷她的肉體已經升天。」

君士坦丁堡統治者與市民的遠見與決心，今日的世界將十分不同。

君士坦丁堡的第二度阿拉伯圍城，是未來六世紀中，穆斯林最後一次進攻「眾城女王」（今日依舊時常如此稱呼）。關於穆罕默德即將征服首都的預言，也被重新詮釋為標誌著世界末日的未來事件。戰爭結束後，阿拉伯／拜占庭的關係，轉變為可預期的邊界戰爭，既滿足永恆聖戰需求，又不過度破壞現狀。然而，對君士坦丁堡而言，局勢依舊困頓。由於穆斯林軍隊持續在他處取得勝利，利奧皇帝認定上主必定對拜占庭帝國感到不悅。為撥亂反正，皇帝修訂帝國法律，以符聖經戒律規範。此舉亦令皇帝省思聖經關於形象崇拜的禁令。穆斯林對此規範慎重以對，在所有清真寺與聖地中，嚴禁形象崇拜。相反地，拜占庭教會中滿是基督、瑪利亞與聖人的鑲嵌畫、繪畫與木像。忠實信徒特別虔敬聖像，並認為聖像是與聖靈世界的強烈連結。這是造成上主之怒的原因嗎？

利奧皇帝確實相信如此。阿拉伯圍城後次年，他開始清除君士坦丁堡所有教堂的聖像。西元七三〇年，在缺乏大公會議或多數教士支持下，他下令全面禁止宗教聖像。拜占庭軍隊衝入市內及全國各處裝飾華美的修道院及教堂，摧毀任何發現的聖像。毀滅是全面性的，八世紀前的基督教宗教藝術品在伊斯坦堡內蕩然無存。

銷毀聖像行動，在拜占庭人民、教士及僧侶間十分不受歡迎。除了皇帝及其子共帝（co-emporer）君士坦丁五世（Constantine V），反聖像運動的支持者僅有君士坦丁堡的軍隊及行政官僚。當然，他們受雇支持政策，並擁有在城內執行的手段。在義大利，拜占庭力量大幅度萎縮，因此也無法強制執行帝國命令。即便利奧皇帝沒收南義的教宗產業，教宗格列哥里三世（Gregory

III）仍舊拒絕接受皇帝敕令。此一爭端，加上倫巴底人對義大利的無情攻擊，導致教宗開始質疑與君士坦丁堡的關係。教宗選舉不再需要皇帝同意，教宗也不再期待君士坦丁堡協防羅馬。最後於西元七五一年，倫巴底人攻下拜占庭的義大利首都拉文納。面對全面入侵，教宗轉向信仰天主教的蠻族部落法蘭克人（Frank）求援。法蘭克人定居高盧，其後建立一個以部落為名的新王國：法蘭西（France）。其領袖矮子丕平（Pepin the Short）聽令擊潰義大利的倫巴底人，並將羅馬城及周圍領地的統治權永久獻予教宗。從此教宗成為國王，是擁有獨立領土的統治者。舊羅馬與新羅馬分道揚鑣，教宗之城不再是凱撒之城。

回到君士坦丁堡，利奧與君士坦丁皇帝仍舊不受歡迎，但在穩定阿拉伯邊界，甚至奪回敘利亞北部部分領土的軍功，讓他們不至於遭到推翻。也許他們對於神之意旨的詮釋，有其幾分可信之處。尤其，當西元七四六年腺鼠疫再次從港口蔓延到君士坦丁堡街頭時，似乎有此味道。疫情帶來驚人破壞。將近一年間，死屍橫布君士坦丁堡街巷廣場。身心受創的感染者沿著大街小巷狂奔，遺忘至親，攻擊友人。病患外衣上開始出現十字架，象徵死期將近。謎般符號更強化廣為流傳的想法：上帝正懲罰有罪之人。上萬具屍體堆積在空城各處的停用蓄水池中，滿了之後，再運到城內西部開放區域的草地及閒置農地丟棄。人口已經銳減的君士坦丁堡，在這波疫情後，幾乎成為鬼城。

當然，此一情況不會持續。待疫情退燒，成千上萬人從希臘及小亞細亞鄉村地區移入城中，尋求接近帝國政府的前途機會。反聖像敕令終於在七八七年，第一位以自身力量統治羅馬帝國的女性，伊琳娜女皇（Empress Irene）治下撤銷。雖然類似舉措仍舊偶爾死灰復燃，直到八四三年才完全結束。命令撤銷後不久，一幅描繪聖母與聖子的美麗壁畫便懸於聖索菲亞大教堂高壇之上。這幅壁畫後世重見天日並經修復後，今日依舊高懸於此。

撤銷反聖像敕令並無助於修補君士坦丁堡與羅馬之間的關係。兩個城市雖為共同信仰及歷史所繫，在其他方面卻漸行漸遠。無法依賴君士坦丁堡的教宗，轉投盡忠保護並支持天主教領袖的法蘭克人。感激之餘，教宗利奧三世（Leo III）將帝國冠冕加諸法蘭克國王查理曼（Charlemagne）頭上。西元八〇〇年的聖誕節，利奧三世嚴肅宣布封這位文盲軍閥為「羅馬人的皇帝」（Emperor of the Romans）。此後數世紀的日耳曼統治者均以此封號自許。當然伊琳娜女王拒絕接受此事，正如她稍後拒絕查理曼「皇帝」的求婚。然而，西方持續使用這個帝王封號，不過是基督教世界的拉丁派與希臘派間諸多衝突之一。

八世紀君士坦丁堡的快速衰微，導致城內許多區域完全無人居住。許多民居、商鋪、倉庫及其他建築物人去樓空，棄置衰敗，雜草叢生。即便如此，君士坦丁堡依舊不乏權謀鬥爭。事實上，這段期間迎入大皇宮奢華殿堂的陰謀權鬥黃金時期。君士坦丁堡的刻板印象之一正逐漸成形：複雜貪婪的致命權鬥吞沒一切，唯有最無情狡猾者始得立足之地。換句話說，拜占庭式的陰謀狡詐成為都城政治的特色。

伊琳娜女皇一開始是代替幼子君士坦丁六世（Constantine VI）攝政。年輕皇帝二十四歲時開始主張自己的統治大權，伊琳娜便命令手下逮捕兒子，並挖出他的雙眼。拜占庭人透過致盲使人失去皇位繼承權的習俗，已有一世紀之久。但在此案例中，下手之人過於凶殘，君士坦丁數日後死於重傷。對造成兒子之死極度傷痛的伊琳娜，對政務日漸意興闌珊。她雖持續統治，但對八〇二年宮廷政變卻幾乎不曾察覺或關心。接受自己命運的伊琳娜，在於萊斯博斯島（Lesbos）上自己建立的修道院中度過餘生。

她的繼承者並未表現較好。當他們爭奪衰微城市的殘磚破瓦時，整個帝國正在消亡。東山再起的阿拉伯軍隊攻下賽普勒斯與西西里，讓拜占庭版圖持續縮減。皇帝米海爾三世（Michael III）也許最能代表這個時代。以「酒鬼」聞名，二十多歲的皇帝荒廢各種政務，專注在大皇宮中享樂。如綽號暗示，他特別喜愛與好友寵臣深夜狂歡，暢飲無限美酒。另一項不合時宜的喜好，他也是賽車的忠實愛好者。米海爾三世經常贊助賽馬場的競賽日，有時甚至自己親自上場駕車。神聖嚴肅的君士坦丁堡牧首依納爵一世（Ignatius）將喜好享樂的皇帝，從聖索菲亞大教堂逐出，也未見改變。當米海爾三世下令將自己母親放逐到修院，依納爵拒絕接受此事。由於米海爾三世許多惡劣點子來自舅舅巴爾達斯（Bardas），依納爵決定將巴爾達斯逐出教會。米海爾三世受夠了君士坦丁堡教會領袖的虔信道德，因而下令聖索菲亞大教堂，要依納爵立刻自請下台。皇帝隨即聘任神職人員佛提烏（Photius）成為新任君士坦丁堡牧首。

也許純屬意外，但米海爾三世確實聘了一位勤奮、有智慧且受過高度教育的新牧首。然而，羅馬教宗尼古拉一世（Nicholas I）卻拒絕通過此項任命，指出強迫辭職與聘任皆非常規，因此無效。他要求讓依納爵復位。佛提烏則在君士坦丁堡舉行宗教會議，檢視西方天主教會的狀態。會議發現，除了其他議題，西歐人還在尼西亞信經中加了一個字：「（從父）和（從子）」（filogue）。問題關鍵在於聖靈之所出。在信經中，聖靈由聖父所出。新增的字表示在羅馬，聖靈被視為由聖父及聖子所出。在神學上，這並非主要論爭，事實上希臘正教會的神父們也時常爭論聖靈的雙出處。但羅馬教宗接受增字卻踩到敏感界線，這暗示著羅馬權威高於君士坦丁堡，甚至是高於大公會議的權威。依納爵的宗教會議宣布教宗為異端，並要求他辭職。尼古拉自然無意遵從。身為聖彼得繼承者，他獨自擁有基督賦予的綑綁與釋放的權力。他並不承認酒鬼任命的出教者的夸夸之言。羅馬與君士坦丁堡不僅是同床異夢，此刻更展現公然敵意。

米海爾三世對神學論爭毫不在意，皇宮享樂更為重要。眾多寵臣中有一位特別可親之人，是五十多歲的前運動員及馴馬師，生長於馬其頓的亞美尼亞人巴西爾（Basil）。他的魅力與爽朗機智讓他在宮廷位階中一路上爬，很快成為皇帝的密友與親信——也許太親密了些。米海爾三世一再向巴西爾明確表示不喜歡皇后尤多西亞．狄卡波麗緹莎（Eudocia Decapolitissa），反而寵愛情婦尤多西亞．殷格莉娜（Eudocia Ingerina），因為後者較能體貼皇帝的喜好。不意外地，皇帝的情婦懷孕了，而米海爾三世無法忍受愛子因私生身世而無法繼承皇位。因此他想出了一套奇異的計畫。米海爾三世首先要求親信巴西爾娶自己的情婦殷格莉娜。接著他任命巴西爾為共帝。以此方式，他的孩子會被認為是巴西爾之子，從而擁有帝位繼承權。

米海爾三世的計畫雖設想周到，執行卻未如預期。當孩子出世後，米海爾三世為男孩命名利奧。狂喜的皇帝大開賽馬場，舉行一整天奢華競賽。若孩子真為巴西爾之子，此舉莫非有些過分。接下來數週中，米海爾三世注意到比自己年長三十歲的新共帝巴西爾（Basil I），相當有效地接管政務。事實上，共帝似乎再也沒時間陪伴年輕酒伴。在盛怒下，米海爾三世警告巴西爾莫將自己的位子看得太高。畢竟，他不過是為米海爾三世之子合法繼位作嫁。巴西爾迅速從皇帝的通宵宴飲酒客名單中被剔除，取而代之的是一群新寵，玩弄無知的皇帝，牟取自己的利益。巴西爾害怕自己很快會成為宮中為數不少的暗殺事件受害者之一，決定先下手為強。在米海爾三世某次狂歡後，共帝及一群武裝人士進入宮殿，謀殺皇帝。根據一項紀錄，刺客首先砍下米海爾三世的手，再以劍刺穿身體。

巴西爾一世的統治代表新朝代：馬其頓王朝（Macedonians）的開始。馬其頓王朝統治君士坦丁堡至一〇五七年。在巴西爾與繼承者的統治下，終於遏止拜占庭的快速衰弱，甚至完全扭轉局面。巴西爾立刻罷免佛提烏，並重新任用依納爵。他也聽任小利奧在宮殿中成長，但卻任命自己前段婚姻中生下的兒子君士坦丁為副帝（junior emperor）。巴西爾親自領軍對抗帝國強敵，並穩定東、西方疆界；他也維持與殷格莉娜的婚姻，並生下好幾個孩子，雖然有時難以確認孩子的父親是他，還是米海爾三世。然而在西元八七九年，十四歲的君士坦丁英年早逝，打亂了巴西爾的繼位大計。此時已七十歲的皇帝深受打擊，因為君士坦丁與他十分神似。牧首遵從上意，為早逝的皇子封聖，一名當地主教宣稱可為皇帝召靈。下一順位的繼承人是利奧，這位早熟且非常聰慧的年輕人，難以掩飾對「兄長」之死的喜悅。巴西爾厭惡早慧鬼祟的利奧，後者也回以各種陰謀詭計。這些反上謀畫常被發現，導致帝國繼承人遭到軟禁，但非致盲。

巴西爾死於西元八八六年一場狩獵意外。病榻前，他堅稱此非意外，而是由利奧一手主導。也許確有其事，但也可能是巴西爾最後一次試圖剝奪利奧的繼承權。若是如此，他並未成功。利奧六世（Leo VI）迅即在聖索菲亞大教堂的光榮中即位。他同母異父的弟弟亞歷山大（巴西爾與殷格莉娜之子）獲任副帝，但並無實權。利奧厭惡這個弟弟，並決心盡快生養子嗣，以阻止亞歷山大繼承皇位的可能性。他的計畫並不順利。第一任皇后狄奧法諾（Theophano）在八九七年生下一女後去世。不久，利奧迎娶長年的情婦佐伊・查烏柴娜（Zoe Zaoutzaina），她也生下一女後去世。希臘正教的傳統只允許兩次正式婚姻，因此皇帝陷入困境。他向教會陳情，並獲得特許，讓他續娶尤多西亞・巴耶納（Eudocia Baeana）。尤多西亞懷孕讓皇帝鬆了一口氣。九〇一年，大皇宮與整個君士坦丁堡均準備迎接喜事，卻聽到皇后難產而亡的噩耗。皇后產下的兒子，也在數日後去世。

看似山窮水盡，但利奧仍無法接受自己厭惡的弟弟登上帝位。利奧是真帝米海爾三世之子，而亞歷山大則是農民出身的野心分子巴西爾一世之子。當然，法律上利奧仍是巴西爾之子，但他從未掩蓋自己真正的出身。他甚至下令將米海爾三世的殘破遺體從城市近郊永眠之處起出，極盡光榮重新歸葬在君士坦丁堡的聖使徒教堂中。利奧需要子嗣，因此需要妻室。牧首尼古拉一世（Nicholas I）拒絕接受請求，並積極支持亞歷山大繼位的籌謀。利奧於是寵幸另一名情婦，強悍的黑眸佐伊（Zoe Carbonopsina）。她很快有孕，生下一女。九〇五年利奧終有所獲，佐伊生下一名健康的兒子。為強調孩子的統治權，他們為其命名君士坦丁。

君士坦丁出世更激化君士坦丁堡深宮、豪邸與教會間的陰謀權鬥。亞歷山大的黨羽與牧首密切合作，務使嬰兒無法繼承帝位。尼古拉一世在不情願中，僅允許孩子受洗，但從未同意承認其父母的婚姻合法。利奧六世在盛怒之下，派遣使者前往羅馬，請求教宗允許迎娶佐伊。由於天主教會並未對鰥寡者再婚次數進行限制，教宗瑟古斯三世（Sergius III）立刻同意。當牧首尼古拉一世仍舊拒絕承認婚姻，利奧六世運用教宗判決強迫牧首去職。新牧首自然祝福皇帝與佐伊的第四段婚姻，並承認君士坦丁為合法子嗣。此事在君士坦丁堡形成滔天醜聞，致使牧首要求皇帝下令此後禁絕第四段婚姻。利奧也必須進行許多贖罪行動。其中之一仍可在今日的聖索菲亞大教堂中看到，從側堂到本堂的皇家大門上，利奧下令製作一幅華美的半月形鑲嵌壁畫。閃耀金銀，深紅墨綠中，這幅作品描繪帝王匍匐於地，請求耶穌基督慈悲恩典。基督安坐於王座之上，由聖母瑪利亞與大天使扶持（參見彩色插圖九）。藉此及許多其他卑微之姿，利奧如願以償獲得了繼承人。西元九〇八年五月十五日，他任命兩歲的君士坦丁為共帝。

然而，巴西爾之子亞歷山大並未放棄。畢竟，他已擔任共帝數十年之久。西元九一二年，當四十五歲的利奧病重時，命運朝對亞歷山大有利的方向開展。毫無選擇的利奧，只能把君士坦丁託付給新任的主帝亞歷山大。利奧去世不久，亞歷山大開始清除敵人勢力。利奧親信的顧問與官員都遭免職或下獄。佐伊被放逐修院。新任皇帝計劃要走出自己的道路。如同利奧，亞歷山大的形象也恆久留在聖索菲亞大教堂中。然而，與利奧懇求慈悲的形象不同，在北側廊道的角落，亞歷山大穿著復活節的皇帝吉服，孤身獨立，身邊並無副帝君士坦丁。君士坦丁的形象也從亞歷山大所鑄錢幣上消失。無疑地，他計劃將除去這麻煩的孩子，也許等他也擁有自己的子嗣後。然而，利奧死後不滿一年，亞歷山大在大皇宮內打馬球時，心臟病發而亡。

一年內，黑眸佐伊由修院中釋放，以其子君士坦丁七世（Constantine VII）之名統治拜占庭帝國。她計劃並督軍幾次對東方阿拉伯人及西方保加利亞人的戰役，皆出師不利。西元九一九年，由海軍上將羅曼努斯（Romanus Lecapenus）領導的宮廷政變推翻佐伊統治，並再次將她放逐修院。羅曼努斯將女兒嫁給君士坦丁，身為帝王的岳父，他成為共帝。接下來二十年中，羅曼努斯一世的統治賢明穩重，熱愛學術的君士坦丁得在大皇宮享受餘興之樂。不像佐伊，羅曼努斯一世幾次興戰都獲得成功。事實上，他將疆界向東延伸，從阿拉伯人手中奪回埃德薩[2]。西元九四四年，他由埃德薩光榮返回君士坦丁堡，並迎回最珍貴的聖物：聖容面紗（Mandylion），即傳說中耶穌基督的裹屍布。這可能與今日所稱之都靈聖殮布（Shroud of Turin）為同一件聖物。

西元九四八年羅曼努斯死後，君士坦丁七世開始自行統治帝國，但軍事方面成就不高。他以支持學術及本身的文學作品聞名。他的《典儀論》（*Book of Ceremonies*）至今依舊是部傑出著作，詳細記錄許多中世紀君士坦丁堡生活核心的儀式程序，包含五月十一日建城日慶典程序，及其他宗教與世俗節日。另一部著作《帝國行政論》（*Book on the Administration of the Empire*）則審視君士坦丁堡治下的區域與族群。兩本書都是為了兒子羅曼努斯二世（Romanus II）而寫。君士坦丁可能也是巴西爾一世傳記的作者，這本傳記收於更大的歷史紀錄《狄奧方的續作者》（*Theophanes Continuatus*）中，頌揚許多先帝成就。對無法閱讀文字者，君士坦丁也將功績以銅塑像，安置在賽馬場的磚砌方尖碑上。

馬其頓王朝是君士坦丁堡與整個帝國休養生息的階段。在君士坦丁七世之子羅曼努斯二世治下，帝國奪回克里特島，甚至劫掠阿拉伯人的阿勒坡（Aleppo）。尼基弗魯斯二世（Nicephorus II Phocas）將阿拉伯人逐出安條克，奪回拜占庭帝國的古老城市。約翰一世（John I Tzimiskes）入侵敘利亞，短暫收復聖地，然而在九七六年早逝前，仍未能攻下耶路撒冷。外號「保加利亞人屠夫」（the Bulgar-Slayer）的巴西爾二世（Basil II）是羅馬帝國史上統治時間最長的皇帝。他成功鎮壓數個武裝叛變後，接著征服保加利亞人（如其外號所示），版圖跨越巴爾幹半島，將亞得里亞海沿岸達爾馬提亞區的幾個保護國納入帝國領土。巴西爾二世晚年，拜占庭帝國擁有堅實防線與驚人財富。與一世紀前的情況相比，是令人驚訝的改變。

在馬其頓朝帝王治下，鬼城般的君士坦丁堡，再次變回大都會。城市規模甚至比狄奧多西二世的顛峰年代更大。西元一〇〇〇年時，城牆內的人口約有四十萬，整個大都會區則有超過百萬。此一發展需要投入巨資重整棄置已久的城區；水道與蓄水池需要清理，廣場需要整修，倉庫需要重建。沿著梅塞大道的柱廊再次由帝國公路起點，連綿數英里，直通黃金門。皇帝大開財庫，擴建宮殿，並整修君士坦丁堡許多菁英豪邸。如同君士坦丁大帝的時代，城內再度聚集許多建設計畫。然而不同以往，無人想要重建君士坦丁堡毀損或遺忘的浴場。對古代領袖而言，這應是首先要務。也沒有新立柱指向天空，鏤刻勝利君主的大名。這些都是古代建築，新的帝王紀念碑與市民聚集地是教堂與修院。

在巴西爾一世的年代，他興建或修整超過三十座君士坦丁堡的教堂及其他建築。他的傳記中有十七章專門記錄這些建築計畫，包含黃金門附近的聖狄奧梅狄斯修院（Monastery of St. Diomedes）奢華的整建擴大計畫。巴西爾初抵君士坦丁堡，一文不值時，該院修士曾慈悲收留他。他也修復許多教堂的地震損壞，包含聖使徒教堂及聖索菲亞大教堂。在大皇宮中，他蓋了雄偉的新教堂（New Church），歸獻予耶穌基督、童貞瑪利亞、先知以利亞、聖尼古拉及大天使加

2　埃德薩（Edessa），今名烏法（Sanliurfa，簡稱 Urfa），位於土耳其東南安納托利亞區。建於希臘化時代塞琉古王朝時期，後納入羅馬帝國，為敘利亞基督教早期發展中心。西元六三九年被穆斯林攻下，中間短暫重回拜占庭帝國，十一至十二世紀十字軍在此建立國家，自十二世紀後則納入土耳其人勢力範圍。

百列。他同時也開啟傳統，在城內興建修院，供家族成員生前居住及死後歸葬。聖使徒教堂中的雄偉帝陵，改由修院的謙卑簡墳所取代，以期讓死者更容易進入天堂。利奧六世在宮殿群中興建另一座教堂，歸獻予拉撒路（Lazarus），以及聖使徒教堂附近的諸聖教堂（Church of All Saints）。羅曼努斯一世則興建沒藥之所修道院（Myrelaion），這所教堂今日依舊存在，改為博德魯姆清真寺（Bodrum Camii）。約翰一世則於宮殿的查爾克門邊，奉獻一座基督救世主教堂（Church of Christ the Savior）。這些僅是馬其頓王朝統治者興建或重修的將近百座教堂修院中的一小部分。

君士坦丁堡在十世紀突然復活，很大程度是因為這個擴張帝國再也沒有其他的主要都市。經歷反覆不斷的征服劫掠，拜占庭帝國的城市往往僅比大型鄉鎮略大一些。因此無法攻克的君士坦丁堡成為帝國唯一的都市地景，絕對必要的神經中樞。君士坦丁堡是帝國情勢活動的核心，宗教遺物與世俗財寶的安全藏地。長久以來，君士坦丁堡有「眾城女王」的美名，現在更逐漸被簡稱為「都城」。少了羅馬，羅馬帝國仍舊延續，但若失去君士坦丁堡，一切將無以為繼。

第十一章　與野蠻人共桌

西元一〇五四年七月十六日星期六下午，聖索菲亞雄偉聖殿中，君士坦丁堡大教堂的黑袍教士穿梭在巨穴般內部空間，準備次日彌撒儀禮。燭台降下，添加燈油，備妥薰香，黃金珠寶裝飾的聖器淨化後擺放定位。君士坦丁堡牧首米海爾（Michael Cerularius）也在現場，有時監督準備，有時在寶座上檢視週日儀禮、讀經及自己的講道。舉世無雙的殿堂中，這是平凡無奇的週六。

接著堂上響起堅定快速的腳步聲，穿越教堂，直向天主獻祭基督血肉的高壇而來。來者身著棕袍、腰繫皮帶。其中一人肩披紅斗篷，所有人都削髮，顯示來者為天主教士。數名附近的希臘教士靠近詢問，但天主教士穿越不理，堅決走向牧首所在的高壇區。米海爾牧首對紅斗篷來客嫻熟於心。他是樞機主教，希爾康第達的亨拜（Humbert of Silva Candida），教宗利奧九世（Leo IX）派來君士坦丁堡的特使。至少他如此自稱。過去數月，米海爾受夠這名高傲蠻族。他拒絕在儀禮中接受適當位置，堅稱自己既代表教宗，地位當比牧首更高。他寫了一份關於希臘人所犯錯誤的希臘文小冊，於城中流傳。難怪多數君士坦丁堡人都希望他盡快離開。只有君士坦丁九世（Constantine IX）的安撫言詞，出於和教宗軍事結盟的期待，能讓眾人忍受這個麻煩製造者。此刻，他看來已整裝預備出發，感覺很有希望讓他離開。

樞機主教臉上的憤怒令人無法忽視。他的臉色隨著腳步，愈顯沉重。最後，他與隨行教士抵達高壇前的聖障（iconostasis）。他們甩開聖障，進入聖所，踏上大理石台階，來到珠飾華麗的祭壇。樞機主教手伸入背袋，取出以教宗印信封緘的羊皮紙卷。高傲作態中，他轉向牧首，將羊皮紙卷扔在祭壇上。報以嫌惡一眼後，他以來時姿態匆匆離去。羊皮紙卷隨意滾下祭壇，落到地上。一名牧師迅速撿回並展閱紙卷。驚呼一聲，他奔向前攔住樞機主教。牧首可以聽到牧師向樞機主教請求收回紙卷。事實上，牧師數度將紙卷塞進教士手中，但每次都滑落走道。最後，憤怒的天主教士來到教堂門口，在此他們抖落涼鞋上的灰塵，儀式性譴罪此地與人民，了事後便轉身離去。米海爾命令手下將紙卷呈上，一如他所料。以教宗利奧九世為名，偉大的樞機主教已將君士坦丁堡牧首及所有教士驅逐出教。米海爾微笑，闔上紙卷，任其再次滑落聖索菲亞大教堂的石頭地面。

這天發生的戲劇性事件，在君士坦丁堡歷史上，投下一道深長陰影。今日一般將羅馬天主教與希臘正教會互相驅逐出教的日期，定為西元一〇五四年。事實上，當時在君士坦丁堡以外地區並未引起太多注意。諷刺地的是，亨拜樞機主教是被送到東方進行友誼和解任務。羅馬與君士坦丁堡教會間的緊張持續增溫，特別在十一世紀期間，西方有新的改革派教宗，帶著自信掌握權力。和子論議題當然是爭議核心，但不僅於此。希臘教士在受任神職前可以結婚，然而歐洲教士則全面禁婚。在西方，教士必須剃頭無鬚，東方教士則拒絕刮去鬍鬚，認為這是一種浮誇罪惡。君士坦丁堡的聖餐麵包經過發酵，羅馬則是無酵麵包。除此之外，還有其他次要議題，如是否事先溫熱加入彌撒聖餐酒的水；或想像性議題，如君士坦丁堡人相信，歐洲人以狼唾沫為孩子洗禮。亨拜樞機主教造訪君士坦丁堡期間，與米海爾牧首的深刻敵意則讓情況愈演愈烈。米海爾拒絕接見亨拜，宣稱他是個偽裝者。他辯稱，教宗怎麼會送一個尖酸刻薄又愚蠢的人，前來眾城女王之地。接著，教宗利奧九世去世的消息傳到君士坦丁堡，新任教宗尚未選出。因此，亨拜失去了代表性。但這並未阻止他離城前，以利奧之名將米海爾驅逐出教。

比較精確的說法，這是米海爾與亨拜之間的衝突。未來的教宗仍持續與未來的君士坦丁堡皇帝及牧首合作。當然問題依舊存在，但主要是權威之爭，而非教義。教宗拒絕承認牧首自稱為「普世」（ecumenical），強調牧首不過是君士坦丁堡大主教。牧首則拒絕接受教宗宣稱羅馬教會為所有教士應遵從的「頭與母」，認為教宗是對等「兄弟」，而非主宰。一〇五四年事件所顯示的是，蠻族入侵造成混亂後，西歐以未曾有過的姿態崛起。整整六個世紀，君士坦丁堡以可憐嘲諷的眼光看待西歐；這種日子已然結束。羅馬產生一股嶄新活潑的文化，基督教與日耳曼傳統在西方蓬勃發展。西方王國與天主教會快速茁壯。歐洲貿易路線上，城鎮如雨後春筍萌生，北義的繁忙城市在地中海各區開展生意。數世紀以來，西歐人一直苦悶於自身困境，現在也開始向外探索。接下來四百年中，他們將成為君士坦丁堡歷史的主角。

即便君士坦丁堡邁向超越過往的人口數與財富，十一世紀的世界正逐漸向拜占庭都城逼近。威脅似乎來自四面八方。來自中亞的突厥部落佩切涅格[1]，開始固定入侵色雷斯與希臘。維京人

1 佩切涅格人（Pechenegs）是原居中亞草原的烏古斯突厥人（Oghuz Turks）的一支，西元八世紀末，受其他草原部族驅趕，兩度往西遷徙，越過烏拉山及伏爾加河，九世紀到十世紀控制了烏克蘭南方與克里米亞，並四處劫掠。

的基督教後裔諾曼人（Normans）則征服西西里與南義，取代阿拉伯與拜占庭勢力。五百年來首度，羅馬帝國在義大利半島失去立足之地。

由東而來的威脅，最後成為都城生活的新世紀。另一支突厥部落塞爾柱人[2]入侵阿拔斯帝國[3]，一〇五五年取下巴格達[4]。數代前才轉宗伊斯蘭教，這群土耳其人[5]充滿皈依者熱情。帶著驚人力量，他們征服敘利亞、巴勒斯坦，使耶路撒冷與聖地充滿危險。土耳其帝國領土快速由安納托利亞東方疆界，穿過美索不達米亞，直達波斯。一〇七一年，塞爾柱領袖阿爾普・阿爾斯蘭（Alp Arslan）領軍西入小亞細亞，與拜占庭皇帝羅曼努斯四世（Romanus IV Diogenes）多數由傭兵組成的軍隊交手。曼齊克特戰役[6]中塞爾柱人大勝，讓安納托利亞門戶洞開。但這並非君士坦丁堡失去這塊核心土地的唯一原因。事實上，阿爾斯蘭並無意繼續西進。即便大敗拜占庭軍隊，甚至俘虜皇帝，在羅曼努斯四世承諾將支付一筆不大的贖金及年貢後，他就釋放了皇帝。反而是拜占庭的殘酷政局，導致君士坦丁堡推翻羅曼努斯四世，興起一場破壞性內戰，最後拒絕支付塞爾柱人貢金。在接下來十年中，拜占庭陰謀家與偽君子常藉土耳其人之力，為其私利，邀請土耳其勢力逐步深入小亞細亞。一〇八一年，土耳其軍力已實質掌握整個區域，包含尼西亞。土耳其人以此為都，建立魯姆蘇丹國（魯姆為羅馬之意）。[7]

失去小亞細亞對君士坦丁堡來說是重大災難，因其仰賴此地沃土生產糧食、人民充實軍隊。安納托利亞的富裕居民逃進君士坦丁堡，導致首都更加富庶。其他人則與新的穆斯林統治者和平相處。由於君士坦丁堡已開始仰賴西方傭兵作戰，此時新增財富與流失人力更強化此一趨勢。事實上，君士坦丁堡居民很快贏得高傲菁英的名聲，拒絕讓勞力或辛苦戰事弄髒雙手，傾向外包這兩種工作。猶太旅行者土德拉的班傑明[8]於一一七〇年造訪君士坦丁堡時寫下：

> 如君士坦丁堡這般財富，舉世難尋。此處充滿嫻熟所有希臘作品之士，每於自家所屬的

---

2 塞爾柱人（Seljuk）是烏古斯突厥人的一支，九世紀時居住在裏海與鹹海南岸的穆斯林帝國邊緣，後來改信伊斯蘭教遜尼派。十一世紀西移進入波斯，並在安納托利亞成立魯姆蘇丹國，入侵阿拔斯王朝，與拜占庭帝國的長期衝突引發第一次十字軍東征。鼎盛時期的勢力範圍從伊朗、安納托利亞、兩河流域到敘利亞。進入波斯後，塞爾柱人大量接納波斯文化，採用波斯語為官方語言，成為波斯－土耳其文化傳統的重要推手。

3 阿拔斯王朝（Abbasid，中國古稱黑衣大食）是阿拉伯人建立的哈里發帝國中的第二個王朝，西元七五〇年取代倭馬亞王朝（中國古稱白衣大食），定都巴格達，直到一二五八年為蒙古旭烈兀西征所滅。西元八〇〇年為阿拔斯王朝鼎盛時期，領土包含波斯、高加索、兩河流域、敘利亞、阿拉伯半島、埃及及北非。西元九至十三世紀期間，巴格達成為伊斯蘭教文化學術研究中心，對東、西方文化交流起影響性作用。

4 十一世紀初，塞爾柱人以傭兵身分活躍於小亞細亞，一〇四〇年成立塞爾柱蘇丹國，一〇五五年入侵巴格達，挾阿拔斯哈里發為傀儡。

5 編按：突厥語族主要分布在歐亞大陸，目前全球約有一億八千萬的人口使用突厥語族的語言，土耳其是突厥語族的一個分支，以下皆以土耳其人稱之。

6 曼齊克特（Manzikert）位於今日土耳其安納托利亞東部的Malazgirt，近伊朗及亞美尼亞。

7 魯姆（Rum）一字來自阿拉伯文指稱安納托利亞為ar-Rum，借自希臘文的羅馬Ρωμιοί。

8 土德拉的班傑明（Benjamin of Tudela）在馬可．孛羅東行的一百年前，遊歷歐洲、中東與非洲，以其廣博知識與語言能力，留下極為詳盡的中古時代地理與民族敘述。土德拉位於今日西班牙的納瓦拉自治區，庇里牛斯山南麓，介於巴斯克、法國與西班牙之間。

葡萄藤及無花果樹下豪飲歡食。他們由各國聘雇稱為勞金（Laozin，即蠻族）的戰士，與稱為土耳其人的陀迦瑪（Togarmim，即塞爾柱）[9]之王馬速德蘇丹（Sultan Masud）作戰。因為當地人（拜占庭人）不喜戰鬥，並像女人一般柔弱，無力戰鬥。

君士坦丁堡成為歷史上的異類，一個相對孱弱的小型帝國中，擁有人口眾多的富裕首都。它之所以能駕馭此一反差，正因為地控地中海、愛琴海與黑海間利潤驚人的貿易線。貿易者更包含來自西方港口的新面孔，最知名的莫過於義大利商業城市熱那亞、比薩與威尼斯。

受到巨牆保護及外國資金潤澤，君士坦丁堡市民輕易遺忘帝國外敵持續向其逼近。幸運地，他們的新皇帝未曾遺忘。經過十年宮廷陰謀與內鬥，阿歷克塞一世（Alexius I Comnenus）在一〇八一年以武力奪位。正如拜占庭時代的君士坦丁堡常見情況，都城危急之時，往往能獲得最有能力的統治者。阿歷克塞一世有著深色皮膚，與媲美希臘教士的大鬍子，是一位傑出的將領及有天分的政治家。他以慣常方式取得權力——透過陰謀、謊言、賄賂與無情的傭兵。一旦掌權，也運用同樣機制維持權力。阿歷克塞一世決心以任何手段捍衛他的都城及帝國。

然而他面對的挑戰困難重重。一〇八一年夏，諾曼人領袖羅伯・基斯卡（Robert Guiscard）與兒子博希蒙德（Bohemond）跨過亞得里亞海，包圍拜占庭城市杜拉佐（Durazzo，現代的杜赫斯，Durres）。這個城市是古老的埃格納提亞大道起點，此路也仍舊穿越希臘，直通君士坦丁堡。諾曼人的終極目標是這個偉大都城。阿歷克塞一世快速採取行動，組織大批傭兵軍隊，從陸路解杜拉佐之圍。海軍支援比較困難。在前十年中，輝煌一時的拜占庭海軍，在海軍上將中飽私囊的醜聞裡荒廢。相反地，諾曼人的攻擊艦艇數量龐大。阿歷克塞一世缺乏海上控制權，不可能解除杜拉佐海岸線的包圍勢力。因此，他轉向威尼斯求援。

從君士坦丁堡人的角度來說，西歐是一塊羅馬帝國暫時失去的領土，現落於日耳曼蠻族手中。十二世紀前，書寫西方的拜占庭作者，均使用古代地名，稱歐洲人為日耳曼部落民。但威尼斯一直不同。這座潟湖城市是西元五世紀逃離匈人阿提拉入侵，及稍後倫巴底侵略的羅馬人所建。由於幾乎建在水上，因此得免於蹂躪西方的蠻族劫掠。威尼斯人以自己是未陷落的羅馬人為傲，是君士坦丁堡皇帝的忠誠子民。他們有漁民、採鹽人，但最主要則是商賈。東地中海各地市集均可見威尼斯商人討價還價的身影，但君士坦丁堡則是重鎮。數世紀過去，君士坦丁堡再也無法控制義大利及周邊海域，而威尼斯貿易仰賴安全的亞得里亞海域。面對經濟危機，威尼斯人開始建立自己的海軍，自行梭巡海防，也因此逐漸獨立。達爾馬提亞海岸沿線城市多數納入威尼斯控制。在阿歷克塞一世的時代，君士坦丁堡一般認為威尼斯人是帝國較窮的親戚，而非蠻族，但也不是羅馬人。

阿歷克塞一世派出信使前往威尼斯，保證若威尼斯人加入對抗諾曼人的戰爭，將獲得豐厚獎賞。威尼斯人的領袖，多明尼科．塞爾沃（Domenico Silvo）總督立即接受提議。除了職責所在，威尼斯人也熱切地想從亞得里亞海驅逐好戰的諾曼人。威尼斯人裝備了一隊大型戰艦，由塞

9　陀迦瑪典出舊約聖經創世記列國表，陀迦瑪是雅弗之孫，歌蔑的第三個兒子，他最初的領土可能是在現今土耳其的東北部，黑海的東南岸。中世紀傳統認為陀迦瑪是高加索及西亞人民的神話始祖，包含喬治亞人、亞美尼亞人及土耳其人。

爾沃總督親自領軍。艦隊於一〇八一年的夏末或秋天抵達杜拉佐。雖然船艦數量較少，威尼斯人仍舊擊敗諾曼艦隊，並控制杜拉佐港。十月十五日，阿歷克塞一世與傭兵軍隊抵達，立刻攻擊包圍陸牆的諾曼人，卻慘遭痛擊。羅伯的武力不只驅散拜占庭軍隊，甚至造成皇帝受傷。阿歷克塞一世退回君士坦丁堡，威尼斯人則留在當地協防杜拉佐，直到一〇八二年二月諾曼人完全占領此城。戰爭持續數年。一〇八四年，阿歷克塞一世帶領臨時成軍的海軍，加入威尼斯艦隊。他們雖然二度擊敗諾曼人，羅伯卻奪下策略地點科孚島（Corfu），並屠殺當地數千名威尼斯人。同時間，他的兒子博希蒙德率領諾曼軍，沿著埃格納提亞大道東侵，沿途劫掠城鎮，朝君士坦丁堡而來。

然而，戰爭結束了。一〇八五年一月，羅伯意外去世。許多諾曼軍返回南義，支持羅伯之子羅傑繼承義大利領地。博希蒙德繼承亞得里亞海以東所有諾曼領地，卻無法以微小軍力維持征服成果。不到一年，阿歷克塞一世便將最後一名諾曼人逐出希臘，重新掌控杜拉佐與科孚島。博希蒙德則一無所獲。

然而諾曼戰爭的持續性影響，與領土得失無關。相反地，這場戰爭根本改變義大利人在君士坦丁堡歷史中將扮演的角色。威尼斯為拜占庭帝國盟友付出慘重代價，成千上萬威尼斯人失去生命，數千人重傷，總督甚至遭到推翻。阿歷克塞一世曾保證回報豐碩，他也信守承諾。維塔利・法利埃羅（Vitale Falier）總督及其繼承人均獲得年俸，及十分誇耀（但毫無意義）的貴族榮銜「第一奧古斯都」[10]。他同時也賞賜年俸給威尼斯教會宗主教格雷多（Grado），幾個威尼斯教會也獲得年度什一稅的特權。在君士坦丁堡，他賞賜給威尼斯共和國一群位於佩拉瑪區（Perama）

的建築土地，靠近金角灣海牆（今日的魯斯坦帕夏清真寺，Rüstem Paşa Camii）。為了回應君士坦丁堡持續增加的貿易需求，古老的尼奧里恩港與博斯普里恩港均沿著金角灣向西擴張。城牆外，碼頭與卸貨區快速興起。未來數十年中，這個都會區域將會成為影響深遠的威尼斯人區（Venetian Quarter）的核心（等同城中之城）。數千名威尼斯人定居於此，從事商貿。特區提供威尼斯商人在倉庫與住家附近停泊船隻之利，以致更多威尼斯人定居君士坦丁堡。他們並不孤單。接下來的年代中，拜占庭皇帝將附近區域賜給阿瑪菲人（Amalfitans）、比薩人及熱那亞人。義大利人成群湧來，在此長居。

然而，君士坦丁堡的特區還不是阿歷克塞一世給予威尼斯人最好的回報。他還賜下特權：皇帝敕諭威尼斯商人得於帝國所有港口進行免稅貿易。這是龐大的讓利，威尼斯人獲得的商業優惠不僅凌駕義大利同儕，甚至超越拜占庭人自身。現今猶存的生意合同顯示，威尼斯人開始將多數貿易路線轉到君士坦丁堡與其他希臘城市。到了十二世紀中，富裕的威尼斯住民在君士坦丁堡四處可見。希臘人通常討厭這些西方新貴的高傲，許多威尼斯人自以為是城市的主人。然而，比起橫行街頭廣場的熱那亞人，威尼斯人的無狀言行也相形遜色。阿歷克塞一世與繼承者忍受著一切，只有一個原因：他們需要義大利海軍。

事實上，他們需要的交易，遠過於此。儘管阿歷克塞一世努力抗衡小亞細亞的土耳其威脅，

10 第一奧古斯都（Protosebasto）為希臘文，proto 意指第一，sebasto 為希臘文中的奧古斯都。此為阿歷克塞一世期間開始使用的一系列貴族頭銜之一。

後者仍持續擴張。從西方的諾曼威脅中解脫後，君士坦丁堡現在則面對愛琴海東岸的土耳其勢力。阿歷克塞一世需要一支強大軍隊，驅離近日擴張的土耳其勢力。他依舊期待奪回小亞細亞，但要如何取得軍力支持如此大型的戰爭？一〇九五年，他在君士坦丁堡與西歐持續演化的關係中，採取了前所未有的一步。阿歷克塞一世派遣皇家特使前往皮亞琴察[11]，面見教宗烏爾班二世（Urban II）。特使向教宗陳述土耳其人帶來的深切危機，請求教宗悲憐土耳其征服者奴役或壓制下的小亞細亞基督教人民。受到困境所感，教宗承諾將盡己所能。

數月後，烏爾班二世召開克列芒[12]大公會議（Council of Clermont）。在預定的教義討論結束後，教宗邀集南法的騎士與男爵參與一場他親自主持的露天講道。數百人親臨聆聽中世紀史上最有名的演說之一。珍貴的文字並未留存，但後續記載顯示，烏爾班談及東方基督徒忍受的宗教迫害，令人動容。他告訴群集戰士，無情的土耳其已經奪取了拜占庭帝國的核心地區，包含尼西亞、以弗所及安條克。他述及近日土耳其人攻下耶路撒冷，此城數世紀來一直在阿拉伯的掌控下。土耳其人結束阿拉伯人對基督徒的寬容，攻擊教堂修院，殺害教士修女及許多朝聖者。緊隨著大屠殺，穆斯林還破壞基督教最重要的聖地：君士坦丁皇帝與母親聖海蓮娜所建的聖墓教堂。東方基督教已危在旦夕。烏爾班呼籲西歐騎士暫停小型爭鬥，預備參與偉大的武裝朝聖，奪回土耳其侵占之地，援助被征服者。這次朝聖，如烏爾班二世告知戰士們，將救贖他們所犯下的諸多罪行。克列芒外的草地爆出一片贊同的歡呼。興奮的騎士大叫「如神所願！」（Deus vult）以此展開第一次十字軍東征，開展出將永久改變君士坦丁堡的一場運動。

根據阿歷克塞一世的女兒安娜・科穆寧娜（Anna Comnena）稍後為父親所寫的傳記，皇帝想要的是一支軍隊，而非一場運動。他更未預料新型態基督徒聖戰的誕生。但烏爾班二世所傳達的皇帝要求，確實敲動西歐貴族的心弦。以劍為生的人，自然憂慮不朽靈魂的健康狀態。做為對東方基督徒慈善仁愛的表示，十字軍讓這群人得以運用他們最擅長的事物：戰爭，來追求精神福祉。烏爾班的呼籲獲得西方各地上千名神父的講道呼應，但最主要在法蘭西。上萬人以十字架起誓，承諾將前去耶路撒冷朝聖，並穿戴布十字以彰顯其決心。他們將前往君士坦丁堡。

教宗烏爾班二世訂定一〇九六年八月十五日為十字軍啟程日。匆忙昂貴的準備工作持續進行，不只在西方騎士的莊園中，也在拜占庭帝國的城鎮裡。阿歷克塞一世命令人民為穿越國土的數千軍隊收集補給、設立市集。第一次十字軍的目標，是羅馬帝國之後，由西歐發起最大、最具野心的軍事行動。資源與人力的需求十分龐大。但並非每位穿戴十字者都是訓練有素的戰士。一位深具魅力的神父，彼得隱士（Peter the Hermit），騎著驢子穿越大城小鎮，招募任何回應者。彼得所到之處，奇蹟應運而生。魔鬼受驅，疾病得治，定罪者成神。大眾相信彼得身繫來自天堂之信，上主要求所有基督徒盡快起而對抗土耳其人，因此大能始得對其發怒。彼得傳道吸引數千人加入跟隨他的雜牌軍。部分是貴族，但多數是帶著土製武器的窮人。荒謬行動並未令其放棄，

11 皮亞琴察（Piacenza）位於義大利北部艾米利亞－羅馬涅區（Emilia-Romagna），米蘭東南方。羅馬帝國在北義最早的軍事基地之一，中世紀後陸續為倫巴底人、法蘭克人所占，成為神聖羅馬帝國通往羅馬的交通要鎮。

12 克列芒（Clermont）位於現今法國中部的奧弗涅－隆河－阿爾卑斯區（Auvergne-Rhône-Alpes）的克列芒費宏（Clermont-Ferrand）。

這些人深信成功已定。

所謂的平民十字軍（People's Crusade）穿越歐洲，形成一場由簡單信仰與彼得個人魅力推動的宗教狂熱風暴。一〇九五年，距離正式啟程日仍有一段時日，他們穿越匈牙利、保加利亞與希臘，一路上造成混亂。這群暴徒終於在八月一日抵達君士坦丁堡，於西郊紮營。當然此地擁有豐盛食物；因此這群烏合之眾十字軍闖進市集，造成大混亂，直到皇帝送來補給。阿歷克塞一世邀請彼得進入大皇宮，待之以禮。不像前人，阿歷克塞一世對中古歐洲的年輕文化深感興趣。他對彼得的聖潔印象深刻，但時間不對。他建議牧者等待明年十字軍主體抵達。雖然彼得同意，但他的追隨者不受控制，持續劫掠郊區，並要求被送過博斯普魯斯海峽，好讓自己披上對抗土耳其人的戰爭光榮。不到一週，阿歷克塞一世完成他們的希望。超過萬人置於亞洲海岸，衝進土耳其領域。他們很快全軍覆滅。平民十字軍唯一倖存者是其領袖，彼得隱士以阿歷克塞一世賓客的身分，在君士坦丁堡度過次年。

十字軍主體開始在一〇九六年抵達。法王腓力一世（Philip I）的弟弟，韋爾芒杜瓦（Vermandois）伯爵於格（Hugh）是第一位抵達君士坦丁堡城牆的主要貴族。他的軍隊很小，多數在跨越亞得里亞海時折損。阿歷克塞一世邀請於格進入大皇宮，在歷史悠久的拜占庭傳統中，以古老帝國驚人財富震懾外賓。於格印象深刻，但並未分心。如同其他十字軍領袖，他很好奇皇帝在這場征戰中將扮演的角色。阿歷克塞一世坦承他希望能為十字軍添兵加將，親自領軍對抗異教徒。然而，運送十字軍穿過博斯普魯斯海峽前，阿歷克塞一世僅要求他們展現忠誠。他禮貌地請求於格起誓，任何十字軍取得的土地，若原本屬於帝國，則應立即歸還皇帝。他同時也要求，當十字軍身處帝國領土時，須效忠皇帝本人。既然十字軍並未計劃跨出舊羅馬帝國的廣袤領土，這項誓言將有效地將所有征戰成果歸予皇帝。於格感到遲疑，不確定其他軍事領袖有何謀劃，也不想讓自己吃虧。同時間，皇帝持續以帝都奢華款待，但不允許他返回部隊。於格迫於無奈，只得向皇帝宣誓效忠。

一〇九六年聖誕節前數日，勢力強大的下洛林（Lower Lorraine）公爵，布永的戈弗雷（Godfrey of Bouillon）帶著大軍抵達。再一次，阿歷克塞一世派出使節，邀請戈弗雷進入大皇宮，計劃獲取同樣承諾。戈弗雷已經從於格處得知皇帝的企圖，並不特別關心誓言細節。他拒絕邀請，但皇帝並不會輕易放過他。阿歷克塞一世放話，若戈弗雷不向皇帝宣誓效忠，且承諾不會竊走帝國重新征服的土地，他將不會運送戈弗雷軍穿越海峽。當戈弗雷仍舊無動於衷，皇帝開始停止供應軍隊所需；做為報復，十字軍劫掠郊區，強迫阿歷克塞一世重開市集。接下來三個月，戈弗雷頑固等待，持續要求皇帝將其運往亞洲。盛怒的戈弗雷最終下令攻擊君士坦丁堡。一〇九七年一月，十字軍攻擊巨大陸牆最北方的區域。然而戈弗雷的軍隊要威脅西方世界最大且防禦最佳的城市，軍力仍顯不足。做為報復，皇帝下令派出帝國軍隊，粗魯地將戈弗雷的軍隊驅離城牆。最後，戈弗雷決定妥協。一月二十日，戈弗雷向阿歷克塞一世宣誓效忠，他的軍隊也立即被送過博斯普魯斯海峽。

下一位抵達者是諾曼人，塔倫托（Taranto）伯爵博希蒙德，即十年前帶領軍隊對抗阿歷克塞一世，意圖征服拜占庭帝國的博希蒙德。現在他以十字軍盟友身分，抵達君士坦丁堡。阿歷克塞一世自然不信任博希蒙德，但他最主要的利益考量，仍是建立對十字軍的掌控。從皇帝的角度，十字軍領袖抵達君士坦丁堡的時間點再有利不過。逐一抵達的方式，有助於他個別進行談判。當其中之一同意宣誓效忠，就會讓下一位更難拒絕。無論如何，博希蒙德並不反對宣誓。這位諾曼人的王子似乎建議阿歷克塞一世聘任他為亞洲帝國軍的統帥，這個身分將賦予博希蒙德對十字軍東征的全盤控制。然而阿歷克塞一世並不想在友善和解中讓步太多。因此他以熱誠但不置可否的態度回應，博希蒙德依然宣誓。他的軍隊接著穿越海峽，加入小亞細亞的十字軍。

最後一位在君士坦丁堡會軍的主要領袖，同時也擁有最強大的勢力。五十五歲的土魯斯（Toulouse）伯爵雷蒙（Raymond），雷蒙一生致力在南法十三郡中擴展勢力，這幾乎等同整個南法範圍。他的財富、領土與軍力遠高於多數國王，包含法王在內。受到十字軍論述感動，雷蒙決定以服侍上主結束自己的人生。此時，雷蒙已聽聞其他十字軍領袖的遭遇，同時也清楚他們向皇帝起的誓言。他可能也知道博希蒙德試圖掌控十字軍。更為成熟且勢力強大的土魯斯伯爵，不會輕易受阿歷克塞一世擺布。當他也被要求立誓時，他回以自己前來服侍上帝，因此無法接納他者為主。博斯普魯斯海峽對岸的其他軍事領袖要求雷蒙妥協，好讓事情往前推動；他拒絕了。雷蒙清楚認定自己當為十字軍領袖；倘若阿歷克塞一世決定任命博希蒙德，他不願被迫接受後者為十字軍統帥。相反地，他提議若皇帝自己擔起十字架，統領十字軍，則他心甘情願起誓效忠。阿歷克塞一世回應自己喜出望外，然則此時他無法離開君士坦丁堡。因此雙方達成妥協：雷蒙發下與南法類似的溫和誓言，宣誓尊重皇帝的領土與個人。宣誓後，雷蒙與軍隊也渡過博斯普魯斯海峽。第一次十字軍終於集結完畢。

十字軍無疑在君士坦丁堡人心中留下深刻印象。城裡常見西方人，但從未曾見到來自蠻族世界的大批強大武力。阿歷克塞一世的女兒安娜曾評論歐洲人的粗魯無禮與樸實生活方式。畢竟這些人多是文盲，或不曾使用餐叉進食。但她同時也對其英勇及敦實德行印象深刻。十字軍將以更頻繁、更大量的方式，讓西歐人與拜占庭人產生接觸。雖然雙方擁有相同宗教與共同敵人，但東、西方的文化分野將持續帶來困擾。十二世紀的君士坦丁堡街頭，此現象在逐漸上升的「反拉丁主義」中可見一斑，對所有西方人展現出自內心的厭惡。

在君士坦丁堡陰謀不斷的政治氛圍中，阿歷克塞一世無法長期領軍在外。因此他派遣自己最信任的副手塔第吉歐斯（Taticius）帶領拜占庭軍，伴隨第一次十字軍東征。他們的首要目標是土耳其人魯姆蘇丹國的首都尼西亞。當十字軍逼近守衛嚴密的湖畔城市時，基利傑・阿爾斯蘭（Kilij Arslan）蘇丹本人不在城中。他們包圍陸牆，同時由塔第吉歐斯帶領拜占庭船艦切斷尼西亞港口聯繫。一〇九七年五月二十一日，阿爾斯蘭帶領大批援軍返回，然而這批十字軍是由歐洲最佳戰士組成，並非土耳其人最近打發的雜牌十字軍。阿爾斯蘭最終被迫撤退，爭取更多援軍。眼看救援無望，土耳其守軍將城市交給塔第吉歐斯，交換保全自己性命，並保證不讓肆無忌憚的歐洲人進城。

收復尼西亞對拜占庭帝國來說，是主要收穫，此城將成為君士坦丁堡重新掌控小亞細亞西部的基地。十字軍則欲持續前進，直往耶路撒冷。多數拜占庭軍隊停在尼西亞，或返回君士坦丁堡，塔第吉歐斯仍帶領一小隊武力，在十字軍中代表皇帝。阿歷克塞一世保證將募集大批軍隊，與十字軍在東方會合。因此十字軍從尼西亞出發，跨越安納托利亞中部平原，沿途夏日豔陽酷曬，撤退的土耳其人更帶走所有糧食。許多人死於飢餓，更多人被迫以馬、狗甚至敵人屍體果腹。他們在一〇九七年十二月抵達偉大的安條克城。接下來半年中，十字軍持續在城牆外受到土耳其人偷襲，面對更困難的處境。糧食依舊缺乏，軍隊四處覓食導致周圍數英里的鄉間一片荒蕪。疾病也帶走許多生命。開春時，十字軍得知摩蘇爾[13]的土耳其統治者卡布卡（Kerbogha）將以大軍來援安條克。這項消息引起積弱軍隊一陣恐慌，逃軍之風一時蔓延。即便依舊帶著天國來信的隱士彼得，也溜出營地竄逃回家。他被捕送回軍營，淚流滿面懇求十字軍原諒他失去信仰。十字軍也同意了。

塔第吉歐斯並未逃走，至少沒有公開逃走。他與手下搭上前往賽普勒斯的船，宣稱他們將從拜占庭所屬島嶼，帶回補給與援軍。但他們從未返航。塔第吉歐斯與十字軍將領間的關係已持續惡化一段時間，後者要求知道皇帝的援助承諾何時兌現。身為經驗豐富的將領，塔第吉歐斯看透十字軍困境的無力。如同其他人，他選擇逃生。

情勢嚴峻，但也瞬息萬變。一〇九八年六月三日，博希蒙德成功賄賂一名基督徒守軍將領，讓他及手下在夜色掩護下爬上城牆。入城後，他們打開主門，其他十字軍衝入安條克，攻下睡意朦朧的城市。不幸的是，城內的糧食也僅比城外多一些。卡布卡的軍隊抵達後，便團團圍住安條克。恐懼、飢餓與無助折磨全城。有些人試著逃離，其他人為土耳其人捕獲，在守城同僚面前受到酷刑肢解。

當十字軍攻下安條克時，另一位領袖布盧瓦（Blois）伯爵史蒂芬（Stephen）帶著四千多名士兵，駐紮在附近的亞歷山德瑞塔[14]。他們返回時發現，雖然同儕已占領安條克，但城外駐紮的穆斯林軍力之強，足以摧毀十字軍。如同塔第吉歐斯，史蒂芬也認為情況無望，強烈哀痛下他放棄十字軍返家。返家途中，他得知阿歷克塞一世正帶著大軍趕往安條克。害怕拜占庭人會被勝利的土耳其人突襲，史蒂芬特別與皇帝在菲羅梅隆[15]會面。他轉述卡布卡軍抵達及安條克十字軍必毀無疑的心痛消息。他敦促阿歷克塞一世切勿邁向毀滅之途。阿歷克塞一世感謝史蒂芬的警告，命令軍隊返回君士坦丁堡。史蒂芬則返回法蘭西。

然而史蒂芬錯了。雖然人數懸殊，飢餓孱弱的十字軍仍舊決心奮戰至死，而非向厭恨的土耳其人投降。得知阿歷克塞一世撤軍時，他們詛咒皇帝與塔第吉歐斯。多數將領拋棄對皇帝的誓言，宣稱叛徒言而無信。此一事件在君士坦丁堡與西方的關係中，造成重大影響，強化西方人對拜占庭人陰險、懦弱、表裡不一的印象。在教宗烏爾班二世的想像中，十字軍原是透過共同目標，連結東、西方基督教世界的橋梁，如今反倒在雙方間扎進一塊楔子。即便撤軍，阿歷克塞一世仍舊相信安條克應歸屬於他，躲在城牆內的十字軍則同樣決心將安條克留給自己。

六月二十八日，出於一半勇氣一半愚蠢，十字軍邁出安條克城牆，列出隊形，向人數占優勢

13　摩蘇爾（Morsul），阿拉伯文為al-Mawsil，位於今日伊拉克北部，底格里斯河西岸，河對岸即為知名亞述帝國首都尼尼微遺址。自西元前二〇〇〇年開始，摩蘇爾即為亞述帝國在敘利亞的重要地緣政治都市，隨後歷經塞琉古帝國、羅馬帝國，西元七世紀由伊斯蘭教勢力征服。十一世紀納入塞爾柱人勢力，後為薩拉丁攻下，十三世紀為蒙古人征服，十五世紀納入鄂圖曼帝國領域。摩蘇爾是敘利亞人文化及敘利亞東方正教會的歷史中心。

14　亞歷山德瑞塔（Alexandretta）位於今日土耳其東地中海岸的伊斯坎德倫（Iskenderun）。

15　菲羅梅隆（Philomelion）位於今日土耳其安納托利亞中部的阿克賽錫（Akşehir），此地為一一一七年阿歷克塞一世與塞爾柱人的主要交戰地。

的敵軍發動攻擊。卡布卡的將領們並未預期血戰，因此紛紛撤軍，獨留阿塔貝格[16]與十字軍對決，他無法維持戰線。隨著阿塔貝格撤軍，安條克完全落入十字軍手中。他們將之獻予塔倫托伯爵博希蒙德，他最終仍在前拜占庭領土上建立王國。接下來一個半世紀中，安條克公國（Principality of Antioch）持續為歐洲人所控制。十字軍同時占領亞美尼亞的埃德薩，數月後，一〇九九年七月攻克耶路撒冷。這些成果都是十字軍獨力完成。阿歷克塞一世與塔第吉歐斯根據可得資訊做出理性判斷；另一方面，十字軍則基於信念，相信主必賜予勝利，做出非理性決定。缺乏阿歷克塞一世的協助，第一次十字軍建立了新耶路撒冷基督教王國的基礎，範圍包含整個東地中海岸，存續將近兩世紀。聖地再次回歸基督信仰，然而不在君士坦丁堡手中。

阿歷克塞一世也許對十字軍不願交出征服土地感到不滿，但從十字軍征戰中，他確實亦有所斬獲。小亞細亞西部的土耳其勢力崩潰，讓他得以奪回愛琴海與地中海岸，包含重要城市如以弗所及士麥拿（今日伊茲密爾）。小亞細亞農場再次填滿君士坦丁堡的口腹。土耳其人對都城的威脅獲得解除，至少就目前而言。

---

16 阿塔貝格（atabeg），土耳其帝國各省地方長官官職。

第十二章　財富與陰謀

住在十二世紀君士坦丁堡的人，不會沒注意到由西歐進入都城的穩定移民群。移民湧入，反映出中古西歐的崛起；此時強大王國繁榮成長，哥德大教堂直入雲霄，大學中迴響著飽讀之士的論辯聲。西方觸角甚至伸進君士坦丁堡的皇室——由神擇定膏潤以統治羅馬人帝國的家族。阿歷克塞一世之子、繼承皇位的約翰二世（John II Comnenus），迎娶名為皮洛詩卡（Piroska）的紅髮匈牙利公主，後來她取了希臘名叫伊琳娜（描繪這對夫妻的閃耀鑲嵌壁畫，今日仍於聖索菲亞大教堂南廊迎接訪客）。他們的兒子曼努埃爾一世（Manuel I Comnenus）則迎娶日耳曼公主蘇爾茲巴赫[1]的貝莎（Bertha of Sulzbach）。一一五九年貝莎去世後，曼努埃爾皇帝續娶金髮的諾曼公主，安條克的瑪利亞[2]。不意外地，十二世紀的君士坦丁堡皇帝更看重天主教世界，包含西歐及

1 位於今日德國巴伐利亞邦的蘇爾茲巴赫–羅森堡，紐倫堡以東約五十公里。蘇爾茲巴赫城堡建於西元八世紀初，自九世紀起即為當地豪強領主的主要領地。

2 安條克公國博希蒙德二世（Bohemond II）的外孫女，博希蒙德二世是前述安條克開國者博希蒙德一世的兒子。

東方的十字軍國家。

但這並不表示西歐有任何能與君士坦丁堡並駕齊驅之處。十二世紀西歐最大的城市是羅馬及威尼斯，兩者人口均為五萬之譜。相比之下，君士坦丁堡擁有將近四十萬人住在城中，另外六十萬人以上住在大都會地區。君士坦丁堡在世界各地基督教城市中仍以極大優勢領先，更何況古代光榮在此仍四處可見（參見彩色插圖十）。寬闊廣場上泉水飛舞，巨大銅像令人敬畏，皇家形象的高聳立柱贏得注視。雖然此時僅在公共典禮時開放，中央骨幹上群集的驚人埃及方尖柱與將近百座銅像，讓賽馬場仍舊是個雄偉展場。

然而君士坦丁堡人隨著時間推移，也有所轉變。偉大雕像不再訴說古代榮光與神祇的故事，而被視為某種古代魔法師出於神祕目的所做的守護象徵。西元一一一一年，挪威王西古爾德（Sigurd）造訪君士坦丁堡，居民告訴他賽馬場上的雕像一度為活人，並曾參與車賽。拜占庭人經常摩挲、撫摸市內或近郊的數百具銅像，甚至在附近埋藏物品。一座雙臂向外延伸的女性銅像，被視為傳說中的公平價格裁量者（至少在失去其中一臂前）。一名皇宮內的預言師建議苦於陽痿的皇帝，蓋住賽馬場上所有裸體雕像。無數的家鼠、野鼠及蛇類雕像用來保護城市，讓城市免受雕像的活體同類肆虐。即便是華麗裝飾的黃金門，原本只為皇帝凱旋開啟，也成為某種護符。由於帝王凱旋日漸稀少，因此普遍認為走過主門者，命中將成為帝王。故此，偉大黃金門長年深鎖，並有衛兵駐守。伊薩克二世（Issac II）對此說深信不疑，甚至下令將門面移除，以巨石封鎖整座黃金門。我們看到的是，古老異教信仰的徹底中古化：這些護符深受質疑，眾人又樂於尋求其保護力量。

十一世紀的君士坦丁堡皇帝將建設焦點轉到修院，做為未來的永眠之所。羅曼努斯三世（Romanus III）在城市西南角，興修寬闊的榮顯聖母（St. Mary of Peribleptos）修道院建築群。米海爾四世（Michael IV）則建立聖科斯馬與聖達米安修道院（Monastery of Saints Cosma and Damian），位於金角灣的狄奧多西城牆附近。君士坦丁九世在曼格納軍火庫區（Mangana）建立了華美的聖喬治修道院（Monastery of St. George），立於第一山丘的東坡，俯瞰博斯普魯斯海峽。科穆寧王朝皇帝更加速此一潮流，在全城各處興建修院，例如聖摩休斯（St. Mocius）、慈善基督修院（Christ Philanthropos）、全知基督修院（Christ Pantepoptos，可能是今日的埃斯基・伊瑪瑞清真寺，Eski Imaret Camii）。舊衛城頂端以聖保羅為名的醫院及孤兒院群幅員廣大，公主安娜形容其為城中之城。這些宗教建物聚落都已消失。科穆寧修院群中最雄偉者，莫過於全能基督大修院（Christ Pantocrator），位於第三與第四山丘之間，瓦倫斯水道橋以北。雖然修院已不復見，但獨特的三教堂今日猶存。連結的三棟聖殿包含一座大型主建物，一座連結聖米海爾教會（St. Michael）的教堂，以及另一棟獻給聖母的教堂。

約翰二世是一位活力充沛的領袖，相信透過把西歐蓬勃但也時常混亂的能量挪為己用，將有利於都城及帝國。他認為父親阿歷克塞一世給了協助對抗諾曼人的威尼斯人，太多的獎賞。一一一八年約翰即位時，君士坦丁堡的威尼斯人數達到空前，也從未如此富裕。他們是君士坦丁堡官員的眼中釘，由於阿歷克塞賜予的特權，許多官方權力對威尼斯人鞭長莫及。當約翰拒絕繼續榮寵威尼斯人時，他們自然難以接受這個決定。因此，當一一二二年威尼斯人籌備大型十字軍艦隊，將載運一萬五千名威尼斯人前往聖地，協防耶路撒冷王國時，他們決定順道攻擊約翰。一一二二至一一二三年的冬季，威尼斯艦隊圍攻科孚島，但敘利亞戰事迫使他們在晚春離開。一一二四及一一二五年從十字軍戰役返航途中，威尼斯艦隊劫掠愛琴海島嶼與羅得島。劫掠燒殺、搶奪遺跡，威尼斯人已經變成君士坦丁堡的首要威脅。由於拜占庭缺乏有效海上武力，約翰無力遏阻敵人攻勢，且同時他又非常仰賴義大利海軍的力量。最後於一一二六年，約翰妥協，重新賜予威尼斯人貿易優惠。和平重新降臨拜占庭海域與君士坦丁堡的威尼斯人區。接下來數年中，類似的居住區域也同樣賜予熱那亞人及阿瑪菲人。各個義大利人區域在金角灣南岸羅列，君士坦丁堡吸引更多西方商賈前來繁華的都會。更重要的是從約翰的觀點看來，此舉打破威尼斯人的獨占局面。自此，皇帝開始讓義大利城邦彼此相互牽制。

一一四三年，曼努埃爾一世繼承父親約翰的帝位。身為匈牙利公主之子與日耳曼公主之夫，曼努埃爾同時是西方及君士坦丁堡的結合體，他也無法掩飾自己對西方生活方式的喜愛。宮殿內引入騎士詩歌，賽馬場上進行騎士馬術競賽。如同約翰，曼努埃爾相信讓西歐為己所用，將是重建羅馬帝國的關鍵。首要之務，是讓南義大利重回拜占庭控制。但此事並非易舉，當地已成諾曼王國的基地。曼努埃爾與日耳曼王康拉德三世[3]聯盟，準備入侵南義，但卻橫生枝節。一一四四年，穆斯林領袖努爾丁[4]奪取十字軍城市埃德薩，並威脅安條克。歐洲則回以兩支強大十字軍隊，一支由康拉德領軍，另一支則由法王路易七世（Louis VII）統帥。曼努埃爾不僅無法收復義大利，又須再次擔任十字軍支持者的角色。他優雅地居中協調，確保希臘沿途市集都能提供軍隊所需。然而，不受控的日耳曼軍隊仍舊造成不少損害，特別在君士坦丁堡近郊，攻擊平民、商家與民居。由於康拉德急於加入戰事，因此曼努埃爾盡責地將軍隊送過博斯普魯斯海峽。在安納托利亞中部，十字軍遭遇強大土耳其武力反擊，幾乎全軍覆沒，僅餘康拉德與少許人倖存。一一四七年十月四日，路易七世與王后阿基坦的埃莉諾（Elneanor of Aquitaine）帶著法國十字軍抵達君士坦丁堡。曼努埃爾邀請國王夫婦進入都城，下榻奢華宮殿，並以富庶大都會的各式豪奢娛樂款待。

曼努埃爾可能是在大皇宮群中款待法國國王與王后，畢竟在基督教世界中，大皇宮的光輝榮耀無人能及。然而曼努埃爾本人卻鮮少居住此地。拜占庭皇帝多年來擁有數處不同皇宮，許多在城牆外，供皇帝休閒放鬆，遠離君士坦丁堡的群眾、噪音及異味。出於現今不可考的理由，曼努埃爾將整個皇家居所遷往布雷契耐郊區。約莫一世紀前，此地已藉由陸牆擴充納入君士坦丁堡最北端。布雷契耐宮雖華美，空間卻較大皇宮略小。布雷契耐宮建於丘頂，倚靠巨大陸牆，一面遠望港口，另一面則是城外的平原。紫衣貴族宮（Tekfur Saray）是布雷契耐宮殿群中一處三層樓延伸建築，也是曾點綴中古世紀君士坦丁堡的諸多宮殿中，是現今唯一留存者。紫衣貴族宮二樓窗戶與狄奧多西陸牆同高，因此可在安全居處內，一覽無遺牆外情況。

3　康拉德三世（Conrad III）是日耳曼霍亨斯陶芬王朝（Hohenstaufen）第一任國王，在世時並未冠上神聖羅馬帝國皇帝頭銜，死後王位傳給姪子腓特烈一世（Friedrich I Barbarossa），即著名的「紅鬍子」巴巴羅薩。

4　十二至十三世紀，占領敘利亞及伊拉克北部的贊吉王朝（Zengid）第二代領袖，創始者努爾丁（Nur-ed-Din）為塞爾柱帝國治下的土耳其奴隸軍事將領。一一六四年，努爾丁與姪子薩拉丁應北非法蒂瑪（Fatimid，中國古稱綠衣大食）哈里發政權之請，前往埃及迎戰十字軍。一一七一年，薩拉丁推翻法蒂瑪王朝，建立阿尤布王朝（Ayyubid）。努爾丁死後，一一八五年薩拉丁先後攻占贊吉王朝兩大重鎮阿勒坡與摩蘇爾，此後敘利亞及兩河流域則歸於阿尤布王朝治下。

法國王室在溫馨中離開君士坦丁堡，帶著法國人踏上偉大征途。不幸地，路易的東征幾乎與康拉德面臨同樣災難際遇。在土耳其人追趕下，他沿著小亞細亞的愛琴海與地中海岸，尋求一線生機。食物不足時，十字軍就攻擊拜占庭人，隨心所欲掠奪。路易逐漸認為曼努埃爾有意摧毀十字軍，事實上他全無此意。當第二次十字軍無法攻下大馬士革，倖存者在羞辱中返回歐洲，路易將潰不成軍的責任指向曼努埃爾。他甚至提議募集新的十字軍，直指君士坦丁堡。教宗及基督教世界其他人都反對此一想法。

當第二次十字軍結束，曼努埃爾終於可以再次專注西方事務。一一六〇年代中期，他試圖說服日耳曼人、義大利人及教宗國形成合作關係，將南義控制權交回君士坦丁堡手中。同時，他持續在東方及西方興戰。一一六七年，曼努埃爾征服波士尼亞及達爾馬提亞，重建拜占庭在亞得里亞海的國界。現有記憶中頭一次，拜占庭似乎可以向諾曼王國發動直接攻擊。當然，為此他需要一支強大的海軍。他派遣三名大使前往威尼斯，要求在對付諾曼人的戰爭中，威尼斯能提供「慣常協助」（customary aid）。然而時代風向已變。義大利在大戰中掙扎，其中教宗、倫巴底城市與諾曼人一同對抗神聖羅馬皇帝腓特烈一世[5]治下的日耳曼。攻擊諾曼人，等同攻擊教宗，而威尼斯人不同意。他們禮貌地拒絕了曼努埃爾的請求。

當三名大使返回君士坦丁堡，向皇帝回報威尼斯人的回應時，他怒不可遏。威尼斯人在君士坦丁堡的市集中致富，享受拜占庭皇帝賜予的、前所未有的特權，現在竟然膽敢拒絕如此輕微的要求？曼努埃爾受夠了這些義大利商人；他們將粗魯行徑、搶錢作風、以及深刻或細瑣的敵意，散布在眾城女王的街頭與廣場。確實，熱那亞人與比薩人的街頭鬥毆愈顯激烈，以至於一一六二年曼努埃爾將他們全數逐出君士坦丁堡，並沒收住宅區及倉庫。他們留下的真空造福了威尼斯人，但如今他們卻不願抬起一根指頭，協助君士坦丁堡人民。若威尼斯人不願重申對拜占庭帝國的支持，曼努埃爾又何必實現祖父阿歷克塞的承諾呢？在威尼斯，總督維塔利・米凱里（Vitale Michiel）了解皇帝的心意。他向威尼斯人發出警告，避免前往拜占庭港口經商，避免成為皇帝之怒下的犧牲者。然而商業利益的誘惑之大，無法大幅縮減在拜占庭經商的威尼斯人人數。雖然稍後曼努埃爾向威尼斯使者保證無意報復時，總督也撤回警告。

一一七〇年，曼努埃爾與威尼斯的敵人，日耳曼皇帝腓特烈一世組成新的同盟。他接著復甦君士坦丁堡中的熱那亞人與比薩人區，但也警告這些人，首都中不得再起暴力爭端。在此之後，威尼斯人的存在顯得不再必要。數週後，一群君士坦丁堡的威尼斯暴徒帶著火炬與劍，衝入熱那亞人區。這是最後一根稻草。一一七一年三月二十一日，曼努埃爾從宮中向帝國各處拜占庭官員送出幾百封密旨，下令逮捕、監禁管轄區內所有威尼斯人，並沒收財產。當威尼斯使者前往皇宮，為區內暴力致歉時，曼努埃爾報以微笑，保證一切無事。然而就在此時，逮捕已經展開。在君士坦丁堡及各拜占庭港口，所有威尼斯男女老少均被捕入獄；監獄額滿後，就關在修道院。他

5　腓特烈一世於一一五二當選日耳曼國王，一一五五年登基為義大利國王，並由教宗加冕為神聖羅馬帝國皇帝，直到一一九〇年去世，後世史家公認腓特烈一世是中世紀神聖羅馬帝國最重要的皇帝之一。巴巴羅薩為義大利語中「紅鬍子」之意，由於神聖羅馬皇帝之銜，腓特烈一世對義大利深感興趣，一生中進行六次義大利遠征，實施以查士丁尼法典為基礎的民法制度，並與教宗亞歷山大三世（Alexander III）及西西里諾曼王國組成的倫巴底聯盟長期爭鬥。

們的居所、店鋪、商品及船隻盡皆沒入。超過萬名威尼斯人將在監禁中度過數年時光。

威尼斯的反應非常迅速，裝備了一艘設計來劫掠拜占庭帝國的強大戰艦，總督本人則派遣使者前往君士坦丁堡談判釋囚。然而即便駛過一個又一個愛琴海島嶼，這艘偉大戰艦依舊無法甩脫疫疾糾纏。有幸生還者更將可怕疫疾帶回家鄉。威尼斯人對此戰敗感到失望，謀殺了自己的總督。接下來十年中，威尼斯與君士坦丁堡之間持續著戰爭狀態。

這場戰爭基本上是場冷戰，曼努埃爾皇帝可以放心忽略的戰爭。他正全盤關注準備另一場大型戰役：征服穆斯林小亞細亞和埃及。對拜占庭皇帝，特別是對過往在西方施行折衝策略的曼努埃爾來說，這是超乎尋常的大膽行動。這項新進擊雖面向東方，但實則意在提升皇帝在歐洲的權威。隨著歐陸深陷戰爭與教宗國的分裂，歐洲人對於東方十字軍的持續戰敗，感到懊悔與憤恨難平。曼努埃爾意欲給穆斯林王國一記重擊，不單為了建立他在東方的勢力，更要在西方塑造自己是基督信仰真正捍衛者的名聲。他的代表已與教宗亞歷山大三世討論，教宗支持曼努埃爾成為東方與西方的普世皇帝的可能性。此時對穆斯林敵人取得震嚇性勝利將促成這筆交易。

然而這些並未發生。一一七六年，土耳其軍在密列奧塞法隆戰役（Battle of Myriokephalon）6擊潰拜占庭攻勢。這場潰敗讓曼努埃爾債台高築、名譽掃地，且幾乎流失所有戰力。此役也永久讓君士坦丁堡失去對西歐及十字軍國家的影響力。曼努埃爾長期努力建立的成果毀於一旦。在歐洲，長期糾纏於教宗與皇帝鬥爭的雙方，現在可以無視君士坦丁堡。曼努埃爾被孤立了，身邊友邦不多，群敵環伺，幾無同盟。此刻，南義的諾曼人受義大利事務纏身，但當他們再度將注意力轉向征服希臘時，曼努埃爾僅能依賴靠不住的熱那亞人。算計在心，曼努埃爾不太真心地與威尼斯進行和平談判。他釋放一部分威尼斯囚犯，他們在入獄八年後終得返家。然而很快地，一一八〇年九月二十四日，皇帝病重而逝。身後留下十一歲稚子阿歷克塞二世（Alexius II Comnenus），由諾曼人皇后瑪利亞攝政。

一一八〇年的君士坦丁堡對於西歐人的態度很難稱得上寬容。雖然曼努埃爾試著維持城內秩序，但他爭取西方人支持的嘗試，甚至將其習俗引進眾城女王的行徑，相當不受歡迎。君士坦丁堡在地的希臘人中，一股反西方情緒正持續增長。歐洲人帶著無禮舉止及蠻語湧入都城，大撒金幣，傲慢地要求尊敬與服侍。許多君士坦丁堡人將此怪罪於帝國在拉丁世界影響力的衰弱。這股生於無能的恨意，最是惡毒。身為諾曼皇后之子，半個歐洲人的阿歷克塞二世即位時，情勢已是艱難；但攝政的「蠻族」瑪利亞卻立刻開始偏愛城中的熱那亞人及其他義大利人。她也跟曼努埃爾的堂弟有染，縱使她曾在丈夫去世後發下守貞誓言，成為修女。這實在令人忍無可忍，因此一股敵對力量，圍繞著另一位瑪利亞（Maria Comnena）而起。她是曼努埃爾前一段與貝莎皇后的婚姻中所生的女兒。兩位瑪利亞年紀相當，因此不意外地繼女與繼母並不合拍。在君士坦丁堡牧首及義大利丈夫蒙費拉托的藍尼耶（Renier of Montferrat）的支持下，瑪利亞．科穆寧娜試著推翻繼母。但陰謀並未成功，共謀者被迫藏匿在聖索菲亞大教堂內好幾個月，直到獲得特赦為止。

政變失敗進一步激怒希臘暴徒，他們再也無法忍受西方蠻族的統治。暴動在都城各處爆發。因為希臘士兵一般認同市民訴求，因此逐漸不願以武力壓制暴動，瑪利亞太后嘗試鎮壓暴動卻失

---

6 位於今日土耳其安納托利亞中部的貝賽席爾湖畔（Beyşehir）。

敗。然瑪利亞仍有瓦蘭金衛隊（Varangian Guard）在側，這支菁英傭兵衛隊，專責保護皇室與皇宮。瓦蘭金衛隊全由西歐人組成，兵員通常來自斯堪地那維亞或英格蘭。他們幼年即開始接受武術訓練，嫻熟各種戰鬥技巧，以肩上常扛的單側巨斧聞名。對君士坦丁堡人來說，他們被暱稱為「扛斧者」（the axe bearers）。這支衛隊成員堅守誓言，以父傳子的方式，保護捍衛皇帝。以拜占庭宮廷陰謀與政變的數量來看，這是份全年無休的工作。雖然瓦蘭金衛隊人數達五千人之眾，但要應付君士坦丁堡持續上升的都市騷亂仍嫌不足。

通常在這類情況中，會有拜占庭官員或貴族進軍君士坦丁堡奪位。一〇八一年，阿歷克塞一世正是如此登基。雖然他的家族持續統治，但也必須持續面對此類挑戰。一一八二年，曼努埃爾一世的堂哥安德洛尼卡一世（Andronicus I Comnenus）決定要一搏皇位。安德洛尼卡是個超乎尋常之人。雖然年已六十好幾，仍然十分強壯，活力充沛。根據認識安德洛尼卡的拜占庭帝國元老尼基塔斯・侯尼亞迪斯（Nicetas Choniates）的紀錄，他光頭，留著灰白中分長鬚。安德洛尼卡不單以軍事技能聞名，還有他過人的魅力，贏得男人以及一串知名情婦的傾慕。在二十多歲到三十出頭歲的年紀，他曾是曼努埃爾一世的宮廷常客，皇帝授予他君士坦丁堡及海外不同官職。此時他與堂妹尤多西雅陷入一段不堪緋聞。一一五三年，他因共謀叛變被捕入獄。年復一年，他策動愈來愈驚人的逃亡計畫，直到一一六五年才終於成功。此後，安德洛尼卡在不同宮廷中遊走，最終落腳十字軍國家之一的安條克公國。他在此遇見並誘惑雷蒙大公（Prince Raymond）的美麗女兒菲莉帕（Philippa）。菲莉帕是瑪利亞太后的妹妹，即曼努埃爾的繼室與阿歷克塞二世之母。深以為恥的曼努埃爾下令逮捕安德洛尼卡，送回君士坦丁堡。然而安德洛尼卡逃往十字軍王國耶路撒冷（Kingdom of Jerusalem），國王阿瑪爾里克一世（Amalric I）非常喜歡他，甚至敕封他為貝魯特男爵。在王宮中，安德洛尼卡遇到前任國王鮑德溫三世（Baldwin III）美麗的二十一歲寡居王后，狄奧多拉。她是曼努埃爾一世的姪女，自然也是安德洛尼卡的姪女，深受當時五十多歲的浪子所吸引。當他們的情事曝光後，雙雙逃出耶路撒冷，先到大馬士革，接著是喬治亞，然後是黑海邊的特拉布宗[7]。

經歷如此精采的生涯，爭取帝位對安德洛尼卡來說，似乎也非特出之舉。然而君士坦丁堡的動亂是令人心癢難忍的天賜良機。他在特拉布宗召集軍隊，往君士坦丁堡一路挺進，路途中兵士數量持續增加。安德洛尼卡只碰到一些半真半假的小衝突，真正的對戰發生在君士坦丁堡的街頭。君士坦丁堡人高舉安德洛尼卡為救世主。為避免不必要的流血衝突，他提議瑪利亞太后返回修院，由他擔起阿歷克塞二世的攝政職責。太后別無選擇，只得遵從。安德洛尼卡在博斯普魯斯海峽對岸的迦克墩，等待返城接手權位。安德洛尼卡還等待其他事情發生。暴徒給了他首都，如今暴徒們要求回報。

他們也得到了回報。一一八二年四月，安德洛尼卡派遣使者入城散布消息，人們可自由清洗居住在城裡的西歐敗類。大屠殺自清晨展開。數萬名希臘人衝上街頭，湧入金角灣沿岸的義大利

---

7 今日土耳其特拉布宗（Trabzon）位於安納托利亞東北部的黑海岸上，歷史上的絲路沿線城市，成為控制波斯（東南方）、高加索（東北方）及安納托利亞的商貿重心。中世紀威尼斯人及熱那亞商船都在此交易絲麻與羊毛織品，熱那亞人甚至在此地建立如同君士坦丁堡加拉塔的特區。

人區。天主教徒統統在劫難逃。暴徒破門而入，衝進民宅、教堂、醫院，殺戮、強暴並刑求抓到的人。數千人甚至還在半夢半醒間，就死在床鋪上。最容易受傷害的對象是婦女、小孩及老人，他們受到無情屠戮。天主教神父與僧侶也遭殘酷殺害。即便正好是出使君士坦丁堡的教宗代表，也被拖上街頭斬首。使者的頭顱被綁在流浪犬的尾巴上，遭沾滿鮮血的希臘人追逐奔跑數英里之遠。直到君士坦丁堡內的西方人要麼被殺、要麼出逃，屠殺方才止歇。一艘前往都城的威尼斯商船遇到載滿難民出逃的船，他們警告說：「不趕快逃，你會沒命！」一項當代的統計估算，死者約為六萬人，而這可能是過於低估的數字。此外另有數千人被捕，淪為奴隸賣給土耳其人。

熱那亞立即向君士坦丁堡宣戰。歐洲各處的修院與王廷紀錄中，都憤怒寫下這樁恐怖屠殺。君士坦丁堡對歐洲人的恨意再明顯不過。不意外地，西方人開始敵視拜占庭人，如同穆斯林一般。安德洛尼卡自己並不恨西方人，他的多名情婦都是西方人，他在安條克與耶路撒冷的西方宮廷中也頗受歡迎。但他深知君士坦丁堡權力之所在，水能載舟，亦能覆舟，暴徒們捧他上位，除非能滿足這批人，他們也可輕易讓他下台。

一旦坐穩宮廷權位，安德洛尼卡立刻開始肅清每位潛在政敵。曼努埃爾的大女兒瑪利亞公主及丈夫藍尼耶在政變中支持安德洛尼卡，但他一樣下毒除去兩人。雖然瑪利亞太后幽居修院，安德洛尼卡仍下令逮捕她。他接著草擬太后的賜死詔書，並強迫十一歲小皇帝簽署。美麗的瑪利亞太后可能被絞死，或被縫入麻袋，丟入大海。以上這些僅是受害者中較為知名者。安德洛尼卡開始挾怨報復，針對城中貴族展開行動。最輕微的不贊同或反叛都可能招來逮捕。數百名君士坦丁堡菁英階級遭到致盲、致殘、刑求、穿刺，或流放。隨著恐怖統治蔓延，安德洛尼卡變得愈發神經質，下令逮捕刑求更多人。

為了穩固地位，安德洛尼卡決定該是他登基的時刻。在奧古斯塔廣場上一場完整安排的盛大典禮中，得勝基督（Christ the Victor）輝煌鑲嵌畫像凝視下，年輕的阿歷克塞二世與一群盲從的朝臣，懇求年長的安德洛尼卡成為共帝，以保護主所捍衛之城。當然，他拒絕了。經過多次懇求後，他同意進入聖索菲亞大教堂接受加冕。不久之後，安德洛尼卡派兩名手下潛入小阿歷克塞的寢室，以弓弦勒斃男孩。「悲痛的」安德洛尼卡決定負起榮譽職責，娶了阿歷克塞的未婚妻，十二歲的法王之女阿格尼絲（Agnes）。

安德洛尼卡的人生與統治君士坦丁堡的方式，同樣大膽。然而都城並非年輕的公主，略施魅力即可輕易贏取。安德洛尼卡樹敵甚多，甚至比清剿之前更多。安德洛尼卡的敵人不只在宮闈之內，多數歐洲人也視他為惡徒，部分甚至採取行動。熱那亞海盜任意劫掠拜占庭港口與城市。匈牙利人攻擊並占領拜占庭的達爾馬提亞領土，即當年約翰二世苦戰所得之地。甚至更糟的是，諾曼人在西西里國王威廉二世（William II）領導下，發動戰艦襲擊杜拉佐，計劃這次將完成征服希臘及君士坦丁堡的美夢。諾曼人一路挺進，造成混亂與破壞。一一八五年，他們甚至占領並掠奪拜占庭帝國第二大城塞薩洛尼基。安德洛尼卡缺乏盟友，敵人卻持續增加。在絕望之下，一一八四年他轉向威尼斯求援。雖然有數千名威尼斯人仍舊被關在拜占庭的監獄中，但他們並未受到一一八二年大屠殺多少影響。為了回報威尼斯海軍的支援，安德洛尼卡釋放所有囚犯，重建君士坦丁堡內的舊威尼斯人區，重新賜予帝國內所有威尼斯人的特權，同時承諾賠償曼努埃爾制裁行動中威尼斯人所有的損失。隨著重新獲得的地位，威尼斯商人與家庭重回君士坦丁堡利潤豐厚的市場。不過幾年光景，威尼斯人區的人口數甚至可比威尼斯本地。

然而威尼斯人的支持，並無法保護安德洛尼卡免受自己人民威脅。一一八五年，暴徒們對獨裁者感到厭煩，特別是眼見數千名威尼斯人開始移回君士坦丁堡後。逼近中的諾曼人同樣也讓城中瀰漫著恐懼氣氛，然而皇帝除了向市民保證進逼的軍隊會落入他妥善安排的陷阱外，毫無其他作為。此外，皇帝嘴裡雖然說會保衛都城，反而卻常帶著成群美女離城治遊。這些女人，如拜占庭元老侯尼亞迪斯所言，四處尾隨皇帝「如穀倉母雞追尋公雞」。當都城人民苦於憤恨與恐懼交雜之際，安德洛尼卡正積極「尋求獲得章魚的強大性能力」。由於年歲漸長，他難以回應眾多女伴的需索，「因此試圖以膏藥及其他奢靡安排，尋求活化性器，增強性能力」。[8]奢靡安排包含定期食用埃及進口的蜥蜴。

安德洛尼卡與其王朝的末日就在眼前。離城時，他下令手下逮捕處決一名二十多歲、年輕紅髮的貴族，名為伊薩克・安格洛斯（Issac Angelus）。此事起因於宮中有一名占卜師向安德洛尼卡預言，一位名叫伊薩克的人將推翻他。整個逮捕過程顯得相當拙劣，伊薩克跳上馬，抓起劍，向攻擊者衝去。他殺了一人，其他人也負傷。接著，伊薩克憑著過人的勇氣與技術，縱馬奔向擁擠的梅塞大道，揮舞著沾血的寶劍，向所有人宣布他受皇帝刺客所害。此舉必然激起一陣騷動，導致數千人尾隨其後，即便只是看個熱鬧。伊薩克抵達聖索菲亞大教堂後，他逃入聖殿，跳上講壇，大聲宣稱自己的無辜，並懇求市民保護他免於嗜血皇帝的毒手。君士坦丁堡大街小巷傳遍伊薩克大膽逃亡的事蹟，引起數千民眾擠入大教堂，甚至蔓延到奧古斯塔廣場。次晨，當安德洛尼卡的皇家三列槳座船駛入大皇宮港口時，城裡已掀起全面暴動。除了慣常的劫掠暴力行為外，暴徒也衝入皇家監獄及大皇宮的大門。皇宮守衛拒絕加入戰鬥，瓦蘭金衛隊人數也不足。那位占卜師關於伊薩克的預言，看來似乎即將成真。

安德洛尼卡帶著所有扛得動的黃金、妻子及大隊姬妾，喬裝成義大利人，登上皇家船隻，往北朝黑海逃去。同時間，暴徒衝入大皇宮，劫掠許多富麗堂皇的廳室、教堂，甚至鑄幣廠。在聖索菲亞大教堂，他們截下過去以金鍊懸吊於主壇之上的君士坦丁大帝皇冠，並強迫君士坦丁堡牧首以此為伊薩克加冕。自此，伊薩克二世展開他那命運多舛的統治，且最終將令君士坦丁堡匍匐於十字軍腳下。

然而，一一八五年九月的這一天，首都洋溢歡慶氣氛。憤怒風暴中的群眾，將曾經愛戴的皇帝趕下台，取而代之的是一位籍籍無名者，年輕力壯的合理年齡似乎是他主要的資格。但是人民的怒意尚未消散。數日後，安德洛尼卡被捕，送回君士坦丁堡，他受到「狂暴恐怖獸行一般的對待，即便以拜占庭標準，也無人能出其右」。[9]他的頭腳都被銬上一般用在獅子或其他猛獸身上的厚重鎖鏈，遊行過街時，任何人都可以對他拳打腳踢。他被帶到伊薩克面前，在此以斧斬下右手。數日後，一隻眼睛被挖出。接著，穿著破布的安德洛尼卡被置於長癬的駱駝上，遊街過市。

8 作者注：Niketas Choniates著，Harry J. Magoulias譯，《喔！拜占庭城：尼基塔斯・侯尼亞迪斯編年史》（*O City of Byzantium: Annals of Niketas Choniates*，韋恩州立大學出版社，一九八四年），頁一七七。

9 作者注：Donald Nicol，《拜占庭與威尼斯：外交與文化關係研究》（*Byzantium and Venice: A Study in Diplomatic and Cultural Relations*，劍橋大學出版社，一九八八年），頁一一〇。

暴徒再一次湧上街招呼他。根據侯尼亞迪斯的敘述：「有人以棍棒敲打他的頭，其他人則用牛屎堵住他的鼻孔，還有人用海綿將人畜穢物塗在他的眼睛上。」路人對他丟擲石塊，一名娼妓將整盆滾水倒在他的臉上。接著在仿凱旋典禮中，安德洛尼卡被帶進賽馬場。他被移下駱駝，此時群眾將他的雙腳綁在一起，倒吊在兩根立柱中間。再次，侯尼亞迪斯寫道：「他們脫下他的短上衣，攻擊他的性器官。某個惡毒之人用劍從他的喉頭刺入內臟；某些歐洲人在他的臀部間高舉寶劍，圍繞著他，將劍砍下，甚至想看看誰砍得比較深。」[10]將君士坦丁堡的繁榮與權鬥帶到新一波高潮的科穆寧王朝至此滅亡。

新皇帝快速採取行動，緩解都城的重大危機。他派出阿歷克塞・布拉納斯（Alexius Branas）將軍對付諾曼人，迫其退回杜拉佐。他也跟埃及和敘利亞的新領袖薩拉丁（Saladin）簽訂友誼條約。事實上，他甚至在金角灣岸上建了一座小型清真寺，鄰近舊熱那亞人區。當然這些作為無法討好西歐人；他們認為薩拉丁將威脅聖地安危，而這個想法是對的。

一一八七年哈丁戰役[11]中，薩拉丁擊潰耶路撒冷王國軍隊。數千名歐洲基督徒在戰爭中或後續處刑中喪生。薩拉丁後續承認殺了四萬人，同時奪取珍貴的聖物真十字架，並將其送到大馬士革銷毀。多數缺乏防衛的十字軍王國很快陷落，包含耶路撒冷。新一波十字軍運動開始在西歐各處宣揚，並吸引基督教國度最強而有力的幾位統治者。英格蘭的「獅心王」理查一世（Richard I Lionheart）與法蘭西的腓力二世（Philip II Augustus）合力，組成中古世紀最大型的戰艦之一。但至少，這並非針對君士坦丁堡的直接威脅，雖然理查確實征服了賽普勒斯島，拜占庭帝國自此失去這座島嶼。然而，日耳曼皇帝腓特烈一世卻是拜占庭人的威脅，他聚集了一支強大的十字軍，並踩著傳統的十字軍路線，直接朝著君士坦丁堡而來。伊薩克並不信任腓特烈，且與薩拉丁的友誼讓他有義務阻撓十字軍對穆斯林領袖發動攻擊。而他確實如此行動，卻同時又宣稱支持十字軍。當腓特烈發現伊薩克的算計，他率領十字軍轉向攻擊色雷斯的阿德里安堡。為了收復此城，腓特烈強迫伊薩克承諾提供軍隊補給，及平安載運將士橫渡赫勒斯滂。

第三次十字軍東征不若第二次慘烈。腓特烈死於征途，但理查收復多數失土，儘管耶路撒冷依舊在薩拉丁手中。這次東征結束，帶來穆斯林與基督徒間的休戰，而這正是伊薩克樂見的結果。伊薩克也與比薩人及熱那亞人達成和解，歡迎他們返回君士坦丁堡舊地，並以之制衡威尼斯人。對這些商人來說，君士坦丁堡皇帝與人民的反覆無常，開始成為嚴重風險。然而，當時全世界沒有任何地方，能如眾城女王的港口與市集，謀取如此大量的金錢。再一次，帝國崩毀之際，都城持續繁榮。事實上，拜占庭帝國在希臘及小亞細亞依舊留存的，不過是來自君士坦丁堡一次又一次的叛變。伊薩克多數時間都在防衛或鎮壓這些叛變。

伊薩克二世在其中一場叛變中失去皇位，這是他第一次失勢。在某次出行中，伊薩克身旁伴隨著皇弟阿歷克塞．安格洛斯。阿歷克塞是個不擇手段、渴望權位之人，陰謀推翻自己的兄長。一一九五年，他與一群支持者逮捕並弄瞎伊薩克，接著返回君士坦丁堡宣布自立為阿歷克塞三世（Alexius III Angelus）。基於都城政爭已陷入無底深淵，人民並不怎麼在意陰毒政變。伊薩克獲得

10 作者注：《喔！拜占庭城：尼基塔斯．侯尼亞迪斯編年史》，頁一九三。
11 哈丁（Hattin）位於今日以色列加利利海附近的堤比里亞（Teverya）。

還算舒適的軟禁生活，仍獲允與親朋好友往來。

在人口、面積與財富上，十二世紀的君士坦丁堡已達到現代之前的高峰。這是各種虔敬美德與邪惡殘酷並存的城市。街頭上遍布富庶與赤貧，宮殿與乞兒並存。商業利潤讓拜占庭口袋滿盈，讓君士坦丁堡得以從他處購得戰士與商品；然而僅以彈丸領地供養世界首都的壓力也令帝國左支右絀。帝國崩殞在前，已勢所難擋。

第十三章　失明者

自拜占庭初年，金角灣的平穩河水持續提供博斯普魯斯海峽湍急海流之外的安穩港口。港口總是充滿出入船隻，裝卸貨品，但在一二〇三年七月十七日這天顯得特別忙碌，帶著令人不安的異狀。一位觀察者，尼古拉．梅薩瑞特斯[1]形容，大群艦隊的桅杆，以觸目驚心之姿，在對岸列隊，如雄偉森林一般，每棵樹都結著有毒果實。這些致命桅杆頂端飄揚著鮮紅旗幟，都繪有聖馬可飛翼雄獅，這是威尼斯共和國的標誌。船艙之中，滿載十字軍軍隊。他們的目標是君士坦丁堡。

將敵對武力帶入君士坦丁堡內港的戲劇事件，是在一一九五年阿歷克塞三世對兄長伊薩克二

1　尼古拉．梅薩瑞特斯（Nicholas Mesarites），拜占庭希臘正教神職人員及作家。一二〇〇年，阿歷克塞三世年代曾擔任君士坦丁堡大皇宮內的法羅聖母教堂（Church of the Virgin of Pharos）神職，並留下動亂見證紀錄。一二〇四年第四次十字軍攻克君士坦丁堡後，他留在城中，參與希臘正教會與羅馬教宗任命之君士坦丁堡拉丁牧首托瑪斯．摩洛西尼（Thomas Morosini），關於希臘教會順服拉丁神職人員的討論。討論破裂後，梅薩瑞特斯便離開君士坦丁堡，前往尼西亞帝國，最終成為以弗所都主教。

世的陰謀叛變中種下的。雖然阿歷克塞竊取了凱薩皇冠，他的妻子歐芙洛緒涅（Euphrosyne）才是政變的謀劃者。身為新皇后，歐芙洛緒涅接管大部分政務，甚至在國家典禮中，她與皇帝並坐相同寶座主持儀式。夫妻兩人享受皇家宮殿奢華生活，成山金銀花在無謂休閒、奢靡娛樂及豪華饗宴。歐芙洛緒涅親自處理武裝叛變與宮廷鬥爭，兩者都是十二世紀君士坦丁堡的生活常態。為了保全丈夫的皇位，她經常參與神祕儀式，意圖揭發外力威脅，或對她造成威脅的神祕物件。例如，在賽馬場中，她下令切掉一尊豬銅像的吻部，並鞭打另一尊海克力斯的雕像。其他雕像則失去手臂或用槌子重擊斬首。透過這些迷信之舉，歐芙洛緒涅致力保住權位。

至於阿歷克塞三世，則盡可能不涉入政務。他盡責獎勵那些助他掌權的人，接著將皇家尊銜出售給高價買家，將重要政務交予妻子或她建議的人選處理。他沒有膽量謀殺兄長，因此將他舒服軟禁在博斯普魯斯海峽對岸的郊區。伊薩克之子，在兄弟和睦的日子裡，也以阿歷克塞命名，似乎與皇叔相處甚歡。然而少年阿歷克塞並未忘記，父親遭逢殘酷篡位，也阻擋了他的繼位之路。不意外地，阿歷克塞與失明父親經常徹夜醞釀復仇計畫。一項具體的計畫，是聯絡伊薩克之女（少年阿歷克塞的姊姊）伊琳娜，她嫁給斯瓦比亞的菲力普[2]，日耳曼兩大敵對君主之一。在信中，父子兩人哀嘆在君士坦丁堡的情況，並要求伊琳娜策動丈夫來助。

一二〇一年夏天，出於特別的叔父情懷，阿歷克塞三世提議，帶著與他同名的姪子短期出征色雷斯。離開君士坦丁堡不久後，少年阿歷克塞偷溜進一艘比薩商船，剪去鬍鬚、削短頭髮，讓自己看來像個義大利人，航向西歐。比薩水手同意讓這位難民在安科納[3]下船，由此送訊通知日耳曼宮廷裡的姊姊，關於自己出逃的事。伊琳娜派出一隊士兵，帶著大筆金錢，將少年送到她身邊。在君士坦丁堡的阿歷克塞三世，對於姪子突然消失一事毫不在意，可能也不無歡迎之意。皇帝近日才剛任命自己的女婿狄奧多爾．拉斯卡里斯（Theodore Lascaris）做為拜占庭皇位繼承人，姪子失蹤正好少一個政變的理由。

此際，一二〇一年十月，少年阿歷克塞正抵達菲力普國王位於阿格諾[4]的狩獵行宮，環境粗獷但舒適。他在此與親愛的姊姊伊琳娜重逢，並與姊夫交好。阿歷克塞同時也遇到菲力普另一位貴客，蒙費拉托侯爵博尼法斯（Boniface）。五十多歲的成熟年紀，博尼法斯是北義大利最有權力的貴族之一。兩人整個冬天聚在一起，發現有許多共同之處。博尼法斯的兄長，康拉德，曾在君

2　斯瓦比亞的菲力普（Philip of Swabia），霍亨斯陶芬王朝及日耳曼國王，腓特烈一世與第二任妻子最小的兒子。自祖父康拉德三世開始，斯瓦比亞的霍亨斯陶芬家族與巴伐利亞的韋爾夫家族（Welf）之間長期爭奪，日耳曼國王的王位與神聖羅馬皇帝封號。爭奪期間，拜占庭皇帝與羅馬教宗的支持，時常成為阻力或助力。菲力普因此在兄命之下，迎娶伊薩克二世的女兒，西西里王子遺孀伊琳娜，也同時支持第四次十字軍東征。一一九八年菲力普當選日耳曼國王，此後持續與韋爾夫家族支持者鬥爭，一二〇八年遭謀殺。

3　安科納（Ancona）位於今日義大利中部，亞得里亞海岸主要港口之一。由西西里島上的錫拉古希臘殖民者建於西元三八七年，羅馬帝國時代為控制對岸達爾馬提亞區域最近的重要港口。西羅馬帝國陷落後，歷經蠻族入侵，西元一〇〇〇年後開始成為獨立海權共和國，經常與鄰近的威尼斯發生衝突。一五三二年後，納入教宗國領域，是教宗國內三個猶太人可以居住的城市之一。

4　阿格諾（Haguneau）位於今日法國東北部德、法交界處，斯瓦比亞的日耳曼王室所建，腓特烈一世在此建立神聖羅馬皇帝行宮而聞名。

士坦丁堡擔任少年阿歷克塞盲眼父親伊薩克二世的凱撒。博尼法斯的弟弟，藍尼耶也曾是凱撒，曾連同妻子試圖推翻阿歷克塞三世。後續藍尼耶為安德洛尼卡一世下令毒殺。[5]雖然博尼法斯可能未曾造訪過君士坦丁堡，但他對於都城政治的陰謀權鬥及帝國皇位的誘惑，知之甚詳。

亞爾薩斯的漫長冰冷夜晚中，值得聊的不單是君士坦丁堡統治者的不義之舉。博尼法斯最近剛獲得一份新差事。他將擔任一支形成中十字軍的統帥，這支軍隊是由教宗英諾森三世（Innocent III）號召，目標奪回耶路撒冷。歐洲人開始相信聖地狀態反映出神的喜惡。由於他們所犯之罪，上帝從他們手中奪去神聖之都，交給穆斯林。英諾森三世決心發起大型十字軍，收復聖地，以「回報受釘十字架者所受的傷」。一一九八年英諾森三世甫出任教宗，第一個行動就是號召十字軍，但計畫延宕多年，主要是因為英法之間的戰爭。然而一二〇一年時，兵員招募與準備工作都如火如荼地進行。第四次十字軍東征預計採取海路，完全避開君士坦丁堡。法蘭西十字軍代表已經向威尼斯約定好，威尼斯將提供大型軍艦及補給服務，讓整支軍隊可以直接航向東方，避開過去十字軍與拜占庭間糾纏延誤。軍費自然驚人，但由於每位十字軍都自負航行費用，因此還在可承受的範圍。威尼斯人也加入十字軍，貢獻五十艘戰船，由年長的盲眼總督恩里科・丹多洛（Enrico Dandolo）領軍。

博尼法斯與嚴冬夥伴們分享偉大十字軍的準備工作，並預計將於夏季從威尼斯出航。雪融之時，他預計先返家解決一些庶務，接著前往羅馬與教宗討論十字軍目標地點。十字軍首領群決定以埃及為目標，此地為中東穆斯林勢力的基地。一旦掌握開羅，他們相信耶路撒冷將順勢入袋。阿歷克塞急切告訴侯爵，他本人才是君士坦丁堡的正統皇帝，他的叔父是邪惡篡位者，並導致自己的父親失明。他向博尼法斯保證，君士坦丁堡人民痛恨阿歷克塞三世，渴望迎他即位為新皇。若博尼法斯與十字軍能短暫繞路送少年阿歷克塞返回偉大都城，人民將起而推翻阿歷克塞三世。一旦即位，少年將報以拜占庭皇帝才能展現的感激之舉。除了慣有的金錢與榮銜外，阿歷克塞將派遣自己的軍力加入十字軍，協助讓耶路撒冷重回基督教世界。而這些僅需要一趟簡單的繞道。

博尼法斯深受誘惑。身為統帥，他無法隨意指揮十字軍，軍隊走向是在領導領主群與教宗代表共組的議會中達成決議。少年需要說服的對象是教宗英諾森三世，阿歷克塞也正如此計劃。在阿格諾度過聖誕節後，拜占庭王子帶領一隊武裝日耳曼衛兵與幾袋伊琳娜夫妻給的錢幣，啟程前往羅馬。王室夫妻帶著祝福，送別少年，希望他的遊說之旅有所斬獲。

阿歷克塞在一二〇二年三月初抵達羅馬，很快受到教宗召見。三十多歲的英諾森三世是最年輕的聖彼得繼承者之一，是位受過良好教育、溫言細語、信仰虔誠的青年教宗，同時也善於知人。他禮貌地傾聽阿歷克塞的叛變悲劇，及君士坦丁堡市民期待推翻暴君叔父的狂熱承諾。若教宗同意允許新的十字軍協助撥亂反正，阿歷克塞將運用拜占庭帝國所有資源來協助東征的神聖使命。此外更好的是，他將結束東、西方的分裂，要求君士坦丁堡牧首承認教宗為教會領袖。英諾森三世並未動搖。這名少年充滿熱情，但也僅止於此。教宗懷疑君士坦丁堡人民是否真的期待將少年難民送上皇位？一開始，阿歷克塞的主張就很微弱，畢竟他在父親登基前即出世，並非真正

5　藍尼耶是曼努埃爾一世的女婿，瑪利亞公主的丈夫，一一八二年與妻子協助安德洛尼卡一世奪取皇位，但兩人後來被安德洛尼卡一世一併毒殺。

「生於皇家」。再者，欲推翻現任皇帝，攻擊都城勢在難免，而這正是愚蠢之舉，人盡皆知，君士坦丁堡無法以武力攻克。羅馬盛傳謠言，君士坦丁堡擁有足夠擊敗十字軍艦隊的漁船。十字軍背起十字是為了服侍上帝，而非成為君士坦丁堡惡毒權鬥的工具。英諾森三世要阿歷克塞返回姊姊身邊。數週後，博尼法斯抵達羅馬，教宗下令不得繼續參與少年的計畫。

任性的君士坦丁堡皇位冒牌繼承者並未接納教宗建議。阿歷克塞未返回日耳曼，反倒在距離威尼斯一天騎程的維洛納（Verona）住下。阿歷克塞每天看著數百名十字軍通過此地，前往潟湖都市。想到這支強大武力明明可在君士坦丁堡發揮更好作用，卻將駛往埃及，少年王子便一陣心痛。教宗支持自然極有助益，但少年阿歷克塞相信並非絕對必要。博尼法斯可能也到維洛納拜訪阿歷克塞，保證時機來臨時，他將在威尼斯倡議君士坦丁堡的計畫。

但這時機何時來臨呢？五月時十字軍陸續抵達威尼斯，然數量不如預期。預定出航的六月二十九日，僅有約一萬名兵力駐紮在威尼斯的利多（Lido，即潟湖上的沙洲）。然而法蘭西領袖預訂了可裝載三萬三千五百名戰士與超過一萬匹馬的艦隊群。威尼斯人花費巨資製作這批船隊，無法減免任何費用。眼前的船隊為實際需求的三倍，十字軍無法支付這筆訂單。所以月復一月，他們等待更多十字軍抵達威尼斯。有些人確實抵達，但也有數千人決定避免捲入這團混亂，從其他港口自尋交通工具出發。因此，第四次十字軍持續延宕，直到八月底適合出航的季節即將結束。此時，十字軍未能出發前往聖地，身無分文，且迅速消耗所有補給品。最後，威尼斯總督丹多洛想出為十字軍解套的辦法。若十字軍能協助征服扎拉（Zara），威尼斯人同意暫緩船隻與食物的款項。扎拉位於達爾馬提亞海岸，先前反叛威尼斯，此刻正在匈牙利控制下。十字軍可以在扎拉度過一二〇二至一二〇三年的冬天，開春再前往埃及。一陣牢騷之後，第四次十字軍同意了這項提議。

接下來幾週裡，十字軍艦隊預備出發。此時年輕的阿歷克塞王子派遣幾名日耳曼使者，前往威尼斯會見核心的十字軍領主。他們向領主重述君士坦丁堡合法統治者阿歷克塞·安格洛斯的心碎故事，他來此為暴君阿歷克塞三世壓迫下的人民尋求協助。十字軍領袖對故事感到不可思議。博尼法斯也在其中，但假裝首次聽到這件已遭教宗兩次禁止的計畫。使者建議十字軍領袖派遣代表與阿歷克塞返回菲力普國王宮廷，獲得支持保證，並討論可能的協議架構。他們同意了。沒多久後，一二〇三年十月，第四次十字軍出航。

君士坦丁堡的阿歷克塞三世得知姪子的活動，也覺得帶著冒牌皇位繼承者的強大十字軍確實可能對他的社交生活帶來不便。為避免這個結果，他派遣大使與教宗商討此事。英諾森三世先前已與阿歷克塞三世及君士坦丁堡牧首約翰十世（John X Kamateros）通信。來往懇切，卻一事無成。英諾森三世催促皇帝支持十字軍，兩軍聯合則能擊敗穆斯林，奪回耶路撒冷。他也同時警告皇帝，希臘人當停止驕矜之舉，對羅馬教宗展現適當順服。阿歷克塞託辭不願參與十字軍，也拒絕將希臘正教置於天主教掌控下。君士坦丁堡牧首則在信中，向教宗長篇議論教會歷史及基督教組織架構。如同以往，拜占庭的回應總帶著高傲之意，一種與西方人說話的常態。然而此刻，強大十字軍成為阿歷克塞三世寶座的明確威脅。可想而知，許多君士坦丁堡雕像將遭到支解，以避免慘劇發生。拜占庭使者告知教宗關於年輕麻煩製造者的活動，並促請教宗千萬不可為其承諾所惑。畢竟，十字軍不應攻擊基督徒。英諾森三世則回應，已禁止十字軍支持少年的計畫，因此皇帝無須擔憂。然而，他卻指出冒牌者承諾支援聖地，並願讓教會統一，順服羅馬；這些遠超過阿歷克塞三世的作為。他也催促皇帝必須有所行動。對教宗回應感到安心的阿歷克塞三世與皇后歐芙洛緒涅，重新把注意力轉回皇宮享樂上。

教宗與皇帝的失誤在於，相信彼此對第四次十字軍有任何掌控能力。英諾森三世得知十字軍計劃攻擊扎拉後，立刻去信領主群，以驅逐出教為由，強烈禁止此事。扎拉是天主教城市，在匈牙利國王保護之下，匈牙利又受教宗庇護。然而，在扎拉過冬是十字軍存續的唯一方式，十字軍將領無視教宗命令，於十一月二十四日攻下該城。他們立刻遭到驅逐出教。

一二〇二至一二〇三年的冬天，菲力普國王遣使抵達扎拉，向大批集結的十字軍領袖傳達訊息，在場者包含博尼法斯、法蘭德斯的鮑德溫（Baldwin of Flanders）及威尼斯丹多洛總督。他們強調十字軍濟弱扶傾的職責，並以高昂情感，連結多次重述的阿歷克塞・安格洛斯與失明父親的故事。若十字軍能出於慈善，繞道君士坦丁堡，市民將起而推翻阿歷克塞三世，歡喜迎接新帝。為回報正義之舉，少年將支付二十萬銀馬克（五十一噸白銀），並自費全力供應十字軍補給。新皇帝也將派遣萬人軍隊加入十字軍，終其一生維持五百名騎士駐紮聖地。此外，阿歷克塞當然也會讓希臘正教順服於天主教會之下。

表面上，這是樁極誘人的生意。十字軍補給日益減少，銀錢更少。但接受提議表示將更加延後已然拖延的東征計畫。絕大多數十字軍軍士不願與君士坦丁堡有所牽連。他們認為自己的職責在於聖地，他們將完成誓言後返家。然十字軍將領則多持不同看法。十字軍日漸下降的補給，即便按照原定計畫航向埃及，登陸時人馬都將面臨糧草見底的窘境。他們也將缺乏返航工具，因為威尼斯船艦租約將於六月到期。相反地，若支持阿歷克塞・安格洛斯，所有問題將獲得解決。看來這似乎是唯一可行之道。因此，在未徵得十字軍軍士同意下，一小群領導男爵與逃亡中的君士坦丁堡皇位冒牌繼承者簽訂了協議。

一二〇三年四月，阿歷克塞．安格洛斯加入十字軍，艦隊啟航往下穿越亞得里亞海，偶爾停泊拜占庭城市如杜拉佐及科孚，宣示少年統治者的權力，獲得半真半假的歡呼，並將真命天子徵集的補給品裝運上船。整個五月，他們在愛琴海域也進行類似動作，直到終於在君士坦丁堡西南方七英里處的聖史蒂芬修道院（Abbey of St. Stephen）附近下錨。首都人民衝到海牆頂端，眺望這支驚人武力，包含兩百多艘主要船艦與許多小型船隻。這是數世紀以來進入馬摩拉海的最大艦隊，對城中每個人來說，是一幕雄偉卻也令人憂心的景象。鮮豔多彩的領主旗幡在風中飄盪，飾有主人家徽的盾牌，在舷牆上一字排開，有如鋼鐵城牆。裝點華麗的船帆迎風鼓脹，極力推動船隻，迎向博斯普魯斯海峽的無情潮流。多令人目不轉睛的一幕。

君士坦丁堡市民對十字軍感到好奇，但再怎樣也比不上十字軍軍士感受的震撼。眼前華麗的景象讓他們呆若木雞，生平從未想見世上存有如此美麗的城市。他們未曾親睹如此眾多雄偉宮殿，數量驚人、眾妙非凡的東正教會圓頂。君士坦丁堡遠超出西方人的知識範圍之外。豐美的大都會，比之西歐十大城市總合，更加雄偉。十字軍領袖之一的維爾阿杜安伯爵弗魯瓦[6]，在回憶

---

6 維爾阿杜安的弗魯瓦（Geoffroi de Villehardouin），法蘭西騎士，第四次十字軍東征的領導人之一，十二世紀重要史家之一。親身經歷著作《論君士坦丁堡之征服》（*De la Conquête de Constantinople*），以法文而非拉丁文書寫，是留存至今的最早法文散文著作之一。這本著作，連同克萊里的羅貝爾、君士坦丁堡的侯尼亞迪斯及巴黎的鈞特（Gunther of Pairis）所

錄中寫道，面對綿延山丘的都城，再勇猛的人都不禁心頭一顫。另一位窮困騎士，克萊里的羅貝爾，晚年曾寫下他的十字軍經驗，試著為西方讀者描述君士坦丁堡的雄偉，及其無數宮殿與華麗建築。最後他只能放棄，宣稱「（若）任何人試圖重述此城富庶華美高貴的百分之一……，將聽來像個謊言，令你難以置信」。[7]

次日，十字軍艦隊起錨，直接由君士坦丁堡海牆下航過，駛往博斯普魯斯海峽對岸的迦克墩紮營。一路上並未遭遇阻礙。阿歷克塞三世下令帝國海軍迎擊敵艦，無視海軍缺乏戰艦的事實。大批尊貴海軍官員領取高俸，卻一事無成。他們四處炫耀頭銜，自稱海軍上將或艦長，但事實上卻無艦隊。歐芙洛緒涅皇后的妹夫海軍上將米海爾・史特里弗諾斯（Michael Stryphnos）主責維護帝國海軍，但根據侯尼亞迪斯的紀錄，這位上將擁有將船錨變成黃金、纜繩化為白銀的驚人能力。換句話說，他將所有用來維護艦隊的資源都轉售一空。因此，一二〇三年春，君士坦丁堡海軍僅有二十艘蟲蛀的老舊船隻，甚至無法下海。

接下來一週中，第四次十字軍持續駐紮迦克墩，等待城中人民起義，推翻暴君。但此事並未發生。最後，阿歷克塞三世派遣使者，對十字軍前來君士坦丁堡一事表示訝異，畢竟自己跟十字軍皆同為基督徒。阿歷克塞三世了解十字軍的神聖任務在於取得耶路撒冷，因此也願意提供軍備補給來支持十字軍。但若十字軍在帝國領土中意圖不軌，阿歷克塞三世也宣稱自己有能力摧毀他們，即便對方軍力是自己的二十倍。當然這有些誇飾，阿歷克塞三世此時在君士坦丁堡的軍力與十字軍相比約為三比一，但品質不一。此外阿歷克塞三世還擁有傳奇的高牆，曾擋下十字軍二十倍以上的敵軍。十字軍回覆他應放棄陰謀苟得的王位，皇帝自然予以回絕。

數日後，十字軍直接將此事訴諸都城居民。所有威尼斯戰艇傾巢而出，驚人地占據衛城以外的博斯普魯斯海域。如同預料，數千名君士坦丁堡人民群集牆頭與鄰近屋頂，爭睹奇景。在威尼斯總督裝飾華美的戰艇上，立著年長的恩里科．丹多洛與十字軍領袖蒙費拉托侯爵博尼法斯。「支持你們的合法君主！」他們大聲向人民宣布。他們大聲宣揚阿歷克塞三世的罪狀，並強調十字軍並非前來傷害君士坦丁堡，而是捍衛協助都城免受暴君肆虐。他們督促拜占庭人盡速對篡位者採取行動，否則十字軍將盡己所能損害都城。然而，十字軍嚴重錯估君士坦丁堡市民仍舊高漲的反西方情緒。拜占庭人對非請自來的救主強力投擲各種石塊，隨石塊而來的，是更多羞辱、奚落及不雅動作。

一二〇三年七月五日上午，威尼斯戰艇開始跨越博斯普魯斯海峽，每艘船後方都拖曳著載有弓箭手與十字弓手的浮筏。他們計劃攻擊金角灣北岸的加拉塔。阿歷克塞三世派出大批軍隊駐守岸邊，阻止艦艇登岸；但他的軍隊遭受攻擊後隨即潰散。前路清空後，載運十字軍軍馬的船隻航向岸邊，開啟艙門。騎士從船艙衝出，快速占領加拉塔多數區域。接著設立投石機，連續數小時攻擊加拉塔城樓，直到倒塌。港灣鎖鏈隨即鬆下，整批十字軍艦隊駛入金角灣，這是首度進入拜占庭安全港灣的敵方艦隊。

留下的紀錄，是研究第四次十字軍的主要史料。戰後，維爾阿杜安伯爵弗魯瓦成為摩瑞亞（Morea，伯羅奔尼撒的中世紀名稱）的亞該亞大公（Prince of Achaea）。

7　作者注：《君士坦丁堡征服記》，頁一〇一。

七月十七日，十字軍對君士坦丁堡發動兩面攻擊。騎士攻擊陸牆最北角的布雷契耐區；威尼斯船艦則配備浮橋，爬上帆桅杆頂，跨到海牆頂端。大約有百艘類似戰艇跨越金角灣，往都城進攻。城牆上的投石機向船隻投擲石塊，雙方的弓箭手與十字弓手向空中發出無數攻擊。拜占庭的攻擊火力讓威尼斯船艦無法太靠近岸邊，幾艘船的浮橋得以擦過牆邊，但在致命投石攻勢下，只得盡快撤退。

此時，失明的威尼斯總督丹多洛做出驚人之舉。年長總督站在船首，全副武裝，仔細聆聽戰鬥聲音及屬下的戰情描述，聖馬可旗幟在身前迎風飄揚。當運輸船艦停下時，他下令自己的戰艇向岸邊持續逼近，往城牆下登岸。不意外地，他的屬下對此戰略心存疑惑，丹多洛一氣之下，下令將親自處決不聽令者。因此槳手只能奮力划槳，總督戰艇快速向前推進。一路上，威尼斯水手驚訝地發現總督船艦由後方駛出，迅速向岸邊挺進。在箭雨中，他們看到聖馬可的雄獅展翼，其後挺立著總督的身影，依舊傲立船首。戰艇一登陸，幾個人立刻上岸插旗。不可思議的勇猛之舉，激勵了威尼斯人的士氣。大批運輸艇立刻隨之挺進，海軍也衝上浮橋。這一次，有些人成功登上海牆，其他人則登陸，開始架梯攻牆。拜占庭防守開始潰散逃離，威尼斯人得以迅速移上海牆，占領二十五座哨塔。

當威尼斯人蜂擁進入布雷契耐及佩特里翁區，奪取馬匹及戰利品時，阿歷克塞三世派出援軍，可能包括菁英武裝瓦蘭金衛隊。威尼斯人退回船上，沿路放火。強風讓火勢一發不可收拾，很快燒毀城北大片區域，僅餘瓦礫廢墟。這是十字軍為眾城女王帶來的許多傷害中的第一起。

君士坦丁堡人習於宮廷政變與武裝叛變，但並不常見自己的城市在過程中受損。阿歷克塞三世不僅無能捍衛君士坦丁堡免受蠻族入侵，蠻族所帶來的毀滅性損害更雪上加霜。皇帝意識到危機，同時更發現他的常備希臘軍不僅怠於訓練，更不願承受損失。他需要更多傭兵。當晚他在馬車上載滿千磅黃金及各式寶石珍珠，靜靜逃出都城。他計劃到行省中招募更多傭兵，重返都城消滅十字軍。他留下繼承人狄奧多爾·拉斯卡里斯與其妻子，代替他防衛君士坦丁堡。但是政變已逼近眼前。當阿歷克塞三世出逃一事東窗事發，歐芙洛緒涅隨即被捕，失明的伊薩克二世獲得釋放，並重登他已無法得見的寶座。次晨，皇家使者抵達十字軍營地，帶來伊薩克二世的感謝，並請求歸還兒子。他願意提供各項款待，君士坦丁堡大門為十字軍敞開，征服者變成觀光客。

一二〇三年前前往君士坦丁堡的訪客，無人留下比克萊里的羅貝爾騎士更豐美的描繪。帶著一名希臘人導遊，羅貝爾驚異於君士坦丁堡的廣大富庶。目瞪口呆的騎士，相信每句介紹，即便是未曾親見的事。羅貝爾寫下大皇宮擁有「全部五百座廳堂，間間相連，以黃金鑲嵌裝飾」。他描述皇宮中「華美高貴的神聖教堂裡，所有一般以鐵製成的門閂、環片或配件，莫不以白銀打製」。他向讀者保證，這座教堂擁有無數聖物，包含真十字架殘片、聖矛、基督受釘十字架的釘、聖血、無縫聖袍、荊棘王冠、聖母聖袍、施洗者約翰的頭顱、維洛尼卡聖帕（Veronica's Veil），以及一幅會「流出許多油，以至於未及移除又從畫中流出」的狄米特聖像。

聖索菲亞大教堂也讓羅貝爾留下極深刻印象。教堂中每根廊柱，據他宣稱，只要在上面摩擦，即可療癒某種疾病。依其紀錄，主壇長達十四英尺，並以「黃金寶石一同磨碎後建造」。他描述主壇上類似教堂尖塔的銀質華蓋，優美的讀經台，上百座水晶吊燈，其中一座巨大吊燈需要人臂等粗的鎖鏈才足以支撐。「類似牧羊人演奏的」一排笛掛在聖索菲亞大教堂主門上。根據羅貝爾描述，若病人將排笛置於口中，樂器即刻開始「吸出所有疾病，讓所有毒素由口中排出，速度之快令病患頭昏眼花，直到排笛將所有疾病吸出為止」。

聖索菲亞大教堂之外，羅貝爾也遊覽奧古斯塔廣場，查士丁尼立柱頂端，手朝東方延伸的騎士雕像，特別吸引他的注意。根據羅貝爾的記載，這座雕像是海克力斯皇帝，他的姿勢是對東方穆斯林的警告。十三世紀時，君士坦丁堡居民一般相信，這座雕像的神力將保護都城免受穆斯林侵襲。羅貝爾並未造訪聖使徒教堂，他以為教堂名為「七使徒教堂」，也知道君士坦丁大帝歸葬於此。他對城內各種守護象徵特別感興趣。在某道城門，他看到一座雕像身披金斗篷，延伸的手持圓球。根據他的導遊，這顆圓球保護君士坦丁堡免受閃電襲擊。雕像上一行銘文寫道：「凡居住君士坦丁堡一年者，可獲得與我相同之金斗篷。」

賽馬場更令羅貝爾感到驚奇，雖然他對於過往在此進行的「賽事」一無所知。在中央骨幹上，據他解釋，「擁有許多男女、馬、牛、駱駝、熊及各種動物雕像，皆以銅製作，工藝精美，形象生動，相信在異教徒或基督徒世界中，再難見技巧如此精湛的工匠，製作此等精美雕像。他們曾受魔法驅動參與（賽事），今已不復得見。」沿著梅塞大道而下，羅貝爾看到狄奧多西與阿卡狄奧斯的螺旋立柱。立柱上描繪的軍事戰役早已為人遺忘，一般人將其轉化為某種神祕諭示的意象。「然而無人理解（柱上描繪的）事件，直到實際發生。事情發生後，人們就會來到此處沉思。」[8]

數千名無禮西方人在街頭流連，窺探教堂，觸摸商品，這並非君士坦丁堡市民樂見的景象。反西方情緒依舊高漲，甚至在十字軍進城後更盛。為了減少暴力衝突的可能性，數日後伊薩克請求十字軍駐紮在金角灣對岸的加拉塔；他們同意了。整體來說，西方人的心情還不錯。伊薩克已要求君士坦丁堡牧首向羅馬教宗送出表示順服的信件。現在只消獲得當初同意的酬金，十字軍即可再次啟程。

伊薩克與阿歷克塞很快發現自己身陷困境。君士坦丁堡暴徒對於西方人仍憤恨難平，拜占庭貴族則吃驚於天價酬金。皇帝們發現一旦十字軍離去，很可能立刻會被推翻。事實上，出逃的阿歷克塞三世正為此目的在希臘募兵。他們需要更多時間籌款，並強化控制；因此說服十字軍在下次出航季節前，也就是一二〇四年三月前，留在君士坦丁堡。相對地，他們同意提供軍隊補給，並出資展延威尼斯艦隊租約一年。經過激烈辯論後，十字軍同意留下。

這項協議並未平息君士坦丁堡人逐漸升高的憤怒，聚集群眾日益擴大，要求採取行動，送走這些野蠻人。八月中，憤怒在街頭沸騰。數千名暴亂的拜占庭人決定重演一一八二年的反西方大屠殺。他們衝進義大利人區，無視敵友親疏。阿瑪菲人與比薩人最近才剛協防君士坦丁堡，對抗十字軍，然而暴徒仍舊一把火燒毀這些區域，希望清除城中所有西方勢力。金角灣沿岸的教會、民宅、醫院、倉庫及商店全都付之一炬。義大利人衝向港口，尋求威尼斯船隻的庇護。將近三萬人被送到加拉塔。君士坦丁堡人終於將西方人趕出都城，此舉將市民結合成一個憤怒的群體。

這股怒火燒出君士坦丁堡，或任何中世紀城市，是有史以來最大的一場漫天巨焰。八月十九日，大群佛萊明人（Flemings）、威尼斯人及比薩人登上漁船，划向金角灣對岸。他們一開始的

8 作者注：《君士坦丁堡征服記》，頁一〇二至一〇四。

對象是伊薩克二世所建，象徵友好薩拉丁的清真寺。清真寺建於城牆外的港灣上。當佛萊明人燒毀清真寺，威尼斯人與比薩人則進入城市，開始在過往的拜占庭鄰居家中縱火。當他們撤回船上時，北方吹來的強風激起火勢，成為燎天巨焰。據侯尼亞迪斯的描述，大火「以不可思議的高度拔地而起……過去城中也曾有許多祝融災情……但比起這次巨焰，不過是火花而已」。強風變化莫測，也帶著大火以曲折之勢蔓延。看似倖免於難的建築，倏忽又遭火舌吞噬。立柱、雕像與偉大建築「在火焰中如灌木燃燒」。「在此大火前，無一倖免於難。」侯尼亞迪斯哀嘆。[9]金角灣對岸的十字軍在驚恐中注視城中大火。維爾阿杜安伯爵記錄男爵們「極為哀傷，並充滿不捨。看到偉大教堂與華美宮殿融化崩塌，充滿貨物的街道在火中燃燒，但他們卻無能為力」。[10]

第一天多數時間，火勢往南蔓延，燒毀許多建築，包含位於君士坦丁廣場東北角，尼基塔斯・侯尼亞迪斯的宅邸。火勢接著沿覆頂的梅塞大道一路而下，往帝國公路里程起點延燒，吞沒聖索菲亞大教堂的門廊，但教堂本身倖免於難。君士坦丁廣場則沒這麼幸運，整個覆頂走道都被夷為平地。梅塞大道變成一條火河。略往西，古老華麗的聖安納斯塔西亞教堂（Church of St. Anastasia）付之一炬；東方的賽馬場幸運逃過一劫。次日，風向轉換，將火勢往西吹。大火沿著都城南方延燒，毀去馬摩拉海沿岸的民居、教堂與倉庫。最後，在狄奧多西港停下腳步。

到了第三日，火勢已大半獲得控制。居民運用城內許多蓄水池，撲滅最後的火勢；然而局部火災仍在接下來一週中不時竄出。君士坦丁堡中，約有四百五十英畝最富裕擁擠的區域，變成瓦礫灰燼。物質損失極為巨大，人命損失亦然。大約有十萬人失去家園；有些人如侯尼亞迪斯擁有其他居所，其他人只能離開都城。多數人返回災區，在過去家園的殘磚片瓦中，蓋起寮屋帳篷。

當灰燼逐漸降溫，君士坦丁堡人民卻爆發滔天怒火。為了王位，阿歷克塞四世（Alexios IV，即阿歷克塞王子）將這些蠻族引入新羅馬，鼓動他們發動攻擊，事後還支付成山成海的錢財。君士坦丁堡人再也無法忍受。阿歷克塞必須讓十字軍付出代價。然而與十字軍領袖私交甚篤的阿歷克塞並不想與他們分道揚鑣。然而在布雷契耐宮中，貴族朝臣一致要求對西方人做出處置。無法做決定的阿歷克塞，並未採取任何行動。雖然補給品持續送入十字軍營地，但年輕的皇帝不再造訪領袖，也停止支付酬金。此外他的父親伊薩克正逐漸失去理智，成日聆聽祕修士的神祕承諾，將復原他的雙眼，不日榮登世界王者的寶座。

不願被忽視的十字軍，十一月時派遣六人代表團，晉見阿歷克塞。他們在布雷契耐宮華美的王座廳面見皇帝，在場有許多華服貴族，及執斧肅立的瓦蘭金衛隊。使者陳述十字軍為皇帝所做的一切，以及皇帝的承諾。阿歷克塞是否願意兌現承諾？若是如此，他的一言一語也就足夠了。若不願，他們警告將發動攻擊，「為自己取得酬金」。聽聞此語，舉室譁然大怒。從未有一位羅馬皇帝在自己的王座廳內受此要脅。這就是與蠻族為友的下場！行禮如儀的會議瞬間變成一場鬥毆，導致代表團盡速逃離。他們返回加拉塔後，回報交易已然破局。「那就開戰吧！」維爾阿杜安伯爵宣布。

這場戰爭延續了整個冬天。圍繞都城各方的富裕別墅及繁華教堂都被洗劫一空，並付之一

9 作者注：《喔！拜占庭城：尼基塔斯・侯尼亞迪斯編年史》，頁三〇三。

10 作者注：《論君士坦丁堡之征服》，第二〇三段。此處為作者翻譯。

炬。拜占庭人偶爾試著防衛財產，但多半失敗。阿歷克塞雖向人民誇稱，自己將領導人民攻擊西方人，但卻從未離開宮殿。一二〇三年十二月，君士坦丁堡方圓數英里內寸草不生。由於需要提供三萬多人所需的補給，十字軍開始派遣威尼斯船艦，順著博斯普魯斯海峽及馬摩拉海沿岸進行劫掠。由於皇帝無力阻止亂象，人民開始在軍隊之外，自行計劃作戰。十二月的最後一週，在黑夜掩護下，拜占庭人在幾艘舊船上，裝運乾柴、舊木桶、瀝青、油脂及任何可助燃的物質。接著拉起船帆，駛入金角灣的黑暗水域中，點燃船隻後棄船跳海。這些火船快速向北移動，差點衝入威尼斯艦隊之中。威尼斯人是經驗老到的水手，他們跳上起火燃燒的船隻，將其轉向駛入博斯普魯斯海峽的水流中。一二〇四年一月一日，拜占庭人發起另一波火船攻擊，這一次他們將十七艘船鍊在一起，形成一道攻擊火線。威尼斯人花了整晚時間，分離火船，並拖出金角灣。當威尼斯人瓦解火船攻勢時，拜占庭人從岸上發射箭矢，造成許多傷亡。最後，除了一艘比薩商船沉沒，其他十字軍船艦毫髮無傷。這些戲劇化但毫無效果的攻勢清楚證明，希臘火的祕密已在君士坦丁堡失傳。

君士坦丁堡已無法統治此刻眾人公然逆反的帝國，而皇帝也無力掌控君士坦丁堡。當阿歷克塞四世藏匿於深宮之中，都城人民已接手對抗十字軍。暴徒憤恨無處可發，甚至試著向敵人發動魔法攻擊。靠近君士坦丁廣場有一尊巨大雅典娜雕像，公認為古代藝術家菲迪亞斯的作品，被拿來獻祭取勝。雅典娜其中一隻手過去曾手執長槍的槍柄，但武器在許久以前就不見蹤影。對這些暴徒來說，空手看似在邀請某人，他們認為那正是十字軍。而雕像面向南方、背向西方的事實，也無法點醒憤怒的暴徒。暴徒毫無悔意地毀去無價的古代藝術品。飾滿浮雕的狄奧多西與阿卡狄奧斯螺旋立柱也遭破壞。由於一般認為這些浮雕是某種預言，於是人群抓來梯子，以榔頭敲碎任何諭示十字軍征服君士坦丁堡的圖像。

每天，城外發生更多劫掠，而城內的暴動也不相上下。最後在一月二十五日，大群民眾現身聖索菲亞大教堂外，強行進入聖殿，要求教士與貴族選出一位新皇帝。侯尼亞迪斯是在場的貴族之一。雖然他同理人民的情緒，但他與同儕們都知道此非務實之舉。他們隨意提出一個名字，群眾就會擁護他為帝，而這不幸之人將成為既無帝國也無軍隊的皇帝，處在十分危險的位置。當局勢太危險時，阿歷克塞四世無疑將投向十字軍。暴徒領袖對在場者的沉默感到挫敗，痛罵著教士與貴族，要求他們提出一個人選來擔任統治者，任何人都可以。教士和貴族的淚水滑下臉龐，他們拒絕從命。暴動群眾宣布直到新皇登基為止，任何人都不得離開大教堂。接下來三天裡，這群人持續占據大教堂。

憤怒的群眾開始點名不在場的貴族，以預防貴族拒絕接受提名。一開始，他們決定挑選一位名叫拉迪諾斯（Radinos）的貴族。當消息傳到這位不幸之人耳裡時，他立刻喬裝成僧侶出逃。拉迪諾斯不見蹤影，群眾便逮捕他的妻子，帶到聖索菲亞大教堂質問。群眾隨即轉向另一位名為尼古拉·卡納布斯（Nicholas Canabus）的貴族青年。這次運氣比較好；一月二十七日，他被抓進聖索菲亞大教堂進行加冕。君士坦丁堡牧首約翰十世拒絕為不情願的人加冕，所以人群抓起附近的皇冠，直接行事。可憐的皇帝！他的領土僅限於聖索菲亞大教堂。

在布雷契耐宮中，阿歷克塞審慎斟酌他有限的選擇。暴徒已占領君士坦丁堡多數地區，現在還有了自己的皇帝。他也不相信正規軍能保護自己、驅散群眾。相反地，他決定再與十字軍進行交易。為了交換十字軍協助鎮壓叛變，阿歷克塞同意交出大皇宮做為債務抵押。一月二十九日清晨，十字軍將於城門外集結，屆時城門將為他們開啟。但此事並未發生，因為一月二十八日是阿歷克塞皇帝生涯的末日。當晚，阿歷克塞的朝臣阿歷克塞・杜卡斯（Alexius Ducas），人稱莫爾策弗魯斯（Mourtzouphlos，一眉者），在布雷契耐宮發動政變。次日清晨，阿歷克塞四世被安全地關在地窖中。由於伊薩克二世數日前已去世，莫爾策弗魯斯隨即宣布自己即位新帝。接下來數日中，君士坦丁堡在尼古拉・卡納布斯及莫爾策弗魯斯的支持中分裂。到了二月二日，莫爾策弗魯斯收買或威脅足夠領袖來支持自己。從未肖想過帝位的尼古拉則被捕斬首。三天後，新帝登基成為阿歷克塞五世。

新皇帝領導大軍，在君士坦丁堡城外迎擊十字軍，以歡慶登基。他甚至帶著公認出自聖路加（St. Luke）之手，知名的聖母像出擊。西方騎士輕易地擊敗拜占庭人，莫爾策弗魯斯逃回城內，並將聖母像丟失於深惡痛絕的天主教徒之手（此聖像極可能是今日藏於威尼斯聖馬可大教堂左翼廊的聖母聖子像「帶來勝利的聖母瑪利亞」〔Madonna Nicopeia〕）。由於直接攻擊無效，莫爾策弗魯斯與丹多洛總督會面，協商十字軍退兵的條件。西方人要求讓阿歷克塞四世重返皇位，並且支付仍舊積欠的九萬銀馬克。莫爾策弗魯斯拒絕接受。數日後，他下令勒斃少年皇帝，並向十字軍宣稱阿歷克塞四世已自然死亡。十字軍自然不受愚弄。

這一回，輪到十字軍發怒了。十字軍經過許多努力、危險與心傷，終於將阿歷克塞四世送上君士坦丁堡寶座，換來的確是他的陰謀背叛。在此權謀城市中，背叛者終究為自己的朝臣所叛，也一點都不令人意外。如今，十字軍冒了極大的風險，卻一無所獲。由數名修道院長及大主教組成的十字軍教士團決議，既然莫爾策弗魯斯謀殺了皇帝，其人民唆使謀殺，君士坦丁堡也再次與羅馬教宗決裂，十字軍對君士坦丁堡興戰乃是合法正義之舉。此一判定與教宗英諾森三世數度來函，要求任何情況下不得攻擊君士坦丁堡之言，兩相衝突。然而教宗寄來的那些羊皮紙卷已無關緊要。少了原本承諾的酬金，十字軍已無力航向埃及。此刻，他們的目標不在尼羅河，而在博斯普魯斯海峽。

整個初春，十字軍預備船艦，將沿著金角灣海牆發動大規模攻擊。大型運輸船再次裝設浮橋及投石機。粗大木材裹上厚重藤蔓，以抵銷空中攻擊的力量。莫爾策弗魯斯同樣也加強君士坦丁堡的防衛，加高海牆，並在石牆上加蓋外掛的木頭樓層，讓衛兵可以居高對登陸者投擲瀝青與熱沙。他同時也從仍受控制的帝國他處，募集數千名援軍。

發動攻擊前，十字軍領袖擬定一項協議，後世史家通稱「三月協議」（Pact of March），詳細列出征服君士坦丁堡後的準則。協議要求所有十字軍全力攻擊都城，並規範搜刮平分戰利品的方式。若全城落入十字軍掌控，協議則律定由六名威尼斯人及六名非威尼斯人組成之委員會，選出新皇帝。十字軍將為新皇帝服務一年時間，此後即可返家。

長久期待的攻擊於一二〇四年四月九日展開。威尼斯戰艦排成一列，在猛烈的空中攻擊下，朝著君士坦丁堡城牆前進。攻擊持續大半日，但十字軍仍無法攻破都城防衛線。不尋常的南風阻礙戰事，將攻方的運輸船推離城牆。對雙方許多人來說，這看來像是上蒼出手保護著都城。由於人員傷亡慘重，十字軍決議撤退。突然間，三月協議看來過於理所當然。

四月十二日星期一，十字軍艦隊再次嘗試攻城。這一次，他們將運輸艦兩兩結隊，試圖以較大戰力突破單一哨塔。再一次，激烈戰鬥沿著城牆，在牆底與塔頂高處展開。大約中午時分，颳起北風，將運輸艦往岸邊推進。其中兩艘最大的船艦，天堂號（Paradise）及朝聖號（Pilgrim），結隊快速前進，得以對一座守衛堅實的哨塔搭置浮橋。經過血腥戰鬥後，一隊十字軍跳上城牆，攻下幾座哨塔。莫爾策弗魯斯在全知基督大修院的山丘上號令防衛部隊，快速增派軍隊，防止十字軍進入城內。

無法被攻破的君士坦丁堡防衛線最終以一種奇異、接近滑稽的方式陷落。勇猛的戰士亞眠的彼得（Peter of Amiens）帶領約十名騎士及十六名步兵，在城牆底部一小片土地登陸，克萊里的羅貝爾是其中一名騎士。他們在此發現一扇封閉的側門，他們以尖嘴鍬、鐵棒甚至配劍試圖撬開此門。這過程相當艱辛危險，因為頭頂上的拜占庭軍仍不斷拋下大石與滾燙的瀝青。部分人撬門時，其他人則以盾牌掩護。很快地，他們挖出一個洞，往牆內探視，大群拜占庭士兵齊聚牆後。根據羅貝爾的回憶，感覺上那像是半個世界站在牆的另一端。他們不敢妄入。羅貝爾的兄弟阿羅姆（Aleaumes）是個全副武裝、手持刀劍的猛獸（同時也是天主教神父），他往前推進，意欲奪取首位入城的榮耀。羅貝爾擔心兄弟的安危，懇求他別進去；但阿羅姆趴在地上，手腳並用穿過牆洞。羅貝爾拉住他的腳，想將他扯回，阿羅姆後腳一抖，甩開了羅貝爾，便進入都城。牆內有上千隻眼睛盯著他，阿羅姆站起身，抽出劍，向眼前的拜占庭軍隊衝去。阿羅姆以一當千，拜占庭兵士像牲口般地四散逃去。羅貝爾所說的故事聽來不可思議，令人難以置信；但這名下層騎士的驕傲自述，也在侯尼亞迪斯的慨嘆中獲得印證。帝國軍中多數來自行省的士兵，疏於訓練、武力不足，只有在危險程度極低時，才願意戰鬥。多數人與君士坦丁堡毫無聯繫，因此拒絕為都城犧牲自己的性命。相反地，正如侯尼亞迪斯所言：「他們採取慣常逃離之舉，如同靈驗解藥。」[11]阿羅姆的同伴們也很快穿越牆洞。當牆上其他區域的拜占庭守軍發現十字軍已入城時，他們也紛紛逃離。骨牌效應很快沿著城牆推動，一座接一座哨塔棄守。莫爾策弗魯斯看到他的軍隊因為一個小漏洞而即將潰敗，試著以手指頂住堤防。一開始，他吹起號角響鼓，希望嚇走彼得等人，但毫無效果。最後，他策馬全力向這群十字軍衝去。他只有孤身一人。亞眠的彼得下令他的人馬原地不動。他們享受著這個機會，證明自己對抗「叛徒莫爾策弗魯斯」的氣概。皇帝感受到敵人的信念，反而勒轠撤退。彼得的人馬衝出，打開眼前的城門，十字軍像殺人蜂一般地湧入都城。

無法想像之事發生了，君士坦丁堡竟落入敵人之手。

11 作者注：《論君士坦丁堡之征服》，頁三一三。

第十四章 拉丁世界的占領者

「讓人無法想像」正是形容君士坦丁堡陷落的精確字眼。武裝叛變、宮廷政變、血腥暴動，這些都是一二〇四年君士坦丁堡人民生活中的日常，甚至可說是意料中事。然而這些都不曾毀壞文明世界最偉大都市的光榮。確實，可恨的西方人破了城牆，但一年前當他們驅逐阿歷克塞三世，將其兄弟子侄送上凱撒寶座時，也曾進城。改朝換代是過去數世紀所有軍隊在君士坦丁堡興戰的目的。一旦目的達成，贏家便會保護剛到手的首都。從各方考量來看，贏家都必須如此。

從一〇八一年阿歷克塞一世叛亂開始，君士坦丁堡面對成功軍事攻擊的反應，一貫都是改弦易轍，效忠新帝。比起在廣大都市地域中進行毀滅性戰役，此舉毋寧較為實際。一般大眾廣泛接受當皇帝無法保衛君士坦丁堡時，便不值得效忠。一二〇四年四月十二日，日影漸長時，城內成千上萬居民正準備迎接新的戰勝者為帝。莫爾策弗魯斯短暫統治到此結束。

莫爾策弗魯斯當然不願認命。他很清楚十字軍尚未完全征服君士坦丁堡。入城者約有兩萬之眾，在去年春天威尼斯人縱火留下的北方荒地紮營。他們的領袖之一，法蘭德斯的鮑德溫，占據莫爾策弗魯斯設在全知基督大修院的彩色帳篷裡。這是一種象徵動作。莫爾策弗魯斯與十字軍領袖都了解，君士坦丁堡還有許多地區尚未征服。西方騎士需要寬廣的開放空間，才能縱馬一戰；在君士坦丁堡中心稠密巷道中則無用武之地。十字軍領袖已禁止士兵隨意闖入都城後巷與大道，他們將輕易受到刺客、暴徒襲擊，或遭居民丟擲屋瓦。相反地，十字軍設置了夜間守衛，明日將於開放的燒毀區域，列隊開戰。十字軍將在此向莫爾策弗魯斯發起榮譽對決。若他不願接受，他們將於城中縱火，將反抗者燒出來。

幾名桀驁不馴的十字軍軍士決定提早執行這項策略。當晚，他們在君士坦丁堡北方海牆附近的建築物放火。火勢很快向東蔓延，隨著地勢下降，直到八月大火留下的荒地才停歇。這是十字軍在君士坦丁堡放的第三把火。維爾阿杜安伯爵弗魯瓦估計，這三場火災中燒毀的屋舍，比法國三大城市加起來還多。他的估計相當接近實際狀況。十字軍總共將六分之一的君士坦丁堡變成一片灰燼，並毀去三分之一的房舍。望著焦黑的荒地，侯尼亞迪斯為深愛的都城感到哀痛，大喊：「此刻，妳的華服與高貴皇室頭紗破損撕裂；妳的明亮雙眸黯淡無光；有如掃灰的老年婦女，妳滿身煤燼。」

莫爾策弗魯斯皇帝策馬進入大皇宮，與謀士討論眼前情勢，情況十分嚴峻。多數帝國軍已然逃亡，或準備開溜。他們多數來自行省，認定都城情勢已底定，因此急切想要返家。君士坦丁堡尚有約一萬名拜占庭常駐騎兵，但是否聽從莫爾策弗魯斯的號令，則是另外一個問題。當然，皇帝還手握精良的瓦蘭金衛隊，約有六千之眾。瓦蘭金衛隊雖然武力強大，但仍不足以擊退兩萬名十字軍。莫爾策弗魯斯需要軍隊與城中約四十萬人民的支持，共同驅逐入侵者。正如每位拜占庭皇帝知之甚詳的，君士坦丁堡的暴徒一旦遭到煽動，將成為危險敵手。現在他的工作是煽動暴徒。

當晚，奢華的查爾克門大門敞開，通往裝飾華麗的奧古斯塔廣場。皇帝騎著最好的駿馬出宮，沿著都城街道，大聲示警，並呼籲人民共同守衛他們的都城。當晚，君士坦丁堡城內自然一反常態，充滿騷動。有些人，特別是在大火中失去家園的人，正收拾家當，準備離城。其他也許仍記得阿歷克塞一世叛變後接連三天劫掠的人，正忙著埋藏財寶。還有一些人正準備隔日迎接新帝前往聖索菲亞大教堂加冕的歡呼儀式。莫爾策弗魯斯策馬邁入人群中，大喊著我們尚未戰敗。若大家齊心協力，在難以阻擋的人民與不動如山的城牆之間，仍可能擊潰入侵者。但人民拒絕加入他的行列，皇帝嘲諷眾人的無情無義：莫非他們忘了對西方人的憎恨？他們的羅馬勇氣何在？莫爾策弗魯斯策馬各處，卻只得到同樣的回應：無言或嘲弄。一般人無視他的訓示，貴族則紛紛逃離，以免與戰敗的皇帝扯上關係，招來麻煩。

無論莫爾策弗魯斯說什麼，都無法說服拜占庭人防衛都城。十字軍入城對他們來說，唯一受影響的是莫爾策弗魯斯的皇位。此刻不論是皇帝或眾人，都未曾想像過君士坦丁堡的征服，或拜占庭帝國的陷落。相反地，眾人期待的是十字軍統帥蒙費拉托侯爵博尼法斯可以加冕為皇帝。畢竟他擁有傑出的皇室背景。他的兩位兄長都與安格洛斯王室結親，並獲得凱撒稱號。從拜占庭人的角度來看，博尼法斯身為安格洛斯王室的姻親，正試圖推翻拜占庭皇帝的謀害者莫爾策弗魯斯。看來，博尼法斯最終將贏得兩位兄長未曾得到的皇冠。此外，博尼法斯身為天主教徒，受西方軍隊擁護一事，在影響不大時當然可做為拜占庭人反對他稱帝的理由，但如果會在城內挑起戰火，拜占庭人也就不拘泥此事。畢竟，同一批居民也曾歡欣鼓舞迎接阿歷克塞四世，他是受同一批軍隊支持，也承諾讓東方正教會順服於羅馬。當挑戰者的軍事力量更勝一籌時，君士坦丁堡人並無任何道義責任支持現任皇帝。雖然無疑有不少人憐憫莫爾策弗魯斯，但君士坦丁堡人若繼續支持莫爾策弗魯斯，北方漫天的火光正預警著都城的命運。

在憤怒與哀傷中，莫爾策弗魯斯返回大皇宮。都城已放棄了莫爾策弗魯斯，正準備為繼承者加冕。莫爾策弗魯斯有瓦蘭金衛隊在側，他當然可以占據大皇宮一段時間，一一八七年時，安德洛尼卡一世也曾如此。但這只是在拖延無法改變的終局。如侯尼亞迪斯所言，皇帝「將把自己放進西方人口中，當成晚餐或甜點」。[1]莫爾策弗魯斯此刻必須逃離首都，他帶著阿歷克塞三世的妻子歐芙洛緒涅及隨後迎娶的尤多西亞公主，搭上停泊皇宮碼頭的一艘小漁船，消失在陰沉的博斯普魯斯夜色中。

聖索菲亞大教堂的閃亮光輝裡，都城僅存的政權正試著尋找生存之道。與莫爾策弗魯斯親近之人或朝中的反西方派，自然恐懼蒙費拉托侯爵博尼法斯即位。他們催促牧首約翰十世加冕一位能團結人民對抗十字軍的新皇。由於牧首曾公開反對聖索菲亞大教堂向教宗順服，他也十分樂意從命。投票之後，他們選出君士坦丁・拉斯卡里斯（Constantine Lascaris），即阿歷克塞三世的繼承人狄奧多爾・拉斯卡里斯的弟弟。然而當牧首為勝出者加冕時，拉斯卡里斯拒絕接受這個榮耀。年輕的拉斯卡里斯深明莫爾策弗魯斯所思所想：無論何者為皇，一旦十字軍掌控都城，下場將令人憐憫。只有確保人民與瓦蘭金衛隊的支持，他才願意接受加冕。因此，在牧首陪伴下，即將上任的皇帝步出聖索菲亞大教堂，走進火炬通明的奧古斯塔廣場。

瓦蘭金衛隊佇立在靠近帝國公路里程起點的鎏金拱門處，他們是君士坦丁堡目前唯一可依賴的完整武力。此外還有大群市民，有些人疑懼著，其他人則忙於籌備次日的慶典。如同莫爾策弗魯斯，拉斯卡里斯也向人民請願。他要求眾人反擊帶來重大傷害的西方人。拉斯卡里斯接著轉向瓦蘭金衛隊，催促他們展現忠誠，宣稱西方人對「帝國衛隊聲名遠揚的榮耀或贈禮」[2]應該毫無興趣。衛隊同意遵守誓言，宣誓效忠任何拜占庭皇帝。拉斯卡里斯要他們準備在次晨迎戰。

然而最終，瓦蘭金衛隊並無須投入這場無望的戰鬥。進入大皇宮數小時後，君士坦丁・拉斯卡里斯獲得與莫爾策弗魯斯相同的結論。若缺乏大眾的支持，他無法掌控權力。因此他與兄長狄奧多爾搭上皇宮港口的一艘船，離城前往亞洲。他們最終落腳在尼西亞，狄奧多爾・拉斯卡里斯在此建立新的流亡政權，史家通稱為尼西亞帝國（Nicaean Empire）。此一政權延續拜占庭帝國香火達六十年，直到重新回歸君士坦丁堡。

在這動亂之夜，統治君士坦丁堡的傳統智慧有一樁致命的缺陷。十字軍並非前來將蒙費拉托侯爵博尼法斯送上皇位；他們的目的已非應付拜占庭政爭，而是懲罰拜占庭人的陰謀背叛。此非政變，而是征服。不過數日前，十字軍領袖才向三月協議起誓，協議內容為全力攻擊都城，公平瓜分戰利品，以及稍晚選舉新帝的方式。比起一二〇四年四月十三日清晨的拜占庭人與十字軍，很難想像哪兩群人對彼此的認識更少。

當晨光照射在聖索菲亞大教堂圓頂最高處之前，都城居民已經開始準備博尼法斯的加冕遊行儀式。市民沿著遊行路線，身著最棒的服裝，背負十字架與聖像，祝福並歡迎新任皇帝。一群教

1 作者注：《論君士坦丁堡之征服》，頁三一四。
2 作者注：《論君士坦丁堡之征服》，頁三一四。

士與官員代表在日出之際，抵達博尼法斯的營地。博尼法斯身著華服，由制服筆挺的瓦蘭金衛隊隨侍，代表團高誦儀式宣言，宣布博尼法斯侯爵為新帝，將都城及其一切財富交予新帝之手。接著他們匍匐在地，以傳統方式向皇帝致敬。

侯爵享受此景，卻無法接受榮耀。即便他心中期待受選為帝，但此刻他並無權接受冠冕。博尼法斯可能知道儀式代表的意涵，但其他西方人卻完全不解。他們並不視此儀式為和平加冕的第一步，而是當成將都城獻予十字軍的開始。當消息傳遍營地時，十字軍將士們都感到驚訝。他們原本期待這將是一場冗長危險戰役的首日，因而難以相信雄偉都城竟偃兵息甲，以極度尊榮的方式降伏。頃刻間，他們難以自制地撲向眾城女王之都。

侯尼亞迪斯此刻對同胞的愚蠢感到嘆息。十字軍曾處處提防的大街小巷與忙碌路口全都淨空，以迎接凱旋遊行。無知民眾身披華服與珍貴聖像，在路旁列隊。轉眼間，連聲歡呼成了淒厲尖叫。侯尼亞迪斯哀嘆，西方人的「態度並未為眼前景象所動，雙唇也未展露絲毫笑意，意料外的景象並未將冷峻視線及怒意轉成歡欣喜悅。相反地，他們泰然自若地大肆劫掠，從載運車輛開始，毫無羞恥地奪走被害者的一切」。[3]

君士坦丁堡之劫就此展開。然而即便十字軍在都城帶來的暴力行為，也未立即動搖拜占庭人的文化信念——君士坦丁堡無法征服，只有皇位易主。數天後，本篤會修道院長巴黎的馬丁（Martin of Pairis）注意到城中居民遇到西方人時，仍會手劃十字，口唸「侯爵神聖皇帝」（Aiios Phasilieos marchio）。君士坦丁堡或拜占庭城過去曾經歷的劫掠，都比不上一二〇四年的慘烈。事實上，這是前現代史上收穫最豐碩的劫掠之一。理由很簡單：因為缺乏新的帝國統治者控制軍隊為都城帶來的傷害。三月協議刻意空懸新皇人選；即便十字軍領袖也有將內城劫掠一空的動機，留給未來皇帝選舉可能贏家的，僅是一具空殼。

「我該從何說起呢？這些謀殺者有什麼是不敢做的呢？」[4]侯尼亞迪斯的疑問仍舊折磨著任何試圖描述君士坦丁堡十字軍之劫的人們。整整三天，勝利的西方人大啖新羅馬浮腫的軀體。十字軍與義大利難民組成一群醜陋暴徒，受貪婪、欲望及仇恨驅使。對著福音書所起，不得騷擾婦女及教會建築的誓言，早已在狂亂失序中忘得一乾二淨。許多十字軍四散進入最富裕的屋舍宮殿，發現有錢屋主正在家中等待。他們搶走所有財富，強迫屋主交出藏匿的寶物後將他們丟出屋外，將屋舍占為己有。成群無處可去、衣衫襤褸的屋主紛紛逃出城外，將都城留給西方征服者。

在君士坦丁堡的神聖殿堂中，歐洲人拆走祭壇上所有裝飾，砸碎聖像以取得上面的白銀寶石，褻瀆聖餐與寶血。拿聖餐祭碟來裝麵包，用聖餐杯當酒杯。光彩的聖索菲亞大教堂失去一切珍貴之物。無價的主祭壇被砸成碎片，由劫掠者分贓。大教堂中的珍寶之多，讓劫掠者必須驅騾馬入室，才能運走所有戰利品。由於大理石地面光滑難行，有些馱獸滑倒在地，竟被所運的尖銳物體劃傷，穢物髒血褻瀆了聖殿。根據侯尼亞迪斯記載，一名法蘭西軍妓戴著牧首寶冠，在此以淫曲豔舞娛樂劫掠者。

在君士坦丁堡教堂及修院中同樣受到覬覦的，是成千上百的聖物。若說今日歐洲保存的諸多

3 作者注：《論君士坦丁堡之征服》，頁三一四。
4 作者注：《論君士坦丁堡之征服》，頁三一四。

甚至絕大多數聖物，都是在一二〇四年自君士坦丁堡竊得，這絕非誇大。我們只知道其中最知名的例子。例如，蘇瓦松[5]的尼維隆主教（Bishop Nivelon of Soissons）從法羅聖母教堂拿走聖母聖袍、施洗者約翰的頭顱及兩大塊真十字架殘片。哈伯斯塔特[6]的康拉德主教（Bishop of Conrad of Halberstadt）奪得大批聖物，包含：聖母之髮；使徒巴多羅買（Bartholomew）、西門、多馬及保羅的遺物；聖尼古拉的指頭。丹多洛總督取得另一具施洗者約翰的頭顱及其他聖物，後續送到威尼斯的聖馬可大教堂，今日依然在此。不知名的盜賊偷走存於布雷契耐聖瑪利亞教堂的基督裹屍布。這可能就是今日知名的都靈聖殮布。

西方作者中，僅有巴黎的鈞特（Gunther of Pairis）對大肆盜取聖物的行為留下紀錄，並寫得津津有味。描述他所屬修道院長的劫掠行為，他寫道：「馬丁院長也開始設想他的戰利品。避免人人致富，他卻空手而歸，他決意將自己祝聖的手，也獻身劫掠。」[7]然而，馬丁虔誠地自限於盜取聖物。如同他人，馬丁也聽聞許多拜占庭人將珍寶藏於全能基督大修院中。當他與一名牧師抵達修院時，征服者已經忙著奪取華美建築的金銀裝飾。「認為除了神聖使命外，從事此等褻瀆行為甚為不妥。」馬丁開始搜尋修院可能收藏聖物的隱蔽角落。他很快發現一名年長的希臘教士，並要脅他說出修院聖物的藏匿處。驚恐的教士帶領馬丁前往一處大型鐵櫃，打開後發現是個大型的聖物儲藏室。「聖物一映入眼簾，院長立刻貪婪地伸出雙手，由於他的行動受限，他與牧師在修士袍折縫內塞滿了聖物。」由於不願與其他劫掠者分享戰利品，馬丁與他的牧師帶著聖物逃回船上，並在此連續三日敬拜奪取的聖物。

一二〇四年十字軍大劫掠也為上古古典時期的豐盛遺產，帶來致命一擊。許多手稿無疑已永久佚失，部分人類文化中最傑出的作者就此失傳。多數的西方征服者是文盲，認為君士坦丁堡的紙卷律典、圖書收藏毫無價值。根據侯尼亞迪斯記載，十字軍經常諷刺拜占庭人手持鵝毛筆，「佯裝」書寫。君士坦丁堡同時也藏有大量古代藝術品，包含多件古希臘大師的傑作，但極少數逃過一劫。阮囊羞澀的十字軍，稍後幾乎熔毀全城銅像。數千尊銅像被扔入熔爐，僅為了產出些許錢幣。面對如此殘酷的野蠻行徑，心碎的侯尼亞迪斯為君士坦丁堡的雕像哀嘆，並描述最美麗的一些作品。其中包含君士坦丁廣場上的巨大希拉雕像，以及一具金字塔型的銅製機械作品，飾滿啁啾鳴鳥、吹笛牧人與游魚。賽馬場上碩大的海克力斯雕像，連同中央骨幹上所有銅像，都一併熔毀。其中僅有一個例外。西元前四世紀擊敗波斯大軍的希臘城邦所鑄的德爾菲三蛇立柱，逃過了十字軍的毒手。一二〇四年前的某個時刻，拜占庭人將三蛇立柱升掛到某處水源地，轉作有實用的噴泉，也因此挽救銅像免遭熔毀。

還有另一組銅像也在君士坦丁堡之劫中倖免於難。賽馬場入口大門上，有一組等身大的雕像，描繪勝利賽車手駕馭四匹駿馬。賽車手與賽車皆遭毀壞，但丹多洛總督命令手下小心移下駿

5　蘇瓦松位於法國東北部埃納河（Aisne）畔，巴黎東北約一百公里，為皮卡第大區（Picardie）埃納省的一個城鎮，是法國最古老的鎮之一。

6　哈伯斯塔特，位於德國中北部薩克森－安哈爾特州（Sachsen-Anhalt）的古城。

7　作者注：Gunther of Pairis著，Alfred J. Andrea編譯，《攻陷君士坦丁堡》（*The Capture of Constantinople*，賓州大學出版社，一九九七年），頁一〇九至一一一。

馬，裝箱運回威尼斯。抵達潟湖城市後，四匹駿馬被高架在聖馬可大教堂的主門上。此後數世紀，它們成為威尼斯共和國的象徵，直到威尼斯被拿破崙攻下。駿馬像被送往巴黎一段短暫時間後，又重返聖馬可大教堂。今日，保存狀況驚人良好的駿馬像真品置於室內，免受風霜傷害。戶外展示的是複製品。

然而，這些並非丹多洛總督送回威尼斯的唯一君士坦丁堡珍品。基於威尼斯人與都城長久的關係，他們對於保存的興趣高於毀壞。君士坦丁堡兄弟之愛廣場高柱上的四帝斑岩雕像也被送回聖馬可。今日它們仍懸於教堂建築外牆一角。聖馬可大教堂外所謂的「阿卡立柱」（Pillars of Acre）也來自君士坦丁堡。事實上，今日妝點大教堂的許多大理石與藝術品，都是一二〇四年的戰利品。聖馬可的寶庫仍舊擁有數百件由君士坦丁堡教堂奪來的珍貴聖餐杯、聖餐祭碟及聖物箱，數百年來在此珍藏。然而其他珍品卻就此佚失。

曾經驕傲，但此刻謙卑的貴族尼基塔斯・侯尼亞迪斯，詳細寫下君士坦丁堡征服後幾日的處境，讓我們得以一窺這段悲劇的人性面。不像許多同儕，當時他的豪宅已在一二〇三年八月大火中付之一炬。因此在一二〇四年時，他住在一間離聖索菲亞大教堂不遠的樸素房舍。少了奢華，隱蔽較佳，侯尼亞迪斯家並非劫掠者的首要目標。但不久後，從其他被驅逐出門的朋友口中，他也知道了都城的命運。考量到他可能很快會失去自己的家園，他請求一名居留在君士坦丁堡的威尼斯人協助。這位威尼斯人名叫多明尼科，是他相熟的酒商，也欠他一個恩情。一二〇三年八月，當多數西方人逃離君士坦丁堡，侯尼亞迪斯庇護了多明尼科與他的家人。此刻，一二〇四年四月，情勢逆轉。當西方劫掠者最終來到侯尼亞迪斯的小屋前時，多明尼科穿上盔甲，假扮成劫掠者之一，堅稱這間屋舍已為他所有。他的機智與勇氣騙過了其他威尼斯人與義大利人，但法蘭西劫掠者則較難攔阻。特別是後續這一區被劃為法蘭西的勢力區。多明尼科在無力保護侯尼亞迪斯一家的情況下，催促著他們連同其他前來尋求協助的拜占庭人，在法蘭西人侵門踏戶之前離開君士坦丁堡。他們聽從了多明尼科的建議。

一二〇四年四月十七日，寒風刺骨的一天，侯尼亞迪斯一家及友人預備好漫長步行，穿過殘破的梅塞大道，直往黃金門。街上流言四起，在逃離首都的瘋狂欲念中，帝國軍隊拆下一度封閉凱旋門的磚塊。這些貴族難民需要想出策略，以確保安危。因此侯尼亞迪斯一家與友人以繩索縛手，排成一列，由好心的多明尼科拉著，彷彿一群俘虜般，沿梅塞大道前進。穿越市中心時，這條策略奏效。當危機看似大致解除時，多明尼科解開束縛，並祝福他們旅程一切平安。

這群流亡之眾，此刻甚至包含位高權重者如牧首約翰十世，景象令人不忍卒睹。侯尼亞迪斯的夫人懷有身孕，即將臨盆，卻也必須長途步行，逃向自由。當他們沿著梅塞大道前進，愈來愈多親友加入，整個團體逐漸擴大，像是「一群螞蟻」。穿過公牛廣場，梅塞大道變成武裝西方人的試煉地，他們會隨意攔下難民，索求珍貴布料或藏在破爛衣服下的錢袋。還有些人在此擄掠年輕貌美的女性。侯尼亞迪斯一群中的婦女在臉上塗抹泥巴，並躲在團體中間，有如「藏匿羊圈之中」。這項策略在旅程中大致發揮效果。然而當他們即將抵達黃金門，非常靠近聖摩休斯教堂時，一名武裝戰士突然衝入團體，抓住一名法官的年輕女兒。當士兵擄走可憐的女孩時，整批拜占庭人大叫示警。她年老病重的父親追在士兵之後，卻跌入泥巴洞中，掙扎無法起身。老人在驚懼之餘，回頭轉向侯尼亞迪斯，呼喚他的名字，請求他制止殘害少女的惡行。侯尼亞迪斯緊追在綁匪之後，一路上更說服幾位義大利士兵幫助他。義大利人因為可憐這名女孩，於是跟著侯尼亞迪斯來到綁匪的屋舍。匪徒將女孩鎖在屋內，並站在門口，打算捍衛戰利品。侯尼亞迪斯帶著憤怒淚水與大聲啜泣，向義大利人公然指責這名綁匪，提醒他們十字軍領袖所下，不得強暴婦女的禁令，並請求他們想想自己的妻兒，同理這位女孩。士兵們受侯尼亞迪斯所感動，要求綁匪釋放女孩，不然就要面對絞刑。匪徒看到他們的決心，只得交出女孩，讓她返回歡喜的父親身邊。

經過漫長悲慘的路程，侯尼亞迪斯一行人終於穿越黃金門，走出君士坦丁堡。疲憊的貴族此刻偏頭向右，回顧山丘，其上的狄奧多西城牆綿延數英里。高牆那對抗外侮的傲氣與鋼鐵意志，對照高牆後破敗的都城，形成了強烈的對比。眼前情勢之荒謬，甚至連侯尼亞迪斯也難以承受。他跪倒在地，啜泣咒詛城牆。「若你屹立在此，意圖守護的事物不復存在，受戰火摧殘如斯，你又何須存在呢？」古老石牆靜默著，似乎在嘲弄侯尼亞迪斯一行人離開君士坦丁堡的身影，有如「親愛的孩子遠離寵愛他的母親」。[8]

三日後，城中重新建立某種程度的秩序，雖然未來數月中情勢依舊危險。然而十分明顯地，即使在這三日中，十字軍也未遵守規則。他們不顧誓言與驅逐出教的威脅，無情破壞君士坦丁堡的教堂與修院，殺害無數無辜者，強暴許多婦女。當教宗英諾森三世聽到這些惡行時，深感羞恥。他憤怒地修書給在君士坦丁堡的特使：「他們（十字軍）應該服侍基督，而非自利；他們的劍應該指向異教徒，而非浸染基督徒的鮮血；他們不分宗教、年齡或性別，公然犯淫，將母親甚至修女暴露於軍隊穢行之下。」侯尼亞迪斯將君士坦丁堡之劫比為耶路撒冷陷於薩拉丁，認為自己的都城若陷入穆斯林之手，也許還不會落入如此境地。他撻伐十字軍，這些人發誓奪回耶路撒冷，承諾不殺害基督徒，甚至宣稱完成誓言前將保守貞潔，「事實上，他們擺明是一群騙子。宣稱捍衛聖墓，他們公然對抗基督並犯下罪行，以背上所負的十字推翻十字架，為了少數金銀踐踏十字架時甚至不覺戰慄。」

對侯尼亞迪斯這些拜占庭貴族來說，這些恐怖事件，是上帝對君士坦丁堡數世紀以來的道德敗壞，所下的公義懲罰。敗壞的高峰是阿歷克塞四世無恥搜刮教堂，以支付西方債主。鄉間地區的一般希臘人則視君士坦丁堡陷落，是針對驕傲貴族遲來的懲戒。這些貴族以無窮盡的稅金壓榨行省，自己卻沉浸墮落享樂中。西歐人一致視此勝利為神對拜占庭人的厭棄，因拜占庭人不但拒絕支持奪回聖地，更與背信棄義的穆斯林同路。失去耐性的萬物之主將眾城女王交予另一群人，能更為基督教世界利益所用。無論何種解釋，最終結果將毫無疑問：希臘的君士坦丁堡自此轉變為拉丁的君士坦丁堡。

十字軍們先前已商定，若君士坦丁堡落入他們手中，十字軍將自稱承繼帝國。史家稱一二〇四至一二六一年期間內建立的西方國家為君士坦丁堡拉丁帝國（Latin Empire of Constantinople）。在這幾年中，君士坦丁堡受到重大傷害。不僅是城中財富被打包送往西歐，人民也放棄了首都。數個拜占庭繼承者的國家在其他地方興起，如伊庇魯斯[9]、保加利亞與尼西亞，各自宣稱為真正的羅馬帝國。以君士坦丁堡為基地的拉丁國家，自始就搖搖欲墜。缺乏有能的官僚體制，或管理

8 作者注：《喔！拜占庭城：尼基塔斯·侯尼亞迪斯編年史》，頁三二三至三二五。
9 伊庇魯斯（Epirus）包含今日沿著阿爾巴尼亞西部及希臘西部的亞得里亞海岸區。

複雜帝國的知識，君士坦丁堡的新統治者讓都城變成高牆圍繞著破敗景象的空殼。一二〇四年前，君士坦丁堡城內擁有約四十萬人，以及其他百萬人口住在大都會近郊。到了一二六一年，當希臘人成功驅逐西方人，並重返他們摯愛的都城時，君士坦丁堡的人口不多於三萬人。基督教皇帝統治下的都城，未再重現榮耀。

征服都城後頭幾天，十字軍領袖就入住君士坦丁堡最好的幾座宮殿。拜占庭人持續認定蒙費拉托侯爵博尼法斯是他們的新皇帝，占據了大皇宮；博尼法斯為穩固權位，娶了伊薩克二世的年輕寡婦瑪格麗特（Margaret）皇后。另一位皇位挑戰者是法蘭德斯伯爵鮑德溫，這位手握大權與財富的貴族，深受法蘭西十字軍愛戴。鮑德溫一派占據了布雷契耐宮。威尼斯總督丹多洛則入住最近清空的聖索菲亞大教堂牧首宮殿。

一二〇四年五月九日，六名威尼斯人與六名非威尼斯人選出君士坦丁堡的新皇：法蘭德斯伯爵鮑德溫。和他兄長一樣，博尼法斯曾如此接近冠冕，但最終仍擦身而過。他很有風度地接受失敗，至少剛開始是如此。在慶賀聲中，鮑德溫被眾人迎向大皇宮，開始籌備五月十六日的加冕典禮。克萊里的羅貝爾巨細靡遺記錄了整場典禮，他從未見過如此豪華的典儀，是拜占庭奢華與西方傳統的趣味結合。前導男爵與威尼斯貴族在遊行中策馬，前往皇宮迎接即將上任的皇帝，接著穿越奧古斯塔廣場，前往聖索菲亞大教堂。鮑德溫身著拜占庭皇帝華服，袍服上的寶石之碩大，令人驚訝他仍能步行（若羅貝爾之言可信）。即使是鞋子也鑲滿珠寶。鮑德溫的斗篷鑲有紅寶石組成的帝國雄鷹，燦爛奪目，彷彿火焰噴發。鮑德溫穿越大教堂，前往主壇遺址，由法蘭西貴族隨侍，高舉帝國旗幟與寶劍。鮑德溫跪在主壇前，脫下身上一件又一件的華服，直到上身空無一物。塗抹油膏後，再重新穿上袍服與斗篷。接著十字軍主教們舉起皇冠，給予祝福。所有人以單手共舉皇冠，將之置於鮑德溫頭上。在新皇頸項間，戴上一顆蘋果大小的紅寶石。

根據三月協議，若非威尼斯人當選皇帝，則由威尼斯人接管君士坦丁堡牧首教座。丹多洛總督提名約二十名威尼斯教士出任聖索菲亞大教堂新的執事，因此將希臘正教堂轉變為拉丁天主堂。他們選出一位拉文納的威尼斯僧侶托瑪斯．摩洛西尼（Thomas Morosini）擔任君士坦丁堡牧首。摩洛西尼深受教宗英諾森三世喜愛，聽聞自己當選，便前往羅馬由英諾森三世任命就職。君士坦丁堡其他教堂可能全數轉由天主教士管理；許多空置修院很快由西方本篤會修士入住，隨後而來的還有方濟各會與道明會修士。

西歐對於征服君士坦丁堡寄予厚望，期待將一統基督教世界，進而對東方入侵的穆斯林組織發動有效防禦。一開始，事情似乎朝著這個方向發展。隨著拜占庭帝國分割條約（Treaty Partition of the Byzantine Empire）簽訂，第四次十字軍的騎士與戰士們，分頭出發占據土地。許多征服成就相當驚人，在希臘多數地區建立拉丁勢力。例如，蒙費拉托侯爵博尼法斯成為塞薩洛尼基之主。[10]他們甚至擄獲出逃的莫爾策弗魯斯皇帝。莫爾策弗魯斯逃離君士坦丁堡後，前往阿歷克塞三世流亡朝廷所在的莫西諾波里斯[11]。他將都城陷落前搶救出來的阿歷克塞三世妻女送到此處。

---

10 根據某些西方紀錄，博尼法斯的弟弟藍尼耶迎娶曼努埃爾一世的女兒瑪利亞為妻時，曾獲賜塞薩洛尼基為終身采邑。故博尼法斯以此根據取得該城統治權。

11 莫西諾波里斯（Mosynopolis）遺址位於今日希臘色雷斯區的科莫提尼（Komotini）附近，十三世紀初毀於弗拉齊莫爾策弗魯斯不久前剛娶了阿歷克塞三世的女兒尤多西亞，因此前皇帝熱誠款待新女婿。然而如同伊薩克二世幾年前學到的教訓，身為阿歷克塞三世的親戚不是件好事。經歷艱困旅程後，阿歷克塞三世為新婚夫妻接風洗塵。兩人才剛休息不久，阿歷克塞的人馬就衝入，將尤多西亞壓制在地，莫爾策弗魯斯則被按入浴缸，以尖刀剜出雙眼。阿歷克塞帶走尖叫的女兒，將失明女婿扔在路旁。不久幾名十字軍發現這名敵人，將他帶回君士坦丁堡。莫爾策弗魯斯在此以反叛合法君主，少年阿歷克塞四世的罪名受審。莫爾策弗魯斯堅稱自己所殺的是帝國叛徒，對任何類似罪犯，都會採取相同行動。不為所動的西方法庭判他有罪，處以死刑。莫爾策弗魯斯被帶到公牛廣場，爬上狄奧多西螺旋立柱的內部階梯，從頂端被推下地。許多十字軍譏笑他的下場，「位高者，當有高義！」仍在城內的希臘人則為前皇帝之死感到嘆息，然後很快在古老立柱的預言浮雕上，找到一個掉落之人的圖像。

君士坦丁堡的新領導人，並不比前任希臘領袖，更能控制拜占庭帝國的混亂割據。當第四次十字軍於一二〇三年抵達首都時，整個帝國幾乎都陷入叛亂中，都城本身也在派系與動亂中分裂。由同樣派系陰謀引入都城的十字軍，正是君士坦丁堡政治敗壞、病入膏肓的症狀之一。十字軍征服並未帶來任何改善。一二〇五年二月，弗拉齊與保加利亞國王卡羅贊[12]與色雷斯的獨立希臘領主結為同盟，希望攻下君士坦丁堡。當德摩提卡（Demotica）與阿德里安堡等城向卡羅贊宣誓效忠時，拉丁帝國皇帝鮑德溫一世將所有騎士召回首都。三月，他帶領援軍前往阿德里安堡，卻未能攻下該城。四月十日，卡羅贊反攻，給予此前所向無敵的十字軍一記重擊。皇帝本人被俘，最終遭殺害。他的皇位由弟弟法蘭德斯的亨利（Henry of Flanders）繼承，但君士坦丁堡仍舊面對重大危機。

數週後，年邁的威尼斯總督恩里科・丹多洛去世。在極盡奢華與縱橫淚水中，他的遺體下葬於聖索菲亞大教堂的上廊。他是第一位，也是最後一位葬於君士坦丁堡大教堂的人。今日，在聖索菲亞大教堂的南廊，牆上仍有一塊石碑刻有他的姓名。導遊一般都會介紹這是總督墓碑，但其實不然。這塊石碑是十九世紀義大利－瑞士建築師佛薩提兄弟（Fossati）在大規模整修教堂時所放置的。然而，今日已不可考的總督墳墓應在左近，可能就在沿扶手的一帶。

君士坦丁堡的征服者掌握這份大獎超過半世紀，然而帝國其他區域則呈分裂征戰局面。一二一〇年，法蘭德斯的亨利統治君士坦丁堡及色雷斯大部分區域，他的諸侯則控制希臘主要區域。一名舊科穆寧王朝的成員，從黑海南岸特拉布宗附近的小王國，自命為拜占庭帝國統治者。狄奧多爾・拉斯卡里斯在尼西亞新都，也同樣如此自稱。在西方，米海爾・杜卡斯（Michael Ducas）在希臘西部建立伊庇魯斯公國[13]。熱那亞人則掌握了克里特島，縱然先前丹多洛總督已向蒙費拉托侯爵博尼法斯買下此島。威尼斯與熱那亞因而開戰，這是未來兩大義大利海權勢力爭奪君士坦

（Vlachs）與保加利亞國王卡羅贊（Kalojan）之手。

12 一一八五年，卡羅贊與兩位兄長帶領保加利亞與弗拉齊人反抗拜占庭帝國的高額稅收，成立獨立的弗拉齊與保加利亞王國。兄長去世後，一二〇四年在羅馬教宗英諾森三世加持下繼位為王。一二〇五年擊敗鮑德溫一世，以「羅馬人的屠夫」聞名。一二〇七年在塞薩洛尼基之役中神祕死亡。

13 公國（despotate），despot為拜占庭帝國貴族勳銜，通常賜予現任皇帝之子，由其統治之采邑，名為despotate，中文譯為公國。

丁堡破碎帝國領土諸多戰役中的第一戰。一二一一年，威尼斯攻下克里特，未來四百年中此島都由威尼斯統治。許多愛琴海島嶼及希臘本土港市成為威尼斯新的海外領土。

統治君士坦丁堡的拉丁皇帝，並未如其拜占庭前任皇帝享有專制權力。拉丁皇帝勢力孱弱，總是缺乏金錢與人手，布雷契耐宮每任新主上位的方式，都與其他歐洲君主相似：視自身為勢均力敵眾人中的第一人，高度仰賴諸侯的支持。如三月協議所定，勝利者可分食君士坦丁堡，皇帝控制八分之二，法蘭西人獲得八分之三，威尼斯人占有剩下的八分之三。而在實務上，這表示法蘭西／法蘭德斯人皇帝直接控制城中多數區域，而半自治的威尼斯區則延伸包含城北金角灣沿岸碼頭的多數區域。全能基督大修院成為威尼斯人統理者「波德斯塔」（podesta）的總部。拜占庭帝國其他部分也有類似劃分（至少在紙上）。出於這個理由，威尼斯總督的頭銜之上還附加：「全羅馬帝國八分之三領地之主」。

除了持續破敗的都市地景外，我們對拉丁統治年間的君士坦丁堡景況所知甚少。這個年代唯一確認的藝術遺跡，是描繪聖母及亞西西的聖方濟各（St. Francis of Azizi）生命歷程的圈壁畫，位於今日的卡朗德哈清真寺（Kalendarhane Mosque）。一二三〇年代的地震雪上加霜，震垮許多本已搖搖欲墜的建築。聖索菲亞大教堂受創甚深，法蘭西人必須以新支架撐起外牆。大教堂南廊知名的祈禱圖鑲嵌畫可能是在這個時期創作的，聖母與施洗者約翰護持著耶穌基督的祝福圖像，無疑是當地希臘藝術家的作品，但可能是為了裝飾威尼斯人教堂（Chapel of the Venetians）而作。這座教堂就設在丹多洛總督下葬之處。這幅鑲嵌作品也可能是在拉丁人甫遂出都城後的創作。

雖然威尼斯人修復港邊的海牆，法蘭西人卻忽略維護陸牆。一二六〇年時，陸牆已呈現年久失修的破敗狀態。法蘭德斯的亨利試著維護兩座皇宮，但一二二〇年代的皇帝短缺現金，無力維持雄偉的大皇宮群。皇宮庭院無人維護，可動資產遭到變賣，皇宮很快陷入破敗。一二三七到一二六一年拜占庭被再次攻陷為止，君士坦丁堡的統治者鮑德溫二世（Baldwin II）除遊歷西歐朝廷乞討金援外，就住在布雷契耐宮。他甚至下令將大皇宮屋頂的鉛製接合器拆下，熔解變現。

許多一二〇四年未偷賣到西歐的聖物，也在後續數十年間落入同樣下場。急切需要西歐援助的拉丁皇帝被迫運用這些聖物，來獲取西歐的注意力及支持。君士坦丁堡保存好幾世紀的荊棘王冠就是一個很好的例子。鮑德溫二世人在歐洲時，君士坦丁堡的貴族為了向威尼斯商人借貸資金，便以此基督受難的珍貴遺物做為抵押品。一二三八年，還款質押到期。由於皇帝未能送錢回君士坦丁堡，貴族們被迫放棄抵押。正當威尼斯人準備將王冠運回威尼斯，法王路易九世（Louis IX）的道明會使者抵達，保證將償還欠款。當時鮑德溫二世正享受路易九世的款待，承諾法王若贖回聖物，則將其致贈法王。鮑德溫二世也兌現承諾。一二三九年，歡天喜地中荊棘王冠送抵威尼斯，但隨著法蘭西代表迅速代償欠款，王冠又經阿爾卑斯山運往巴黎。法王路易與整個朝廷迎接聖物的場面，如同迎接基督本人一般。為了收存聖物，法王下令建設雄偉的聖禮拜堂（Sainte-Chapelle）。即便後世大革命風暴摧毀法國許多中世紀文化，荊棘王冠依舊安然在此。今日，荊棘王冠仍在巴黎，每年耶穌受難日時在聖母院（Cathedral of Norte Dame）中接受景仰。

多年過去，舊拜占庭帝國依舊是分崩離析的戰場，而君士坦丁堡如同持續衰敗的荒地。到了一二四〇年代，尼西亞的統治者終於穩固在小亞細亞的地位，並擊敗色雷斯與希臘部分地區的希臘、拉丁及保加利亞敵手。拉丁人的君士坦丁堡現在四面環繞著尼西亞帝國勢力。然而，尼西亞的希臘皇帝不願直接攻擊都城。雖然欠缺修護，她的高牆仍舊震懾驚人。更重要的是，他們擔憂若重新征服君士坦丁堡，可能招致羅馬教宗掀起新一波十字軍，帶來數千騎士奪回已毀的都城。相對地，歷任尼西亞皇帝採取的政策，是統一羅馬天主教與希臘正教。希望藉由成為教會的好兒子，教宗會將君士坦丁堡賜予他們。然而此舉從未成真。縱然十三世紀中，方濟各會與道明會修士前仆後繼地造訪尼西亞朝廷，他們也從未能拉近自己與希臘正教士之間的分歧，後者拒絕接納教宗權威的完整性。

一二五八年，尼西亞皇帝狄奧多爾二世（Theodore II Lascaris）去世，留下七歲的唯一繼承人，約翰四世（John IV Lascaris）。在流亡的拜占庭朝廷中，陰謀派系自然圍繞著這名倒楣的年輕人。一開始由朝臣喬治・牧札隆（George Muzalon）監國，但小約翰的攝政王很快就遭到政變推翻，在一群傭兵刀下屍骨無存。新的攝政王是廣受尊敬的將領米海爾・帕里奧洛格斯（Michael Palaeologus，即為米海爾八世）。延續拜占庭傳統，米海爾以賄賂及威脅攀上高位，在一二五九年一月一日接受共帝皇冠。不像他的前任，米海爾有遠大夢想。他著意於重新奪取君士坦丁堡，藉此鞏固他的權位。一二六〇年，他親自領軍攻打首都，不幸慘敗。他很快理解自己需要一支包圍半島城市的海軍。既然威尼斯人控制君士坦丁堡大部分地區，宿敵熱那亞人樂意支持米海爾，企圖打破威尼斯掌控。大規模圍城計畫已經擬定，預計進行攻擊前，米海爾派出將領之一，阿歷克塞・史特拉提格波魯斯（Alexius Strategopolous），帶領一小隊武力偵查防守狀況。

一二六一年君士坦丁堡陷落的狀況，幾乎與一二〇四年同樣奇詭。阿歷克塞將軍收到情報，威尼斯艦隊及多數法軍已出城攻擊鄰近小島。陸牆上僅餘一個小軍團防守。雖然未承上令，他與偵查小隊仍舊趁著一二六一年七月二十四或二十五日的夜色掩護下，進入都城。從開敞的佩吉門（Gate of Pege）溜入，他們很快擊潰守衛軍團，並進入都城內部。缺乏防衛的拉丁居民緊抓帶得走的物品，衝到金角灣，搭上威尼斯船艦逃生。最後的拉丁皇帝鮑德溫二世逃命之快，甚至來不及帶走留在布雷契耐宮的皇冠與權杖。阿歷克塞將二者送往尼西亞，呈給米海爾．帕里奧洛格斯，宣布意外的勝利。

君士坦丁堡的拉丁帝國在此劃下可悲的句點。拜占庭帝國復國，由羅馬歷史上最長王朝的創建者領軍。希臘人重返摯愛的首都，然而再大的歡慶都無法掩蓋，眾城女王如今空留大片斷垣殘壁的事實。

第十五章　遺跡中的生活

每年八月十五日，基督教世界歡慶聖母瑪利亞去世與升天。一二六一年的這一天，聖母瑪利亞以極受尊崇的聖像化身，坐在皇家馬車上，穿越君士坦丁堡黃金門。拜占庭重新攻下君士坦丁堡後，勝利者在全能基督大修院中發現聖像，一致認定為聖路加所繪，數世紀來備受尊崇的「善導之母」[1]。聖母長期以來一直是君士坦丁堡的特別守護神，因此米海爾八世認為她應當獲得傳統上勝利帝王才得享的榮耀。戰車與遊行隊伍光榮盛大穿越凱旋門，門上的古代浮雕刻繪著海克力斯的功績，歡欣鼓舞行過五十七年前尼基塔斯・侯尼亞迪斯悲嘆崩潰之地。在君士坦丁堡的守護女神後，米海爾八世謙卑走著，加入周圍聚集群眾，出聲讚美真神之母。走了大約一千五百英尺，遊行隊伍停在聖約翰斯圖狄翁修道院（Monastery of St. John Studion，今日的伊利亞斯貝伊清

1 善導之母（Virgin Hodegetria），Hodegetria為希臘文，意為「指路者（女性）」。善導之母是聖母聖像的種類之一，通常描繪聖母瑪利亞一手抱孩童耶穌，一手指向孩童耶穌，點出其為人類救贖之源。最知名的善導之母聖像據傳為聖路加所繪，與許多後世複製聖像不同，這幅聖像中的聖母為全身立像。

真寺，Ilyas Bey Camii）。聖像在此下車，以嚴肅虔敬典儀存放此地。之後米海爾八世上馬，帶領遊行隊伍步下梅塞大道，在居民歡呼聲中，最終抵達聖索菲亞大教堂進行二度加冕。

這是聖索菲亞大教堂許多世紀以來首度歡慶的勝利，也是米海爾八世首次造訪首都。我們只能想像他如何迎接眼前的悲慘景象。黃金門的華美裝飾僅存回憶，閃亮巨大的門扉許久前就被棄置。狄奧多西陸牆與舊君士坦丁城牆之間的區域，是一片雜草叢生的廢墟，成為牲口放牧之地。在阿卡狄奧斯廣場，雖然螺旋立柱依舊高聳入天，但放眼所及盡是舊柱廊的斷垣殘瓦及廢棄建築。君士坦丁廣場的情況並沒有比較好。建城者的立柱依舊主宰著天際線，但其他地方都是焦黑荒蕪。勝利遊行隊伍持續前進，抵達賽馬場，千年來君士坦丁堡的驕傲。所有裝飾都被剝除，因疏於維護而破敗不堪。皇室包廂已不穩定，觀眾席下的走道充滿垃圾及有毒之物。兩尊方尖碑與三蛇立柱仍舊標誌著中央骨幹，過去帝國戰車曾圍繞此處競賽。然而，即便它們也飽受風霜。「建造的方尖碑」外包覆的銅層為拉丁人所熔，只留下今日可見的細長石塊方尖碑。對於公眾儀式毫無興趣的西方騎士，在賽馬場進行馬上槍術比賽或其他即興比賽。此處成為開放的公共空間，此後的歷史中也持續維持這種狀態。

聖索菲亞大教堂急忙預備迎接米海爾抵達。歐洲天主教徒停留期間曾妥善維護大教堂，但仍需要重新安排內裝，好再次施行希臘正教儀式。在拜占庭帝國核心的雄偉殿堂中，眾人高呼米海爾八世為皇帝、君士坦丁堡復興者，甚至是新君士坦丁。第二次加冕後，他走出戶外的奧古斯塔廣場，接受群眾恭賀。此處是都城最古老的廣場，也在拉丁人治下受創頗深。雕像礎石上空無一物，即便偉大的帝國公路里程起點也失去所有銅質裝飾。查士丁尼的雄偉騎士銅像之所以仍在巨大立柱上安然無恙，只是因為立柱太高、雕像太重，無法安全移下。米海爾八世接著進入附近的大皇宮，接下來十年住在此處。大皇宮已變成一處謙卑居所。一度輝煌的宮殿群，此刻已成為雜草叢生、鼠滿為患的廢墟，沿著平台山丘向下方海面崩毀。上方宮殿中不少教堂及教士居處仍維護良好，此刻將供朝廷使用。如同拜占庭及拉丁前人，米海爾八世也計劃住在布雷契耐宮，都城極北靠近陸牆處。但布雷契耐宮在西方人居住時疏於維護，已不符皇家使用。燭台餘蠟及遮罩不佳的油燈穢物覆蓋了宮殿牆面。米海爾下令整修美化並擴建布雷契耐宮。新裝飾包含一組描繪米海爾生涯中許多勝利的壁畫。布雷契耐宮今日僅存的唯一遺跡稱為紫衣貴族宮，也許是米海爾擴建計畫的一部分。

如此破敗景象讓米海爾很難將自己投射成新君士坦丁的有力形象。而身在尼西亞的十歲皇帝不像米海爾，是生於紫袍皇家，則讓這個任務雙重困難。如同過往許多拜占庭攝政王，米海爾也夢想取代年輕皇帝，建立自己的王朝。然而約翰四世是個虔誠謙卑的少年，受到眾人喜愛。他的家族自一二〇四年就開始主持拜占庭流亡政府，並成功擴張帝國，含括許多過往失去的土地。拉斯卡里斯家族自然值得享受珍貴勝利的成果。然而，米海爾有三子，並決意讓其中之一繼他之後，承續君士坦丁堡皇冠。一二六一年聖誕節，同時也是約翰四世的十一歲生日。少年繼承者在尼西亞遭遇一群米海爾派去的士兵。他們抓住可憐的男孩，挖出雙眼，並送到俾西尼亞一處堡壘監獄。在君士坦丁堡，米海爾八世宣布約翰四世被綁架，恐怕已經身亡的悲傷消息。但真相不久便傳回首都。當牧首阿爾塞尼烏斯（Arsenius）得知消息，自前任皇帝去世後便庇護少年皇帝的牧首悲痛譴責米海爾八世的陰謀。他將皇帝驅逐出教；此舉在西方常見，但在君士坦丁堡是前所未聞。

雖然復興了首都，但現在米海爾八世發現自己遭到全城唾棄為陰謀篡位者。他的回應是，展現與建城聖人同等狂熱，透過重建君士坦丁堡，來展現他的價值。問題是，君士坦丁大帝當時可運用的資產遠大於米海爾八世。不論如何，米海爾顯然展開不少清理都市核心區域的計畫，特別是沿著梅塞大道及大型廣場區。他也重建馬摩拉海岸狄奧多西港的部分碼頭及倉庫。米海爾修整了不少教會與修院；他死後，狄奧多拉皇后出資重建並擴大建於十世紀的利普斯修道院及教堂（Monastery and Church of Lips）。其中一座歸獻給施洗者約翰的新堂，將做為帕里奧洛格斯家族成員的陵寢。但皇帝將微薄的重建經費多數用在整修狄奧多西陸牆，及加強金角灣岸的海牆。

皇帝急切想讓君士坦丁堡的人口數恢復到前十字軍時代的規模。然而都城過去之所以能成為一個大都會，乃因其為強盛富庶帝國的首都。帝國開始式微後，都城得以維持人口數，仰仗的是經濟與策略地位，以及無法攻克的防衛城牆，在不確定的世界中提供安全保障。然而，城牆已破，嚴重破壞。許多過去經由君士坦丁堡的貿易，已移往其他希臘港口、敘利亞或埃及。對復興後的拜占庭帝國希臘人來說，殘破首都的吸引力不高。某些估算認為米海爾可能讓君士坦丁堡人口增加到六萬或七萬人，但其中大部分應為義大利人。為了感謝熱那亞人擔任臨時海軍，米海爾將位於金角灣北岸的加拉塔郊區，賜予熱那亞人。這不僅是一個區域，而是獨立城市。米海爾同時也驅逐威尼斯人，將他們沿著博斯普魯斯海峽與黑海的港口交給熱那亞人。黑海口岸顯得特別重要，因為此刻正是蒙古治世[2]。這個時代中，遠東商隊可經由絲路抵達黑海港口。由於這些港口可賺進大筆財富，多年來持續成為威尼斯人與熱那亞人激烈爭奪之地。米海爾雖偏愛熱那亞人，仍無法將威尼斯人從克里特島或許多愛琴海島嶼及希臘港口逐出。熱那亞獨占君士坦丁堡海軍軍力也很快成為問題，這些義大利人要求的服務回饋愈來愈多。最後在一二六八年，米海爾允諾威尼斯人重回君士坦丁堡，希望透過威尼斯人的回歸，牽制熱那亞人。

米海爾在君士坦丁堡所做的最戲劇性改變，也是對他自身及政權合法性，全然不低調的宣示。在埋葬君士坦丁、查士丁尼及都城榮耀過往其他皇帝的聖使徒教堂正門前方，米海爾豎立了一支巨大高聳立柱。立柱本身就非比尋常。豎立紀念立柱的年代已隨上古逝去，但那些年代正是米海爾想喚起的記憶。這根巨大立柱，今日已無跡可循，但在當時卻成為君士坦丁堡天際線的新地標。在現存最早的都城地圖中，由佛羅倫斯神父克里斯托佛洛．布翁德爾蒙提（Cristoforo Buondelmonti）在十五世紀初繪製，米海爾立柱連同查士丁尼、君士坦丁、狄奧多西及阿卡迪烏斯的立柱，突出於地景之上（參見彩色插圖十一）。除了查士丁尼，其他立柱許久之前便失去頂端銅像。米海爾的新立柱則擁有一座雕像，比真人大的大天使米迦勒（Michael）銅像立於柱頂。底端的大型石基上，有另一座差不多巨大的米海爾本人銅像，虔誠跪地，向同名的守護神致敬。這是一幅驚人景象。學者長期猜測，在這個貧困頹圮的城市中，米海爾如何進行此類計畫。

2　蒙古治世（Pax Mongolica）為歷史學名稱，沿用羅馬治世（Pax Romana）的概念，形容十三至十四世紀，蒙古西征後建立東亞到西亞的大帝國，對連結東、西方貿易，以及廣大歐亞大陸人民的經濟、社會、文化生活，所帶來的和平穩定效果。特別是傳統的絲路貿易路線，此時期完全在蒙古帝國治下，東、西方貿易商路相對安全穩定，導致來自中國的貿易量大幅成長。

立柱建設本身已然驚人，而製作大型銅像的技術早已在君士坦丁堡失傳，在義大利也剛開始復興而已。米海爾很可能改造某尊古代有翼勝利神像，但如何造出他自己的銅像仍難以解釋。

無論米海爾的立柱有多高，都無法說服牧首阿爾塞尼烏斯一派接受他為君士坦丁堡的合法皇帝。因此在經過四年衝突的一二六五年，米海爾最終罷黜牧首，並將其流放，多年後牧首死於流亡途中。此舉激怒許多阿爾塞尼烏斯的支持者。次年米海爾聘任自己的牧者約瑟夫（Joseph）成為君士坦丁堡牧首，令情勢更加複雜。不意外地，約瑟夫開脫皇帝所有罪行，並宣布米海爾為真正君主。跛腳的都城從中分裂為二，希臘正教徒分立為拒絕接受皇帝及新牧首的阿爾塞尼烏斯派，及接受兩者的約瑟夫派。這道切過拜占庭社會的裂痕將持續未來五十年。

然而所有問題比起來自西方的危機，都不值一哂。數十年來，尼西亞皇帝持續協商統合希臘正教與羅馬天主教。此舉將讓他們在教宗祝福下，奪回君士坦丁堡，更重要的是不會引發後續十字軍。西方並不樂見米海爾意外奪取君士坦丁堡。最後一任拉丁皇帝鮑德溫二世逃往歐洲，請求發動十字軍奪回君士坦丁堡，並重返帝位。米海爾看到危機。即便聖索菲亞大教堂已重啟希臘正教崇拜，皇帝還是向教宗傳話，急切希望召開大公會議以統合教會。然而他在君士坦丁堡及他處的行動卻顯示另有所圖。一二六七年，鮑德溫二世將他在君士坦丁堡的所有權利轉給安茹國王查理一世（Charles of Anjou），查理是法王路易九世的弟弟，最近剛成為西西里與南義大利的國王。在教宗支持下，查理一世決心率領一支強大十字軍，奪回君士坦丁堡。米海爾的臨時城牆不可能撐得過此番攻勢，熱那亞人也不可能協助他抗敵。因此，米海爾向路易九世表示，身為一位期待未來封聖者，他們兄弟倆應致力於收復目前大部分仍在穆斯林手中的聖地。路易同意了米海爾的提議，查理一世於是被納入路易九世的新十字軍中，於一二七〇年航向突尼斯。但最終疫病消滅了這支軍隊，同時也奪走法王的性命。

少了兄長制衡，安茹國王查理一世再次展開奪取君士坦丁堡的計畫。只有一件事情擋下他的腳步。一二七二年，教宗格列哥里十世（Gregory X）宣布將於兩年內，在里昂召開新的大公會議。他邀請米海爾八世與君士坦丁堡牧首與會，解決分隔兩個教會的爭端。米海爾立刻接受邀請。一二七四年，他派代表前往大公會議，會中討論分隔希臘東方與拉丁西方的事項，在每一點上都接受羅馬的觀點。為了象徵里昂的統合，希臘教士與天主教徒一同參與彌撒，並簽署數世紀來希臘正教拒絕接受的「與子條款」尼西亞信經。接著大公會議嚴正宣布分裂已然結束，不得對君士坦丁堡發動十字軍，因該城已置於教宗的權柄之下。米海爾八世皇帝及其子民均為天主教徒，至少在書面上是如此。當第二次里昂大公會議決議在君士坦丁堡公布時，約瑟夫牧首卻拒絕接受。米海爾解除了約瑟夫的職務，支持牧首的約瑟夫派卻反抗皇帝的諭令，令君士坦丁堡分裂更加惡化。兩教一統仍然在君士坦丁堡及帝國全境推行。雖然聖索菲亞大教堂及城中其他教堂持續使用希臘儀禮，但信經已根據西方模式修改，教宗名諱也被加入聖餐禮中。約瑟夫派與阿爾塞尼烏斯派間自然存有嫌隙，但都一致反對里昂大公會議的結論。在城中教士支持下，他們在街頭宣揚反十字軍的信仰，要求人民不得前往與羅馬教會一統的教堂禮拜。事實上，一般人很難分辨希臘教會中的彌撒儀式，究竟和羅馬教會的儀禮統一了與否。因此反對者協助擬訂名單，並鼓勵人們若看重信仰的純正性，則不應接受大公會議的謬誤。

由於反對勢力初始階段並不強大，僅限於修院及一小群教士間，若是較為強勢的皇帝或許可以強制執行統一。然而內外受敵的米海爾無力阻止這場同時涉及他本人及兩教統一議題的宣傳戰。其後，雖然他維持天主教徒的身分，但未強力執行大公會議的決議。此一舉動未逃過羅馬的眼睛，教廷遂派出教宗特使及教廷大使前往君士坦丁堡監督進度。米海爾將推動不力，歸咎給一小群嘈雜反對者，並承諾將持續改善，而這正是數代尼西亞皇帝毫無進展的同樣藉口。許多羅馬人開始質疑，米海爾只是託辭避免十字軍再起，讓君士坦丁堡再度陷入戰火。

一二八一年，一名安茹國王查理一世控制下的法蘭西樞機主教當選教宗：馬丁四世（Martin IV）。他最初的行動之一，就是要求在拜占庭帝國執行第二次里昂大公會議的決議。當要求不果，馬丁四世隨即將米海爾驅逐出教，並允諾查理一世發動長久延滯的君士坦丁堡攻擊計畫。查理一世即刻召集數千艘船艦，預備發動大型攻擊。戰力強大的威尼斯人也加入行動。在海內外都失去援助的米海爾，於絕望之餘，派遣間諜前往西西里，下令不計花費在當地煽動叛亂。此舉效果驚人。在一二八二年復活節期間，名為「西西里晚禱」（Sicilian Vespers）的叛亂爆發，蔓延查理一世治下的義大利王國。最終義大利人驅逐了法蘭西人，並終結查理的地中海野心。懸於君士坦丁堡心頭將近二十年的威脅，幾乎在一夜之間消弭。復興拜占庭君士坦丁堡的米海爾，再次拯救了首都。他在一二八二年年中過世，死時仍舊是天主教徒，也仍為他所拯救的城市所厭恨。

米海爾的皇位由二十三歲的兒子安德洛尼卡二世（Andronicus II Palaeologus）和平繼承。由於西方的立即威脅消失，也認知到兩教統一不受大眾歡迎，新帝於是推翻里昂大公會議決議，並重新任命約瑟夫為聖索菲亞大教堂牧首。此舉撫平某些傷痕，然而阿爾塞尼烏斯派持續強烈反對帕里奧洛格斯王朝，直到一三一〇年。

都城仍舊是西方世界的中心。實際上，由於蒙古人到來及黑海港口成為來往遠東的門戶，讓君士坦丁堡的地位更形重要。然而，由於這座古老首都及破敗帝國過於窮困積弱，以至於除了回應周遭變局外，拜占庭已無力施展更多手腳。

數世紀以來，君士坦丁堡的世故居民看待西歐的眼光，常混雜著厭惡與憐憫。這片古老帝國失落的土地，現在充斥蠻族；占據此地的粗野、好戰人群，對宣稱信仰的基督教缺乏認識。但如今，帕里奧洛格斯皇帝的頹圮城市再也無法抱持這些自我安慰的形象。數代教宗建立了橫跨歐洲的官僚體制，成為西方的真正領導人。西方王國，特別是英格蘭與法蘭西，力量與領土持續增長。西歐新的大學產出傑出心靈，擴張對神及其宇宙的了解。在人口大幅增長及城鎮都市蓬勃發展的帶動下，歐洲經濟蒸蒸日上。君士坦丁堡再也不是基督教世界最大的城市。事實上，她甚至不在前十名之內。君士坦丁堡內經常可見西方商賈；到了十三世紀末，他們成為都城經濟的主宰。

熱那亞人持續巡航博斯普魯斯海峽，將對手逐出黑海，並對皇帝任何自行建立海軍的嘗試反應激烈。威尼斯人自然不樂見此情況。一二九一年，埃及的馬穆魯克帝國[3]消滅敘利亞最後的十字軍國家。東方市場因此被切斷的威尼斯，決心要擴張在君士坦丁堡及黑海的勢力。了解情勢的

3　馬穆魯克帝國（Mamluk Empire），一二五〇至一五一七年間橫跨埃及、敘利亞及阿拉伯半島地區的政權，主要掌權者是馬穆魯克軍團。馬穆魯克指的是穆斯林政權中的奴隸兵，主要是來自克里米亞地區的庫曼－欽察人、高加索的切爾克斯人（Circassians）及喬治亞人。九世紀開始被引入阿拔斯王朝，因缺乏家族背景故成為哈里發的忠實武力。一二五〇年取代埃及的阿尤布王朝。一五一七年滅於鄂圖曼帝國。

熱那亞人也採取行動，緊縮對博斯普魯斯海峽的控制。一二九五年，熱那亞人跨越金角灣，對君士坦丁堡的威尼斯區發動攻擊。數百人遭屠殺，在熱那亞人要求下，安德洛尼卡二世逮捕了剩餘的威尼斯人。數週後，一艘威尼斯戰艦在令人膽寒的海軍上將「邪惡之爪」（Malabranca）領導下，現身博斯普魯斯海峽。威尼斯人向熱那亞人及君士坦丁堡宣戰，對加拉塔發動攻擊，並截擊進出海峽的熱那亞與拜占庭船隻。他們甚至入侵金角灣，預備攻擊布雷契耐宮。皇帝別無選擇，只得談和；他釋放所有俘虜，並向威尼斯人支付賠償。

雖然歐洲正在成長，但比起在東方持續擴張的伊斯蘭教，仍屬小巫。自從承受蒙古一擊後，小亞細亞的土耳其部落在一位領導人之下重新整軍。他的名字是奧斯曼（Osman），他的朝代與帝國也以此為名：鄂圖曼（Ottoman），兩者皆綿延至二十世紀。奧斯曼帶領軍隊以持續增強的攻勢西進。一三〇二年，他們在尼科米底亞（伊茲密特）擊敗拜占庭軍，一舉大開攻下愛琴海東岸之路。由於缺乏海軍，陸軍戰力不足，安德洛尼卡迫切需要防守君士坦丁堡的武力。他也如願以償，雖然也許超乎預期。由亞拉岡（Aragon）傭兵組成的加泰隆尼亞軍團[4]向皇帝提供服務。由劍客羅傑・德弗洛（Roger de Flor）領導，約五千名戰士組成難以約束但致命的戰力。安德洛尼卡雇用了這群傭兵。一三〇三年，加泰隆尼亞軍團出擊在小亞細亞的鄂圖曼軍，逼其撤退。但他們對手下解放的拜占庭平民造成的傷害，不比被擊敗的土耳其人來得少。

加泰隆尼亞軍團返回加里波利[5]過冬，羅傑要求皇帝雇用更多同儕，無視帝國國庫已近空虛。安德洛尼卡接受，更賜予傭兵首領各種榮銜，然而情況逐漸失去控制。最終於一三〇五年安德洛尼卡與兒子兼共帝米海爾九世（Michael IX）轉而對付加泰隆尼亞人。米海爾首先殷勤邀請羅傑與隨從參加在阿德里安堡的宴會。杯觥交錯間，皇帝下令刺殺傭兵領袖及隨從。接著帶領一群土耳其及阿蘭尼亞[6]傭兵對抗加泰隆尼亞軍團，即便未能打敗對方。遭背叛的軍團士兵在希臘及色雷斯各地叛亂，未來數年中持續攻擊、劫掠並俘虜希臘人。一三一〇年，他們甚至攻下雅典，並以此建立新的公國。

在這段君士坦丁堡史上的黑暗時期最令人驚豔的，同時也是文藝復興時期。許多世紀以來頭一回，城中的藝術家開始實驗新設計與新媒材。雖然今日存留者極少，但有幸得見者，盡是光彩奪目。萬福聖母瑪利亞修院（Monastery of Theotokos Pammakaristos）的教堂（今日之征服者清真寺，Fethiye Camii），首建於西元十一世紀，一三一〇年後，在安德洛尼卡二世一名將領遺孀瑪莎・葛拉巴斯（Martha Glabas）的支持下，大幅整修擴建。今日主堂已消失，在十六世紀末轉成清真寺時大幅改建。然而側堂則相對未受損傷。這座側堂已經修復，轉成博物館，開放大眾參

4 加泰隆尼亞軍團（Catalan Company）由義大利軍事冒險家暨地中海海盜羅傑・德弗洛組成，一開始是在亞拉岡國王與安茹國王爭奪西西里島控制權的戰爭中，受亞拉岡系的西西里國王所雇。然而雙方和談後，西班牙輕步兵組成的傭兵團未能取得報酬，遂轉為拜占庭皇帝所用。

5 加里波利半島（Gallipoli），位於今土耳其格里波魯（Gelibolu），土耳其歐洲側，色雷斯南方。半島呈西南走向，從馬摩拉海伸入愛琴海，西通愛琴海，東控達達尼爾海峽（古稱赫勒斯滂）。

6 阿蘭尼亞（Alania）為中古時代存於伊朗阿蘭區的王國，國土位於北高加索，約為今日俄羅斯北奧塞提亞－阿蘭自治共和國（North Ossetia-Alania）。此王國始於西元八世紀，一二三八至一二三九年為蒙古人所滅，控制黑海區域的喬治亞通往俄羅斯的商貿路線。

觀。側堂建築優美，以希臘式建築為本，然而對於拱頂及採光的新設計，令人聯想到西方的哥德式天棚。此處保存的鑲嵌畫展現出嶄新、具生命力的風格。一幅優美的圓頂鑲嵌畫描繪中央的全能基督由舊約聖經十二位先知包圍。祭壇空間有另一幅傑出的戴冠基督鑲嵌畫，以及其他作品描繪童貞瑪利亞、施洗者約翰及基督受洗的美麗場景。

若今天萬福聖母瑪利亞教堂沒有太多訪客，乃因光環全為柯拉神聖救主教堂（Church of Holy Savior in Chora，今日的卡里耶清真寺，Kariye Camii）所奪。這座教堂非常靠近布雷契耐宮，也是一座修道院教堂。建於十二世紀，但在安德洛尼卡二世的宰相狄奧多爾・梅多契特（Theodore Metochites）手中大幅重修擴建，以為奉獻。教堂的牆壁與天花板都覆滿精緻的鑲嵌畫與溼壁畫，後者對拜占庭人來說是相對新的媒材。這些藝術品之所以能倖存，是因為這間小型又相對隱密的教堂，在十六世紀迅速轉成清真寺，牆與天花板僅以石膏塗抹。第二次世界大戰後，幾個美國組織贊助修復工作。除了聖索菲亞大教堂，這是伊斯坦堡唯一一間由教堂轉成的清真寺，現已不再使用。神聖救世主教堂的美無法以言語形容；豐美色調、充滿動感、目不暇給的描繪只能親眼感受。側堂的濕壁畫生動描繪基督再臨、直搗地獄、天使天廷、聖母與子及摩西的景象。輝煌的鑲嵌畫以十五幅景象描繪基督生平，另外十五幅刻畫瑪利亞的生活。另一幅鑲嵌畫中，出現狄奧多爾・梅多契特戴寬鬆飄逸頭飾，跪在冠冕基督之前，敬獻教堂模型。

安德洛尼卡二世與兒子米海爾九世共同統治五年。為確保王朝穩定，一三一九或一三二〇年，他們也為米海爾的兒子安德洛尼卡加冕，成為另一位共帝，希望藉此順利將皇冠由父親傳承給兒子及孫子。然而在一三二〇年某夜，年輕的安德洛尼卡正與一位已婚貴婦度過美好夜晚時，弟弟曼努埃爾來到他家，堅持要守衛讓他進門。在睡眼惺忪或醉酒之下，安德洛尼卡並不清楚此刻前來打擾的是誰，下令讓守衛殺了此人。直到次晨才發現自己犯下錯事。祖父安德洛尼卡二世與父親米海爾九世得知後十分驚駭，米海爾九世甚至過於哀傷因而離世。此刻年過六十歲的安德洛尼卡二世，不意外地對與他同名的孫子甚為不喜。他嚴肅考慮剝奪孫子的繼承權。安德洛尼卡三世感受到情勢不利，逃出了君士坦丁堡，前往阿德里安堡，建立朝廷對抗祖父。從一三二一年開始，小小的拜占庭帝國在兩位皇帝之間一分為二，掙扎於帝國餘暉中。直到一三二八年安德洛尼卡二世才放棄，允許孫子返回君士坦丁堡。

安德洛尼卡三世接下了陸沉中帝國的皇冠。雖然他的將領約翰．坎塔庫澤努斯（John Cantacuzenus）運用與土耳其人私交，協助拜占庭對抗塞爾維亞人、保加利亞人及其他外敵，卻也無力阻擋帝國沉淪的趨勢。一三四一年，皇帝意外去世，留下九歲幼子約翰五世（John V Palaeologus）。坎塔庫澤努斯自然擔任攝政王，然而隨即在他出城時發生宮廷政變，導致一場五年內戰，才又重新掌控君士坦丁堡。一三四七年，坎塔庫澤努斯在布雷契耐聖瑪利亞教堂加冕成為共帝，他是第一位在此加冕的皇帝，因為聖索菲亞大教堂的圓頂早已崩塌，政府還未湊齊修整的經費。加冕儀式中，新即位的約翰六世（John VI Cantacuzenus）使用人造珠寶，因為真正的王冠珠寶已抵押給威尼斯人。加冕後沒多久，黑死病就降臨君士坦丁堡，本已不多的人口，又失去近三分之一。接下來十年中，黑死病將橫掃歐洲帶走數百萬條生命。

一三五一年，年滿二十歲的約翰五世要求坎塔庫澤努斯放棄皇冠，歸政予他。坎塔庫澤努斯自然拒絕，並再次讓拜占庭帝國陷入內戰。然而，此役將帶來長期影響。由於約翰五世背後有塞爾維亞人及保加利亞人支持，約翰六世則轉向老朋友鄂圖曼人。萬名土耳其軍穿過赫勒斯滂，在坎塔庫澤努斯控制的加里波利附近駐紮。接著他帶領土耳其軍北上進入色雷斯，在此擊敗約翰五世的軍隊。勝利之後，土耳其人開始劫掠色雷斯鄉間，要求更多酬金。坎塔庫澤努斯支付酬金後，他們退回加里波利。接著在一三五四年，大地震震垮了加里波利城牆。在鄂圖曼蘇丹之子蘇萊曼指揮下，土耳其軍攻下該城，並重建城牆。過去七個世紀，君士坦丁堡為歐洲抵禦來自東方的穆斯林入侵。一三五四年，穆斯林強權卻透過拜占庭人運過海峽，最終在東歐建立永久立足之地。土耳其入侵歐洲之路已然敞開。

隨著小亞細亞落入土耳其之手，土耳其軍正北上色雷斯，君士坦丁堡明顯已危在旦夕。這場困境的始作俑者坎塔庫澤努斯已遭廢黜，並送進修院。約翰五世的對應策略很簡單：向西方求援。致教宗英諾森六世（Innocent VI）的信中，約翰五世清楚表示，他願以統一教會並成為天主教徒，交換軍事協助。在過去數十年，歐洲人意識到土耳其勢力的擴張，已發動數波小型十字軍及對抗小亞細亞土耳其人的神聖同盟。隨著教宗支持，將有更多軍力加入。薩伏依伯爵阿瑪迪奧[7]所率領的十字軍，將土耳其人逐出加里波利，並讓該城回歸帝國治下。但此時，土耳其人已在希臘站穩腳步，加里波利已無關緊要。一三六九年，鄂圖曼人攻下阿德里安堡（埃迪爾內），並宣布以此為鄂圖曼帝國的歐洲新都。君士坦丁堡正面臨迫切危機。

然而約翰五世並不在城內。四年前他前往匈牙利國王洛約什一世（Louis I）的宮廷，試著取得資金與軍事援助的承諾。一三六九年，他前往羅馬會見教宗烏爾班五世（Urban V），成為七百年中，自君士坦斯二世（Constans II）以來，第一位造訪永恆之城的羅馬皇帝。他宣布信仰天主教，接著從羅馬出發，一路在義大利各地尋求援助，最終抵達威尼斯。最後這一站是個錯誤。拜占庭政府積欠威尼斯人大筆金錢。多年來，他們很清楚表示，若皇帝願意割讓靠近赫勒斯滂南口的特內多斯小島（Tenedos，博茲賈達島，Bozcaada），則威尼斯人願一筆勾銷所有債務，並返還皇冠珠寶。由於熱那亞人不願威尼斯人擁有策略性位置的島嶼，便拒絕讓皇帝接受此一提案。現在既然皇帝來到自己的城市，威尼斯人自然再次提議，並軟禁債務人，以強調情勢的嚴重性。約翰最終接受提議，然他的幼子終於在最後一秒籌足款項，支付威尼斯人，讓父親重獲自由。約翰返回君士坦丁堡，一事無成。他出城期間，鄂圖曼帝國已完全圍困君士坦丁堡。偉大都城變成不斷上升的土耳其大海中，一片漂流殘骸。土耳其人已經擊潰區域裡的塞爾維亞及保加利亞勢力，將兩個王國轉成鄂圖曼蘇丹穆拉德一世（Murad I）的諸侯國。約翰五世別無選擇，只得遵從。一三七二年，他正式向蘇丹宣誓效忠，宣布自己成為土耳其統治者的諸侯。

兩千年來首度，羅馬帝國成為另一個強權的附庸。君士坦丁堡已經跌到最深的谷底。然而與鄂圖曼帝國的新關係，為君士坦丁堡的頹圮政府，引入新的外來勢力。一三七三年，約翰的長子

7 薩伏依伯爵（Count of Savoy）領地位於日內瓦湖至隆河流域間的西阿爾卑斯地區，屬於神聖羅馬帝國諸侯國的勃艮地王國（Duchy of Burgundy）的一部分。薩伏依伯爵阿瑪迪奧（Amadeo）受過良好文武教育，帶領薩伏依崛起，成為歐洲軍事與政治的重要領袖之一。阿瑪迪奧知名之舉包括購買義、法之間的阿爾卑斯山隘口（今日的瑪德蓮娜隘口），掌控從里昂到義大利的重要路線，成為義大利北部的政治領袖。在後續威尼斯與熱那亞人爭奪特內多斯島的鬥爭中，兩方最終同意將此島託於薩伏依伯爵管轄。

安德洛尼卡與穆拉德蘇丹的兒子聯手，欲推翻兩位父親。父親們勝出。穆拉德讓兒子失明，隨後死於創口，並要求約翰也如此對待安德洛尼卡。心腸軟的約翰無法殘酷下手，因此他刺瞎安德洛尼卡一隻眼睛，將其囚禁在君士坦丁堡中。三年後，再次現金短缺的約翰，終於答應在先前條件下，將特內多斯島交予威尼斯人。加拉塔的熱那亞人不習慣皇帝違抗他們的命令，便衝入皇家監獄，放出安德洛尼卡。安德洛尼卡帶著熱那亞及土耳其軍隊，掌握了權力，將父親與弟弟曼努埃爾丟進自己才剛逃出的監獄。論功行賞時，安德洛尼卡將加里波利交還土耳其人，特內多斯島則給了熱那亞人。威尼斯人因此向拜占庭宣戰，最終讓約翰五世及曼努埃爾復位，後者成為曼努埃爾二世。

不間斷的陰謀與戰爭中，唯一不變的，是鄂圖曼帝國在巴爾幹地區的擴張。鄂圖曼人在一三八七年取下塞薩洛尼基，一三八九年占領保加利亞全境。數年後，他們進入塞爾維亞。西歐無法阻擋他們。君士坦丁堡自顧尚且不暇。一三九一年約翰五世去世時，他留給曼努埃爾二世，一座首都、幾處色雷斯港口、希臘伯羅奔尼撒部分區域，以及幾座小島。君士坦丁堡不再統治帝國，而是回憶。

第十六章　帝國末日

除了聖索菲亞大教堂的高聳圓頂，是中古世紀君士坦丁堡天際線最明顯可見的景象，此外就是擁有巨大騎士雕像的查士丁尼立柱。從海上接近君士坦丁堡的人（多數人都採取此道），少有不為眼前奇觀折服。查士丁尼立柱立於西元五四三年，查士丁尼銅像騎著奔騰駿馬，一隻前腳在空中騰躍。皇帝穿著阿基里斯裝束：半筒靴、裸腿及閃耀的胸鎧，頭戴羅馬皇帝凱旋遊行時所戴的雄偉羽冠。左手持的圓球上頂十字，右手大膽延伸，以捍衛姿態，指向東方。此雕像原是以視覺象徵，紀念查士丁尼大帝戰勝波斯，要求波斯人不得再次威脅羅馬帝國邊境。圓球象徵皇帝是世界之主；至於十字架，如該時代作家普羅科匹厄斯所言：「是他獲取帝國及勝利所仰仗的唯一符號。」

九百年後，這尊雕像捍衛君士坦丁堡，對抗土耳其人入侵。如城內其他雕像，中古時代君士坦丁堡居民賦予查士丁尼及坐騎，各種魔法力量。由於波斯人被遺忘已久，延伸的手臂公認是指向來自東方的土耳其入侵者。新預言也宣稱，雕像的法力限制了土耳其人越過帝國邊界。到了十五世紀，當帝國邊界與首都城牆實為一體時，雕像與立柱成為一種神祕象徵，保護君士坦丁堡免於土耳其人入侵。事實上，反穆斯林的魔法雕像，比伊斯蘭教的年代更加古老。

此一信念似乎發揮效果。一三九四至一四〇二年期間，蘇丹「雷霆」巴耶濟德一世（Bayezid I）圍攻君士坦丁堡將近八年，最終承認失敗。一四二二年，蘇丹穆拉德二世（Murad II）領十萬鄂圖曼大軍圍攻君士坦丁堡，仍無法擊潰防衛。如此大型城市，如此稀薄的防衛人力，在強力圍攻下卻仍屹立不搖，著實令人驚訝。

查士丁尼與坐騎自然並非君士坦丁堡唯一的超自然捍衛者。其中最重要的是眾城女王長期以來的特別守護女神：童貞聖母瑪利亞。在任何危險逼近時刻，善導之母的聖像就會梭巡城中街道及城牆壁壘。君士坦丁堡同時還擁有守護天使。根據知名傳說，數世紀前建築聖索菲亞大教堂時，有群工人準備午餐休息。工頭要一同工作的男孩留守，看管器具。沒多久，一名俊美戰士前來，詢問男孩為何不和他人一起吃飯。男孩回答自己受令看守器具，因此無法去吃飯。友善戰士叫他去吃飯，承諾直到他返回之前，自己會代為看守工具、教堂及整座城市。當男孩加入其他工人，並說出戰士的故事時，工頭立刻了解這是天使降臨。他命令男孩永遠不得返回聖索菲亞大教堂。自此，都城獲得來自天國軍隊的永恆守護。

並非所有關於君士坦丁堡的神祕預示都是正面的。一三一六年，一陣強風將查士丁尼手中的金色圓球吹落，在下方奧古斯塔廣場人行區砸出一道裂痕。帝國象徵從皇帝掌握中滑落，並非好預兆。從約翰・曼德維爾[1]開始的西方旅人，幾無例外，都曾論及這個總結君士坦丁堡弱勢的惡兆。為對抗魔法，拜占庭人曾數度重置圓球。事實上，他們一度在聖索菲亞大教堂屋頂拉架繩索，讓走繩人跨越，重置掉落的護符。但每一次，圓球都會再次掉落，不願停留在帝王的指尖。

掉落的圓球同時也印證了土耳其人的預言：「金蘋果」將來到土耳其人手中，一般公認「金蘋果」指的是君士坦丁堡。

不論魔力與否，十五世紀的君士坦丁堡情勢依舊險峻。西方崛起代表更多旅行者造訪都城，因此提供更多紀錄，但過往對於城市華美富裕的讚美，此刻已然稀少。事實上，歐洲人喜愛加拉塔的熱那亞殖民地，勝過金角灣對岸的殘破首都。一四〇三年造訪都城的西班牙大使路易・岡薩雷斯・德克拉維荷（Ruy Gonzáles de Clavijo）寫道，君士坦丁堡「擁有許多偉大教堂修院，但多數破敗；明顯地，在過往的年少時代，這曾是世上最知名的城市」。德克拉維荷也是第一位歐洲人寫下：「不像我們，希臘人並非稱其為君士坦丁堡，而是艾斯康波利（Escomboli）。」[2]這個字來自他對希臘文eis tin Polin的誤聽，意為「在／進城」。就像紐約人稱呼曼哈頓為「城」，希臘人也用這個熟悉的暱稱，但外國人誤以為這是全新的名稱。土耳其人也是這樣誤認，稍後將誤聽得的希臘文略改為「伊斯坦堡」（Istanbul）。這兩個案例中，指的都是同樣意思：「都城」。

1 知名遊記《約翰・曼德維爾爵士遊記》（*The Travels of Sir John Mandeville*）的作者，然而許多研究認為流傳於十四世紀的知名遊記為真，但作者未必名為約翰・曼德維爾爵士。該書記載作者從今日土耳其跨海前往中東、敘利亞、埃及及印度各地，以諾曼方言寫成遊記，在當代十分受到歡迎，甚至為後世探險家如哥倫布等引為參考，但公認內容多為幻想，非考證之作。

2 作者注：Ruy Gonzáles de Clavijo著，Clements R. Markham譯，《使館文書》（*Narrative of the Embassy*，Hakluyt Society出版社，一八五九年），頁四六。

與再度崛起的西方相較，即便拜占庭人也得承認都城的悲哀狀態。在一封致皇帝之子的信件中，拜占庭大使曼努埃爾・克里梭羅拉斯（Manuel Chrysoloras）比較羅馬與君士坦丁堡。他盡力為都城保留面子，指出君士坦丁堡一些妥善維護的教堂及紀念物。然而每行文字仍可見全面破落的景象。「都城中曾擁有許多此類雕像，僅餘基座及刻注的銘文。它們散布各地，特別是賽馬場……由基座之豪美、高聳、光輝及壯大，我們可猜想這些雕像曾是如何巨大、珍貴及壯麗。」[3]

西方基督教世界的興起與君士坦丁堡的沒落，形成強烈對比，但也提供一絲希望之光。數世紀以來拜占庭人嗤之以鼻的十字軍，似乎是保護都城及其帝國的方式。川流不息的十字軍持續前往東方，主要是在聖約翰醫院騎士團[4]的號召之下。聖約翰騎士團已在羅得島及小亞細亞南岸建立基地。一三九六年，法蘭西、匈牙利及其他人組成大批十字軍對抗土耳其人，卻敗於尼科波里斯[5]。雖然西歐成長快速，然仍不敵伊斯蘭世界；歐洲人尚無法與土耳其人相匹敵。

然而，西歐人實際是當時世界上，除拜占庭人之外，僅存的自由基督徒，也是君士坦丁堡唯一可能的盟友。約翰八世（John VIII Palaeologus）也難逃此一結論，若無希臘與羅馬教會的堅定的聯合陣線及大規模十字軍，君士坦丁堡將會陷落。事實上，十五世紀正是向西方求援的特別好時機。威尼斯人教宗尤金四世（Eugenius IV）對土耳其人毫無好感。威尼斯共和國以七年的時間、鮮血與財富，捍衛基督教徒的塞薩洛尼基，但最終仍舊在一四三〇年落於蘇丹穆拉德二世之手，並遭焚燒殆盡。一四三一年尤金四世成為教宗後不久，運用威尼斯大使與君士坦丁堡展開談判，預備舉行新一輪大公會議，涵蓋之廣將不容任何希臘人質疑其合法性。

然而，教宗也有自己的問題。一波來自大學的改革運動，稱為會議至高論（conciliarism），多年來主張縮減歐洲的教宗權力，改以經常性大公會議為宗。教宗自然反對此論，然而大分裂時期（Great Schism）的羞辱，歐洲同時分裂成兩位，後來是三位教宗的狀態，讓他們難以抗拒這項主張。[6]尤金四世在一四三一年召開巴塞爾大公會議（Council of Basel），然而出席率不佳，且很快就由激進的會議至高論派所主導。隨著每年過去，巴塞爾大公會對教宗權威的威脅益增；然而單純解散會議可能招致公開叛變的風險，甚至另一次分裂。君士坦丁堡成為尤金四世解決巴塞爾會議至高論派的關鍵。一四三六年，他完成準備，迎接約翰八世皇帝、牧首約瑟夫二世（Joseph II）及六百名希臘正教會的最高級教士，從君士坦丁堡前往費拉拉[7]，參加真正的大公會

---

3 作者注：Manuel Chrysoloras原著，第一段，收於Cyril Mango著，《一三一二至一四五三年之拜占庭帝國藝術》（*The Art of the Byzantine Empire, 1312-1453*，Prentice Hall出版社，一九七二年），頁二五〇至二五一。

4 聖約翰醫院騎士團（Knights of St. John Hospitaller）又稱聖約翰騎士團或醫院騎士團，原本是耶路撒冷近郊歸獻聖約翰的阿瑪菲人醫院，為老病貧的朝聖者提供醫療救護。第一次十字軍東征取下耶路撒冷後，在教宗章程下組成教會軍事武力，以防禦聖城。聖地為穆斯林所奪後，輾轉前往羅得島為據點，擁有統治主權；之後前往馬爾他島，成為西西里西班牙王國之下的諸侯國。因此又稱「羅得島騎士團」或「馬爾他騎士團」。今日則以馬爾他騎士團為名，為國際法下保障的主權團體，並以羅馬為基地。

5 尼科波里斯（Nicopolis）位於今日保加利亞北部，多瑙河右岸的尼科波（Nikopol）。

6 又稱為亞維儂大分裂，一三七八至一四一七年間，羅馬（義大利人）與亞維儂（法蘭西人）推選出各自的教宗，造成天主教分裂，其後樞機主教會議更罷黜了造成分裂的兩位教宗，推選出第三位教宗。

7 費拉拉（Ferrara）位於義大利北部艾米利亞－羅馬涅區的波河畔城市，在威尼斯的西南方。中世紀為獨立公國，一五九七年成為教宗國的一部分，直到義大利獨立。

議。這次會議將永久修復東、西方之間的分裂。威尼斯人派遣無數華麗船艇，在教宗旗幟之下，接運君士坦丁堡的菁英前往西方。

許多世紀以來首次，也是最後一次，君士坦丁堡的皇帝直接影響西歐大事。尤金四世發布詔令，宣布拜占庭人即日抵達，並將巴塞爾大公會移往費拉拉。會議至高論派認為自己被算計了。歐洲各地教會人士奔往費拉拉，參與基督世界合一的光榮大事，進而強化教宗權威，弱化會議至高論派的野心。會議至高論派立刻遣使君士坦丁堡，請求約翰八世皇帝改往巴塞爾，承諾將熱情以待，並盡一切努力維護他的帝國。約翰對西方教會改革毫無興趣，僅是寄望古老中古模式的強大教宗，能召集強大十字軍力對抗土耳其人。他禮貌地拒絕，表示希望在費拉拉見到諸位教士。

一四三七年夏，船艇離開君士坦丁堡，在威尼斯屬地莫東[8]過冬，於隔年二月八日抵達威尼斯。對仍然珍視曾為君士坦丁堡之子歷史的威尼斯人來說，這是前所未有的大事：不單是皇帝親臨潟湖，更有朝臣、教士及一度偉大的帝國中僅存的高級官員隨行。古羅馬政府抵達威尼斯，威尼斯人決心展現對古老文化親族的竭誠奉獻。歡迎儀式本身正展現此刻威尼斯所擁有的過人財富。聖馬可大教堂前的海面上，滿布艦艇與貢多拉（Gondola）等各式裝飾華麗的船隻。總督法蘭切斯科・福斯卡利（Francesco Foscari）搭乘名為「布欽多洛」[9]的總督艦親迎皇帝，猶如浮於水上的宮殿。拜占庭皇家鷹紋的旗幟列於船側，船首則飄揚著威尼斯的標誌：聖馬可翼獅。約翰八世在鼓擊與號角齊響中，登上鎏金船艦，就座符合皇帝尊榮的華飾王座。接著總督脫去總督頭飾「科諾帽」[10]，向皇帝彎身行禮。約翰八世令其就座左近較小寶座。歡呼樂音由船隻及岸上響起，超越許多世紀以來君士坦丁堡任何凱旋歡迎。拜占庭代表團接著通過大運河，前往下榻處。

這座新穎華美的宮殿，即為今日的土耳其人之家[11]。皇家行伍下榻此處將近三週，享受上古皇帝的奢華生活。接著前往費拉拉。

接下來一年中，希臘正教與羅馬天主教教職人員、神學家及哲學家在大公會議中討論解決歧

8 莫東（Modon）位於希臘伯羅奔尼撒半島西側，希臘文為麥托尼（Methoni），莫東為威尼斯語。處於亞得里亞海連接愛琴海處，地控威尼斯通往東方市場的路徑，因此威尼斯共和國自十二世紀起便覬覦此城。第四次十字軍東征後，伯羅奔尼撒半島為維爾阿杜安伯爵弗魯瓦攻占，成立亞該亞公國。但根據戰後簽訂的拜占庭帝國分割條約，半島大多數區域劃歸威尼斯。一二〇七年威尼斯艦隊在前總督恩里科・丹多洛之子帶領下，攻下麥托尼，並與亞該亞公國達成協定。在威尼斯治下，莫東發展達到高峰，成為威尼斯前往黎凡特（Levant）、聖地貿易路線的重要據點，並出現在許多朝聖者的紀錄中。

9 布欽多洛（bucintoro）是威尼斯總督座船，直到一七九八年拿破崙征服威尼斯前，總督座船在每年聖母升天日時，負責載運總督出航亞得里亞海，舉行「海婚儀式」，象徵威尼斯與海洋締結婚姻。歷史學者認為史上共有四艘主要座船，第一艘建於一三一一年，最後一艘為拿破崙所毀。威尼斯共和國於一三一一年通過法律由公帑出資興建第一代總督座船，雙層船艙，上有兩座帳篷，紫蓬為總督帳，紅蓬則供其他貴族乘坐。除海婚儀式外，座船也用於迎娶總督夫人等國家儀式，但自一四〇一年起，共和國立法禁止總督私人使用座船。二〇〇八年，義大利的布欽多洛基金會（Fondazione Bucintoro）宣布將斥資兩千萬歐元，重建一七九八年總督座船。

10 科諾帽（corno）是威尼斯總督專屬帽飾，頭頂尾端突起，以刺繡絲織錦緞製成。

11 土耳其人之家（Fondaco dei Turchi），Fondaco來自阿拉伯文fonduk，為旅館、驛館之意；dei Turchi為「土耳其人的」的意思。這座威尼斯－拜占庭風格宮殿，建於十三世紀前葉，一三八一年由威尼斯共和國政府購下，做為許多外國貴賓造訪時的行館。然而自十七世紀初年開始，一度成為威尼斯境內的鄂圖曼人貧民窟、倉庫與市集，也因此得名。十九世紀中期後經過陸續整修，今日成為威尼斯自然史博物館（Natural History Museum of Venice）。

見。遠自埃及與衣索比亞等地，上千名國際基督信仰領袖，群集費拉拉。數世紀以來首度，基督教五大古老宗主教座均出席參與大公會議。一四三八年底，由於憂慮當地爆發疫情，會議移往佛羅倫斯。在義大利文藝復興的搖籃中，大公會議亦不失光榮。畫家貝諾佐・戈佐利（Benozzo Gozzoli）在知名的梅迪奇宮禮拜堂（Medici Chapel）濕壁畫上，將盛裝的約翰八世刻畫為東方三賢之一。阿爾卑斯山另一側，盛極一時的巴塞爾大公會議，由於與會者紛紛託辭離去，前往佛羅倫斯盛會，因而萎縮。最後於一四三九年七月五日的盛大歡慶儀式中，教宗尤金四世與約翰八世皇帝正式慶祝東、西教會合一。基督教世界終於成為一體。

尤金四世未浪費時間，立刻為君士坦丁堡求援。他向全歐洲發布休戰，並呼籲所有戰士背起十字架，拯救東方的基督徒兄弟姊妹。雖然英、法為百年戰爭籠罩，新一輪十字軍仍吸引數千名波蘭人、瓦拉幾亞人[12]、匈牙利人，甚至不少法蘭西人。一四四四年，十字軍在保加利亞的瓦爾納城[13]，遭逢蘇丹穆拉德二世的軍隊。土耳其人大敗基督徒軍隊。匈牙利國王在陣中被殺，數千名被俘基督徒遭到斬首。再一次，大規模十字軍隊仍舊無法阻擋鄂圖曼帝國的無情擴張。君士坦丁堡持續懇求西方實質支持，但似乎即便如此，仍無法與蘇丹匹敵。

約翰八世於一四四八年去世，由皇弟君士坦丁十一世（Constantine XI）繼位。他是一個虔誠、勇敢、十分謙遜的人。幾年後，一四五一年，穆拉德二世也去世。倘若君士坦丁堡人相信敵人辭世預示著和平時期，將是一大悲劇錯誤。繼位的十九歲穆罕默德二世（Mehmed II）以博學、好奇且對羅馬歷史深感興趣而聞名（參見彩色插圖十二）。他同時也決心讓君士坦丁堡成為帝國首都。從繼位的那一刻起，他便深入研究此課題，思考城牆結構，用水供應的廣大網絡，以及圍繞都城的海路潮流。他下令召集數萬軍隊，在君士坦丁堡外會合，預計進行長期圍城。一四五二年四月，年輕蘇丹開始在城北的大型丘陵上建造巨大堡壘。完工時，如梅利堡（Rumeli Hisari）的雄偉建築，矗立在博斯普魯斯海峽最狹窄處，設計來永久控制水道。堡壘塔頂最高處，土耳其人架上相對新穎的武器：火藥大砲。穆罕默德接著宣布，若未經他同意，並支付通行費，任何人不得通行博斯普魯斯海峽。對其威脅力量半信半疑，許多商船仍舊航經水道，躲避各方發射的砲彈。然而一旦大砲經過適當調校，射偏機率就大幅降低。一艘載運小麥的威尼斯商船在一四五二年八月，為砲彈擊中沉沒。船長安東尼奧・里佐（Antonio Rizzo）與三十名船員遭鎖鏈綁縛，帶到穆罕默德蘇丹面前。蘇丹歡快下令將里佐施以公眾穿刺之刑，船員則遭斬首。

所有人都心知肚明，穆罕默德的準備是朝著奪取君士坦丁堡而來。君士坦丁十一世盡己所能避免這個結局，派出一位又一位大使，收買、懇求及警告蘇丹，停止軍事籌備。然而穆罕默德的回應並不愉快：

12 瓦拉幾亞（Wallachia）是中世紀時期位於歐洲東南部巴爾幹半島的歷史王國，摩爾多瓦（Moldova）以南，東濱黑海，介於喀爾巴仟山及多瑙河之間，約為今日羅馬尼亞東南部。後成為鄂圖曼帝國附庸國。

13 瓦爾納（Varna）是保加利亞第三大城，及保國黑海岸最大城市，古名奧迪索斯（Odessos）。由於坐落策略性位置的瓦爾納灣，此城三千年來持續做為黑海的主要經濟、社會與文化中心，最早可追溯至上古色雷斯人聚落，即以此溝通安納托利亞、高加索及地中海。根據語源追溯，varna 一字可能來自由波羅的海南遷，跨越黑海前往君士坦丁堡的瓦蘭金人，有「強化防衛之地」的意涵。

我並未剝奪都城任何事物。（君士坦丁十一世）無法控制及擁有任何超越城牆的事物……你為何試圖阻止我？難道我不能在自己的領土上隨心所欲？回覆你的君王：現任主宰不似任何前人；他將輕易達成前人未能完成之事。他熱切希望成就前人不願完成之事。未來任何人再向我談及此事，我將活剝此人。

穆罕默德召集約十萬大軍，在狄奧多西陸牆外的平地列陣。君士坦丁堡曾承受為數更多的軍隊攻擊，但過去從未有大砲助陣。眾城女王的歷代帝王曾試著建立可承受任何攻擊的防衛，但火藥為戰爭形式帶來的轉變，是他們始料未及的。一位名為烏爾班（Urban）的匈牙利工程師，曾受雇於君士坦丁堡皇帝，要求大幅加薪，才願意留在基督徒陣營。君士坦丁無力支付，因此烏爾班改投向願意付出大筆報償的穆罕默德。烏爾班不只知道如何製作銅製大砲，還曾監督狄奧多西城牆的重建工程。因此他對城牆的優缺點熟稔於心。除了陸軍，穆罕默德還有一支大型海軍，開始巡航博斯普魯斯海峽與馬摩拉海。

此時雖尚未宣戰，但只有傻子看不出戰爭一觸即發。君士坦丁十一世不是傻子。在一錘定音之前，他送出最後一封勇敢信件給鄂圖曼蘇丹，大膽指陳：

既然您已選擇戰爭，而我亦無法以腴詞，或您宣誓的條約，來說服您改弦易轍，那麼請照心意行事。我將向真神尋求庇護。若此為祂的心意，將都城交入您的手中，誰能反抗呢？若祂在您心中再次啟發和平，我也將喜悅歡迎。此時此刻，請收回您的條約及宣誓言詞。由

> 此刻起，我將關閉都城大門，並保護居民。持續您的壓迫統治，直到正義法官終將對每個人做出公正判決——包含您與我[14]。

穆罕默德並未回應。一四五二年冬天，都城已遭到全面包圍。

情勢十分危急。君士坦丁十一世下令調查身強體健、能夠作戰的市民。數字為四千九百七十三人。他也致信西方，懇求更多補給與軍力。教宗送來一些人，威尼斯人提供一些武器與盔甲。但歐洲也身陷內部戰爭。威尼斯人將帝國領域伸入義大利本土，許多資源都耗費在與米蘭的戰爭上。圍城開始時剛好在君士坦丁堡城內的威尼斯人舉行投票，決定留在原處協防都城。他們的領袖吉羅拉莫・米諾托（Girolamo Minoto）傳話給威尼斯，他們將盡可能支撐下去；威尼斯參議院承諾將送來更多援助。除了當地威尼斯人，君士坦丁僅能倚賴一群其他義大利人組成的團體，但未包括熱那亞人。至少不包含數千名住在加拉塔殖民地的熱那亞人。他們已拒絕選邊站，希望不論圍城結果，仍能維持利潤豐厚的地位。一群由喬萬尼・朱斯蒂尼亞尼[15]傭兵隊長領軍的熱那

---

14 聖經中稱耶穌基督為「正義的法官」（提摩太後書4:8），祂所給予的忠告是「公正判斷」（馬太福音7:1-2；尼腓三書27:27）。

15 喬萬尼・朱斯蒂尼亞尼（Giovanni Giustiniani）生於熱那亞共和國最重要的貴族家族之一，一四五三年君士坦丁堡之圍時，由當時熱那亞控制的愛琴海島嶼希俄斯，自費帶領七百名傭兵馳援君士坦丁堡。成為協調熱那亞人、威尼斯人及希臘人守軍的重要將領。

亞傭兵軍團倒是抵達君士坦丁堡，向皇帝提供服務。君士坦丁接受了，甚至聘任朱斯蒂尼亞尼伯爵為軍事統帥。義大利守軍共約兩千到三千人。城內約八千名守軍，對抗十萬名武器精良的土耳其攻擊部隊。

恐懼瀰漫著君士坦丁堡的街道，此刻都城成為伊斯蘭教怒海中的基督教孤島。人們不單為自己性命感到恐懼，也深感某種曾視為永恆的事物，即將終結。十六個世紀前，羅馬驍將小西庇阿（Scipio Aemilianus）下令軍團毀去迦太基城，這個偉大帝國的最後遺跡時，曾苦澀落淚。看到淚水流下將軍臉龐，他的希臘友人波利比烏斯（Polybius）誠摯詢問原因。他說：「光榮的時刻，波利比烏斯。但我心中憂慮預感，有朝一日，同樣末日也將降臨我的國家。」這個故事在羅馬帝國的希臘首都中，人盡皆知。曼努埃爾二世與兒子約翰八世曾向神祈求，勿讓西庇阿、凱撒與查士丁尼的帝國，在他們統治下陷落。君士坦丁十一世也有同樣祈求，但回應似乎愈顯微弱。一封來自君士坦丁堡平民狄奧多爾・阿卡里安諾斯（Theodore Agallianos）的信中，說出此刻的絕望：

> 都城無法期待內部或外部的協助。赤貧、人力稀缺、外敵入侵及對最終結局的苦澀認知和恐懼，長期折磨著都城，資金與人力都十分欠缺。我們唯一的寄望，是慈悲仁愛真神能回返、解放與捍衛我們，以及純潔永恆的童貞聖母。

穆罕默德二世很清楚，超過一年以上的時間，君士坦丁堡持續遣使與致信西方，回報危險情勢並懇求援助。土耳其圍城不只一次因為十字軍攪局而失敗。因此蘇丹決心盡快拿下都城。烏爾班向蘇丹保證，自己可以製作一種能「擊垮巴比倫之牆」的大砲，將讓君士坦丁堡的狄奧多西城牆灰飛煙滅。在阿德里安堡花了三個月時間，烏爾班完成一門十分巨大的大砲，超過二十英尺長，能夠擊發超過八百磅的石塊。許多親眼見過大砲的人，稱其為「怪物」。這門大砲以六十頭公牛勉力拖行穿越色雷斯，架設在面對城牆的巨大基座上。但這並非唯一武器。穆罕默德二世擁有至少一打以上，不同尺寸的火砲。雖然彈藥火砲在中東仍舊新穎，但在西歐戰場上已成為常態。事實上，烏爾班的怪物以歐洲標準來說，屬於舊款。西歐人已不再製作銅砲，而是精進新的鐵砲，更容易運輸、精準且殺傷力更強。

但這並不表示穆罕默德二世的砲火缺乏效果。小型火砲特別可以連續使用；怪物必須在射擊之間，冷卻三小時才能再次發砲。即便如此，僅數週時間就造成城牆龜裂。緊密結合石塊的鐵片也無法阻止城牆崩裂。君士坦丁堡也擁有大砲，但城內火藥供應吃緊，因此每次擊發都必須謹慎計劃。城內防守人力太少，只夠防衛狄奧多西外圍的低牆。守軍背後尚有高塔與城牆，但因缺乏軍力，這些防衛工事毫無用武之地。外牆雖然堅實，但在持續不斷的轟炸下，加上在外牆塔樓擊發大砲的後座力，對牆身也會造成嚴重損傷。因此，守軍將防衛火砲移往以木頭、石塊臨時架設修補的堡壘崩毀牆面。從這些相對穩定的瓦礫山上，他們可以任意發射攻擊。

一般認為火藥終結了拜占庭君士坦丁堡。由於君士坦丁堡陷落通常被視為中世紀最後一件大事，古代驕傲拜倒在新興的現代戰爭科學之下，帶有些許詩意。然而近日研究顯示，穆罕默德的大砲雖有助益，但絕非致勝關鍵。在「怪物」與狄奧多西城牆的競賽中，崩潰倒下的是低吼的大砲。就我們所知，知名大砲從未對城牆造成實質損害。然而，心理上的損害卻是毀滅性的。即便一英里外，大砲響雷仍能震動都城。沒人曾聽聞這樣的武器。擊發時濃煙之大，籠罩整個戰場，並湧入城內。兩個月中，其他大砲也持續發射攻擊，但守軍仍能趁黑夜掩護，修補破損。守軍也經常發動突擊，騷擾太靠近城牆的鄂圖曼軍。數週過去，穆罕默德對於遲遲未能攻下都城感到不耐。他曾期待過去未曾以勇氣聞名的拜占庭人，在怪物第一聲響起時，就逃離都城。或至少在城牆開始崩毀後逃離。相反地，他們持續全力反擊。他懷疑此非拜占庭人自己的能力。「此時發揮效果的，」他說，「是法蘭克人（歐洲人）的技巧，而非希臘人，法蘭克人才有此等頑抗與戰力。他們不懼無數箭矢，或大砲，或木造堡壘，即便圍城永無止境。」然而在這一點上，蘇丹錯了。希臘男人在城牆上決心戰鬥，希臘女人夜間修補城牆。

君士坦丁堡本應在一四五三年四月二十日陷落。至少，這是穆罕默德二世的蘇菲（sufi）謀士所預言的日期。高度期待的蘇丹下令近日擴大的艦隊，攻擊停在都城附近的義大利船隻，並奪取以強力鎖鏈及數艘威尼斯戰艦由內保護的金角灣。工藝精良的義大利船隻在鄂圖曼人靠近鎖鏈前，就成功摧毀了不少船艦。此次戰敗令蘇丹大怒，再加上謠言傳說一支威尼斯艦隊正從愛琴海趕來，因此蘇丹罷黜了海軍主帥，親自領軍。

四月二十二日，君士坦丁堡守軍一覺醒來，映入眼簾的是一片驚人的景象。除了義大利戰船停泊的鎖鏈附近，超過七十艘輕型鄂圖曼船隻占據了金角灣整片海面。更糟的是，土耳其工程師開始建築一道跨越金角灣的浮橋，將輕易串聯北部丘陵與陸牆外的穆罕默德主軍。蘇丹是如何跨過鎖鏈與義大利戰艇？基督徒驚駭地發現，所有鄂圖曼船隻在一夜之間，被拖上岸，穿越佩拉區（Pera，即加拉塔）的丘陵。完全的驚人之舉。後續威尼斯人嘗試火燒艦隊卻慘敗，更失去許多威尼斯人性命。鄂圖曼艦隊的出現，迫使君士坦丁堡守衛在十分吃緊的狀況下，分出人力前往港邊城牆，防衛來自海上的攻擊。

數週過去，對於城牆的無情轟炸夜以繼日。穆罕默德同時派出工兵，試圖挖掘地道，破壞城牆。希臘與義大利守軍沿著城牆，放置大水缸，偵測地底開挖動靜。當有所反應時，他們也派出反制工兵，穿入土耳其人的地道，放火燒毀木頭支架，活埋地道中人。即便多次嘗試，鄂圖曼工兵並無法破壞君士坦丁堡的防衛。

威尼斯援兵即將到來的謠言，持續在都城與土耳其陣營中流傳。君士坦丁皇帝甚至派出一艘偵查船，穿越土耳其封鎖，搜尋艦隊抵達的跡象，卻只發現空蕩蕩的海平面。船長賈科莫．洛雷丹（Giacomo Loredan）將軍確實在四月從威尼斯出發，但沿途在威尼斯殖民地徵用船隻時，卻遭遇令人憤怒的延誤。一四五三年五月，他仍然在內格羅蓬特[16]，試圖拼湊一支艦隊。

穆罕默德憂心援軍不日將至。接近五月底時，他決定不再等待，必須冒著風險，對君士坦丁堡發動全面攻擊。過去數週時間，蘇丹將攻擊火力集中在「美索特其翁」，即「中牆」區域。這片城牆位於聖羅曼努斯城門與潘普頓城門（Pempton）之間，聞名的狄奧多西城牆最脆弱之處，因為城牆在此下降進入里卡斯河谷。此刻外牆已是成堆殘磚斷瓦，但基督徒仍舊勉力防衛。五月二十八日星期一，鄂圖曼軍隊開始向此處集結，明顯地，集中攻擊即將展開。當晚，皇帝參加聖索菲亞大教堂的彌撒，所有不須防衛城牆的人都在此聚集。人們感覺到這可能是最後一次基督禮

16 內格羅蓬特（Negroponte），希臘愛琴海島嶼尤比亞（Euboea）首府的中古世紀義大利文名稱，今為哈爾吉斯（Chalcis）。

拜的氣氛，迴盪在查士丁尼的偉大教堂內，所有人同心協力，遺忘許多分歧。羅馬天主教與希臘正教教士，以拉丁文及希臘文，共同吟誦彌撒，懇求基督與聖母再次捍衛他們。

土耳其攻擊在次晨，五月二十九日星期二展開。穆罕默德乘坐金色戰車，親自來到中牆前，射出飛越城牆的第一箭。繼之而來的是數千飛矢。土耳其攻勢強大無情。前線是可犧牲的非正規軍，從巴爾幹各地，以戰利品吸引招募而來的低階叛軍或地痞。熱那亞傭兵隊長朱斯蒂尼亞尼統帥整個防衛作戰，快速擋下首批進攻武力。接下來則是鄂圖曼正規軍，有序挺進，為都城帶來重大危機。大量熱油及滾水送上牆頭，大盆大盆地往進攻者頭上潑下。正午時分，當土耳其軍隊終於後撤，防衛軍相當歡喜，卻也十分疲憊。

接著上場的是蘇丹親兵（Janissaries）。這批令人心生畏懼的戰士，是蘇丹的菁英侍衛。這支奴隸兵基本上直屬鄂圖曼統治者。蘇丹親兵的招募，通常始於嬰兒時期。鄂圖曼官員經常觀察帝國治下基督徒家庭的男性後嗣，從父母手中帶走強壯男孩，送到蘇丹親兵團的堡壘中養育。他們在此學習成為有紀律的致命軍人，嫻熟數理、波斯詩歌，並過著典範的穆斯林生活。為蘇丹服務是他們的最高目標，並樂意為此捨身。西方基督徒對於蘇丹親兵的懼怕，確實有其根據。

當防衛軍勉力面對新一波攻擊時，君士坦丁堡的命運卻定於他處。朱斯蒂尼亞尼向屬下大聲下令時，一支箭，也許還有其他攻擊，擊中了他，他開始流血。關於這個決定性傷勢的許多敘述大相逕庭，以至無法確知細節。事實上，他的傷勢確實極為嚴重，最後因此喪命。然而不確定的是，為何朱斯蒂尼亞尼接著離開戰鬥，直接前往他停在港口鎖鏈內的船艦。他並非懦夫。事實上，正是他的勇氣與戰技，鼓舞了基督徒，在漫長的兩個月中，持續對抗鄂圖曼人圍城。因此，他為何在這關鍵時刻逃走？我們無法得知，但此舉造成的重大影響卻清晰可見。當他的部下看到領袖撤退，他們也迅速跟進。很快地，守軍中開始傳布戰敗消息。恐慌爆發。

在都城古老城牆遺跡上揮舞寶劍的皇帝君士坦丁十一世，傷心地看著蘇丹親兵輕易跨過破裂戰場，進入君士坦丁堡，屠殺眼前看到的每個人。小西庇阿的意象降臨眼前，羅馬陷落。最後一任皇帝脫下紫袍，高舉反抗之劍，衝入敵陣。如同他的友朋及國人，也在蘇丹奴隸的無情攻勢下失去生命。

都城與羅馬的長久關係劃下了句點，然而做為帝國首都的時刻卻尚未結束。

第三部

鄂圖曼帝國的君士坦丁堡，西元一四五三至一九二三年

至於城市本身所在位址，彷彿由自然造就，生來就是世界之都。[1]

——德布斯別克[2]，《信件集》（*Letters*）

君士坦丁堡！君士坦丁堡！……是世界的帝國！[3]

——拿破崙

---

1 作者注：Ogier Ghiselin de Busbecq著，Edward Seymour Forster譯，《奧吉爾．季斯林．德布斯別克土耳其信件集》（*Turkish Letters of Ogier Ghiselin de Busbecq*，路易斯安納州立大學出版社，二〇〇五年），頁三四。

2 奧吉爾．季斯林．德布斯別克（Ogier Ghiselin de Busbecq），十六世紀佛萊明作家、植物學家及受聘於奧地利王室的外交人員。一五五四年及一五五六年曾兩度出使鄂圖曼帝國，派駐君士坦丁堡，代表奧地利國王斐迪南一世（Ferdinand I，未來的神聖羅馬帝國皇帝），與蘇萊曼大帝談判外西凡尼亞（Transylvania，今羅馬尼亞）的領土爭議。在君士坦丁堡期間，他寫下知名著作《土耳其信件集》（*Turkish Letters*）。信件往來對象主要是同僚友人法蘭德斯的尼古拉．米歇（Nicholas Michualt），內容包含鄂圖曼宮廷政治、旅行紀錄及土耳其境內動植物觀察，為研究十六世紀鄂圖曼宮廷的第一手資料。

3 作者注：M. Adolphe Thiers著，D. F. Campbell與H. W. Herbert合譯，《拿破崙治下法蘭西帝國與使館歷史》（*History of the Consulate and the Empire of France Under Napoleon*，Claxton, Remsen, and Haffelfinger，一八七九年），2:326。

第十七章　蜘蛛簾幕

即便鄂圖曼軍隊由君士坦丁堡破裂城牆蜂擁而入，屠殺所有擋路者時，羅馬帝國的最後人民依舊期盼奇蹟。過去世紀中，各種複雜預言在都城裡流傳，預示著土耳其人最終突破古老防禦的時刻。它們宣稱，入侵者將延梅塞大道而下，瘋狂奔竄奪取聖索菲亞大教堂的財富；但他們不會成功。當侵略隊伍進入君士坦丁廣場，經過建城聖者的偉大立柱時，一位天使將從天而降，揮舞利劍。帶著正義之怒，天使將把異教徒逐出君士坦丁堡，以及整個基督教帝國。在光榮時刻裡，被奪走的一切將獲恩典回歸。因此，最安全之處就是聖索菲亞大教堂的聖所，數千人湧入教堂，擋住大門。

預言正確預估了征服者的路線，但也僅只於此。天使並未降臨廣場，當天也沒有天怒發威。相反地，掠奪者衝到聖索菲亞大教堂，開始破壞殿堂的青銅大門。當他們將大門由鬆脫門栓扯落時，如深穴般的查士丁尼大教堂內，塞滿害怕的信徒，依舊祈求神的赦免。接下來的景象完全可以想像，雖然也在許多紀錄中有所描述。勝利者屠殺男人與老人，留下美貌婦女與兒童，供自己享樂或賣到奴隸市場。在基督、童貞聖母、聖人與皇帝的閃亮鑲嵌壁畫俯視下，土耳其人喧鬧集中可憐的俘虜，打罵驅趕著他們，穿過仍舊浴滿心愛之人鮮血的大理石鋪面。

接著是大劫掠。如君士坦丁堡這般貧困的城市中，僅餘的財富多半都藏在教堂裡，聖索菲亞大教堂更是其中之最。金銀法裝、聖體匣及書封被砸毀或偷盜。陷落都城各處都是同樣故事。根據穆斯林傳統，此後以「法蒂耶」（Fathiye），即「征服者」，聞名的穆罕默德蘇丹，允許勝利軍隊在征服城市進行三天劫掠。對被征服者來說，這是恐怖的三日。

許多事物就此失落。數世紀以來，君士坦丁堡保存希臘古代典籍，仍有不少圖書館典藏這些無價作品。在鄂圖曼征服前，數百本書籍已被送往西方。許多最終落腳羅馬，進入梵諦岡圖書館（Vatican Library）。其他書籍則送往威尼斯，目前仍存於馬爾西安納圖書館（Biblioteca Marciana），就在觀光客眾多的聖馬可廣場附近。此刻在君士坦丁堡，皇家文獻被毀，因此抹去超過千年的記憶。影響所及，現代的拜占庭帝國歷史學者僅能依賴少數倖存的文獻。除了阿索斯山[1]仍有不少典藏，拜占庭廣大的文獻幾乎隨著國家陷落，點滴不存。一二〇四年十字軍未帶走或毀壞的藝術品，也難逃一劫。伊斯蘭教的偶像禁令，常詮釋為強制摧毀任何對人類形象的描繪。君士坦丁堡呈現一片殘破景象。

蘇丹進入新都是極度重要的一刻，莫怪成為許多傳奇故事的基礎。無疑地，穆罕默德由聖羅曼努斯城門進入，騎馬穿越街道，前往聖索菲亞大教堂。長期以來，此為穆斯林征服基督徒城市後的傳統，首先前往當地最大的教堂，唱誦穆斯林禱文：「除阿拉外別無真神，穆罕默德是祂的先知。」感謝真神賜下勝利後，穆罕默德立於人民之前，接受歡呼為都城新主，正是先知本人曾預言將奪下羅馬首都的蒙福領袖。即便這座大獎的景況貧瘠，仍舊是特別榮耀的勝利時刻。穆罕默德深信鄂圖曼帝國是羅馬的自然繼承者，同樣地，伊斯蘭教也自然取代基督教。因此，新羅馬的君士坦丁堡是蘇丹承繼的遺產，蘇丹將踩著凱撒前人的腳步，大膽前進。根據一項紀錄，祈禱結束後，穆罕默德誓言將讓兩座姊妹城市，併於自己的統治之下。換句話說，羅馬很快也將成為穆斯林都市。

各種紀錄描述穆罕默德對新都的審視，先前他可能未曾造訪過此地。最有名的紀錄，形容他對大皇宮一度繁華如今可悲之殘跡的反應。從聖索菲亞大教堂的高處，他俯視由丘頂延伸至海

1 阿索斯山（Mount Athos）位於今日希臘北方馬其頓區的半島上，希臘語稱為聖山。君士坦丁大帝時代，基督徒與異教徒便定居在此，七世紀穆斯林征服埃及後，一部分基督教修士從埃及來到此地生根。一枚西元八八五年的巴西爾一世金幣聲明阿索斯山屬於僧侶，世俗者不得在此定居。九五八年，此地在拜占庭皇帝保護下，建立了大拉伏拉修道院（Monastery of Great Lavra），今日仍是二十所修院中最大、最著名者。九七二年約翰一世簽署詔書，阿索斯山為修道院自治州。鄂圖曼帝國時期，阿索斯山修院試圖與蘇丹維持良好關係。一四三〇年穆拉德二世攻下塞薩洛尼基，他們立刻向蘇丹輸誠；穆拉德以承認修院產權做為回報。一四五三年君士坦丁堡陷落後，穆罕默德二世也正式批准產權。透過此舉，阿索斯山得以在鄂圖曼時期維持獨立地位，並保存大量中世紀藝術寶藏，包含聖像、法衣與儀式器物（十字架、聖餐杯）、聖經經卷、基督教典籍、拜占庭金璽詔書及聖物等。十五世紀以降，其他東方正教國家如俄羅斯、保加利亞及塞爾維亞開始在個別修院注入影響力。一次大戰後，此地才正式歸屬希臘。今日根據希臘憲法，阿索斯山政治上自治，由二十所修院代表組成神聖共同體進行管理，在希臘共和國主權內組成阿索斯山修道院自治州。即便希臘加入歐盟時，阿索斯的自治地位也獲特別標注，不受歐盟人貨移動自由規範。宗教上，阿索斯山由君士坦丁堡牧首直接管轄。此地雖與陸地相連，但只靠渡船往來。訪客人數有所限制，須先獲得核准，且僅准許男性進入。

岸，雜草叢生的殘破地景，據說他吟誦波斯詩人薩迪・席拉茲[2]的詩句：

凱撒帝宮中蜘蛛織幕
阿菲拉西亞[3]塔裡夜鷹呼嘯

在破敗混亂中，征服者看到重生的可能。他相信，君士坦丁堡在鄂圖曼蘇丹帶領下，伊斯蘭教真神信仰的滋潤中，將再次興起，成為世界艷羨的對象。幾個故事描述穆罕默德訓誡軍隊不得毀損市內建築與紀念物，命令他們僅能擷取可動資產，但其他的必須留給蘇丹。根據一名作者，他下令將賽馬場遺址內，三蛇立柱基座上長出的樹移除，以免破壞了這座古老紀念碑。

經過三天劫掠後，君士坦丁堡內秩序大致恢復。開始進行清理屍體的工作。穆罕默德特別急於確認君士坦丁十一世的屍首。希臘人盛傳，皇帝未死，並將號召人民對抗土耳其人，重新奪回都城。成山的屍體堆在聖羅曼努斯城門附近的城牆缺口，因此蘇丹手下前往此處搜尋君士坦丁的屍體。雖然皇帝已脫下皇家袍服，但仍可透過紫色襪子上的皇家鷹徽辨識。然而他的頭顱不見蹤影。狂熱的士兵先前將異教防守軍的頭顱砍下，在附近分開堆疊。蘇丹人馬在頭顱堆中搜尋，卻未能確認誰是君士坦丁。最後他們選了一具看來相似的頭顱，連同屍身，送到穆罕默德二世面前。為了在視覺上彰顯舊秩序終結，穆罕默德下令將頭顱懸掛在奧古斯塔廣場的查士丁尼騎士雕像延伸之手上。訊息十分明確：由新的土耳其主人，將希臘領袖的頭顱，掛在他們曾相信將保護都城免於土耳其侵襲的銅像上。然而，此舉並未獲得預期回應。幾名認識君士坦丁的希臘人堅稱，掛在銅像上的頭顱並非皇帝本人。因此更煽動了皇帝未死，待其歸來的流言。

此後數世紀，這項期待支撐著希臘人，最後甚至在希臘現代國家形成中發生影響。根據一組稱為智者利奧神諭（Oracles of Leo the Wise）的預言象徵，許多希臘人相信君士坦丁十一世未死於征服戰爭中，而是為天使所救，移往靠近黃金門的一處地底洞穴。最後一任皇帝在此進入長眠，等待希臘人完成贖罪的那一天到來。屆時天使將返回君士坦丁堡，喚醒皇帝，交付寶劍。接著發展的情況每個故事略有出入，端視不同時期而定。但在每個故事版本中，土耳其人都將面臨悽慘的一日。

這是關於君士坦丁堡陷落及最終光復，數百個希臘民間故事之一。其他故事則宣稱，飾滿珠寶的聖索菲亞大教堂主壇為天使舉起，置於博斯普魯斯海峽中，在此等待大教堂重返基督信仰的一日到來。另一則故事關於土耳其人衝入大教堂時，一名正在吟誦彌撒的神父。一扇閃亮大門神奇出現，神父步入門中，手中緊抓著已祝聖的聖體。故事描述當真神讓君士坦丁堡重回希臘人手中，這扇門將重啟，神父也將現身完成彌撒。這些故事的核心是被征服的希臘人的強烈信念，他

2 薩迪．席拉茲（Saadi Shirazi），本名為Abū-Muhammad Muslih al-Dīn bin Abdallāh Shīrāzī，筆名薩迪，一二〇八年生於伊朗西茲子（Shiraz），因而稱為薩迪．席拉茲。為中古時代知名波斯詩人及文學家，並以其社會倫理思想著稱，是波斯古典文學傳統大家。

3 阿菲拉西亞（Afrasiab），位於今日烏茲別克撒馬爾罕北方，是撒馬爾罕古城中最古老的遺址，約存在於西元前五〇〇至西元一二二〇〇年間。

們的罪愆是悲劇的最終根源。當希臘人在鄂圖曼治下承受足夠苦果後，真神將會悲憫饒恕他們。

民間故事與傳奇並非僅僅爐邊閒談；它們對時代事件有其真實影響。這正解釋，為何在視覺上證明查士丁尼雕像的神力不足後，穆罕默德二世仍舊下令將其拉倒。在經歷九百年的寒暑，雄踞高聳的立柱頂端，雄偉的騎士駿馬銅像，終在下方奧古斯塔廣場的石地上碎裂。其中幾塊碎片隨後送入鄂圖曼火砲製造廠熔解。一五四四年，歐洲學者皮耶・吉爾看到其中幾塊。他寫下：查士丁尼的腿比一個人還高，他的鼻子長達九英寸，其中一隻馬蹄也達九英寸高。立柱存活的時間則比穆罕默德二世更久，最終在一五二〇年左右被拉倒。今日已無痕跡可循。

遭屠戮屍體仍在清運，數千名基督徒俘虜被轉往奴隸販子時，穆罕默德的注意力已經轉向重新增加君士坦丁堡的人口。在許多方面，穆罕默德將自己視為新君士坦丁，在舊的遺跡上，建立新都。他確實也面對許多同樣的問題。擁有足夠金錢，不難建立首都，但要如何填滿城內人口？君士坦丁曾提供免費土地，並協助窮人住居，催促貴族富家搬遷到帝國新都。穆罕默德也大致採取類似措施，但成效不彰。蘇丹固然擁有大量資源，但仍難與古代羅馬帝國皇帝匹敵。邀請未獲回應時，蘇丹便訴諸武力。他派遣代表前往小亞細亞與巴爾幹各地，無視當事人的意願，聚集搬遷家戶。穆罕默德特別急切希望蒐羅技術高超的匠人入住首都，因此他的代表以此為優先目標。許多被迫遷移者是土耳其人，但亦包含數千名帝國治下的塞爾維亞人、亞美尼亞人及希臘人。征服之後十年，君士坦丁堡的希臘人口，較征服之前更多。猶太人也很受歡迎，一四九二年西班牙全面驅離猶太人後，許多人落腳君士坦丁堡。

這些族群在君士坦丁堡各個族裔區域落腳。在穆斯林律法中，非穆斯林不得擁有武器，並須繳納特別的人頭稅。他們也不得擔任政府公職。除此之外，非穆斯林可以自由選擇生活方式與宗教信仰。當穆罕默德攻下君士坦丁堡時，多數教堂都呈現不同的毀壞狀態。根據所在位置，有些被忽視，有些則轉成當地清真寺。君士坦丁堡的主教堂，聖索菲亞大教堂，成為鄂圖曼帝國的國家清真寺。殿堂內所有十字架盡皆毀去，所有聖像不是毀去，便是塗蓋。祭壇與其他宗教建築則遭遷移，豪華大理石地面鋪上祈禱地毯。舊高壇的位置上改放祈禱壁龕：米哈拉布（mihrab，定出麥加方向的凹壁），略經調整以更符合聖城方向。穆罕默德二世還在西南角，為清真寺興建一座小型叫拜塔。然而這座建築的名稱，依舊是聖索菲亞。一開始穆罕默德將君士坦丁堡主教座移往都城第二大的聖使徒教堂。數年後，當征服者永久移入新都後，他開始細想此事。牧首金納迪烏斯二世（Gennadius II）被從聖使徒教堂逐出，遷往較小的萬福聖母瑪利亞教堂（今日的征服者清真寺）。基督徒仍握有許多教堂，儘管所有的大鐘皆被移除。此後君士坦丁堡丘陵間，僅有穆斯林叫拜聲迴盪。

一四五六年遷往都城後沒多久，穆罕默德二世開啟數項主要建築計畫，這是君士坦丁堡數世紀以來許久未見的景象。如同君士坦丁，穆罕默德也重視他的陵寢，位置必須顯目，並在他重建的都市中獲得永久敬重。由於亟盼模仿君士坦丁，他也將永久安眠之處選在同樣地點。當然，這就表示君士坦丁與其他拜占庭帝王的陵寢必須移走。他們的軀體四散，石棺多數遭受毀壞。僅有一些最美的斑岩陵墓獲得保存。今日，它們長眠於考古學博物館（Archaeological Museum）外，這些是聖使徒教堂的僅存遺跡。當陵寢地點終於清空，稱為「庫利葉」（külliye）的新建築群在此展開。如同君士坦丁，穆罕默德也希望他的安眠之處，成為蓬勃宗教活動的中心。因此他將自己的清真寺與陵寢放在庫利葉的中心，今日名為法蒂赫清真寺。在清真寺入口，他以阿拉伯銘文寫下先知聞名的聖訓：「君士坦丁堡將被征服。祝福征服此城的將領，及其軍旅。」清真寺四周圍繞寬闊中庭，有意識地仿效羅馬廣場，也因此成為鄂圖曼建築中的創舉。此區的外圍有伊斯蘭教宗教學校、圖書館、醫院、慈善廚房及商旅客棧、古蘭經學校與市集。以清真寺做為都市建築群核心，是個新穎的概念，後續鄂圖曼蘇丹則在君士坦丁堡持續複製。至於穆罕默德的庫利葉多數毀於一七六六年的地震。所有建築後續則在大幅變動的規劃下重建。

穆罕默德自然也著手修復君士坦丁堡的防禦工事，然而並非著重一般人認為的優先項目。鄂圖曼帝國的邊界相當遙遠，有能力威脅君士坦丁堡的人十分稀少。西方強權的海上劫掠反而較具可能性，因此海牆維護獲得特別重視。穆罕默德軍隊進城時通過的狄奧多西城牆破裂處，從未完全修復。然而，更令人驚訝的是，征服者將大量資源投注在陸牆最南角，建築一個新的防禦堡壘群：耶迪庫勒（Yedikule）。耶迪庫勒，又名七塔，是一處自給自足的堡壘，建在陸牆內部，運用四座原本的哨塔，再新增三座圍繞哨塔。一開始我們並不清楚蘇丹為何在離城市中心如此遙遠處，興建這座建築。後續年代，這座建築做為安全儲存所，一開始是存放財寶，之後則是關押人犯，亦即鄂圖曼版的倫敦塔，一座菁英貴族的監獄。耶迪庫勒新塔最驚人之處在於，建築並非沿著堅實的牆面，而是完整包圍一座城門：黃金門。這座凱旋門數世紀以來持續與征服都城的神祕力量有關。無疑地，在穆罕默德的君士坦丁堡中，希臘人間也流傳著重生皇帝由此門返回都城的故事。土耳其人經常看重這類民間故事。穆罕默德以城塔與軍隊圍繞黃金門，是否為了防衛皇帝重返？倘若如此，則與十二世紀伊薩克二世皇帝以牆包圍城門，穆罕默德的繼承人蘇萊曼大帝封閉耶路撒冷的黃金門，並無不同之處。兩個案例中，統治者都試圖預先阻止統治末日的預言。

穆罕默德二世對於大皇宮破敗榮華的傷感評語，也適用拜占庭皇帝的另一處住所：布雷契耐宮。這座宮殿也處於極度衰敗的狀態。因此兩處都不符合鄂圖曼蘇丹的身分。征服都城後不久，蘇丹開始建設新宮殿，位於都城中心高點，舊狄奧多西廣場的北端，離瓦倫斯水道橋及數個古代噴泉不遠處。穆罕默德可能以征服時位於此處的某個堡壘或宮殿進行改建。然而，新宮殿無疑具有妥善防禦，圍繞豪華住所的花園，諸多宮院以容納大量奴隸及統治者的妻妾。這座宮殿建築群在未來一世紀中，將成為君士坦丁堡的蘇丹主要居處。此後，這裡改建成後宮，但今日已不復存。

穆罕默德同時也開始興建另一座宮殿，做為帝國政府運作中心。位置上，他選了城中地段最佳，但卻很奇怪遭到忽視的一片土地：古代衛城。半島頂端最高處曾是原始拜占庭城的位置，後世由無數異教殿堂進駐，許多世紀以來，俯瞰博斯普魯斯海峽的繁忙交通。君士坦丁建立都城時，這些異教殿堂勢力仍盛，因此他將大皇宮建在舊城不便的南坡上，迫使宮殿群擴建時必須以階梯方式，向海逼近。在後續中世紀年代中，衛城區的用途不明。異教神殿在六世紀時已遭棄置，數個修院進入此區，但多數地區似乎仍未開發。對市民來說，這也許不是壞事，得以從樹林與草地之間，一瞥兩大洲美景。

穆罕默德希望新的帝國宮殿，能媲美顛峰之際的拜占庭大皇宮。他首先以高牆圍繞這片區域，牆體由海牆延伸而出，沿著金角灣到博斯普魯斯海峽。這片宮牆恰巧與最早的拜占庭城牆相合。宮牆切過聖索菲亞與聖伊琳娜之間，由大型帝國宮門貫穿。在此，穆罕默德也跟隨拜占庭帝國查爾克門的前例，將帝國典儀入口置於都城最大殿堂附近，實質結合世俗與宗教的權威。帝國大門內是一片廣大中庭。宮殿建築本身建在衛城中心。一開始，宮殿群包含一處內宮供「迪望」[4]，即蘇丹的國務會議使用；另一處則為蘇丹的覲見廳。此外還有大、小宮室，以及後宮。在第一個百年中，此處宮殿通常以「蘇丹城堡」稱之；但後來則沿用附近海牆門的名稱，稱為「托卡比宮」（Topkapi Palace）。不過此時只是一枚種子，後續世紀中隨著鄂圖曼帝國國力增長，將擴大為涵蓋此區大半範圍的宮殿群。

君士坦丁堡占據征服者許多注意力，但只是他擴張計畫的一部分。雖然自視為羅馬皇帝的繼承者，他也以加齊（ghazi）戰士領導聖戰擴張伊斯蘭教信仰境域的名聲為榮。在穆罕默德治下，帝國增加了塞爾維亞、伯羅奔尼撒、特拉布宗、瓦拉幾亞、波士尼亞、摩達維亞及阿爾巴尼亞等基督教領土。在與威尼斯的苦戰中，穆罕默德把鄂圖曼帝國延伸至亞得里亞海岸，並迫使驕傲的海權共和國接受戰敗羞辱，支付高額貢金。接著，一四八〇年，穆罕默德的軍隊跨越亞得里亞海，入侵義大利本土。奧特朗托城[5]很快被攻下，為後續入侵建立灘頭堡。穆罕默德看來意欲實踐承諾，統一君士坦丁堡與羅馬。西方的基督徒無力防衛義大利，對抗鄂圖曼帝國武力。羅馬教廷已經開始打包，預備逃往法蘭西。倘若征服者奪下基督教的最後自由中心，後續歷史發展可想而知。然而在一四八一年，正當鄂圖曼人預備入侵時，穆罕默德二世去世，他可能遭到兒子巴耶濟德（Bayezid II）毒殺。後續的大位爭奪戰，耗盡持續義大利戰爭的能量。稍後當那不勒斯軍隊抵達奧特朗托時，鄂圖曼軍團已經放棄該城返家。羅馬因此得救。

如同君士坦丁，征服者去世時，他在君士坦丁堡進行的偉大計畫尚未完成。但鄂圖曼帝國新首都的架構已然成形，也在如火如荼執行中。穆罕默德的一路征服有助於迫遷都城的動能，讓人口遠超過一四五三年的規模。一四八一年時，君士坦丁堡人口約有十萬人，重返歐洲大型城市之林。當然，若與查士丁尼的大都會相比，還有一段漫漫長路，但已經擁有不錯的開頭。

帝國權力重返君士坦丁堡，隨之而來的是十二世紀以降，許久未見的陰謀權鬥。穆罕默德二世的維齊爾（vizier，宰相之意）卡拉曼勒・穆罕默德（Karamanli Mehmet）帕夏試著隱瞞蘇丹死訊，直到蘇丹的小兒子傑姆（Cem）返回君士坦丁堡登基。然而支持穆罕默德長子巴耶濟德的蘇丹親兵，卻衝入皇宮謀殺維齊爾。最終巴耶濟德在首都掌權，而傑姆則控制小亞細亞。接下來數星期中，一場內戰讓分裂的帝國彼此對抗。最終巴耶濟德勝出，傑姆被迫出逃到博德魯姆（Bodrum），十字軍建立的聖約翰醫院騎士團在此擁有一座城堡。他們將傑姆送到羅得島的基地，最終則前往歐洲。傑姆對巴耶濟德來說仍是威脅，因此他樂於付錢確保弟弟不會礙事。一四八九年三月，教宗英諾森八世（Innocent VIII）將傑姆納入監護，並接受巴耶濟德的豐厚餽贈，監管蘇丹同父異母的弟弟。餽贈內容包括從君士坦丁堡移轉聖矛。數世紀以來，基督徒相信這件聖物是用來刺穿基督身體的武器。今日仍存放於梵諦岡。

如同父親，巴耶濟德二世也決心在新首都，留下自己的印記。對君士坦丁堡的基督徒而言，他破壞性最強的行動之一，是大規模徵收教堂。部分教堂逃過一劫，特別是基督徒能夠證明與征

---

4 迪望是土耳其語的Divan，由阿拉伯語衍生而來，原意為小冊子，引申出紀錄、會議廳的意涵，鄂圖曼帝國時期，意指蘇丹的國家政務體系。

5 奧特朗托（Otranto）位於義大利半島底部長靴跟處的古海港，隔亞得里亞海遙望阿爾巴尼亞。

服者訂有協定者。然而許多君士坦丁堡主要教堂都被徵收，其中包含查爾克普拉提亞聖母教堂（Theotokos Chalkoprateia）[6]、利普斯修院及教堂（Lips monastery and church）[7]、柯拉神聖救主教堂（St. Savior in Chora）[8]、聖瑟古斯與聖巴楚斯教堂（Church of Saints Sergius and Bacchus）[9]、斯圖迪奧斯修道院（Monastery of Stoudios）[10]，以及沒藥之所修道院（Myrelaion）[11]。劃入托卡比宮範圍的聖伊琳娜大教堂，則轉成武器庫，也因此，成為伊斯坦堡唯一未曾轉成清真寺的教堂。巴耶濟德將基督徒逐出教堂的想望，在十六世紀後續蘇丹中也很受歡迎。君士坦丁堡普世牧首最終於一五八六年，失去萬福瑪利亞教堂，搬到法納（Phanar，今日的芬內爾，Fener）的小型聖喬治教堂（Church of St. George），位於金角灣岸。到了十六世紀末，君士坦丁堡城牆內，僅餘三座基督教堂。今日只剩下牧首駐堂的聖喬治。

巴耶濟德也是一名建設者。他為聖索菲亞清真寺加上第二座叫拜塔，並持續擴建托卡比宮建築群，雖然他及家族都住在狄奧多西廣場的舊皇宮。在這處羅馬遺跡的寬闊鋪面上，巴耶濟德決定建築自己的清真寺與陵寢。這處建築群將媲美父親的建築成就。精美優雅的清真寺與中庭，加上慈善廚房、商旅客棧、公用水井、宗教學校及公共浴場。許多建築物依舊存在，夾在繁忙的歐都大道與伊斯坦堡大學之間。此處稱為巴耶濟德廣場。

巴耶濟德在舊廣場展開建設前，君士坦丁堡最知名的羅馬紀念物之一矗立於此：以羅馬皇帝馬可・奧里略（Marcus Aurelius）立柱為本，飾滿浮雕的狄奧多西立柱。整支立柱被拉倒，殘餘石料用來當作巴耶濟德浴場（Baths of Bayezid）的基石。二十世紀歐都大道拓寬時，新的人行道緊靠著關閉的浴場興建。走在道路北側的眼尖行人，仍可以看到不同羅馬士兵與海洋戰士，從鄂圖曼建築石塊間凝視世間，如同過去十五世紀裡的一貫姿態。

一五〇九年九月十日星期一，君士坦丁堡重建工作受到一記重創。都城史上最強烈的地震之一，於晚間十點左右，襲擊君士坦丁堡。據現代學者估算認為地震規模達到七點四級。財產蒙受極大損失，然因此時城內人口密度不高，因此地震奪走的人命約在五千人之譜。接著六公尺高的海嘯撞擊馬摩拉海岸上的海牆，毀去數百棟房屋與清真寺，少有建築能逃過一劫。甫完工的巴耶濟德清真寺裡，一座叫拜塔與主建築的圓頂倒塌。穆罕默德二世的清真寺毀損嚴重，失去屋頂及數支立柱。後續餘震持續超過一個月，震垮更多建築，令人心驚膽跳。當時令人感到驚奇的是，聖索菲亞清真寺毫髮無傷，只有新建的叫拜塔倒塌。此一事件對君士坦丁堡的基督徒來說深具意義。查士丁尼的偉大建築經歷許多世紀多次地震，因為經常整修讓聖索菲亞倖免於難。幾十年

---

6 查爾克普拉提亞聖母教堂距離聖索菲亞大教堂一百公尺，連同布雷契耐聖瑪利亞教堂及善導聖母修道院（Panaghia Hodegetria），曾是君士坦丁堡三大聖母教堂之一。後改為阿傑・阿卡・梅西迪清真寺（Acem Ağa Mescidi）。

7 今日的費納里伊薩清真寺（Fenari İsa Camii）。

8 今日的卡里耶清真寺（Kariye Camii）。

9 今日的小聖索菲亞清真寺（Little Hagia Sophia Mosque）。

10 斯圖迪奧斯修道院位於耶迪庫勒，始建於西元五世紀，是伊斯坦堡現存最古老的拜占庭建築之一。改建成清真寺後（伊姆拉赫爾清真寺，İmrahor Camii），一九〇八年屋頂被拆除，年久失修，僅剩下斷垣殘壁。一部分原始立柱、柱頭、建築及裝飾構件目前存於聖索菲亞博物館。

11 今日的博德魯姆清真寺（Bodrum Camii）。

後，兩座叫拜塔也獲重建。

一五一二年巴耶濟德去世時，君士坦丁堡的人口已大幅成長，再次成為繁忙的大都會。然而每年過去，首都愈發失去羅馬與基督徒的性格，各方各面都成為土耳其人的帝國中心。賽馬場遺址仍舊矗立兩支埃及方尖石碑與三蛇立柱，然而賽道已成為一片草地，供土耳其騎士隨時進行最喜愛的賈利德[12]擲箭比賽。君士坦丁立柱依舊俯瞰他建立的城市，但底下的廣場已經消失，變成吵雜的雞隻與奴隸市場。立柱真名也已失傳，土耳其人稱呼損害髒汙的紀念物為「千百利塔」（Çemberlitas），意為「焚燒的立柱」。馬爾西安立柱仍佇立在法蒂赫清真寺附近的小社區裡，然而有翼勝利女神被認為是處女，立柱則能識別女性童貞，因而改稱為「處女石」（Kiztasi）。透過這些及種種其他方式，土耳其人塑造出君士坦丁堡的新型態，屬於他們的型態。為達到這個成果，他們結合了許多不同族裔及宗教團體，這些人也視君士坦丁堡為家。然而，君士坦丁堡仍舊是土耳其人的首都與帝國；在繼承而來的都城裡，他們是首席建築師。

12 賈利德（djerid）是一種長約三英尺的擲箭，常用於打獵與戰爭。源於阿拉伯，流行於小亞細亞、印度及非洲。

第十八章　蘇萊曼大帝之城

只有一窺鄂圖曼帝國最具象徵性的機構——皇家後宮（harem），才能真正了解鄂圖曼君士坦丁堡風起雲湧的詭譎環境。想到後宮，一般人立刻聯想到美女、閃亮噴泉、馥郁香氣及蘇丹宮殿的金碧輝煌。此一意象，與實際情況相去不遠。君士坦丁堡後宮持續變化的本質，終將塑造新的權力陰謀時代，這是拜占庭中期以降許久未見的景象。

多數歷史案例中，幸運的王朝可望存活數個世紀，直到某代開始衰微，最終消逝。鄂圖曼王朝卻有所不同，統治長達六世紀，從未滅亡（實際上今日猶存）。後宮則是原因。傳統上鄂圖曼蘇丹不結婚，相對地，他們收納許多女奴。通常是基督徒，因其美貌、健康與體力入選。女奴收置於禁閉的宮舍，由侍女及黑人太監組成的複雜組織監管。這就是後宮。蘇丹塞利姆一世（Selim I）在位時，鄂圖曼統治者已永久遷入托卡比宮。但後宮仍設在市中心的舊宮。蘇丹隨其心意所至造訪後宮，黑人大太監（Kizlar Agha）獻上精心挑選的女奴供蘇丹選取所好。這些女性都是處女，蘇丹可能只會與她們一夜歡好，偶爾會較常召喚某些寵侍。女奴懷孕後，在後宮的位階會迅速上升，獲得較舒服的住所，及許多僕傭奴隸供其使喚。生產之後，孩子將成為女人餘生唯一的責任。蘇丹將不再傳她服侍。若孩子為男，這位女性將成為「寵姬」，她在後宮的地位與權威將再度上升。她將仔細照料兒子的教育，為其有朝一日成為帝國統治者而準備。數年後，男孩成年時，她將伴其前往安納托利亞，管理行省下的各旗（稱為桑賈克，Sanjak）。如果一切順利，她的兒子有朝一日將成為蘇丹，她就會成為瓦立德蘇丹（Valide Sultan），即蘇丹皇太后，君士坦丁堡中最尊貴、權力最高的女性。

當然，要走到這一步並不容易。鄂圖曼君士坦丁堡的女奴市場競爭激烈，特別當帝國往更多基督徒地區擴張之後。吸引黑人大太監的目光也非易事。許多後宮女奴並非來自交易市場，而是行省總督取悅蘇丹的贈禮。即便進入後宮，只有少數女奴被認為值得敬獻蘇丹。這些入選的女孩，將接受禮儀、音樂、詩歌及性愛的速成教育。其他人則成為備選。許多未入選的處女仍以美貌聞名，因此蘇丹也常以她們做為賞賜或贈禮。對後宮寵妃來說，即便順遂地入選、受孕、生子，危機依舊強大。以後宮的本質而言，蘇丹隨時都有許多子嗣，以備繼位。然而鄂圖曼人並未訂下明確的繼承規則，因此，當蘇丹過世時，他仍在世的成年子嗣將從行省駐地衝往君士坦丁堡，搶奪大位。若可能，勝利者將殺害失敗者。不幸敗北者的母親，由於支持兒子，自然也將受到一併處決。因此對蘇丹的女人來說，這是一場高風險遊戲。從兒子幼年開始，母親會不厭其煩為他的繼位而努力。自然地，她也將尋求任何除去競爭者的機會。

正是這些動力，導致蘇丹巴耶濟德二世隕歿。他的兩名成年子嗣艾哈邁德（Ahmed）與塞利姆（即前述塞利姆一世）的政治角力，導致內戰。最終由塞利姆取得勝利。他不但逼迫父親退位，處決兄弟，並掌握君士坦丁堡的權力。塞利姆對於君士坦丁堡蘇丹宮殿中橫行的危險陰謀，有第一手經驗，因此他無情清除任何對他不利之人。他經常處決他的大維齊爾。塞利姆雖是個嚴厲的君主（因此贏得「冷酷者」外號），他也是一名傑出戰士，以卓越技巧帶領鄂圖曼軍隊。他出征許多戰役，最終在一五一七年攻下埃及的馬穆魯克蘇丹國。這場勝利中，他將整個敘利亞、巴勒斯坦、埃及與阿拉伯大部分都納入鄂圖曼帝國版圖，包含聖城麥加與麥地那。開羅的阿拔斯哈里發被送往君士坦丁堡，最終遜位。鄂圖曼蘇丹數世紀以來，宣稱自己是伊斯蘭教遜尼派的真正哈里發，此刻最後的敵手終於消失。做為新秩序的象徵，阿拔斯哈里發將先知的劍與斗篷交給塞利姆。兩件聖物今日都存於托卡比宮。

塞利姆的勝利，讓君士坦丁堡再次君臨已失去將近千年的土地，也再次成為真正廣袤帝國的首都。塞利姆本人忙於擴張軍隊，極力打造一支強大海軍。卡希姆帕夏區（Kasımpaşa）的金角灣北岸成為建造軍艦的大型軍工廠。上百座覆頂碼頭響起榔頭、鏈鋸及工人的喧囂聲，正為蘇丹打造稱霸東地中海所需的船艦。然而塞利姆卻用不到這些船；一五二〇年，他在無預警中過世。

塞利姆的驚人成就，被兒子蘇萊曼一世（Suleiman I，人稱蘇萊曼大帝）所掩蓋。身為獨子的二十六歲年輕蘇丹，即位時未受到任何反對。根據君士坦丁堡的威尼斯大使所言，這位蘇丹「高挑、清瘦、外貌精緻。他的頸項略長，臉龐清瘦，鼻梁高挺」。蘇萊曼以博學多聞知名，在宮學習期間各科表現均十分突出。他心地良善，開朗且正直。蘇萊曼將持續曾祖父的西進事業，並取得空前成就。在蘇萊曼治下，鄂圖曼帝國將進入黃金時代，君士坦丁堡也將全面改觀。

即位後一年內，蘇萊曼即帶領軍隊進攻貝爾格勒（Belgrade），並於一五二一年八月攻下。接著他將注意力轉向聖約翰醫院騎士團，他們自鄂圖曼王朝伊始便為隱憂。最近幾年，十字軍騎士團持續攻擊鄂圖曼船運及土耳其軍營，並與其他基督教勢力聯合，對帝國宣戰。不似其他天主教勢力，騎士團的基地位於東方，堡壘總部設在羅得島。鄂圖曼幾次試圖驅逐，卻無功而返。一五二二年，蘇萊曼帶領十萬大軍前往此區，預備在島嶼對岸，建立一座城堡與海軍基地。經過五個月圍城，騎士團終於投降。蘇萊曼感於其決心，便同意讓十字軍騎士團光榮舉旗步出堡壘，他的勝利軍隊則夾道歡送。騎士團登上自己的船隻西航，在馬爾他島建立新的基地。

蘇萊曼也帶著穆罕默德二世時代數倍的軍力，往西征戰。一五二六年八月在摩哈赤戰役[1]中，鄂圖曼人擊敗匈牙利的洛約什二世（Louis II），攻下整個王國。整個歐洲都驚懼等待土耳其人無法可擋的最終一擊。一五二九年當蘇萊曼軍隊入侵奧地利，圍攻首都維也納時，這一擊似乎就要降臨。然而傾盆大雨迫使蘇萊曼必須留下多數重砲部隊，此舉亦成關鍵。首次敗戰中，蘇丹被迫撤兵，未能攻下奧地利。一五三二年，他捲土重來，然而氣候再次延誤攻勢，導致圍城失敗。這是歐洲歷史上的關鍵大事。若蘇萊曼攻下維也納，看來他似乎會成功，日耳曼與義大利將成囊中之物。雖然未成功，蘇萊曼也大幅改變歐洲歷史。神聖羅馬帝國皇帝查理五世（Charles V）需要新教領主的支持，對抗蘇萊曼入侵，因此無法將馬丁・路德（Martin Luther）送上火刑架。少了鄂圖曼威脅，新教改革運動也許不會發生。由於新教徒反對十字軍，因此蘇萊曼對於新教徒較有好感。他甚至邀請馬丁・路德需要時可前往君士坦丁堡接受庇護。

穩固東南歐的征服後，蘇萊曼將注意力轉向東方的波斯人。他四十多年的統治生涯中，波斯人將持續為患。一五三四年，他在勝利中進入巴格達，這是阿拔斯哈里發帝國傳統王座之所在。接下來數十年間，鄂圖曼軍隊將帝國延伸至美索不達米亞（今日伊拉克），包含波斯灣上的重要港口。蘇萊曼的海軍在此地、紅海及印度洋都十分活躍，隨時攻擊新近出現的葡萄牙商船。在傑出海軍大將海雷丁[2]（因其紅鬍子也被稱為巴巴羅薩，Barbarossa）的帶領下，蘇萊曼接著入侵西地中海，並掌控整個北非。蘇萊曼時代結束時，君士坦丁堡統治的帝國版圖，已經比查士丁尼治下的拜占庭最高峰還要廣大。

事實上，很難不去比較蘇萊曼與查士丁尼。兩位都是成功的帝國創建者，將國家帶向繁榮新境。兩位都是立法者，督管各自體系建立法典。兩位也都改變君士坦丁堡。如同查士丁尼，我們很難以這麼短的篇幅，公正描述蘇萊曼長期治世裡，所進行的許多建築計畫。但我們可以探索他在演變的城市地景上，留下的最深刻印記。

如同查士丁尼，蘇萊曼也將君士坦丁堡建設成一個偉大展場，但他的方式相當不同。羅馬人如同先前的希臘人，將都市環境視為文明反射，是市民生活、發展與國家互動之處。同時也是歡

1 摩哈赤（Mohac）位於今日匈牙利南方，多瑙河右岸。此為中歐歷史上影響最大的戰役之一。鄂圖曼帝國的勝利，導致匈牙利原統治王朝滅絕，統治權部分落到哈布斯堡王室手中，因此未來數世紀，匈牙利一直處於被鄂圖曼帝國、哈布斯堡王室及外西凡尼亞公國瓜分的狀態。鄂圖曼更利用占領據點，入侵東面仍然獨立的匈牙利貴族及西北面的奧地利領地，導致一五二九年的維也納之圍。

2 海雷丁（Khair ad Din）為阿拉伯文，源自土耳其文的 Barbaros Hayreddin Paşa。海雷丁為蘇萊曼大帝所賜，意為「伊斯蘭宗教中之精粹美善」。海雷丁生於希臘萊斯伯斯島，後與兄弟成為西地中海、北非地區知名海盜及阿爾及利亞總督。在西班牙驅逐穆斯林期間，經常接引逃亡穆斯林前往鄂圖曼屬地。後為蘇萊曼大帝所用，為其海軍大將，打造地中海海權霸業，並深受民眾愛戴。海雷丁死於君士坦丁堡，其陵寢位於今日的海軍博物館。

慶文化與政治成就之處，不論賽馬場、浴場或廣場，皆是如此。土耳其人缺乏這種意識。傳統上，穆斯林城市居民雖有別於鄉村農夫及游牧民，但也未與城市或其統治者建立直接關係。因此，蘇丹並未美化街道，或以柱廊或藝術品妝點城市的開放空間。他們完全不整建街道，城市規劃對他們是遙遠的概念。鄂圖曼君士坦丁堡唯一的筆直大道是狄望優盧大道，亦即舊梅塞大道，本身就是埃格納提亞羅馬路的終點。其他都是蜿蜒穿過城市的塵土巷弄與部分較寬的卵石街道。在地人負責修整街道，雖然政府偶爾會移除擋在路上的民居。在蘇丹腦中，永遠不會有建造賽馬場、劇院或人民活動場所的想法。羅馬人前往賽馬場不單為了娛樂，也為了參與公民儀式，表達對彼此的支持，或與皇帝互動。此類互動，在鄂圖曼君士坦丁堡並不存在。一五三三年，凡埃斯特[3]所留下的精緻版畫，描繪蘇萊曼大帝與麾下騎馬穿越賽馬場一景，為最佳寫照（參見彩色插圖十三）。都市中心沒有道路，只有開放的泥土地。兩座方尖石柱與蛇柱仍然可見，但偉大的賽馬場只留下雜草叢生中，半圓觀眾席的立柱與一些遺跡。畫面上有些圍觀者，但多數面對其他方向，忙著手邊的事。

但這並非表示十六世紀的君士坦丁堡缺乏儀禮，只是市民在儀禮中沒有角色。例如，主要宗教節慶的大規模遊行，及每星期五蘇丹前往清真寺禱告時會舉行小遊行。人們通常注目遊行隊伍，欣賞華美衣飾，並期望能瞄一眼蘇丹身影。當然，他們會高喊祝福言語。同樣地，蘇丹偶爾會在勝利後遊行入城，人們會聚集圍觀。但這些並非如拜占庭遊行，市民有責任參與並高喊儀式性歡呼。此刻，都城的居民並非儀禮的參與者，而是觀眾罷了。

鄂圖曼君士坦丁堡有兩類建築計畫。第一類是與城市及帝國的實際運作有關的必要建築。蘇萊曼大規模擴張金角灣的海軍工廠，以支應鄂圖曼海軍遠航的需求。他也下令整修擴建羅馬水路系統，從北方遠處供水到都市。都城內的蘇丹親兵營房，以及托卡比宮都獲得擴建，以因應帝國政府成長需求。這些計畫都是為了實際需求而起，雖然常伴隨著驚人的藝術成就。

第二類建築計畫則是為了出資者的回憶與靈魂而進行。因此，換句話說，這些計畫是為了個人，而非社群。我們已經在穆罕默德二世與巴耶濟德二世的建築群中，看到這類動力。在兩者中，都是一塊圍牆空間，內含一座大清真寺、開放中庭、出資者的陵寢及各種公益建築。這些「庫利葉」並不僅是蘇丹的紀念建築（雖然確實也是），更重要的，它們是巨額捐獻，因為天課是伊斯蘭教的五功[4]之一。一個人擁有愈多，也須捐獻愈多。蘇丹財富驚人，因此他的庫利葉建築群當為伊斯蘭教虔信的有意識宣示，對永恆賞賜的祈求。庫利葉建築不應視為美化君士坦丁堡的手段，而應理解為有別於其他庫利葉及偉大都城本身，自成一格的小城市。除了一些例外，蘇丹們所建的許多清真寺與次級建築，今日都被伊斯坦堡過度開發的都市地景所掩蓋。然而在十六世紀，君士坦丁堡仍舊擁有許多大型開放空間，間隔著小村落。即便在都市中心，房舍絕大多數

3 彼得．柯克．凡埃斯特（Pieter Coecke van Aelst），十六世紀布魯塞爾的佛萊明畫家、雕刻家與作家，專精基督教主題，後成為神聖羅馬帝國皇帝查理五世的宮廷畫家。

4 五功，意指伊斯蘭教支柱，為伊斯蘭教遜尼派所用的詞彙，穆斯林所須遵守的五項原則：證信、禮拜、齋戒、天課和朝覲。證信，即信仰做證，穆斯林要至少一次公開做信仰表白，念清真言。禮拜，即謹守拜功，一日祈禱五次。齋戒，在齋戒月，從日出到日落禁食。天課，即法定施捨，捐獻做為義務稅項。朝覲，即朝覲天房，一生至少一次到麥加朝聖。

都是兩層樓木造建築，許多擁有果樹庭園。在這樣的城市裡，蘇丹們與其他重要人士興建的耶尼清真寺特別突出一格。

蘇萊曼大帝擁有一位傑出建築師，鄂圖曼帝國最佳的建築師。帝國首席建築師暨帝國建築師部門主管的米馬爾・希南（Mimar Sinan），服侍蘇萊曼與子孫共三代蘇丹。當時，君士坦丁堡與其他區域將近五百座建築，都由他掛名設計興建。即便希南的職涯長達將近五十年，但這個數字也有些誇飾。事實上，他掌控了一個大型組織，旗下所有建築作品都掛他的名號。希南本人則設計監督首都地區雄偉的蘇丹清真寺及其他許多建築。希南獲得一致公認，開創了鄂圖曼古典建築風格。

希南出身貧困。出生在卡帕多奇亞的希臘基督徒家庭，後為帝國政府招募，在蘇丹親兵營中長大。如同所有蘇丹親兵，他受到良好教育，更顯現出工程方面的長才。他參與過多次蘇萊曼戰事，直到在一條惡水上造出運送軍隊的堅實橋梁，終於引起蘇丹的注意。蘇萊曼將他送回君士坦丁堡，開始設計更大型的建物。他開創出的風格，以簡樸實用為基，撐持優雅恆穩與雄偉壯麗的建築。

希南的第一座主要建物是塞扎德庫利葉（Şehzade Külliye）。這座建築工程可能始於一五三九年，一開始是做為蘇萊曼蘇丹的庫利葉，雄踞君士坦丁堡的第三丘頂，瓦倫斯水道橋之東，位於古代公共噴泉的舊址上。然而，一五四三年，蘇萊曼的兒子之一塞扎德於二十二之齡陡然猝逝。心碎的蘇丹在塞扎德的臨時陵寢哭泣哀悼四十日。此時他似乎決定將這座建築中的庫利葉獻給心愛的王子。考量蘇丹延續子嗣的習慣，不令人意外的，這是唯一一座獻給未即位的蘇丹之子的庫利葉。但這也強烈展現出蘇萊曼對年輕王子的喜愛。塞扎德清真寺有一座大型的中央圓頂，繞以四座半圓頂，並有兩側翼廊撐持。外圍區域設有伊斯蘭宗教學校、臨終安養、慈善廚房、小學及大型開放中庭圍繞的陵墓。以清真寺寺地的規模來說，區內建築略少，顯示整體建築可能盡快完工，將資源轉向蘇丹自己的庫利葉。

將市區內所剩的最佳位置讓給塞扎德王子後，蘇萊曼自己的最終安息之地，只剩下為數不多的選擇。蘇丹仍然希望在城市地景上留下最深刻的印記。因此，他交給希南舊皇宮的花園，靠近第三丘的山頂。這塊地的北邊與東邊，地勢陡然下降，接近金角河岸的碼頭區。因此，這不是容易建築的地勢，類似千年前拜占庭工程師建設大皇宮時所面臨的挑戰。希南以厚重擋土牆擴大清真寺與中庭的地坪面積，等同在地勢紋理上，切出一塊平面。然而其他建築仍需錯落於清真寺以下的不同地面層。

為了榮耀如此偉大的蘇丹，並超越塞扎德清真寺的成就，希南轉向查士丁尼的工程師在建設聖索菲亞大教堂時曾使用的工法。此舉似有幾分道理。由於兩位統治者都是立法者，因此兩人都在偉大殿堂中，與所羅門王相呼應。在希南的紀錄裡，聖索菲亞清真寺對他帶來莫大挑戰。鄂圖曼人雖征服君士坦丁堡，然而都城最偉大建築的成就，仍橫亙於土耳其人面前。當然，歐洲人時常稱此為基督教的優越性。對希南來說，他追求的是聖索菲亞的圓頂。他致力於建出擁有更大、更高圓頂的清真寺。但這並非易事。聖索菲亞清真寺的圓頂直徑有一百零二英尺，高度更達一百八十二英尺五英寸。

如同聖索菲亞清真寺，蘇萊曼清真寺（Süleymaniye Mosque）擁有一座主圓頂，以兩座半圓頂及兩道充滿窗戶的拱門撐持。如同查士丁尼的建築師，希南也下令從羅馬遺址（此案例中來自尼科米底亞）運來雄偉大理石立柱及石塊，供新建築使用。這是一項大型計畫，雇用數千名自由勞工與奴隸，長達八年的時間，造就一座建築傑作。這座清真寺運用新技術，例如將扶壁隱於內外牆中，及精緻華麗的廊柱中庭。不像聖索菲亞清真寺四方敦實的外觀，蘇萊曼清真寺則在華麗層疊中對稱流動（參見彩色插圖十四）。然而即便希南使盡全力，查士丁尼的中央圓頂仍舊勝出。蘇萊曼的圓頂直徑為九十英尺，高一百七十四英尺，比聖索菲亞清真寺小了十二英尺，略矮八英尺。

多層結構的蘇萊曼清真寺是目前君士坦丁堡最大的庫利葉，也做為此後的理想典範。建築群中包含四座伊斯蘭宗教學校、聖訓專門學校、醫學院、醫院、慈善廚房、臨終安養、公共浴場、馬廄、小學，以及蘇丹陵寢。最後這項本身也是對斯普列脫區（Spoleto）的戴克里先皇帝陵寢進行創意改建。八角形的陵寢，繞以廊柱列道，以彩磚窗櫺華麗裝飾。整體而言，蘇萊曼庫利葉，確實是彰顯偉大統治者的傑出之作。

蘇萊曼與查士丁尼還有另外的相仿之處。兩個男人都違抗社會習俗，娶了低階層的女性，她們隨後也在君士坦丁堡取得前所未有的權力。查士丁尼與狄奧多拉的故事，彷彿在十六世紀的蘇萊曼與羅克塞拉娜（Roxolana，該名為暱稱，真實姓名不可考）身上重現。羅克塞拉娜一五〇五年生於烏克蘭西部，是一名來自波蘭的希臘正教士之女。十五歲時，為當時克里米亞韃靼人經常性的奴隸掠劫所擄。連同數千名不幸女性，她被送到黑海岸最大的奴隸市場卡法（Caffa，今日的費爾多西亞，Feodosia）。她被一名奴隸商買下，送到君士坦丁堡，位於阿克賽瑞區（Aksaray）的女奴市場。這處大型女奴市場生意興隆，幾乎所有被捕的女奴都是處女。送上展售台時，她們的衣物被脫光，以繩索綑綁在一起，以便潛在買家驗貨。根據傳統，蘇丹的友人，易卜拉欣（Ibrahim）一眼看中羅克塞拉娜，並將她買下做為禮物。此時可能是一五二〇年末，蘇萊曼剛登基不久。

在後宮中，羅克塞拉娜被賜予土耳其名「許蕾姆」（Hurrem），意為「歡笑者」或「歡愉者」。她很快獲得蘇丹的喜愛，也許還有易卜拉欣的推波助瀾。蘇萊曼深受許蕾姆的魅力所惑，即便歡愛數次後，蘇丹造訪後宮時，仍舊要求許蕾姆伺候。一五二一年，她為蘇丹生下一子塞扎德（即前述蘇萊曼愛子）。這對她來說自然是好消息，許多後宮女性也鬆了一口氣，因為這表示蘇丹的注意力將轉往他處。一位女性撫育一名子嗣，是鄂圖曼人長久至上的傳統。蘇萊曼與另一名姬妾，於一五一五年已生下一子，名為穆斯塔法（Mustafa）。他的母親瑪希德弗朗（Mahidevran）蘇丹后因為生下兒子，而獲得皇后（Kadin）稱號，意為「受寵者」。在艾謝・哈芙莎（Ayse Hafsa）蘇丹皇太后之外，她自然享盡後宮的權力、富貴與榮寵。現在，她必須與新的競爭者許蕾姆分享地位。

蘇萊曼無視傳統。即便在許蕾姆產下塞扎德之後，他依舊到後宮與許蕾姆相聚。他對許蕾姆的摯愛，有多首情詩為證：

> 我的親密伴侶，我的唯一與一切，美的主宰
> 我的蘇丹

我的生命，予我之禮，我的全然，如天堂祕藥，我的伊甸
我的春天，我的歡樂，如閃耀白日，精緻嬌顏
笑意綿綿[5]

次年，許蕾姆生下兩個孩子，女兒名為米赫莉瑪（Mihrimah），兒子名為阿卜杜拉（Abdullah）。過去從未有任何女奴姬妾為蘇丹產下一個以上的兒子。因為蘇萊曼持續專寵許蕾姆，後宮緊張也持續上升，特別是在許蕾姆與年長的瑪希德弗朗之間。一五二四年，許蕾姆產下三子塞利姆；一五二五年，四子巴耶濟德。最小的兒子奇罕季爾（Cihangir）生於一五三一年。

當蘇丹皇太后哈芙莎仍在世時，尚能維持後宮和平。然而許蕾姆的諸多子嗣及蘇萊曼專寵，仍然造成重大壓力。瑪希德弗朗的兒子穆斯塔法年少有才，自然在聽到許蕾姆逐一誕生的子嗣時，備感壓力。蘇丹皇太后於一五三四年去世，後宮即爆發衝突。瑪希德弗朗明白向許蕾姆表示，由於她是蘇丹最早的姬妾，也生下他的長子，如今理應成為後宮主宰。許蕾姆強力反對。雙方激烈爭執後，爆發肢體衝突。瑪希德弗朗衝著許蕾姆大罵「舊鞋」，痛毆並抓花她的臉。蘇萊曼再次造訪後宮，召喚許蕾姆時，卻收到許蕾姆的回應稱自己老舊醜陋，如瑪希德弗朗所指教的，不值得蘇丹厚愛。這是聰明的一招算計，激起蘇丹心中的怒意。蘇萊曼立刻召來瑪希德弗朗，質問她是否汙辱傷害許蕾姆。瑪希德弗朗驕傲地承認，並宣稱許蕾姆應受更多懲戒。由於穆斯塔法此時已十九歲，蘇萊曼便將年輕王子與瑪希德弗朗送往安納托利亞行省出任，藉此解決爭端。

隨著除去瑪希德弗朗，許蕾姆在君士坦丁堡已無敵手。事實上，蘇萊曼似乎已與許蕾姆維持

一夫一妻的關係好一段時間，導致後宮數百姬妾苦無吸引蘇丹目光的機會。此時似乎是明確兩人關係的時刻。在君士坦丁堡人民的驚詫下，蘇萊曼正式公布與許蕾姆蘇丹的婚姻。不只是讓許蕾姆成為法律上的女蘇丹（Sultana），更讓她與鄂圖曼朝廷其他人不同，她不再是一名奴隸。自從王朝伊始，這類情事從未發生。身為蘇丹之妻，她獲得一筆豐厚俸祿、豪宅及數百名僕傭。很長一段時間中，她也是蘇丹最親密的摯友與最信任的顧問。似乎沒有什麼是蘇丹不願意賜予許蕾姆的。例如在一五三六年，後宮所在的舊皇宮於火災中大幅受損。許蕾姆說服蘇萊曼，與其修復，不如將整個後宮搬進蘇丹在托卡比宮的居所。外人可以看到，蘇萊曼十分願意與妻子共享同一片屋頂（自然是非常大片的屋頂）。但將後宮移入權力中心，也立刻將其轉為政治搖籃，權謀野心與芳香噴泉將同時溢流不息。此舉彰顯著鄂圖曼帝國「女人掌權蘇丹國」的開始，這個時期中，後宮幾乎完全掌控國家政務運作。

同時間，許蕾姆的新地位也讓她與一開始買下她的男人，展開正面衝突。易卜拉欣帕夏，現在已成為蘇丹的大維齊爾。有些衝突也許是無法避免的。多年來，易卜拉欣一直是蘇丹的左右手。易卜拉欣來自伊庇魯斯的希臘家庭，被擄為奴送入蘇丹親兵營。整體而言，易卜拉欣俊美睿智，態度親和，因此被送到年輕的蘇萊曼身邊擔任隨侍，兩人成為好友。蘇萊曼登基三年後，任命易卜拉欣擔任大維齊爾。由於此職位在蘇萊曼父親治下血跡斑斑，因此易卜拉欣半開玩笑，自

5 作者注：Talat S. Halman 編譯，《夜鶯與歡庭：土耳其情詩集》（*Nightingales and Pleasure Gardens: Turkish Love Poems*，雪城大學出版社，二〇〇五年），頁四六。

己將遭處決時請蘇丹好心預告，才願意接納這個職位。蘇萊曼大笑，承諾自己永遠不會處決好友。此後多年，君士坦丁堡與帝國在易卜拉欣的治下蓬勃發展。他專責所有對外關係，所有外交事務都在他的辦公室處理，此處被歐洲人稱為「高門」（Sublime Porte），這個詞稍後用來指稱君士坦丁堡所有鄂圖曼帝國的政府機關。經過十多年在職後，易卜拉欣帕夏成為都城內第二有錢的人。他在賽馬場荒蕪的西北觀眾台區域，建造華美豪宅（今日的土耳其與伊斯蘭藝術博物館，Museum of Turkish and Islamic Arts）。同時也自掏腰包，建造許多清真寺、慈善廚房及其他公益建築。

除了少數意見相左及誤解外，易卜拉欣帕夏與蘇丹關係一向很好。因此在一五三六年三月十五日夜間留宿托卡比宮，他被謀殺並埋在不知名墓地時，更令人深感驚訝。易卜拉欣帕夏所有的資產被國家沒入。我們無法確知他的死因，但很難不看到許蕾姆伸手其中。當蘇丹子嗣紛紛成年，他們自然開始彼此競逐，注意著有朝一日必須盡快取得權力，避免被處決。高層友人自然有益於此。易卜拉欣帕夏長期交好蘇萊曼的長子穆斯塔法。一旦穆斯塔法繼位，對許蕾姆是重大災難。不只她的四名兒子會被處決，且一旦厭惡的瑪希德弗朗返回君士坦丁堡，成為蘇丹皇太后，她也會招致同樣厄運。

大維齊爾之死在君士坦丁堡並非不尋常，但長期深受蘇丹重用之人遭受祕密謀殺，則令人不安。對於托卡比宮的奇詭事件，城中議論紛紛。這個女人到底是如何魅惑蘇萊曼大帝，贏得自由並消滅所有敵手？一名義大利觀察家，路易吉・巴薩諾（Luigi Bassano）報導指出：「蘇丹親兵與整個朝廷厭惡她及她的孩子，但因偉大土耳其人（指蘇萊曼）深愛著她，無人敢於發言。但我仍聽聞他們（蘇丹親兵）斥責於她及其子，對於長子（穆斯塔法）與母親則多有讚美。」許多人懷疑許蕾姆使用愛情魔咒，令蘇丹癡迷。根據巴薩諾的說法，人們經常稱她為濟亞迪（ziadi），即「女巫」之意。[6]

不論是否有魔咒，無可否認地，身為女性，許蕾姆蘇丹擁有前所未有的權力。雖然富裕的鄂圖曼婦女經常支持公益組織，但從未實現在首都之中。許蕾姆則做到了。希南為她所建的庫利葉建築群，非常妥切地位於阿克賽瑞區的女奴市場旁。建築群中包含清真寺、伊斯蘭教宗教學校、慈善廚房、小學、醫院及噴泉。後來他又為許蕾姆建造了知名的許蕾姆蘇丹浴場（Hurrem Sultan Baths），非常靠近聖索菲亞清真寺。由於鄰近觀光客群聚之地，此處獲得整修，今日仍在鄂圖曼奢華榮光中，提供傳統土耳其浴的服務。

軍隊及君士坦丁堡民眾對許蕾姆蘇丹的不喜，同樣也轉嫁到她兒子身上，他們一直認為受到許蕾姆控制。因此不意外地，蘇萊曼的長子穆斯塔法仍是多數人心中的最佳繼承人選；但皇宮中別有企圖。許蕾姆為長子塞扎德籌謀繼位，將他帶在身邊，以因應丈夫發生任何危機。也許在她的建議之下，一五四一年，蘇萊曼將穆斯塔法由較近的曼尼薩省[7]，移往遙遠的東方省分阿瑪西

6 作者注：Luigi Bassano著，Franz Babinger編，《土耳其人的服裝與特別生活方式》（*I costume et i modi particolari della vita de' Turchi*，Hueber，一九六三年），頁四四。此處為作者翻譯。

7 曼尼薩（Manisa），位於安納托利亞西南方，靠近愛琴海岸。

亞[8]，為許蕾姆的兒子讓路，讓他更靠近首都。然而此一策略在一五四三年塞扎德去世時失敗。蘇萊曼的哀痛欲絕，並將君士坦丁堡中心的塞扎德庫利葉獻給兒子，清楚說明他對愛妻長子的疼愛。很難想像蘇丹未曾偏愛塞扎德繼承自己的寶座。

許蕾姆仍有三子（阿卜杜拉早逝）。塞利姆與巴耶濟德仍是十多歲青少年，也無行省經驗，十二歲的奇罕季爾患有肢體發展障礙，可能是駝背。穆斯塔法繼位的支持聲浪來自四面八方，難以想像許蕾姆的子嗣如何可能贏得江山。蘇丹親兵與軍隊對穆斯塔法的強力支持，換成蘇萊曼以外的任何蘇丹，也許會憂慮叛變，如同蘇萊曼的父親對其祖父一般。然而在一五四四年，不畏艱難的許蕾姆成功說服蘇萊曼任命魯斯坦（Rustem）帕夏為大維齊爾。魯斯坦童年時期從波士尼亞被綁架而來，已在朝廷從政多年，並與許蕾姆合作愉快。一五三九年，她將長女米赫莉瑪嫁給魯斯坦，他因此成為蘇丹駙馬。魯斯坦帕夏公認是許蕾姆蘇丹的棋子。兩人攜手，盡力塑造巴耶濟德與塞利姆，且最終取得行省總督的權力。事實上，巴耶濟德獲得令人垂涎的曼尼薩，十分接近君士坦丁堡。

接下來的十年，蘇丹之子間的緊張情勢持續醞釀。根據歐洲回報的君士坦丁堡街頭流言，許蕾姆蘇丹與魯斯坦帕夏，呈給蘇丹一封變造的信，內容為穆斯塔法與蘇丹的最大敵人波斯沙阿（Shah of Persia，Shah 即國王之意）合謀對抗蘇丹。無論此信真假，某些事情說服蘇丹，穆斯塔法將成危機，最好在演變成內戰之前除去。一五五二年，當蘇萊曼前往波斯征戰時，魯斯坦帕夏通知蘇丹，蘇丹親兵促請穆斯塔法趁其出征期間，占領君士坦丁堡。首都將展臂歡迎。蘇萊曼次年返國，下令穆斯塔法前往伊雷格利[9]谷地，針對指控提出辯解。當穆斯塔法進入蘇丹營帳，立即受到一群太監攻擊，將其擒倒在地。根據一篇自稱為目擊者的報告，太監難以禁錮穆斯塔法。坐在簾幕後的蘇萊曼感到不耐而探出頭來，怒視威脅太監盡快完成任務。最終他們以弓弦圍繞王子頸項，將其勒斃。

熟悉穆斯塔法的安納托利亞人民感到十分憤怒。部分區域發生暴動。軍隊與蘇丹親兵也怒氣高張，以至於蘇丹不得不以大筆撫恤金，及罷黜魯斯坦帕夏，以為安撫。穆斯塔法獲得榮耀的帝國葬禮，遺體送往君士坦丁堡，數以千計的民眾前往聖索菲亞清真寺哭泣致哀。最後遺體送往布爾薩[10]，安葬於盛大陵寢中。蘇萊曼的幼子奇罕季爾對父親手刃兄長深感哀痛，於數月後過世，可能死於哀傷或自己之手。此後只剩巴耶濟德與塞利姆，兩人迅速展開角力競爭。不像穆斯塔法，若有機會，兩人都很樂意推翻父親。僅有許蕾姆蘇丹尚能讓他們有所節制。

在君士坦丁堡，四處充斥著對皇宮情勢的厭惡。歐洲訪客經常描述對許蕾姆蘇丹及她加諸主君的情感枷鎖的直接怒氣。蘇萊曼返回許蕾姆身邊後，隨即重新啟用魯斯坦帕夏為大維齊爾，但無濟於事。雖然蘇丹家醜不斷，帝國仍持續繁榮，君士坦丁堡也持續成長。一五五〇年代，約有五十萬人住在君士坦丁堡大都會區，包含博斯普魯斯海峽的亞洲岸區，其中約有三十萬人住在牆中的內城區域。愈來愈多建築委託帶來收益，導致希南的辦公室始終忙碌。其中之一是魯斯坦帕

8 阿瑪西亞（Amasya），位於安納托利亞東北方，靠近黑海岸。
9 伊雷格利（Ereğli），今土耳其科尼亞（Konya）附近，位於安納托利亞中部偏南方。
10 布爾薩（Bursa），位於安納托利亞愛琴海岸，離伊斯坦堡約一百五十公里。

夏的華麗清真寺，靠近金角灣岸，蘇萊曼清真寺東北角的山坡下。這座清真寺的內裝與廊柱環繞中庭，全都飾以奢華的伊茲尼克藍壁磚。即便深受人民痛恨，大維齊爾能掌控的巨大財富，可見一斑。

一五五八年四月，五十歲出頭的許蕾姆蘇丹病重而逝。失去摯愛與密友的蘇萊曼悲傷難抑。兩人攜手打破當時的傳統。少了許蕾姆，曾經豐富蘇丹生命的歡愉笑聲已離他遠去，取而代之的是貪婪的兒子與麻煩的朝臣。希南受命為皇后興建陵寢，坐落於蘇萊曼庫利葉中，蘇丹陵寢旁。今日陵寢仍在此處。內裝由多彩伊茲尼克壁磚裝點，描繪天堂的歡愉，這明顯紀念許蕾姆曾帶給蘇丹的歡愉。在國葬禮中，許蕾姆先於蘇丹本人，葬在蘇丹的庫利葉；她是鄂圖曼帝國第一位受到如此尊榮的女性。

難以承受的哀慟，加重蘇萊曼面對的諸多困境。此刻他已六十多歲，健康狀況不佳。他一直有痛風的毛病，現在還伴隨著關節炎及無法治癒的腿痛。少了母親的束縛，巴耶濟德與塞利姆開始與彼此，也與父親角力。蘇萊曼下令讓兩人移往遠離君士坦丁堡的駐地，也許是出於對自己的安全考量。塞利姆前往科尼亞，巴耶濟德則前往穆斯塔法的舊屬地阿瑪西亞。由於懷疑自己可能會跟不幸的異母兄長走上同樣道路，巴耶濟德拒絕赴任。相反地，他召集軍隊欲擊敗塞利姆，讓父親在繼承人上別無選擇。蘇萊曼派遣軍隊前往科尼亞協助塞利姆，並於一五五九年擊敗巴耶濟德。巴耶濟德與四個兒子逃往波斯，波斯沙阿開心接納巴耶濟德父子。經過數年協商，蘇萊曼最終說服沙阿，以大量黃金為代價，允許一名鄂圖曼行刑者進入巴耶濟德住所，連同其子一併勒斃。經過許多衝突與謀殺，蘇萊曼此時僅剩一名子嗣，塞利姆。

蘇萊曼大帝繼續度過沒有歡笑的七年餘生。他的過世，妥切地發生在出征匈牙利的途中。在其治下，鄂圖曼帝國達到輝煌頂峰，對於基督世界殘存的西方，帶來實質威脅。蘇萊曼的君士坦丁堡歷經全然轉變，充滿罕見的華美新穎建築，唯有富裕強盛帝國得以負擔。轉變後的城市樣貌，仍可在洛爾克[11]的壯麗全景畫中一窺究竟。蘇萊曼統治末期，這位丹麥畫家駐君士坦丁堡期間，從金角灣北岸的視角出發。在令人震撼的景象中，我們仍能穿越熙來攘往的碼頭，看到優雅的庫利葉立在民居之上，有如漂浮在都城的山丘間，而大型房舍皆圍繞著豐饒的葡萄園。這幅作品捕捉到鄂圖曼極盛時期的君士坦丁堡。但如同查士丁尼的偉大城市，此景今日多已在歷史中殞滅。

11 梅爾奇奧．洛爾克（Melchior Lorck），十六世紀丹麥哥本哈根版畫家，一五五五年派往神聖羅馬帝國駐高門的大使館，除了古代與當代建築，他還留下當時鄂圖曼生活風俗的完整紀錄，以及大量鄂圖曼軍隊不同軍階及族裔的紀錄。

第十九章　女人掌權的蘇丹國

蘇萊曼大帝是這一類鄂圖曼蘇丹中的最後一人。自王朝伊始，領軍作戰、擴張帝國、以虔誠加齊戰士的身分鎮壓異教徒，始終是土耳其領袖的榮耀。然而此景不再復見。雖然蘇萊曼死於征途，然則死前每年，他都縮減離開君士坦丁堡的時間。只要蘇丹留在首都，托卡比宮就會擴建。蘇丹、後宮及個人隨從僕侍居住的內宮，在十六及十七世紀中大幅擴張，華美庭園與奢華宮院已成傳奇。穿越幸福之門（Gate of Felicity），進入「第三中庭」（third courtyard），來到各種享樂的人間天堂。對不願離開摯愛的君士坦丁堡的蘇丹來說，是再合適不過的居所。

這一切確實正合蘇萊曼之子塞利姆二世的心意。繼位後，塞利姆帶著姬妾子女入住托卡比宮。多數時間，他將帝國治理交給大維齊爾索庫魯．穆罕默德（Sokollu Mehmed）帕夏，他在蘇萊曼統治最後一年即開始擔任此職。塞利姆抵達君士坦丁堡時已四十二歲，並擁有許多行省治理與戰場經驗。他將這些全盤棄之腦後，專心享受遊獵、藝術贊助及後宮享樂。他也喜歡飲酒，因此很快贏得「酒鬼」的外號。

自征服君士坦丁堡後，他是第一位未在首都啟建庫利葉的蘇丹。至今原因未明，但他下令希南在鄂圖曼帝國的舊都埃迪爾內（古代的阿德里安堡）興建庫利葉。塞利姆經常造訪埃迪爾內，此處的森林提供絕佳狩獵場地，但無法完全解釋他的決定。也許他並不熱衷於興建庫利葉之類的純粹虔信行為。他並無意歸葬於此，因此下令希南加強聖索菲亞清真寺的支撐，並在這座古老教堂／清真寺旁，為他興建陵寢。希南領命，首先為查士丁尼的建築增加扶壁，新增兩支叫拜塔。此時聖索菲亞清真寺共有四支叫拜塔，符合帝國清真寺的定額數目。希南接著拆除舊牧首宮殿建築群的殘餘建築，將塞利姆陵寢興建於此。這座陵寢建築至今仍舊雄偉，以大理石完整包覆，飾以伊茲尼克壁磚、金箔與精美書法。

新任蘇丹也許占用了聖索菲亞做為陵寢清真寺，然而希南依舊念想著超越其圓頂規模。根據希南自傳，他最終以埃迪爾內的塞利姆清真寺（Selimiye Mosque）達到此一追求。依建築師自述，塞扎德清真寺是他的學徒之作，蘇萊曼清真寺則是工匠之作，塞利姆清真寺才是他的大師傑作。此一評斷禁得起時間考驗。塞利姆清真寺公認為鄂圖曼帝國最偉大的建築經典。制霸建築體的圓頂，覆蓋了將近半數的清真寺空間。圓頂的巨大重量，由優雅的八角廊柱結構支撐，流動包覆整個中央祈禱空間。天光透過圓頂及迴廊與下層圓頂的數百扇窗戶流瀉而下。令人敬畏的建築，透過完美對稱，精準專注在雄偉圓頂的傲人呈現。根據傳記作者，希南誇稱：

> 自認為基督徒建築師者嘗謂，伊斯蘭教世界中，概無圓頂可比擬聖索菲亞。其人稱穆斯林建築師無法建築此等規模之圓頂。在此清真寺，托依神助與塞利姆汗蘇丹的支持，我所建圓頂，較之聖索菲亞，高出六肘[1]，更寬四肘。[2]

這並不完全正確。由於經歷一千五百年的修整，聖索菲亞清真寺的圓頂略為橢圓，因此中央直徑約為一百零二英尺，與塞利姆清真寺圓頂相同。因此希南只是打平紀錄，而非打破。查士丁尼的圓頂則遠較希南的建築高上許多。從地板到聖索菲亞的圓頂中央是一百八十二英尺五英寸。塞利姆清真寺的圓頂則是一百六十二英尺六英寸，矮了將近二十英尺。若欲再提升圓頂高度，希南必須大幅擴增建築的規模與支撐架構。塞利姆清真寺將驚人圓頂完美呈現在世人眼前，圓頂籠罩整座建築。聖索菲亞在本身雄偉建築對照下，圓頂則顯得相對失色。聖索菲亞的圓頂只涵蓋約百分之十五的廣大教堂地坪。較小的建築體卻擁有相同大小的圓頂，塞利姆清真寺必得降低高度。

由於蘇丹耽溺於宮廷享樂，大權便旁落大維齊爾索庫魯與蘇丹皇太后手中。由於塞利姆的生母許蕾姆已逝，此一尊榮便落到他的姊姊米赫莉瑪身上。身為許蕾姆之女，米赫莉瑪在宮殿及帝國都享有大權。她積累的財富也成為傳奇。在君士坦丁堡，米赫莉瑪不只建造一座，而是兩座清真寺，都由希南操刀。其中之一，米赫莉瑪蘇丹清真寺（Mihrimah Sultan Camii）坐落於第六丘頂，靠近狄奧多西城牆的埃迪爾內門。這是城中的制高點之一，因此遠方便可得見。清真寺的基礎設計並無創新，然而希南在此實驗採光運用，整個建築廣布數百扇窗，成為希南所有清真寺中最明亮的一座。米赫莉瑪的另一座清真寺，通稱為「碼頭清真寺」（Iskele），坐落於博斯普魯斯

1 肘（cubit）為古代計量單位，意即從肘到中指尖的距離，約為公制四十五公分。

2 作者注：Sheila S. Blair and Jonathan M. Bloom 著，《伊斯蘭藝術與建築：一二五〇至一八〇〇年》（*The Art and Architecture of Islam, 1250-1800*，耶魯大學出版社，一九九四年），頁二二六。

海峽另一側的斯古達利（Scutari），土耳其人稱此地為「於斯屈達爾區」。這座清真寺寺體較大，擁有支撐的半圓頂與兩支叫拜塔。

專注享受首都逸樂的塞利姆，未如父祖一般，致力疆域擴張。然而，他的確派遣一支主力鄂圖曼軍前往賽普勒斯，欲從威尼斯共和國手中奪取此島。法瑪古斯塔城（Famagusta）堡壘據守將近一年，希望能獲得克里特島正聚集的軍艦馳援。但援軍從未抵達。賽普勒斯的土耳其將領拉拉・穆斯塔法（Lala Mustafa）帕夏與威尼斯領袖馬可・安東尼奧・布拉加丁（Marco Antonio Bragadin）談判安排一場榮譽受降，類似蘇萊曼對聖約翰騎士團的安排。然而在這案例中，事情發展未若預期。穆斯塔法相信布拉加丁與援軍領袖有所圖謀。在威尼斯人投降後，穆斯塔法下令屠殺城內多數居民，並殘酷折磨布拉加丁，後者最後重傷而亡。在君士坦丁堡的塞利姆，不單征服賽普勒斯，更欣喜接收威尼斯將領們的首級及布拉加丁的人皮。這是他生前向耶穌基督大喊禱告時，活活剝下的；剝下的人皮中塞滿稻草。

布拉加丁殉難的消息，令西方人感到驚恐且震怒。羅馬教宗庇護五世（Pius V）早前曾發起對抗鄂圖曼人的十字軍，賽普勒斯事件更強化成軍的急迫性。超過兩百艘主要軍艦齊集克里特島，預備為殉道的布拉加丁復仇。船上的十字軍來自地中海各地，但所有船艦均懸掛十字旗幟。至少在此刻，暫時遺忘了國家間的衝突。歐洲各地天主教徒已誦唸玫瑰經（Rosary）將近兩年，祈求十字軍勝利。十字軍軍士也同樣透過聖母瑪利亞陳請，祈求天主賜予勝利。一五七一年十月七日，十字軍艦出航後，很快遭遇同等數量的土耳其艦隊，從希臘勒班陀（Lepanto）出發。接著發生的，是歷史上最知名的海上戰役之一。基督教軍隊由年輕、深富魅力的唐・胡安（Don

John）領軍。唐．胡安是神聖羅馬皇帝查理五世的私生子。鄂圖曼船艦則由海軍將領蘇菲．阿里（Sufi Ali）帕夏領軍。勒班陀海戰持續約五小時，最後由基督徒獲得重大勝利。鄂圖曼人損失一百一十三艘船艦，基督徒僅損失十二艘。十字軍擄獲一百一十七艘土耳其船隻，解放一萬五千名艦上的基督徒奴隸，並在帕夏主船上掠得大量財寶。在這場衝突中，土耳其人失去海軍主力。勒班陀海戰為歐洲帶來激勵影響。歐洲人首度在面對鄂圖曼人的主要攻擊中取得勝利。整個歐洲響起教堂鐘聲，即便是禁制十字軍的新教國家也不例外。天主教會至今仍於每年十月七日聖母玫瑰瞻禮日（Feast of Our Lady of the Rosary），歡慶這場勝戰。

然而勒班陀海戰對鄂圖曼帝國並未留下長遠影響。君士坦丁堡的海軍造船廠效率極高，不到一年時間，都城已完全補足失去的船艦。對土耳其人帶來困擾的並非海軍戰敗，而是這些繁忙工坊的產品。前所未有的科學革命正掌握歐洲部分地區，特別是英、法。然而勒班陀海戰中，雙方戰鬥所用的船艦遠非登峰之作。由於多數划槳船無法載運大砲，大砲在戰事中僅扮演次要角色。相反地，真正的戰鬥多以船員的手槍或近距離肉搏戰進行。這類戰爭方式與中古時代海戰並無太大差異。相對地，法國或英國生產的戰船則是大型蓋倫帆船，下甲板配備長列重砲。這類強大戰艦並不直接與敵軍進行戰鬥，而是發射毀滅性的舷側砲，從遠方摧毀敵人。君士坦丁堡缺乏產製這類軍艦的專才。

蘇丹宮殿的擴張以及塞利姆二世不願參與戰事，將鄂圖曼統治者進一步與首都綁得更緊。過去的軍事統治者，由十六、十七世紀君士坦丁堡的享樂者所取代。透過宣布終結即位者屠殺所有兄弟的傳統慣習，塞利姆進一步加速這個趨勢。為了保留兒子性命，他在托卡比宮中增加大量豪華卻高度警戒的宮院，稱之為「卡費斯」（Kafes，意為鳥籠），以名為「精靈之門」（Genie's Gate）的上鎖宮門連接後宮。男孩持續在後宮母親身邊成長；但現在，成年王子、母妃與大約二十名乾淨女性組成的小後宮將被遷入卡費斯，並無限期在此居住。只有塞利姆的長子穆拉德前往安納托利亞行省，獲取政務管理技巧。此舉用意不僅在保住王子們的性命，也為了減少對塞利姆的威脅。長期深居內宮不發一語的蘇丹，並不受到蘇丹親兵喜愛，因為後者仰賴戰爭獲取戰利品與奴隸。因此，將可能成為政變領袖的人，安全鎖在君士坦丁堡內，是有效降低威脅的方法。

在這點上，此一做法雖是成功，卻未能保住王子們的性命。一五七四年穆拉德三世（Murad III）繼承塞利姆後，他的首要行動是下令絞殺五名兄弟。但即便如此，穆拉德仍然十分欣賞卡費斯制度，並進一步改良。他的兒子全都不再前往行省，而是關在托卡比宮的奢華監獄裡。如他父親，穆拉德也不受蘇丹親兵喜愛，狀況嚴重到他因深恐暗殺而甚少離宮。穆拉德不受喜愛的部分原因來自於他拒絕領軍。此外，一般大眾對於皇室耽溺享樂，讓後宮女子得以掌權也深感不滿。穆拉德深受母親努爾巴努（Nurbanu）蘇丹皇太后，及最疼愛的女奴寵妾莎菲耶（Safiye）所影響。莎菲耶為穆拉德生下一子穆罕默德。莎菲耶對穆拉德的控制之強，就像先前的蘇萊曼，穆拉德也停止造訪後宮，專注在莎菲耶身上。努爾巴努憂慮鄂圖曼王朝傳承，因此要求兒子盡可能使用後宮，以產出更多子嗣，並經常引介新的處女。穆拉德聽話地令許多後宮女子有孕。二十年統治期間，穆拉德擁有超過二十名兒子與更多女兒。所有活到成年的王子均被送進卡費斯。

女人掌控的蘇丹國，對掌控女性來說很有利，一般也認為，蘇丹得以盡享逸樂。但對鄂圖曼帝國而言則十分不利，此舉幾乎等同保證統治者的低能。缺乏宮廷以外的經驗，蘇丹被母親們養成習於逸樂，並全然仰賴母親。成為蘇丹皇太后，幾乎等同成為蘇丹。這些女性自然容易與其他近臣發生衝突，例如大維齊爾、黑人大太監及白人大太監，後者是皇宮的大總管。即便在外交使節圈中，眾所周知，欲在君士坦丁堡成事，首先要打點蘇丹的母親。

一五九五年穆拉德去世，莎菲耶之子登基成為穆罕默德三世（Mehmed III），她也成為蘇丹皇太后。她將穆罕默德緊緊關在熟悉的皇宮中。穆罕默德登基後，首先絞殺許多異母兄弟，此舉若非莎菲耶縱容，也得她暗示。莎菲耶對兒子控制欲之強，讓她偶爾會在穆罕默德於國務會議，以及與首席顧問的會議中，垂簾聽政。當她有意發言時，不會遲疑打斷談話，或推翻蘇丹意見。蘇丹親兵與軍隊對女人插手男人事務痛恨萬分。一五九六年，穆罕默德成功帶領鄂圖曼軍隊在埃傑爾[3]擊敗哈布斯堡王朝[4]軍隊，即便曾贏得部分支持，也隨著母親嘴裡吐出的每個字煙消雲散。

同樣令人不悅的是，莎菲耶決定將自己的清真寺蓋在舊威尼斯人區。這是一片沿著金角灣的商業區，今日加拉塔橋所在地。為了替尊貴建築騰出空間，必須拆除碼頭，並遷移整個猶太人

3　埃傑爾（Eger），北匈牙利的第二大城，以最北的鄂圖曼式叫拜塔建築聞名。

4　哈布斯堡王朝（Habsburgs）十一世紀始於法國阿爾薩斯、瑞士北部及萊茵河流域，一二八二年奪取奧地利公國後，奧地利便劃歸哈布斯堡皇室統治。十五、十六世紀，透過與歐洲各地皇室聯姻，將法國北部至荷蘭、比利時及西班牙納入哈布斯堡皇室領地。兩段與波希米亞皇室的聯姻，也為日後併吞波希米亞與合組奧匈帝國埋下伏筆。十六世紀初的查理五世帶領哈布斯堡王室走向顛峰，繼承外祖父西班牙國王斐迪南的領土，以及祖父的神聖羅馬帝國，並與蘇萊曼爭奪瓜分匈牙利。查理五世退位後，將領土分為奧地利與西班牙哈布斯堡皇朝兩支。西班牙支系於一七〇〇年絕嗣，奧地利支系也於一七四〇年絕嗣，改由分支哈布斯堡－洛林王室承續，直到一次大戰後由共和國取代。

區，自然所費不貲。君士坦丁堡早期的清真寺庫利葉，是由快速擴張帝國的戰爭獲利支持。但那些年代已經過去。莎菲耶的清真寺必須透過經常性國家收入來支付，也就代表政務、宗教與軍事預算的刪減。此舉自然招敵。當穆罕默德三世無預警在三十七歲過世時，十三歲的兒子艾哈邁德一世（Ahmed I）決定要拋棄這個包袱。他將莎菲耶送到舊皇宮榮養，並下令停止興建她的清真寺。半完工的清真寺逐漸凋零，工程遺跡見證其主過度擴張的野心。半個多世紀後，一六六〇年，另一位蘇丹皇太后出手拯救這處廢棄遺址。穆罕默德四世（Mehmed IV）的母親杜亨（Turhan）出資完成興建及維持營運，整個建築群包含知名的埃及香料市集（Egypt Spice Bazaar）。今日以耶尼清真寺聞名。

取消祖母清真寺的興建工程，蘇丹艾哈邁德一世在成年後，迅即下令建造自己的清真寺。艾哈邁德信仰虔誠，希望在君士坦丁堡興造一座睥睨其他庫利葉的建築。然而他也遇到莎菲耶相同的問題。在帝國停滯不前，經濟下滑時，投注大量金錢興造雄偉建築，並不受到大眾歡迎。與其擔起加齊戰士對抗異教徒的職責，一六〇六年他反而選擇與哈布斯堡帝國簽訂條約，承認奧地利皇帝與他平起平坐，並廢除哈布斯堡向君士坦丁堡繳交年度貢金之責。年輕蘇丹的夢想與帝國的現實狀態明顯有所衝突。

艾哈邁德花費許多時間，尋找庫利葉的理想地點。最主要的問題在於，經歷一個半世紀的建設，君士坦丁堡所有主要地點皆已有主。十六世紀穩步上升的人口，顯示內城已滿是建築，雖然多數建築依舊仍是木造。艾哈邁德大膽決定，將自己的清真寺庫利葉建在賽馬場（土耳其人稱之為艾特－邁丹尼）中，舊拜占庭大皇宮的上層區域。由於羅馬人以地下支撐結構建出階段平台，此處區域雖然面積受限，但堪稱平整。不少君士坦丁堡的富人豪宅也建於此處。這些建築被系統性拆解後，建料重新用在新建築上。許多石塊原本就來自賽馬場與大皇宮遺址，因此至少是這些石料第二次再利用。除了這些石料以外，再加上所有賽馬場上非用來支撐景觀的石塊。艾哈邁德蘇丹的清真寺中庭，是以附近賽道觀眾席的椅面鋪設。蘇丹艾哈邁德清真寺的建築核心，是以此區域超過千年的材料重組而成。

此位置的另一個問題是，距離聖索菲亞清真寺太近，自然容易招引對艾哈邁德的清真寺與查士丁尼偉大教堂之間的比較。希南已於一五八八年過世，因此由他的學生之一，穆罕默德·阿加（Mehmed Ağa）負責設計。與老師不同，阿加並不在意聖索菲亞清真寺的圓頂。相對地，他的主要目標在於設計出具有足夠建築分量的結構，從外觀之，足以與古老的鄰居相比擬。這座建築有意識地，雖然並不十分成功，試著模仿希南與查士丁尼的成就。四方型清真寺的對稱設計，明顯取自希南的塞扎德清真寺，然而圓頂與半圓頂則明確仿自聖索菲亞。內部寬闊的祈禱區，沐浴在數百扇窗戶流瀉的天光中，華麗裝飾著深藍色伊茲尼克壁磚，因此贏得西方通稱的美名：「藍色清真寺」。然而，內部空間卻缺乏效仿對象的優雅結構。四支撐起中央圓頂的大柱（有時稱為「象腿」）礙眼破壞了架構的流暢性，留下一群組件而非緊密整體的印象。相對地，聖索菲亞的圓頂，不僅比蘇丹艾哈邁德清真寺大且高上許多，更高明隱藏支撐結構，正如許多年前普羅科匹厄斯所言，給人一種圓頂是以鍊懸吊，從天垂降的印象。蘇丹艾哈邁德清真寺是美的，但其當代名聲多來自位於觀光核心區域，而非建築成就。

除了清真寺外，蘇丹艾哈邁德庫利葉還有往聖索菲亞延伸的寬闊中庭，及數間學校、醫院、慈善廚房、市集、浴場及蘇丹陵寢。這間帝王清真寺，環繞四座叫拜塔，但艾哈邁德下令增建兩座，以支撐中庭角落。總共六座叫拜塔，超越任何君士坦丁堡的清真寺。此舉廣泛被認定為傲慢，因他將自己的清真寺，置於立法者（蘇萊曼）及征服者（穆罕默德二世）之上，並與麥加大清真寺（Great Mosque in Mecca）並駕齊驅。為了至少消滅不虔誠的指控，艾哈邁德下令在麥加增建第七座叫拜塔。

君士坦丁堡十七世紀的其他時光，見證了一個深陷權謀、詭計及逸樂漩渦的政府，可比拜占庭帝國最惡劣的年代。艾哈邁德打破傳統，允許精神不穩的兄弟穆斯塔法，在戒備下持續居於舊皇宮。他也揚棄一名姬妾僅生一子的原則。雖然他仍享受後宮中無數美女，但只有兩名寵妃生下子嗣。瑪菲露茲（Mahfiruz）蘇丹首先生下四名兒子。她死後，艾哈邁德則專寵知名希臘美女柯塞姆（Kösem）蘇丹，她也生下四名兒子。艾哈邁德二十七歲去世；他的長子，瑪菲露茲蘇丹之子，是十三歲的奧斯曼。然而，在難以穿越的黑暗權謀巢穴中，國務會議跳過奧斯曼，將蘇丹王座獻給仍養於卡費斯中的穆斯塔法。由於柯塞姆在國務會議中深具影響力，因此很可能影響了這個決定，將非她所出之子擠下寶座。這是蘇丹寶座首度由兄弟繼承，也進一步讓君士坦丁堡愈顯渾沌的皇室權力顯得更加複雜。

有精神問題的穆斯塔法，無法承擔統治責任。經過三個月混亂行為，宮廷派系之一將他送回卡費斯，並以姪子取而代之，稱為奧斯曼二世（Osman II）。奧斯曼雖然年輕，卻受過良好教育，似乎清楚了解如何改革鄂圖曼帝國。身為歷史的學徒，他正確判斷蘇丹親兵已類似羅馬禁衛軍，是個對統治者施加過度權力的菁英軍事組織。此時蘇丹親兵人數約為一萬五千人，在市中心擁有大型軍營建築群，位於阿克塞瑞區與法蒂赫區之間。建築群中包含三百六十八間營房，一百三十間庭園屋舍，六十間會議廳，九十間研修或訓練室，一百五十八座馬廄，以及無數圍繞中央中庭的小建築。他們一開始的任務是保護蘇丹，但稍後伴隨征服者前往戰場後，任務內容便隨之擴大。戰爭結束後，這些蘇丹親兵在君士坦丁堡長久定居，看似保護人民，實際上卻經常魚肉百姓。

為了削弱他們的地位，奧斯曼需要常備軍的支持與同意，後者則對於托卡比宮近日的發展不甚歡喜。奧斯曼決定擔起加齊戰士的職責，以強化自己在軍中的地位。他宣布將帶領伊斯蘭教軍士，對抗波蘭（今日烏克蘭的一部分）基督徒。一六二一年的戰爭，對鄂圖曼人是場災難，將近四萬人被殺。不僅未能取得榮耀，奧斯曼在羞辱中返回君士坦丁堡。他將戰敗歸責於軍隊素質低落，特別是蘇丹親兵，因此制定計畫欲大幅重整兩個軍事機構。他同時也宣布於先知穆罕默德由麥加遷徙到麥地那的一千年紀念時，將成為第一位朝聖的鄂圖曼蘇丹。他計劃在沿途中與軍事領袖會面，開始招募安納托利亞軍隊，以取代或剔除君士坦丁堡的蘇丹親兵。然而此舉未能發生。為了阻止奧斯曼的改革，蘇丹親兵發動武裝叛變，逮捕並稍後絞殺了奧斯曼。他們確實成了羅馬禁衛軍。

蘇丹親兵利用武裝叛變勝利，改革自身組織。在歷史上，這支奴隸軍隊透過奪取基督徒男嬰招募新血。謀殺奧斯曼後，他們宣稱自己為自由身。因此，他們有權結婚生子，住在軍營以外的地方。透過親兵關係，他們得以買下生意，欺凌競爭對手，從中獲利。接著他們要求由兒子繼承親兵職位。這些年輕人熱衷獲取親兵的榮耀與權力，卻未曾接受任何訓練。因此，在十七世紀的年代裡，君士坦丁堡的蘇丹親兵人數暴增，成長至超過五萬人。他們變成地位崇高的特殊軍隊，只為了保護自身在君士坦丁堡的利益。曾讓數代基督徒聞風喪膽的蘇丹親兵，變成首都裡的武裝黨徒罷了。

此刻在托卡比宮中，發瘋的穆斯塔法再次被送上王座。他並不比受他統治的人更喜歡這個情況，反而渴望返回卡費斯的相對安全環境中。同時間，整個帝國陷入動亂。安納托利亞的軍事起義，鼓動君士坦丁堡不受控制的蘇丹親兵，他們將都城視為自己的囊中之物。為了重建秩序，穆斯塔法被送回舊皇宮，十一歲的穆拉德四世（Murad IV）登基為蘇丹。他的母親，正是長年插手這場動亂的柯塞姆蘇丹皇太后，她正式成為攝政皇太后，是鄂圖曼史上首次由女性擔任攝政這個職位。她管理整個帝國，召開國務會議，雖然總是隱身簾後。

成年後的穆拉德四世身強體壯，帶著殘酷性格與軍事才能，這是君士坦丁堡過去一世紀中未曾得見的特質。即便在柯塞姆蘇丹不情願之下，他也下令處決卡費斯中幾名兄弟。許多官員也被殺害，更多人因心生恐懼而言聽計從，不敢質疑。為了服膺伊斯蘭教規範，他在君士坦丁堡發布新的嚴格立法，嚴禁酒類、咖啡與菸草，違者以死刑論。由於這三者在大都會區十分受到歡迎，此舉激起許多騷動及處決。有些案例甚至由穆拉德自己執行，因為他會巡視街道，尋覓不軌之徒。奇怪的是，穆拉德本身為愛酒之人。一份報告顯示，他在二十七歲時，死於肝衰竭。

一六四〇年時，鄂圖曼王朝唯一在世的男性成年繼承人，是穆拉德的弟弟易卜拉欣（Ibrahim Ⅰ）。易卜拉欣在卡費斯中長大，驚險逃過處刑人之手。穆拉德死前，在病榻上曾下令絞殺他的弟弟。然而柯塞姆蘇丹勉強拖延，熬過蘇丹嚥氣。當大維齊爾與易卜拉欣的母親前來告知將成為新任蘇丹時，他拒絕相信，認為這是殘酷兄長的忠誠試探。只有當他們允許易卜拉欣檢視蘇丹遺體後，他才接受王座。

易卜拉欣的責任，如柯塞姆蘇丹皇太后所言，是在後宮中辛勤努力，避免王朝絕嗣。他聽命行事，但並非毫無困難。易卜拉欣有健康問題，包含強烈頭痛與精神疾患。他癡迷皮草，堅持後宮與自己的宮院都須飾滿皮草。根據一項資料來源，他曾對後宮女人大發雷霆，下令將她們裝進麻袋縫合，丟進博斯普魯斯海峽。當易卜拉欣重修後宮時，柯塞姆試著管理帝國，面對來自其他朝臣的競爭。她無法阻止易卜拉欣對威尼斯宣戰，試圖奪取克里特島。這場戰爭拖延將近四分之一世紀，令帝國耗費巨資。做為回報威尼斯人將戰艦開進達達尼爾海峽，並切斷往君士坦丁堡的航線。食物價格高漲，都城動亂達到非常狀態。柯塞姆了解到政變一觸即發，也加入政變，同意逮捕處決易卜拉欣，改立孫子之一為穆罕默德四世。穆罕默德四世將統治接下來的四十年，完全處在他的母親、維齊爾及蘇丹親兵的掌控之下。

威尼斯阻斷航運雖影響君士坦丁堡一般人，但統治階級的運作普遍不受影響。十六及十七世紀之間，君士坦丁堡的人口持續成長。據現代學者估算，當時約有七十萬人。約有百分之四十為非穆斯林，主要是希臘正教徒，也有許多亞美尼亞基督徒與猶太人。非穆斯林必須支付人頭稅，但除此之外，生活型態多半自由。城中並不少見希臘與猶太巨富的奢華豪宅。真正財富多須經過鄂圖曼政府，因此基督徒與猶太人也能鑽營上位。猶太人獨占醫療專業，在服務土耳其貴族上口碑斐然。希臘人則活躍於商船貿易、漁業及酒館業。君士坦丁堡的非穆斯林一般沿著金角灣、馬摩拉海及港口對面的加拉塔海岸居住。城中有部分義大利社群，但人數不多。義大利商賈主宰君士坦丁堡的歲月已然過去。自葡萄牙人在印度建立貿易殖民地後，首都所有商業活動持續下降。

當十七世紀的歐洲人向全球開展商貿時，君士坦丁堡再也不是世界的中心。如同威尼斯，君士坦丁堡也被利潤豐厚的東印度與大西洋貿易新航線拋諸腦後。

君士坦丁堡的穆斯林市民享有較高地位，但散布各個經濟階層。許多人住在搖搖欲墜的木造建築，其他人則安居富裕石屋。只有穆斯林可以擁有奴隸，奴隸數量相當龐大。十六、十七世紀間，每年在君士坦丁堡市集，約售出超過兩萬名奴隸。我們已經見識了阿克賽瑞區的女奴市場，在潛在買家面前展示裸體處女。並非所有女奴交易都是為了性歡愉，許多則是為了家務需求而購買；雖然多數最終必須兼具兩種功能。男奴交易則是提供勞動力或技術；許多人是裁縫、木匠或鋪石匠。由於法律禁止納穆斯林為奴，因此幾乎所有奴隸都是基督徒，從地中海及中歐各處劫掠而來。來自非洲的黑奴人數稀少，幾乎都是太監，為了服務後宮而購買。

法律允許穆斯林男性娶四名妻子，但雖然實際上只有富人能負擔這麼多妻室。君士坦丁堡一般穆斯林男性可能會娶一到兩名妻子，擁有幾位姬妾，兼具處理家務功能。當然，富有的男性可以擁有多間屋舍及數百名奴隸。君士坦丁堡的穆斯林女性則嚴格禁足在家。在擁擠街頭，只會看見非穆斯林女性。當穆斯林女性必須出門，如前往浴場或參加婚禮時，她的穿著會從頭包覆到腳，或由奴隸扛著厚重簾幕以完全遮掩。雖然這段期間，君士坦丁堡幾乎由穆斯林女性控制，但她們仍被禁止與家門之外的世界有所接觸。妻子通常有自己的獨立院落，與子女及奴隸同住；她會取悅丈夫，但不會與他分享同樣的生活空間。

除了菁英出資的庫利葉，主要清真寺、富人豪宅及君士坦丁堡其他建築，都是木造建築；這代表著易引發火災。十六及十七世紀中都城確實祝融頻傳。多數火災始於密集的市集或碼頭倉庫區。因風勢而定，有些火災相當具有毀滅性，可能燒毀城內整區房舍。例如一六三三年的火災，燒毀城內將近三分之一的房屋。一六六〇年大火，延燒都城三面海岸，毀去一百二十間宮殿豪宅、四十間浴場、三百六十間清真寺，及無數教堂、倉庫、店鋪與房舍。這場大火奪走大約四千條人命。政府數度下令，新建築必須使用磚塊或石料建築，但效果不大。木材便宜易得。打火消防是蘇丹親兵的職責，但他們也常是火災成因。親兵叛變常從縱火開始，或偶爾在敵人產業縱火，搶劫剩餘財物。每次火災後，都城地景就會改變。新的木造建築災後快速重建，創造出穿越屋舍的蜿蜒新土路。

十七世紀的君士坦丁堡，與七世紀的前身，有許多相同之處。兩個時代中，帝國首都同樣面對改變中的世界，光榮美化自己的同時，帝國正逐漸衰微。對拜占庭皇帝而言，伊斯蘭教的興起威脅古老都城。對蘇丹們來說，威脅則來自難以置信的西方興起，帶來現代化的不安謠言。

第二十章　西方勢力再臨

一七一七年，拜占庭皇帝君士坦丁十一世重返君士坦丁堡。人們期待他的重返已有一段時間。自一四五三年都城陷落後，倖存的希臘人之間流傳著一則傳說，當土耳其人破城而入時，他們敬愛的領袖被天使接引，安置於黃金門附近的地底洞穴。他在此陷入石化深眠。此傳說似乎為一組稱為智者利奧神諭的中古預言畫所印證。神諭第十三條描繪一名沉睡男子，從頭到腳以繃帶纏繞，旁有天使守候。由於被征服的希臘人相信君士坦丁堡的陷落乃上主對其的懲罰，有朝一日當他們贖清罪愆時，都城自當返還希臘人之手。在這祝聖之日，上主將喚醒君士坦丁，交還寶劍，並開啟黃金門。接著一陣殺伐後，土耳其人必當竄逃，拜占庭帝國即將重生。

「石化皇帝」的故事相當受到歡迎，擁有很多版本。然而各版本中，土耳其人都是輸家。由於土耳其人與其都城內的希臘鄰居同樣迷信，他們也嚴肅看待這則預言。穆罕默德二世在封閉的黃金門四周，圍上更多石牆與哨塔，形成七塔堡壘（耶迪庫勒），也許正是為了防範皇帝重生。接下來數世紀中造訪君士坦丁堡的旅人，也經常聽聞這名沉睡復仇者的故事。例如，英國人彼得・蒙第[1]在十七世紀初年報導：「土耳其人流傳一個預言，它（君士坦丁堡）將因此門而再次陷落。」[2]

與蒙第同時代的湯瑪士・羅爵士[3]曾與此預言直接交手。身為英國國王的特使，湯瑪士・羅於一六二六年出使君士坦丁堡，為政府及其他英國貴族處理事務。十六世紀，歐洲科學進入歷史研究領域，富裕的歐洲人熱衷取得古物遺跡，加入私人收藏。大批文物則在鄂圖曼帝國境內發現。幸運的是，土耳其人並不重視這些文物的歷史價值，因此非常樂意出售。全世界的博物館充滿此類交易結果。湯瑪士・羅在君士坦丁堡期間，擔任阿倫德爾伯爵（Earl of Arundel）及白金漢公爵（Duke of Buckingham）的代理人，試圖取得海克力斯冒險的真人尺寸石面浮雕，而這座浮雕當時仍懸在君士坦丁堡黃金門的入口處。湯瑪士・羅透過賄賂官員，終於完成交易。五月風和日麗的一天，他與鄂圖曼帝國財務大臣及城牆巡視官騎馬前往耶迪庫勒。土耳其官員要求羅爵士在附近碼頭等待；他們將前往黃金門，移下浮雕，帶回碼頭，裝船送往英國。

當巡視官與財務大臣下令工人移下古代雕像時，耶迪庫勒區區長拒絕同意。流言很快傳遍當地，一名西方異教徒正企圖破壞黃金門。數百人，也許數千人，衝到現場。從港口的距離，羅爵士可以遠望聽聞憤怒暴徒聚集、大喊並衝撞衛兵；他們似乎將對官員動粗。財務大臣最終返回碼頭時，身邊並無古物，但明顯氣急敗壞。他質問羅爵士是否擁有傳說黃金門神祕力量的「舊預言書」。摸不著頭緒的英國人駁斥此事時，財務大臣指責他「明知這些雕像具有魔力；明知取下這些雕像將有重大改變降臨都城。他談到一個地底洞穴，我完全不解；這……讓他們充滿迷信，對我充滿疑心」。最後羅爵士終於說服財政大臣，自己全然不解他的質疑。然而，為了兩人的性命著想，財務大臣要求羅爵士不得再談論此事，甚至不得前往黃金門。當晚湯瑪士・羅返回住處，致信阿倫德爾伯爵及白金漢公爵，浮雕將無法送往英國。事實上，它們「很可能將留在原地，隨時間墜落」。「同時」，他持續寫道，「我雖未能取得石雕，卻幾乎在該區引發暴動。」[4]湯瑪士・羅對古老浮雕的判斷相當正確。它們並未獲得保存，今日已然佚失。

一七一七年皇帝重返時，君士坦丁堡的土耳其人對於阻撓拜占庭帝國回歸的強烈意念並未消逝。這一年一具埃及木乃伊將經由君士坦丁堡，轉送歐洲。這具木乃伊是數年前由法王路易十四（Louis XIV）所購買，預備送給瑞典國王查理十二世（Charles XII）。查理十二世曾短暫住過君士坦丁堡，熱愛古代文物。這具古人遺骸行過東地中海，抵達君士坦丁堡，將由此展開西行的最後

1 彼得・蒙第（Peter Mundy），十七世紀英國商人、旅行者與作家。廣泛遊歷歐洲、亞洲與俄羅斯，他首先在遊記《世界行程》（*Itinerarium Mundi*）中記錄在中國喝茶。

2 作者注：R. C. Temple編譯，《彼得・蒙第歐亞遊記：一六〇八至一六六七年》（*The Travels of Peter Mundy in Europe and Asia, 1608-1667*，Hakluyt Society出版社，一九〇七年），頁三二。

3 湯瑪士・羅（Thomas Roe），英國伊莉莎白一世與詹姆士一世時期的知名外交官，代表英國出使蒙兀兒帝國、鄂圖曼帝國與神聖羅馬帝國。遊歷範圍從中南美洲到印度。出使印度為東印度公司工廠尋求庇護期間，據說成為蒙兀兒皇帝賈汗季（Jahangir）的酒友，並留下此一時期的重要文字紀錄。出使鄂圖曼帝國期間，由於與君士坦丁堡牧首私交甚篤，因此獲得不少拜占庭時期手稿與錢幣的收藏。

4 作者注：S. Richardson編，《湯瑪士・羅爵士談判集》（*The Negotiations of Sir Thomas Roe*，Richardson出版社，一七四〇年），頁五一二。

一段旅程。鄂圖曼官員在埃迪爾內城門擋下運送木乃伊一行人，堅持檢查包裹木箱。打開裝飾精美的棺木後，他們驚駭地發現，這名古老、明顯僵化的男性從頭到腳以繃帶包裹。帶著與阻礙湯瑪士・羅從黃金門取下浮雕的相同疑懼，讓這些檢察官認定，眼前所見即是末代基督徒皇帝的屍體。明顯地，這群異教徒正試著將屍體偷偷運出君士坦丁堡，好讓他復活。鄂圖曼人沒收木乃伊，並將它送回耶迪庫勒——它必定來自黃金門。木乃伊抵達時，由於是被征服的基督徒領袖，土耳其人仍以禮待之。首先，它被斬首。接著，為了確定他無法重建帝國，木乃伊的屍骸被切成兩段。屍首等三個部位被小心地放回棺木，鎖進耶迪庫勒的一座塔裡。

土耳其人對希臘迷信的回應，明確點出君士坦丁堡與西方之間，對於事務截然不同的看法。十二世紀時，法王使節回報，並建議他的主人立刻對都城發動攻擊，因為「在過去兩百年未曾開啟的黃金門上寫著：當金髮國王來自西方，我將為他開啟」。[5]然而到了十八世紀，歐洲已經歷天翻地覆的變化，以致所有關於魔法的概念皆視為不科學且愚蠢。一七一七年埃及木乃伊被捕的消息，傳遍君士坦丁堡的歐洲外派圈時，引起一陣搖頭嗤笑。駐高門的英國大使夫人，瑪莉・沃特利・蒙塔古女士[6]寫下：

> 土耳其人認定此為天知道誰的屍體，（鄂圖曼）帝國政權仰賴保存此屍。此時某些古老預言又再提起，因此木乃伊被送進七塔。[7]

然而，木乃伊的故事尚未結束。八十多年後，它仍舊囚於耶迪庫勒。當時，同囚的還有法蘭索瓦・普克維爾（François Pouqueville），一名因為法國入侵埃及而被捕的法籍醫生。普克維爾與獄卒交好，因此經常獲准在獄中行走。一日，他設法進入木乃伊之塔，發現裝飾精美的棺木。他打開棺蓋，發現傳說中皇帝的三塊屍身仍舊躺在其中。普克維爾取走木乃伊頭部，藏在斗篷底下。他雖然對傳說的細節不感興趣，但仍明白土耳其人認為這具屍體將威脅鄂圖曼帝國。對普克維爾來說，不過想開個有趣的玩笑。如他在回憶錄中寫道，經由拿走木乃伊頭部，「我打破魔咒，也加速偉大帝國的滅亡。」[8]

正是此種東、西方態度與認知的尖銳分歧，將驅動接下來君士坦丁堡歷史的主要進程。在現

5 作者注：W. Stubbs 編，《亨利二世與理查一世編年史》（*Gesta Regis Henrici Secundi*，Rolls Series 出版社，一八五七年），2:52。此處為作者翻譯。

6 瑪莉・沃特利・蒙塔古（Mary Wortley Montagu）十八世紀初的英國公爵之女，打破社會習俗，與父親不喜的追求者私奔結婚，先生是後來成為英國駐鄂圖曼大使的愛德華・沃特利・蒙塔古。一七一六至一七一八年出使鄂圖曼期間，她以書信形式記錄東方生活點滴，後來彙集出版為《來自土耳其的信》（*Letters from Turkey*）。此書啟發許多後世女性旅行者／作家，以及東方主義式的文藝創作。蒙塔古夫人由於身為貴族女性，得以進入許多私密或僅限女性的空間，又因對鄂圖曼文化深感興趣，因此有機會探索許多過去男性作家不曾接觸的鄂圖曼社會習俗，提供鄂圖曼女性的觀點，並更正錯誤紀錄或觀念。蒙塔古夫人更從與鄂圖曼婦女的交往中，發現鄂圖曼人針對天花的傳統治療法，並將其引入英國。

7 作者注：Mary Wortley Montagu，《完整書信集》（*Complete Letters*，Clarendon 出版社，一九六五年），1:365。

8 作者注：François Pouqueville，《希臘與土耳其之旅》（*Travels in Greece and Turkey*，Richard Phillips 出版社，一八二〇年），頁一一九。

代世界，我們傾向認為歷史是一條筆直的科技與文化進程。當某人被指為「倒轉的時鐘」時，從來不是一句讚美。然而此種線性發展，事實上是十六世紀以降西方的獨特產物，絕非人類文化的常態。整個世界可能在某個時刻，必須與西歐前所未有的進步，達成和解。身為東、西方透膜的君士坦丁堡，將會面臨核心的動搖。在印刷品、銀行及足以環球航行的船隻帶動下，十七世紀見證了歐洲科技突飛猛進。十八世紀帶來啟蒙運動，嚴格專注於世俗理性的發展，去除、甚至敵視宗教。當歐洲人伸向全球，歐洲經濟飛速成長，令其他地區相形見絀。他們的城市與人口也蓬勃發展。西歐已將中世紀拋諸腦後，致力建設現代世界。

對穆斯林，特別是土耳其人來說，這卻令人難以接受。數世紀以來，除了充滿異教徒外，他們對西歐幾乎一無所知。他們並未試著了解其人民或王國，將整個西歐統稱為「法蘭吉斯坦」（Frangistan），意為「法蘭克人之地」。更重要的，歐洲乃是「戰爭之域」（Abode of War），良善的穆斯林應前往此地降伏異教徒，擴大「伊斯蘭之域」（Abode of Islam）。鄂圖曼帝國即立基於此類主流穆斯林思想之上。然而隨時光流逝，這類思想已不合時宜。蘇萊曼的維也納圍城，是將伊斯蘭教擴展進入西方核心地帶的最後一次機會。此後歐洲快速變化，伴隨君士坦丁堡的失能帝國，決定了前者崛起，後者沒落。我們已經看到，一六〇六年鄂圖曼人被迫與神聖羅馬帝國皇帝簽訂條約，承認他與蘇丹平起平坐。在嘗試翻轉前個世紀趨勢的努力中，科普魯律（Köprülü）家族歷代大維齊爾們積極備戰，並於一六八三年對維也納發動大膽攻勢。這場戰事最終以鄂圖曼人慘敗作收，奧地利人發動反攻，攻下匈牙利、希臘及黑海岸等地區。一六九九年，蘇丹被迫簽定卡洛維茨和約（Peace Treaty of Karlowitz）。對土耳其人來說，這紙條約推進了令人不安的新時代。這是鄂圖曼帝國首度與戰勝的異教徒簽訂協定，也是伊斯蘭之域的領土首度返還戰爭之域。歷史正在倒退。

若鄂圖曼人能跟上西方軍事進程，也許結果不會如此悲慘。穆罕默德二世曾雇用歐洲人製造大砲，打擊君士坦丁堡城牆。在後續數十年中，鄂圖曼軍隊採用了手槍、步槍及更先進的火砲。他們模仿威尼斯新穎的戰艦設計技術，儘管威尼斯的技術已落後於大西洋的海權勢力。十八世紀，鄂圖曼海軍船艦與北非地方私掠船能夠進行海盜攻擊，卻無法與歐洲人維持長時間爭戰。將遠程火砲與其他新武器引入鄂圖曼的嘗試，都遭受蘇丹親兵抵制。親兵認為新科技與專業受訓操作者的興起，將威脅他們的傳統職位與權力。

同樣的狀況，也發生在現代早期歐洲最重要的設備：印刷機。在西方，印刷機為宗教、文化、經濟與政治帶來革命巨變；但在君士坦丁堡，卻遭到禁用。接近十五世紀末時，西班牙的猶太人向蘇丹請願，可否在首都開辦印刷廠。伊斯蘭教當局決議，印刷阿拉伯文乃是褻瀆之舉，但他們可以印刷希臘文、希伯來文與亞美尼亞文。若先不論宗教理由，君士坦丁堡勢力強大的手抄與書法同業公會也一心反對印刷業進駐。因此識字仍是富人的特權，新思想在十七世紀的君士坦丁堡傳播緩慢。

首都的中古時代同業公會勢力，也在禁止任何現代化商品生產的背後運作。此事發生的時機特別不妙。土耳其經濟為銀本位制，此刻由於新世界白銀大舉進入歐洲，白銀嚴重貶值。土耳其產品外銷市場也迅速停滯，歐洲人開始大舉以低價買入原物料，並在歐洲萌生的工業革命中，製成產品回銷土耳其人，以便宜價格取勝在地生產的商品。最終這造成財富與資源的無情耗損，讓鄂圖曼的經濟雪上加霜。此刻鄂圖曼真正需要的是新經濟政策，專注由新的銀行機制支持企業發展。然而在穆斯林世界中商業活動受到高度限制，且多數操持在異教徒手上。君士坦丁堡政府缺乏扭轉局勢的工具及知識。蘇丹單純擴大政府，耗費更多財富建造奢華宮殿，並提供官員及蘇丹親兵高額俸祿。一度在中古浪潮中，保護古代文明的君士坦丁堡，此刻也在現代化之前，死守中古世界。

十七世紀君士坦丁堡的街道、屋舍與城市服務，自十五世紀以來幾乎沒有變化。汙水仍舊排放在街頭，或排入海中。夜晚的街道僅靠月光照明。野狗成群梭巡黑暗後巷，窺伺不長眼的路人。城中未訂定消防法規或設置消防人員（除了蘇丹親兵外，但他們也常是縱火者）。君士坦丁堡未曾改變，但造訪都城的歐洲人卻大不相同。此刻，他們對於都市環境的期待，有了截然不同的變化。從無數旅行者的紀錄中，抱怨著君士坦丁堡髒汙的街道、惡臭的水溝，以及人民的無知，可見一斑。十三世紀的法蘭西騎士克萊里的羅貝爾還曾大加讚嘆君士坦丁堡之美。但到了十七世紀，西方人卻認為君士坦丁堡「可遠觀不可褻玩」，他們依舊承認從遠方望向君士坦丁堡，它仍是座極美之城，但若進城一看，印象隨即一落千丈。一六一〇年，英國旅人喬治・桑迪斯（George Sandys）描寫君士坦丁堡：「我想世上斷無一物，可自遠方給予如此大的美麗承諾，一旦進入了，卻令人失望至極。」[9]他的同鄉威廉・立斯高（William Lithgow）也深表同意，如此詩意地描寫都城：

濃妝娼妓，戴著致命罪行的面具，

外表甜美，內裡臭腐。[10]

甚至到了十九世紀，也幾無變化，如美國作家馬克．吐溫所說：

若由下錨處，或自博斯普魯斯海峽一英里左右望去，（君士坦丁堡）是世上所見最美的城市……然而它的美開始於，也終於眼前的美好景致。從旅人登陸的那刻起，到返回船上止，他將不斷遭受咒詛……君士坦丁堡的街道是人一生當見一次的景象，但只要一次就好。[11]

君士坦丁堡的人們當然注意到歐洲人的轉變。過往中古時代睜眼驚嘆、卑躬屈膝的請求者，已經變成嗤笑不少於抱怨的高傲訪客。歐洲人的惡行中最糟糕的案例，也許莫過於一七〇〇年的德爾菲蛇柱破壞事件。這件獨特的銅製藝術品，是由古希臘人熔解戰敗波斯軍隊鎧甲所製成，已公眾展示超過兩千一百年。由君士坦丁置於賽馬場中，後代重新改為噴泉，泉水由三條交纏的蛇

9 作者注：George Sandys，《旅行》（*Travailles*，倫敦出版，一六五八年），頁二七。

10 作者注：William Lithgow，《稀有探險與艱苦遊動的全紀錄》（The Totall Discourse of the Rare Adventures and Painefull Peregrinations，James MacLehose 出版社，一九〇六年），頁一二四。

11 作者注：Mark Twain，《傻子旅行》（*The Innocents Abroad*，American Publishing，一八七五年），頁三五八。

首中噴出。即便賽馬場已荒廢，鄂圖曼人仍仔細維護這根銅柱，他們相信這是避免毒蛇進入君士坦丁堡的護符。然而，鄂圖曼軍人在此投擲賈利德（一種擲箭）的遊戲，對民眾與紀念物都是危險。十六世紀中期某個時間，其中一具銅蛇首失去下顎。接著在十七世紀，整個頭被敲掉（現今展示於伊斯坦堡考古學博物館）。蛇柱的最終破壞，發生在一七〇〇年十月二十日至二十一日晚間。這起事件，也闡明了鄂圖曼帝國與基督徒歐洲間的關係變化。

幾個月前，由史丹尼斯勞斯・列辛斯基（Stanislaus Lesinski）帶領的波蘭代表團抵達君士坦丁堡，與蘇丹交換批准屈辱的卡洛維茨條約。四月十八日，他正式進入都城時，伴隨一隊六百名奧地利士兵。每個人都穿著一六八三年維也納圍城中傷亡土耳其士兵的鎖甲。許多被迫迎接品味低下舉止的土耳其人，認出鎖甲屬於他們傷亡的友人。一名法國觀察者注意到，他們僅低聲回應：「看，這些驕傲的異教徒。」列辛斯基一行人受到高門高規款待，並下榻位於賽馬場、富麗堂皇的易卜拉欣帕夏宮。他們立刻將此地以及外圍開放空間，當作私人遊樂場。事實上，有一天，一位已改信伊斯蘭教的歐洲裔都城居民前來宮殿，參加晚間派對。列辛斯基下令將其斬首，並丟到賽馬場。土耳其人安靜收葬此人，正如他們清理夜間飲酒狂歡後，在整個區域留下的殘跡。如此行徑經歷數月後，和約終於簽訂。列辛斯基於十月中離開，然而他的下屬仍在宮殿中享受最後一天的逸樂。當晚，當地人回報聽到巨響，「彷彿大力士砍樹一般」。[12]次晨，蛇柱的上半截失蹤了，僅留下現今仍存的柱樁。鄂圖曼人不願得罪代表團，各界噤聲不談。蛇柱上半截究竟發生何事，至今依舊成謎。也許藏在烏克蘭或奧地利某處，從未面世。

即便困難重重，君士坦丁堡仍舊是所有穆斯林城市中，最有機會學習及利用西方成就的都市。畢竟，它仍是一個歐洲都市，也是全世界最都會化的城市。蒙塔古夫人就曾致信友人：

> 我住的地方，非常能夠代表巴別塔（Tower of Babel）。在佩拉，他們說土耳其語、希臘語、希伯來語、亞美尼亞語、阿拉伯語、波斯語、俄語、斯洛維尼亞語、瓦拉幾亞語、德語、荷語、法語、英語、義大利語及匈牙利語。更糟的是，我家中就有十種這些語言。我的馬夫是阿拉伯人；男僕是法國人、英國人及德國人；奶媽是亞美尼亞人；女僕是俄羅斯人；其他半打僕傭是希臘人；管家是義大利人；侍衛則是土耳其人。所以我持續聽著這些聲音的混合，它們對生於此地的人有非常驚人的影響。他們因此同時學習所有語言，但總是一知半解，不足以讀寫……我自己認識幾名三或四歲的兒童，可以說義大利語、法語、希臘語、土耳其語及俄語。他們通常是跟來自該國的奶媽學會這些語言。[13]

多樣性並不只限於富人奴僕或都城街頭，也在最高階級。雖然非穆斯林禁止擔任政府官職，

---

12 作者注：Thomas F. Madden，〈君士坦丁堡的德爾菲蛇柱之定位、目的與異變〉（The Serpent Colum of Delphi in Constantinople: Placement, Purposes, and Mutilations），收於《拜占庭與現代希臘研究期刊》（*Byzantine and Modern Greek Studies*），第十六期（一九九二年），頁一一一至一四五。

13 作者注：Mary Wortley Montagu，〈第四十一封信〉（Letter 41），《倫敦雜誌》（*The London Magazine*），一七六三年一月，頁四一五。

許多人的服務令其成為其中一員。此外，許多鄂圖曼政府的最高官員及蘇丹妻室曾是來自西歐的奴隸。隨著鄂圖曼帝國在歐洲興起中逐漸衰弱，君士坦丁堡出現愈來愈多聲音，要求採取西方路線的改革。

此類西化嘗試首先在大維齊爾達瑪特・易卜拉欣（Damad Ibrahim）帕夏之下發動，他於一七一八至一七三〇年期間服務蘇丹艾哈邁德三世（Ahmed III）。一七二〇年時，他在高門發動前所未有之舉，遣送大使覲見外國元首。蘇丹在皇宮中等待世界向他尋求恩典的日子已經完全過去。派往巴黎的易爾密塞齊茲・埃芬迪（Yirmisekiz Mehmed Efendi）受到君士坦丁堡囑咐，「針對文明教育的手段進行縝密研究，並回報適合施行的做法」。埃芬迪受到法王路易十五（Louis X）的熱誠歡迎，帶他前往凡爾賽宮，並遊覽法國多數地區。法國是當時歐洲強權，文化上也雄霸歐洲。一七二一年大使返回君士坦丁堡，不單進行報告，還寫下第一份土耳其人的歐洲遊記，造成一陣轟動，成為今日仍在都城內潮起潮落的西化運動濫觴。他對於雄偉凡爾賽宮的描述，精緻花園、華美水池、躍舞噴泉及驚人建築，導致君士坦丁堡周遭出現一段狂熱興建法式風格建築的時期，稱為「鬱金香時期」（Tulip Period）。蘇丹與高官，包含埃芬迪，在金角灣上游，晚期於博斯普魯斯海峽邊，建造宮殿群，供帝國菁英呼吸空氣及「散步」，一如法國習俗。甚至後宮女子也獲准外出，前往新的宮殿花園，享受數百種鬱金香的香氣，並參加深夜活動。照明蠟燭則由數百隻龜背馱載，在園中漫步。

這些奢華新宮殿對君士坦丁堡帝國的現代化毫無助益，然而埃芬迪的報告的確有所影響。他返國後不久，蘇丹便允許設置一間土耳其文及一間阿拉伯文印刷廠，但只能印製非宗教書籍。埃芬迪的書便是首批出版品之一。然而，手抄同業公會的激烈反對，迫使印刷廠關門，印刷業直到本世紀末才又重返都城。艾哈邁德三世與繼承者也試著引進自己版本的巴黎都市架構。他們並未拉直道路，艾哈邁德反倒在靠近托卡比宮宮門處蓋了一座以自己命名的美麗噴泉。大理石鑲包的四角亭中，設有飲水台以及提供杯子與免費點心的人員。這座噴泉是鄂圖曼君士坦丁堡前所未見的設施，都城第一座真正的公共建築，無涉宗教，而是為了市民福祉而建。後來這類噴泉成為都城內各處常見的建設。雖然西化常招引各種反應，但即便最嚴厲的評論者，在蓋新建築時，難免也採用巴洛克晚期的法國洛可可風格。某些變化已然發生。

當蘇丹享受花園閒情時，波斯人正襲擾帝國疆界，猛烈攻擊帝國的東境。一七三〇年，蘇丹親兵在憤怒暴徒支持下，於君士坦丁堡發動叛變，要求處決易卜拉辛帕夏，艾哈邁德三世自請下台。艾哈邁德默默同意，讓姪子馬哈茂德一世（Mahmud I）即位。然而馬哈茂德也同樣鍾情法國文化，即位不到一年便處決叛變領袖，並延續叔父的改革與現代化計畫。然而改革進度遲緩。改革核心是一群法國工程師及軍人，他們來到君士坦丁堡，改宗伊斯蘭教，透過指導改革獲得高額俸祿。君士坦丁堡舊城外築起新的軍營與軍事教育建築，全數採歐洲風格。馬哈茂德與繼承人穆斯塔法三世（Mustafa III）試著重塑一支現代化的鄂圖曼帝國軍，足以抗衡西方與俄國，後者此刻正成為帝國的北方勁敵。然而這些努力招致蘇丹親兵強力反對，理由與手抄者關閉印刷廠相同，改革將威脅他們的地位。

雖然快速增加海岸宮殿與逐步興建公共噴泉，十八世紀的君士坦丁堡仍大致不變。僅有少數道路鋪設路面，貨運車幾未聽聞，因為即便舊梅塞大道也不足以容納貨車通行。僅見少數駄驢背上載運貨品，馬匹則限於高階菁英使用。在君士坦丁堡中，貨物與物資須仰賴人力扛運，挑夫在街頭四處可見。

首都現在包含四個主要區域：古代城牆包圍的內城區，通稱史丹堡，此處人口混雜，是政府與商業區；加拉塔，位於金角灣北岸，住有西方人與其大使館，以及大量希臘人、猶太人與亞美尼亞人；於斯屈達爾，位於博斯普魯斯海峽另一側的亞洲海岸，主要是土耳其住宅區；埃普（Eyüp），陸牆以西，擁有各種住宅、軍事建築及海岸宮殿。十八世紀，史丹堡都市核心持續遭受祝融災損，導致許多人口移出內城。因此，君士坦丁堡的水路成為擴張都城的重要交通大道。缺乏橋梁的都城，仰賴夜以繼日橫跨金角灣與博斯普魯斯海峽的數千渡輪船隻。操槳橫度洶湧浪潮，這些技巧嫻熟的船夫，多是希臘人與亞美尼亞人。強壯身形與自信舉止，讓他們成為君士坦丁堡惡名昭彰的花花公子。

君士坦丁堡的現代化雖有著令人難以忍受的緩慢，卻是走向全然的法國化。十八世紀的法國產出世上最有效率、最大型的軍隊；法國王室偶爾也派遣軍事顧問前往高門，協助建置現代軍隊。他們的協助自非出於利他。鄂圖曼帝國疆域依然廣大，法國支持遙遠的強盛國家，威嚇法國的敵人奧地利與俄羅斯，確實符合她的利益。但進程依舊緩慢。

一七八九年，進展倏然加速。這一年，改革派蘇丹塞利姆三世（Selim III）即位。同一年法國大革命展開。一開始，土耳其人並不在意革命。新的巴黎政府持續派遣顧問前往君士坦丁堡，協助軍隊現代化，但此刻他們同時也帶著傳教熱情，散播革命理念。透過他們的協助，塞利姆三世開啟「新秩序」（Nizam-i Cedid）。一開始是行省總督、稅收與貿易管理的全面性改革。然而最主要的是軍隊改革。新秩序下產生一支新軍隊，由安納托利亞的年輕土耳其人組成，法國軍官負責培育訓練。新秩序軍中包含新的砲兵團、工兵團及穿戴西式軍服的常規軍。這支軍隊以改革之名命名。蘇丹親兵自然厭恨新秩序軍，拒絕與竄起的新兵並肩作戰，甚至想著擊潰他們。

塞利姆同時採用西式外交，派遣鄂圖曼大使前往歐洲各國首都，成立永久大使館。大使本人都是舊秩序成員，因此對西方異教徒毫無興趣，也不願學習駐地語言。但一群擔任大使館職員的熱切年輕人，學習西方語言，與當地人交談，狂熱閱讀書籍。這群第一代「土耳其青年團」（Young Turks）將西方思想帶回國，後續滲透進入蘇丹宮廷，最終充斥整個君士坦丁堡社會。

一開始，法國大革命讓鄂圖曼對參與西方更有興味。這是歐洲第一次世俗革命，沒有基督信仰的包袱。不消多時，大革命甚至對基督教展現敵意。明顯逆反基督信仰的態度，讓穆斯林帝國更容易接受法國的軍事支持。事實上，許多鄂圖曼人相信，透過與法國人交往，將讓他們轉宗伊斯蘭教。然而，現實中的法國革命時期持續經歷變動。革命釋放一股生猛的改革力量，盲目抨擊不願轉向世俗主義的世界。強大的法國軍隊侵略鄰國，輸出自由、平等、博愛，以及軍團和法國統治者。從君士坦丁堡的距離來說，法國的目標選得不錯。一七九七年，拿破崙（Napoleon Bonaparte）將軍帶領軍隊，攻下長期參與十字軍的威尼斯共和國。次年，他們取下馬爾他島，驅逐十字軍的醫院騎士團。奧地利哈布斯堡、俄羅斯、義大利教宗國及其他西歐地區都是他們的目標。這些也都是鄂圖曼帝國的敵人。

然而，法軍飄忽不定的擴張主義，伸往君士坦丁堡，不過時間早晚之事。隨著法軍攻下在科孚島與阿爾巴尼亞的前威尼斯領地，巴爾幹開始人心惶惶。然而一七九八年，拿破崙帶領三萬多名法軍，直接前往埃及。一段時間以來，這個區域已經或多或少明顯反叛君士坦丁堡，然名義上仍屬於鄂圖曼帝國。拿破崙相對輕易攻下亞歷山大港與開羅，並準備入侵敘利亞。他也許有意直驅君士坦丁堡。當他進行各項征服時，拿破崙向埃及人保證，他並非征服者，而是解放者。

法國人也是真正的穆斯林。證據是他們前往羅馬，推翻教宗政府，教宗總是要求基督徒對穆斯林宣戰。他們接著前往馬爾他，消滅騎士團，騎士團假神之名對穆斯林開戰。在長期傳統中，法國人是鄂圖曼蘇丹的真正朋友（願神護佑他的帝國），以及他敵人的敵人。[14]

此一訊息是針對埃及人，但明顯讓君士坦丁堡不甚開心。鄂圖曼政府因而向法國宣戰，並在埃及與敘利亞發布以阿拉伯文印刷的回應。部分內文如下：

喔，虔信真主合一與穆斯林社群者，當知法國（願神消滅其屋舍，屈辱其旗幟，這群暴虐異教徒與異議惡行犯）不信天地真主合一，或審判日陳請者的任務。他們已拋棄所有宗教，否定死後世界與懲罰……他們宣稱先知帶來的書籍明顯謬誤，古蘭、妥拉[15]及福音盡是謊言與空談……他們完全投向邪惡墮落，騎著不忠傲慢的馬匹，投入迷惑壓制的汪洋，在撒旦旗下合一。[16]

接下來三年中，法國人牢牢控制埃及，並持續向北挺進敘利亞。這是自從驅逐十字軍後，法國軍隊首度進入這個區域。諷刺的是，他們受阻於十字軍王國的最後據點阿卡（Acre）。接受英國海軍補給的鄂圖曼軍隊在此擊退拿破崙，其中主要關鍵是新秩序軍，他們運用學得的科技，擊敗過去的老師。一八〇一年，在持續戰敗及拿破崙亟欲返回巴黎取得權力之下，戰爭以法軍撤退收場。一七九九年，拿破崙當選第一執政（First Consul），一八〇四年加冕成為皇帝。他在歐洲持續興戰，意欲推翻所有王國，將一切置於他的帝國治下。雖然一八〇五年海軍敗給英國，他仍執意鞏固在歐陸的權力，以禁運打敗英國。對君士坦丁堡而言，拿破崙擊敗奧地利哈布斯堡，並持續敵對俄羅斯，再次讓鄂圖曼人向他靠近。一八〇六年，法國大使奧拉斯．塞巴斯蒂亞尼（Horace Sébastiani）前往君士坦丁堡。他銜命說服蘇丹與法國聯軍，對抗俄羅斯，很快成為蘇丹最信任的顧問之一。

14　作者注：Gerard Chailiand與Sophie Mouseset合著，《西方遺產》（*L'héritage Occidental*，Odile Jacob出版社，二〇〇二年），頁九七三。

15　猶太典籍妥拉（Torah）字根的意思是教導、指示、律法，還有投擲、命中目標的意思。它是希伯來聖經的第一部，記載宇宙及人類受造的故事，猶太人歷史，及上帝頒布給猶太人的道德禮儀戒律。妥拉共有五卷，有時稱為「摩西五經」，分別是創世記記載宇宙及人類受造的故事，也記錄上帝與猶太人之間的立約，並描述以色列先祖的生平事蹟。出埃及記記載以色列子孫在埃及當奴隸，後來出埃及，往西奈山領受十誡的故事。利未記記載上帝的道德律和禮儀律，及祭司如何履行職責的指示。民數記記載以色列子孫穿越曠野的旅程，及上帝所頒的其他道德禮儀律令。申命記記載摩西對以色列民重新申述上帝律法，及以色列民預備進入應許之地。

16　作者注：Bernard Lewis著，《中東馬賽克》（*A Middle East Mosaic*，藍燈書屋，二〇〇〇年），頁四〇至四一。

塞利姆蘇丹熱切支持法國行動。此刻，鄂圖曼人與俄羅斯人的戰爭已超過一世紀，並失去克里米亞的珍貴領土。俄羅斯人則宣稱自己是鄂圖曼帝國境內希臘正教徒的特別保護者，這是隨時藉機攻擊的有用藉口。君士坦丁堡的英國大使警告蘇丹，若其支持拿破崙，皇家海軍將朝首都而來。受到蘇丹駁斥的英國人離開君士坦丁堡，一隊小型艦隊駐紮達達尼爾海峽，準備發動攻擊。這將是超過三個世紀以來，外國勢力首次對首都發動攻擊。塞巴斯蒂亞尼與法國工程師展開行動，加強並增援馬摩拉海及君士坦丁堡沿岸的海岸砲台。鄂圖曼海軍在防衛上並無功能，因其船艦技術遠遠落後英國艦隊。二月十九日，大約十多艘船隻組成的小型英國艦隊靠近君士坦丁堡。在此之前，它已嚴重破壞達達尼爾海峽及馬摩拉海沿岸的堡壘。然而，塞巴斯蒂亞尼統領的君士坦丁堡防衛火力終究贏得勝仗，迫使英軍撤退。

塞巴斯蒂亞尼在宮中慶功，卻不受君士坦丁堡民眾愛戴。多年的西化改革已漸失民心。穆斯林鎮日都在憂慮模仿法國的一頭熱，畢竟法國曾對帝國開戰，又挑起帝國對英、俄的戰爭。這些向西方異教徒奉承討好的行為，對君士坦丁堡或帝國來說有何好處？人民更加不安，經濟仍舊困頓，而蘇丹與政府持續仿效傾慕的法國建築，興建享樂別墅。君士坦丁堡的基督徒居民也對新的狀態感到不滿。大革命後，法國對天主教會開戰，解散歐洲的修道院，毀壞聖殿，珍貴聖物四散，甚至迫害教宗。他們並不願在君士坦丁堡見到此種自由行徑。而自視為舊鄂圖曼榮光守護者的蘇丹親兵，更是厭恨西方人，與他們帶來的軍事現代化。

一八〇六年，希臘發生蘇丹親兵與其他軍隊的叛變。塞利姆派出來自安納托利亞的新秩序軍鎮壓叛變，卻失敗。隨著君士坦丁堡民怨四起，蘇丹親兵正朝首都前來，塞利姆同意將新秩序軍送回安納托利亞；罷黜親西方的顧問，包含塞巴斯蒂亞尼；並同意任用君士坦丁堡蘇丹親兵領袖提名的大維齊爾。然而，過去壓制的反西方情緒一旦釋放，很難阻止這股動力。一八〇七年五月，名為亞瑪克斯（Yamaks）的後備軍團，在被要求穿上西式軍服時發動兵變。他們的領袖卡巴克希歐格魯．穆斯塔法（Kabakçioğlu Mustafa）認同蘇丹親兵及君士坦丁堡其他宗教領袖的主張，領兵前往首都。他將營帳紮於賽馬場，並與新任大維齊爾及大穆夫提[17]共組某種執政團。他們列出君士坦丁堡內的改革者，下令殺害名單上所有人，許多人死於家中。最後，在五月二十九日君士坦丁堡征服紀念日，他們公布穆夫提所做的伊斯蘭教法判決，認定塞利姆是伊斯蘭教的敵人，應予以罷黜。毫無選擇的塞利姆也只能接受此決定，將蘇丹寶座讓予堂弟穆斯塔法四世（Mustafa IV）。塞利姆曾試著自殺，但新任蘇丹從他手中奪下毒藥。最終塞利姆被送進了卡費斯。

反動者大獲全勝。在大穆夫提與蘇丹親兵的動作下，過去一世紀間艱苦執行的改革，被一一拔除：砸毀印刷廠，解散新秩序軍，關閉軍事學校，召回所有帝國大使。君士坦丁堡再次自世界撤退——或至少試著撤退。事實上，西方科技與思想所釋放的力量，任何城市都難以抗拒，更遑論與東、西方如此深刻牽繫的君士坦丁堡。縱能殺害今日的改革者，新一代的明日改革者早已蟄伏著等待。

17　穆夫提（mufti）是負責解釋伊斯蘭教法的學者，有權發布伊斯蘭教令。

第二十一章　歐洲病夫

濃煙繞著古代海牆翻騰洶湧，像精靈衝出神燈一般，湧向馬摩拉海及博斯普魯斯海峽。穿過一八八九年六月溫暖午後的厚重空氣，拖行的蒸氣終於在金角灣南岸停駐。許多世紀前，都城第一批居民也在此停泊三列槳座戰船。港口已失去蹤影，覆以土壤，上建有類似穀倉的木造建築，用來容納低咆猛獸。突然間空氣中充斥哨聲與鋼鐵碰撞聲，新的鋼鐵訪客戛然而止。掌聲歡呼響起，伴隨小型銅管樂隊，歡迎現代奇蹟的首次蒞臨。它確是奇蹟。六十八小時前，這列火車緩緩駛出巴黎東站（Gare de l'Est），飛馳穿越歐洲，現在將乘客送進君士坦丁堡新落成的錫爾凱吉火車站。從羅馬人以埃格納提亞大道連結拜占庭後，都城首次如此貼近西方。終於，東方快車（Orient Express）抵達君士坦丁堡。

這並非在一路喧囂中造訪十字路口都市的首列火車，但卻是最遠的一列。而君士坦丁堡也歷經長路相迎。步下火車的歐洲菁英穿戴大禮服與高帽，迎向世紀轉變中的都市。這個世紀始於對現代的反動，卻終於緊密擁抱現代。

這一切在一八〇七年時是難以想像的，當時塞利姆三世的罷黜，粉碎君士坦丁堡對改革及印刷的希望。蘇丹親兵慣常的驕兵悍將行徑；罷黜蘇丹，擁立新王，驅逐軍事對手後，他們在君士坦丁堡為所欲為。數個月間，城中一片混亂。一度打造帝國的知名蘇丹親兵，幾同武裝匪徒，殘殺敵手，霸凌勒索其他人。他們曾得到的民眾支持，在老派欺壓下，很快煙消雲散。因此，當消息傳來，支持改革的保加利亞總督貝拉克塔・穆斯塔法（Bayraktar Mustafa）發動勤王軍時，街頭響起一片同情之聲。

帶著一萬五千名受過西式訓練的部隊，貝拉克塔・穆斯塔法輕易攻占君士坦丁堡，處決反對塞利姆的主要叛軍領袖，並占領皇宮。他的要求簡單可期：讓塞利姆三世復位。新任蘇丹穆斯塔法四世意識到危險性，已下令殺害塞利姆與自己的弟弟馬哈茂德。此舉將讓穆斯塔法成為奧斯曼唯一的男性後嗣，也是唯一的蘇丹人選。塞利姆努力求生，終究遭到絞殺。然而，年輕的馬哈茂德卻躲過行刑者，藏在皇宮中。當勝利的貝拉克塔・穆斯塔法提出要求，穆斯塔法四世則回以其舊主血肉模糊的屍體。對著塞利姆失去生命的身軀，將軍當場淚崩，也咒詛必須接受無情蘇丹的統治。此刻，馬哈茂德現身，提出願意擔任蘇丹，將軍歡快地接受這項提議。

馬哈茂德二世（Mahmud II）是一名強大的改革者，他相信若不採行西歐能提供的最佳發展，君士坦丁堡與帝國將無法回復光榮。如同塞利姆，他首先招募一支新的西式軍隊，但給予不同名稱，避免激怒蘇丹親兵。他鼓勵西式穿著，本人也如此穿戴。他針對蘇丹親兵的種種不法進行調查，雖然也常因憂慮在首都激起暴動騷亂而劃地自限。不論如何，在十九世紀的馬哈茂德二世及繼承者治下，君士坦丁堡將展開變身為現代都市的歷程。

對君士坦丁堡而言，西方能提供許多創見，但也帶來同等威脅。在歐洲，多民族帝國的歲月已然消逝。由法國大革命中創生，在火車及電報等新科技推動下，民族主義的思想傳遍整個西方。由於它並非新發明的思想，而是由現代世界環境中有機產出，讓民族主義的力道更為強勁。前現代社會中，一般人一生可能都不會離開出生地。因此，他會與在地氏族、社群與教派產生認同。唯一將他與較大世界聯繫起來的，是他的宗教；但即便宗教，也是在各地實踐。鐵路與其他立即溝通工具的發展，改變此一狀況。一般人開始旅行，或與曾旅行過的人談話，他們發現世上存在不同的人，擁有非常不同的習俗和語言。其中有些人是他們的統治者。在一七八九年偉大國家實驗中結合在一起的法國人，是首先為民族主義熱情所燃燒的人。他們無意中將這些火苗，隨著軍事征服帶給其他民族團體。如事實證明，讓義大利人發現彼此共同點的最好方式，莫過於讓法軍進駐義大利城市之中。

在現代西方歷史進程裡，民族主義成為最強大的動能，即便今日依然如此。然而，對老派多民族帝國來說，它有如砒霜毒藥。奧地利哈布斯堡（中古的神聖羅馬帝國）將因民族主義殞落。雖然維也納擁有強大經濟力，以及能夠反擊的現代軍隊；君士坦丁堡卻沒有。在鄂圖曼帝國中，民族主義首先在巴爾幹西部生根，法國軍隊消滅威尼斯共和國後曾來到此地。塞爾維亞人首先團結起來，決心從土耳其領主手中贏取獨立。一八〇四至一八一五年間，塞爾維亞戰士在俄國支持下，攻下鄂圖曼的行省政府，並建立自己的自治公國，定都貝爾格勒。

塞爾維亞人的成功與土耳其人的軟弱，激勵了鄂圖曼治下其他民族尋求獨立。希臘知識分子與商人組成一個祕密社團，名為「友誼社」（Friendly Society），開始默默準備叛變。時機在一八二一年成熟。摩達維亞、瓦拉幾亞、希臘中部及伯羅奔尼撒的希臘民兵發動叛變，殺害許多土耳其士兵及其他親帝國者。鄂圖曼雖成功鎮壓多處動亂，但卻在由希臘人控制鄉村地區的伯羅奔尼撒遭遇挫折。希臘叛變對君士坦丁堡政府是個嚴重問題，不像區域性的塞爾維亞人，希臘人遍布整個帝國，特別是色雷斯、安納托利亞及君士坦丁堡。由於這是一場民族叛變，馬哈茂德的第一反應是懲罰所有希臘人。君士坦丁堡牧首格列哥里五世（Gregory V）被召進托卡比宮，他向蘇丹保證自己和首都內的希臘人，都與叛軍無涉。馬哈茂德下令格列哥里將叛軍驅逐出教，牧首照辦。然而一週後，復活節當天，格列哥里五世被從牧首教堂中帶走，吊死在教堂門口。接下來數月間，君士坦丁堡內的希臘人人人自危。數不盡的主教與牧師被吊死或斬首。商鋪遭到洗劫，民眾失蹤。血腥暴力之劇，導致俄國與英國大使發出抗議，威脅暴力若不停歇，將發動軍事行動。當殺戮消息傳到希臘民兵耳中，他們自然以處決當地土耳其人做為報復。

民族主義並非希臘獨立的唯一推力。從一開始，友誼社的願景就不單建立希臘民族國家；它追求的是拜占庭帝國的復國。希臘人仍舊尊為都城的君士坦丁堡，則是這個夢想的核心。但單純的夢想並不足以贏得勝利。他們需要來自西歐的協助。中古時代，西方曾派遣十字軍協助希臘人對抗土耳其人。十九世紀，則是新的浪漫主義思想馳援希臘。浪漫主義是對啟蒙運動嚴格理性的反動，它稱頌自然、英勇與騎士精神。當希臘人民欲掙脫東方暴君枷鎖的消息傳進歐洲，他們就緊緊抓住浪漫主義者的胸膛。這些在自由生活或死亡之間掙扎的，是古希臘人的後裔，他們的先祖帶給世界民主制度及西方哲學。希臘叛變成為英、法、美所有社交圈中，廣受注目的焦點。慈善團體籌募了大量金錢，送往希臘支持叛變。著名的英國詩人拜倫（Byron）甚至拋下義大利的嬉鬧生活，前往希臘參戰，於一八二四年死於希臘。法國畫家德拉克洛瓦（Eugène Delacroix）在許多畫作中，公開展現希臘人承受的迫害。歐洲的希臘獨立主義發展到極致，英、法及俄國都派遣軍事援助，擊敗鄂圖曼人，協助希臘人建立獨立國家。面對現實狀況，毫無選擇的蘇丹只能在一八三二年批准希臘分離。雅典妥切地成為新希臘國的首都。然而不論浪漫主義者心中所想，新獨立的希臘人無意追求柏拉圖時代，而是返回查士丁尼的年代。他們的眼光總是在君士坦丁堡身上。

希臘人一開始在伯羅奔尼撒取得的成功，正是當地鄂圖曼軍隊素質低落的反映。許多指責落在蘇丹親兵身上。馬哈茂德二世提出前人未曾想到的解決之道。自他登基後，西式軍隊在規模及素質上均有所成長。他小心翼翼與塞利姆的新秩序軍脫鉤，但實際上卻是同樣類型的軍隊，只是規模更大。面對穆夫提及其他宗教權威，馬哈茂德將此軍隊形塑為重返蘇萊曼大帝時代，並保證只由熟悉西方戰事的穆斯林進行訓練。一八二六年六月五日，穆夫提判定這支現代鄂圖曼軍確為聖戰工具，將用來對抗異教徒。為慶祝新軍獲得認可，許多人被召入首都為民眾演示。蘇丹親兵因此發動預期中的叛變。六月十五日，五個蘇丹親兵軍團聚集在阿克賽瑞的主要營區，展開叛變，準備在城中放火，並衝進皇宮。然而這一次，並未獲得人民支持。相反地，蘇丹親兵被迫獨自對抗新式軍隊。整個衝突持續不到一小時。新式軍隊利用現代火砲對著親兵展開叛變的擁擠廣場發射霰彈，撕裂叛徒血肉，造成數千人死亡。蘇丹的人在營區放火，燒死營中所有人。後續數週及數月間，蘇丹親兵餘眾遭到追擊、處刑或流放。馬哈茂德對付親兵的高明一擊，改革者稱之為「吉祥事件」（Vak’a-i Hayriye）。這招確實吉祥，至此終結了君士坦丁堡中古武士的長久歷史，並為都城與帝國的現代化鋪出坦途。

少了攔阻改革的蘇丹親兵，馬哈茂德迅速將帝國權力集中在君士坦丁堡。他開始廢除各項分散權力的中古成規。例如，傳統的稅收代理人被取消，改由官僚政府官員進行西式收稅。為達此目的，馬哈茂德於一八三一年下令進行帝國首次人口普查。他同時也廢棄仍然廣泛施行的封建制度。其中提瑪爾（timar）相當於中古時代的采邑制度，提瑪爾的領主須提供軍事服務。現在國家收回這些領地，再出租給原來領主，以收取現金稅收，用來支持專業的現代化軍隊。整個君士坦丁堡中央政府，依照西方分工重組。稱為「烏理瑪」（ulema）的宗教權威，也整合進入政府部門。此外還有法務、教育、國務、戰爭、內政、外交及民事等部門。大維齊爾的職位也由總理取代。新辦公建築採取古典風格，在此辦公的官員坐在西式辦公桌後的西椅上，穿著西式服裝。

實際上，服裝成為馬哈茂德改造君士坦丁堡的主要項目之一。在傳統穆斯林社會中，不同階級的人穿著服飾迥異，在鄂圖曼帝國中尤其如此。伊斯蘭教歷史充滿訓斥，誡勉穆斯林的穿著不可肖似異教徒，特別不得丟棄頭巾。土耳其社會根據頭飾，明顯區別一個人的地位。頭巾的角色之重，甚至出現在一個人的墓碑上。馬哈茂德終結這一切。一八二八年，他發現一種新的頭飾在北非十分風行，名為「氈帽」（fez）。隔年發布的衣著諭令中，他下令除了烏理瑪成員外，任何人不得再使用頭巾。所有其他男性，包含蘇丹本人，都改戴氈帽。違者將處以重罰。男性此後也須穿著西式長褲、外套及皮靴。鬍鬚須依西方標準修剪。馬哈茂德本人不只穿著西式服裝，甚至以西式酒會款待官員及外國貴賓。他本人也梭巡交遊其中，甚至被見到向西方女士表達敬意。

許多此類改革當然只是粉飾作用。蘇丹也許穿得像個西方國王，但他仍然擁有妻妾成群的後宮，並與她們生下將近五十個孩子。由此類推，即便馬哈茂德於一八三〇年下令禁止奴役白人，但諭令並未獲得強力執行。許多西方人抱怨蘇丹只是為同一個專制國家和官員，起個新名字。然而，在這些表面改變之後，是讓君士坦丁堡生活風格完全轉變的實質改革。

更多改革接踵而來。一八三九年，繼承馬哈茂德的阿卜杜勒麥吉德一世（Abdülmecid I）持續推動改革方案。他的首要政策之一，是發布「花廳御詔」（Rescript of the Rose Chamber），這套完整的改革方案，將於未來數年中再次發布擴大。御詔開展的整套策略通常稱為「坦志麥特」（Tanzimat），即「重組」之意。其中最具爭議性，也是最難施行的，是讓全體鄂圖曼人民在法律之前平等。在伊斯蘭律法中，謹慎區別伊斯蘭教的忠誠信徒與非穆斯林異教徒。坦志麥特尋求打破此一分別。不久之後，它將廢除非穆斯林的人頭稅，甚至開放他們進入政府與軍隊任職。烏理瑪反對這些改革，事實上他們反對所有以西式法條取代穆斯林律法的改革。然而到了十九世紀末，這些改革已經穩固施行。

教育是君士坦丁堡改革的另一重點，帝國首度建立穆斯林與非穆斯林並肩共學的西式學校。此舉明確削減宗教當局的特權，因為君士坦丁堡的教育長期在他們掌控之下。新式學校不教古蘭經或波斯詩歌，而是學習數學、科學及法文，鄂圖曼帝國欲立足快速變動世界最需要的三樣知識。這些公共學校為數不多，部分因為政府欠缺資助意願，另方面也因為公眾缺乏興趣。此外雖有興建君士坦丁堡大學的偉大計畫，但工程開展不久後，建築本身卻遭棄置。金角灣對岸，在都城的歐洲人區域，美國羅伯茲學院（American Roberts College，今日的海峽大學，Boğaziçi University）於一八六九年成立，提供英語課程給不同背景的土耳其人。在這些學校及都城各處出現的諸多軍事學校中，新一代的土耳其菁英將受到西式教育，爾後進入帝國政府，或前往歐洲各處大使館中服務。

坦志麥特改革者也全面革新君士坦丁堡的財務體系，甚至成立第一間帝國銀行，並發行紙鈔。然而，這方面卻成效不彰。克里米亞戰爭（一八五三至一八五六年）期間，鄂圖曼帝國耗費巨資，靠著英、法協助才擊退俄國。此時蘇丹經常向盟國借款，從未能全額償還。問題在於，無論外觀如何，君士坦丁堡並非現代都市。一八五〇年代簽訂各種自由貿易條約後，工業化廠房的煙囪在金角灣上升起，驅離帝國黃金年代的享樂別墅，帶來新的工作機會與財富。然而工廠主人與許多工人都是歐洲人。鄂圖曼帝國本身缺乏富裕中產階級，他們卻是推動西方創新與改革的引擎。少了中產階級，鄂圖曼經濟持續滑入債務之中。

阻止改革已非選項。此刻成為負債者的蘇丹，必須討好西方債主。蘇丹對於西方的注意，不單來自經濟情勢。歐洲列強此刻已然達到高度經濟繁榮與赤裸軍事強權，唯一競爭對手只剩下彼此。持續自視為東正教基督徒守護者的俄羅斯，熱衷運用增長的軍力，染指鄂圖曼帝國。自從都城建立以來，君士坦丁堡的策略性位置，總是吸引強大帝國的注意。同時在鄂圖曼控制下的博斯普魯斯海峽與達達尼爾海峽，掌握著進出黑海的鑰匙，也就控制著俄羅斯的商業貿易路線。英國與法國自然也注意此事，因此著力避免俄羅斯從鄂圖曼帝國獲得重大利益。這是歐洲協調（Concert of Europe）的年代，列強政治家致力於維持勢力均衡，保持現狀。任務精微脆弱，最終將走向失敗。然而，他們相信此一情勢勝過另一個拿破崙崛起。

透過蘇丹控制君士坦丁堡，就能維持現狀。但這並非完美解決之道，因為歐洲人仍舊認為鄂圖曼政府殘酷專制。歐洲各地的晚宴中，人們爭論著「東方問題」，簡單來說就是「該拿鄂圖曼人怎麼辦呢？」到了一八六〇年代，君士坦丁堡的帝國經常被稱為「歐洲病夫」。死亡看似將近，病夫仍獲得醫療藥品勉強維生，只因其他選項看來更糟。然而藥石並非無償，改革正是持續維生必須付出的代價。因此，坦志麥特正是鄂圖曼帝國能夠成為歐洲國家社群文明成員的明確證據。

這些都在君士坦丁堡造成深遠影響。自由貿易協定帶來數千名歐洲人移居都城，幾乎都落腳在加拉塔／佩拉區。此區從熱那亞商人時期，就是外派者的家園。整個十九世紀後半，君士坦丁堡的人口中，百分之十五都是各國外派人員。他們帶來自己的習俗，以及大量金錢。君士坦丁堡的外語報紙，自一八六〇年代開始，獲得第一份土耳其報紙呼應。佩拉的歐洲戲院得到仿效，第一間土耳其語戲院於一八六九年在舊城區（史丹堡）開幕。一八六三年第一屆土耳其工業博覽會在賽馬場舉行，仿效前一年的倫敦工業與藝術博覽會。當巴黎建造地鐵的消息傳到君士坦丁堡，土耳其規劃師也展開類似建設，雖然規模小得多。

如我們在前一章所見，不論都城有無改善，西方人持續報導十九世紀君士坦丁堡的髒汙與混亂。克里米亞戰爭期間，數千名英國士兵對此有第一手經驗。當時，南丁格爾（Florence Nightingale）接掌由英軍控制的於斯屈達爾土耳其醫院。當地狀況慘不忍睹。醫院屋頂漏水，大廳與病房老鼠橫行，飲用水受到汙水汙染，整座建築覆滿灰塵。南丁格爾與她的護士忙著清理環境，然而他們失去了數百名病患。為此，她歸罪醫院與都城整體的可悲情況。

對許多歐洲人來說，坦志麥特與君士坦丁堡就像一體兩面。雖然外在的裝點驚人，骨子裡卻仍潛藏腐臭。克里米亞戰爭後，改革政府試著引入都市計畫與市政分區，兩者都已在此城市消失近千年。一八五六年君士坦丁堡成立新的都市秩序管理局，制定管理街道寬度、房屋尺寸與垃圾收運。然而確保這些規則施行的責任，卻落在大君士坦丁堡各特定區域的分區政府身上。舊城有三個分區：法蒂赫、阿克賽瑞與聖索菲亞（今日的蘇丹艾哈邁德）。其他分區包含埃普、於斯屈達爾、卡德科伊（迦克墩）、佩拉與卡希姆帕夏。所有分區中，佩拉的西化程度最高，時至今日依然如此。當然，這並非偶然，因為此地住民多為西方人。一八四五年，第一座跨越金角灣的寬闊木橋開通，連接佩拉／卡德科伊與舊城艾米諾魯區（Eminönü），就位在耶尼清真寺前。佩拉居民建了充滿咖啡座與劇院的卡德科伊廣場（Kadıköy Square），連接這座橋。一八六九年，佩拉居民又建了一條西式大道：佩拉大道（Grande Rue de Pera，今日的獨立大道步行街，İstiklal Caddesi）。兩旁綠樹扶疏，輕鬆散步的人行空間，這條寬闊道路通往丘頂的塔克辛軍事學校。大道盡頭設有第一座法式公園，正是今日的塔克辛蓋齊公園（Taksim Gezi Park）。這條大道成為君士坦丁堡西方文化的主街。酒吧、沙龍、商鋪與高級旅館沿路或在附近爭取空間。許多剛踏下東方快車的旅客，立刻被送進華貴天鵝絨與深色原木鑲飾的佩拉皇宮[1]。旅館主人是經營東方快車的法國國際臥鋪車公司[2]。然而佩拉皇宮並非全無競爭，對手包含倫敦大飯店[3]及托卡特利安大飯店[4]，兩者已不復存。今日，豪華整修後的佩拉皇宮持續接待訪客。

十九世紀時，由佩拉延伸至史丹堡的加拉塔橋，連接著兩個迥然不同的都市。當西方人沿著佩拉大道散步，在北方公園中寒暄說笑，舊城裡多數街坊依然維持舊貌。問題在於文化。舊君士坦丁堡由整群街坊及小區組成，居民習於相當程度的建築自主性，無法理解何為中央規劃。政府可以進入區內，拆除房屋，拓寬街道，但當地人很快就會重建屋舍。幾乎一夜之間，新的木造架構就會出現，占據任何開放空間。前門直接通往無比狹窄的巷道，巷道以難以想像的方式繞行建築。空間如此寶貴，以至於二樓與三樓建築會向街道突出，遮蔽天空，只有正午陽光得以直射進來。改革者唯一可仰賴的盟友就是大火，持續驚擾這些由便宜木料搭起來的街坊鄰里。舊城區鎮日可聞群眾大喊：「仰金瓦爾！」（Yangın var，意指起火了）隨之而來的是帶水穿過蜿蜒巷弄的志願消防隊。他們可以撲滅小火，但遇到較大火勢，便採取隔離措施，拆除火源附近一切建物。經常性發生的火災清除城市地景，讓都城總是處在變動之中。大火清空一塊區域後，當局就會介

---

1 佩拉皇宮（Pera Palace）是一八九二年因應接待東方快車旅客而興建，由當時的法籍土裔建築師 Alexander Vallaury 設計，結合新古典、裝飾藝術與東方主義風格。他的作品還包含考古學博物館。除了皇宮外，這是土耳其第一間引入電力並提供熱水的建築，還擁有第一座電梯。擁有土耳其最古老的歐洲旅館稱號。

2 國際臥鋪車公司（Wagons-Lits）一八七二年由比利時人 Georges Nagelmackers 成立，為十九、二十世紀歐洲高級臥鋪火車及餐車經營專門公司，經營多條跨國火車路線，包含東方快車，以奢華旅遊藝術聞名。此公司成為第一間也是最重要的現代跨國公司，專精歐洲前往亞、非的交通運輸、旅行社及旅館經營。目前為法國 Newrest 集團的一部分。

3 倫敦大飯店（Hotel de Londres）建於一八九二年，今日仍舊保持東方快車時代風格營運，擁有五十二間房間，曾接待許多文人雅士，包含海明威。

4 托卡特利安大飯店（Hotel Tokatlian）一八九七年由亞美尼亞裔鄂圖曼人 Mıgırdiç Tokatlıyan 建立，原名為精采大飯店（Hotel Splendide），後改名為托卡特利安大飯店，意為來自托卡特（Tokat）。該飯店是擁有一百六十間房的西式豪華旅館，曾接待名人如凱末爾及托洛茨基，據傳為凱末爾最喜歡的旅館。一次大戰與亞美尼亞大屠殺期間，旅館遭到破壞。經過幾次轉手，一九五〇年代漸趨沒落，後為亞美尼亞教會買下。此建築今日仍在原址，低樓層由旅館、店面與銀行使用。

入，試著重建街道，管制新建物，但也經常成效不彰。然而火災確實讓都市下水道開挖工程得以進行。

阿卜杜勒阿濟茲一世（Abdülaziz I）蘇丹推動許多都城改善工作，包含迎接鐵路到來。傳說中，他曾表示願意讓鐵軌輾過自己的身體，如果此舉可以將火車帶進君士坦丁堡的話。最終，他只須讓火車穿越托卡比宮。火車由狄奧多西城牆最南端進入舊城，就在黃金門南方。鐵軌沿著馬摩拉及博斯普魯斯的海岸線，轉過薩拉基里奧角後，停入金角灣上的錫爾凱吉車站。這一帶曾是托卡比宮享樂花園所在。但阿卜杜勒阿濟茲一點也不想念花園，因為此刻蘇丹已將永久居所，移往博斯普魯斯海峽北岸，較現代、更豪華的朵瑪巴切宮（Dolmabahçe Palace）。為了符合東方快車的奢華風貌，一八九〇年，臨時木架車站為德國建築師奧古斯特・亞斯蒙德（August Jasmund）設計的東方主義式華麗石造建築取代。同一年代中，金角灣蓋起現代碼頭，以容納數量持續增長的蒸汽船，連結都城各區域及火車站。君士坦丁堡的水域，數世紀來交通熙來攘往，此刻起由新世紀的渦輪及螺旋槳攪動。

十九世紀後半，君士坦丁堡的人口大幅成長，主因是帝國版圖持續縮小所造成的難民。在巴爾幹，保加利亞、羅馬尼亞、塞爾維亞、蒙地內哥羅與波士尼亞－赫塞哥維納（Bosnia-Herzegovina）陸續脫離帝國，成為自治區或完全獨立。俄羅斯也蠶食鄂圖曼邊境，併吞比薩拉比亞[5]南部，以及卡爾斯[6]地區。英國接管賽普勒斯與埃及，皆以鎮壓鄂圖曼軍隊無力控制的叛變為由。一八六九年開通的蘇伊士運河（Suez Canal）對大英帝國政府太過重要，不能放任蘇丹及對其不滿的子民管理。法國則欲打造更靠近母國的帝國，先前已殖民阿爾及利亞，一八八一年再奪下突尼西亞。

失去領土導致原居當地的土耳其人移往君士坦丁堡或安納托利亞。一九〇〇年時，君士坦丁堡人口突破一百萬，是自十二世紀以來許久未見的數字。十二世紀時它是西方世界最大的城市，然而此景不再。現在君士坦丁堡落在其他城市之後，如倫敦（約六百五十萬人）及紐約（約四百二十萬人）。然而，君士坦丁堡的人口依舊多元。約莫四分之三強為穆斯林，其餘多是希臘與亞美尼亞基督徒，還有一群為數不少的猶太人。多數人口增加發生在舊城以外，主要在北方。雖然舊城區史丹堡依舊是商業與政府中心，但沿著金角灣擴增的工業，以及蘇丹放棄托卡比宮，都明確象徵城市發展轉向君士坦丁堡較為西化的區域。此一發展也投射出許多都城居民的心情。

坦志麥特改革戲劇化改變了君士坦丁堡的性格。事實上，隨著火災經常發生，十九世紀的年代裡，都城已完全沿著西化路線重建。過往世紀的君士坦丁堡，只留下偉大清真寺建築群及古代遺址。建築、財務與軍事改革是一回事，帝國中許多人開始尋求鄂圖曼政府更深刻的改變。坦志

5 比薩拉比亞（Bessarabia）是東歐一塊歷史區域，乃黑海岸向東歐內陸延伸的一片兩河谷地，今日介於摩爾多瓦與烏克蘭之間。鄂圖曼帝國於最後一波歐洲征戰中取得此地，為十九世紀中俄羅斯與鄂圖曼多次戰爭爭奪的區域。一次大戰後，趁著俄國十月革命契機，此區自立為摩達維亞共和國，但持續成為羅馬尼亞與俄羅斯爭奪的焦點。二次大戰後，羅馬尼亞與俄羅斯確立沿著普魯特河（Prut）的國際邊界。蘇聯解體後，此區域由獨立出來的烏克蘭與摩爾多瓦瓜分。

6 為今日土耳其卡爾斯（Kars），位於安納托利亞東北部，靠近亞美尼亞邊境，是此區域最大都市。十九世紀末成為鄂圖曼帝國與俄羅斯爭奪的焦點。一次大戰後，因停戰協定一度轉讓給亞美尼亞第一共和國；一九二〇年，土耳其民族主義者攻占該城。隔年，凱末爾的大國民議會政府與亞美尼亞、喬治亞及亞塞拜然簽訂條約，決定今日的土耳其東北邊界。

麥特改革雖帶來許多創新，但事實上也增加蘇丹權力，因為他再也不受限於蘇丹親兵或烏理瑪，或甚至後宮。高度中央集權得以推動驚人改革，但也在鄂圖曼知識分子心中激起想望，尋求西方民主制度或君主立憲。許多軍隊及政府中受過良好教育的年輕人，開始組成祕密社團，出版刊物，向各方傳遞思想。集體稱為「土耳其青年團」的年輕人大量擷取歐洲政府哲學，宣稱鄂圖曼帝國無法以中古專制體制，在現代世界中生存。然而因國內大批富裕的中產階級並未企求改革，土耳其青年團缺少能引為奧援的相關利益者，因此僅停留在富國強兵的思想與承諾上。

青年團的機會在一八七六年到來，一連串壞消息席捲君士坦丁堡街頭。此時，人們正哀嘆失去巴爾幹領土，再加上安納托利亞歉收導致食物價格高漲，政府持續增稅，以及大量公債。博斯普魯斯海峽沿岸大量增建的皇家宮殿也引起注意。一八七六年五月三十日，帝國官員聯手志同道合的土耳其青年團成員，罷黜阿卜杜勒阿濟茲一世，並擁立願意採行憲法、召開國會的新蘇丹。不幸的是，新蘇丹穆拉德五世（Murad V）的精神狀態並不穩定，無法（或不願）推動土耳其青年團的主張。由於阿卜杜勒阿濟茲在罷黜後數日即自殺，因此無法讓他復位。八月三十一日，穆拉德也被罷黜，由他的弟弟阿卜杜勒哈米德二世（Abdülhamid II）繼位。他以親近改革派知名，並同意宣布成為君主立憲國家。

君士坦丁堡上演的蘇丹鬧劇，僅僅強化西方認為鄂圖曼政府複雜可悲的評斷。阿卜杜勒哈米德登基後數月，列強代表抵達君士坦丁堡，針對巴爾幹情勢召開國際會議。此時鄂圖曼人以令人震驚的屠殺手段，鎮壓保加利亞與塞爾維亞的叛變。俄羅斯人決心宣戰，但英國人也同樣決心避免鄂圖曼成為俄國的附庸。代表們在十二月二十三日齊聚開幕時，砲聲隆響中斷了會議。代表詢問砲聲意涵，得知鄂圖曼人民此時通過了憲法。未來將選出新的兩院制國會，新時代已然降臨。由於此時鄂圖曼已經是類似英、法的君主立憲國家，列強則不應再插手巴爾幹事務。新的、啟蒙的鄂圖曼政府自會接手處理此事。

代表們拒絕接受這個提議。事實上，多數代表對整部憲法充滿合理懷疑，鄂圖曼人則堅持會議並非必要。當代表提出在巴爾幹成立自治公國時，鄂圖曼人直接回絕。雖然憲法無法阻撓歐洲人插手，改革仍持續推進。一八七七年，鄂圖曼人舉行伊斯蘭教史上第一次普選。國會議員分別在一八七七與一八七八年召開兩次會議。然而缺少代議士文化，多數抵達君士坦丁堡的當選代表無所適從。許多人進行無趣演說，因為過長而被粗魯打斷。他們並未進行任何立法，卻大肆抱怨行省的貪腐與管理不當。第二次會期後，蘇丹隨即解散國會，並暫停憲法。此後三十年，國會未再開議。

從過去十三個世紀的歷史來看，君士坦丁堡的運作似乎回到常態：由一人統治城市及帝國。阿卜杜勒哈米德流放蘇丹或警方懷疑可能策劃革命的人，藉此鞏固政權。新一代土耳其青年團在其他地方如巴黎、日內瓦及開羅祕密結社，舉行會議，撰寫刊物，再偷渡回君士坦丁堡。阿卜杜勒哈米德很清楚這些人陰謀推翻他的政權。透過與不同領袖進行交易，讓他們重返都城，接受收入豐厚的政府工作，蘇丹成功阻止了土耳其青年團。而這也顯示出改革派知識分子中的不同調，他們不可能成為真正威脅。

然而，鄂圖曼軍隊指揮官則是另一回事。許多人在學期間即認同青年團主張，但此刻指揮官們更感興趣的是鄂圖曼帝國的強盛，而非政治哲學。強烈不信任軍隊的阿卜杜勒哈米德大量刪減軍費，導致許多失去經費的部隊必須自行尋求補給。

正是在這些軍人之中，醞釀出一波新革命。一九〇八年，幾支部隊朝向君士坦丁堡前進。他們提出的要求裡，包含重啟憲法，釋放政治犯，並提供軍隊完整經費。阿卜杜勒哈米德同意上述要求，並於一九〇八年十二月十七日召開新國會。

然而一年內蘇丹就遭到罷黜。

第二十二章　帝國末日再臨

一九〇九年四月二十四日，統治君士坦丁堡的最後一任蘇丹阿卜杜勒哈米德，在火車站向都城揮手告別。他帶著部分孩子，所有妻子及不少精挑細選的姬妾。隨行還有四名太監，十四名僕役，幾隻安哥拉貓及他熱愛的聖伯納犬。他將前往塞薩洛尼基，享受舒適的流亡生活。幾年後的黑暗時光裡，帝國將失去這座城市。阿卜杜勒哈米德及他的家人將被軟禁在君士坦丁堡，於博斯普魯斯海峽上的貝伊萊爾貝伊宮（Beylerbeyi Palace）中度過餘生。

新任蘇丹穆罕默德五世（Mehmed V）是一名六十多歲肥胖男人，鮮少離開後宮，很適合期待君主立憲的城市。新國會大選正在帝國剩餘領土中展開，充滿熱鬧與希望的第一屆國會於聖索菲亞清真寺開議。似乎沒人注意到一個問題，土耳其青年團的政黨，聯合進步委員會（Committee of Union and Progress），取得內閣幾乎所有席次，只有一席例外。實務上，這表示君士坦丁堡所有權力由聯合進步委員會與推翻阿卜杜勒哈米德的軍事領袖共同分享。

一九一二年，新近獨立的巴爾幹國家（希臘、保加利亞、塞爾維亞及蒙地內哥羅）形成一個聯盟，唯一目的是從鄂圖曼帝國瓜分更多領土。他們輕易達成目標。希臘海軍占領愛琴海多數島嶼。保加利亞軍隊衝入色雷斯，擊敗鄂圖曼軍，占領帝國舊都阿德里安堡（埃迪爾內），接著向東朝君士坦丁堡推進。當時已在持續政治暗殺中苟延殘喘的都城，陷入一片驚慌。來自色雷斯的難民湧入首都，迫使政府開放清真寺及其他宗教建築，做為臨時居所。食物成為主要問題。本已不佳的衛生環境，雪上加霜，霍亂爆發奪走大約兩萬條人命。

同時間，保加利亞的東正教徒，腦中想著恢復拜占庭帝國，持續向東推進，不顧來自友邦俄羅斯的警告。若保加利亞人奪取博斯普魯斯海峽上的東正教寶座，俄羅斯將會宣戰。然而，鄂圖曼軍隊在君士坦丁堡外二十五英里處，擋下了保加利亞軍的攻勢。由於保加利亞的領土侵略受到阻撓，一九一三年終於達成和平。此後一如古希臘作風，巴爾幹盟國內部隨即對彼此展開攻擊，搶奪戰利品。鄂圖曼人利用聯盟破裂，重新取回埃迪爾內，將色雷斯邊界往西推展。這是帝國僅存的歐洲領土。

戰敗同時，君士坦丁堡的騷動導致聯合進步委員會發起殘酷政變。領袖們鼓動暴徒衝進高門的政府建築，槍傷戰爭部長。大維齊爾卡米爾（Kämil）帕夏在槍口下被迫辭職。整起事件震驚歐洲人，進一步強化他們對於土耳其人無能維持民主政府的疑慮。政變後不久，鄂圖曼政府由土耳其青年團的三巨頭接管，稱為三帕夏（Three Pashas）。他們是成為戰爭部長的恩維爾（Enver）帕夏、內政部長的塔拉特（Talaat）帕夏及新的海軍部長傑馬爾（Djemal）帕夏。直到一九一八年，三巨頭將統治君士坦丁堡，專制統治與蘇丹無異。

然而專制統治可能利於都市現代化。這些年代中，土耳其青年團擴大君士坦丁堡的汙水及排水系統，重整警政，引進電力，在多數區域提供自來水，並在最近火災後的阿克賽瑞區及巴耶濟德區，建造新的現代化公寓大廈及商鋪。長期困擾君士坦丁堡居民並驚嚇遊客的野狗群，也被圍捕送上船，倒入馬摩拉海中，或棄置小島自生自滅。聯合進步委員會同時也為君士坦丁堡帶來第一座市立公園。托卡比宮舊的夏宮花園，重新開放成居爾哈尼公園。聖索菲亞清真寺與蘇丹艾哈邁德清真寺之間的區域（包含舊拜占庭的奧古斯塔廣場）則清空建築，轉成蘇丹艾哈邁德公園。塞扎德清真寺與法蒂赫清真寺之間，建立了法蒂赫公園（Fatih Park）；多岡希拉爾公園（Doğanclar Park）出現在於斯屈達爾。許多土路鋪上路面，聖索菲亞清真寺與火車站之間的巷道拓寬，路上電車延伸進入舊城區，讓城內交通開始現代化。

同一時間，歐洲與全世界正在備戰。即便第一次世界大戰的導火問題正醞釀中，君士坦丁堡政府仍向德國獻媚，認為英、法不再保護鄂圖曼對抗俄國。一九一四年八月二日，德國向俄國宣戰後一日，鄂圖曼政府與德國簽定密約。十一月十一日，經過一些準備，仍有伊斯蘭教哈里發身分的蘇丹穆罕默德五世，盡責宣布向協約國進行聖戰。對深陷失足之海多年的帝國而言，這是最後一根稻草。

一九一四年末，列強已陷入軍事僵局，戰壕防線也遍布歐洲。此時，一整代的青年即將赴死。與英、法切斷聯繫的俄國，要求盟國攻占達達尼爾海峽與君士坦丁堡，讓俄國貨運與戰艦得以自由從黑海進入地中海。攻勢始於一九一五年四月，聯軍強攻加里波利，試著攻占南部海峽。戰鬥持續八個月，最終奪走將近十萬條性命。再一次，當君士坦丁堡危在旦夕，鄂圖曼人總能團結擊退敵人。其中一名指揮官穆斯塔法・凱末爾（Mustafa Kemal）上校因為英勇防禦海峽及君士坦丁堡，成為戰爭英雄。他與都城未來息息相關。

然而加里波利戰役的勝利，並非鄂圖曼軍的一戰常態。在波斯灣、敘利亞及巴勒斯坦，鄂圖曼遭到重挫。英軍從埃及煽動阿拉伯民族叛變，在帝國剩餘的中東領土上，對鄂圖曼軍隊開戰。阿拉伯人組成政府脫離君士坦丁堡。凱末爾指揮防線的大馬士革，於一九一八年十月一日落入英軍手中。大戰期間，恩維爾帕夏持續保持樂觀，並試著向軍隊與人民，注入這股樂觀精神。雖然鄂圖曼人面對協約國聯軍屢嘗敗戰，但至少守住海峽，因此得以嚴重阻礙聯軍整合對抗同盟國的能力。一九一七年，俄國遭遇毀滅性大敗，導致兵變及推翻沙皇的十月革命（Bolshevik Revolution）；鄂圖曼人也因隔離舊敵而得到些許功勞。共產黨人很快讓俄國退出戰場。此外，中東戰場也牽制住協約國的寶貴資源與軍力，令其無法投入對抗德國與奧匈帝國的西線戰場。

然而，最終仍是西線戰場決定戰爭終局。一九一七年四月，美國對德宣戰，迅速將數十萬新軍投入戰壕，打破多年的血腥僵局。隔年九月，大維齊爾出訪柏林，發現德國人積極尋求獨自談和，了解到軍事勝利已不可行。返回君士坦丁堡後，執政黨的領袖也快速展開行動。他們相信，唯一拯救鄂圖曼帝國的希望，是透過單獨求和。他們首先為威爾遜（Woodrow Wilson）的十四點和平原則（Fourteen Points）所吸引。這些原則是他讓美軍投入戰場的目的，其中包含民族自決，承認「現有鄂圖曼帝國境內的土耳其部分有穩固的主權」。土耳其領袖向華盛頓提出投降信，但未獲回應，也許因為美國並未向鄂圖曼帝國開戰。身為「伴隨國」（associated power），美國僅向德國宣戰。

面對眼前的殘酷現實，慘烈敗績導致鄂圖曼帝國窮困潦倒、士氣低落、人口流失，塔拉特、恩維爾及傑馬爾等三帕夏登上一艘德國砲艦，逃離君士坦丁堡。七月時，蘇丹穆罕默德五世已死於心臟衰竭，寶座由弟弟穆罕默德六世（Mehmed VI）繼承。隨著三巨頭離去，新蘇丹任命新的大維齊爾艾哈邁德．伊澤特（Ahmed Izzet）帕夏，並令他不計代價與協約國談和。一九一八年十月三十日，在萊斯博斯島外海，英國阿伽門農號戰艦（HMS Agamemnon）上，大維齊爾簽下停戰條約。鄂圖曼帝國的戰爭終於結束。

十一月初，英、法、義、希戰艦組成大型艦隊，駛入馬摩拉海，在君士坦丁堡外下錨，占領都城。這是一四五三年後，都城首次易主。勝利者也沒有忽略這一點。面對此刻伏首稱臣的鄂圖曼帝國，法國軍官特別沉浸在中古時代的類似情境中。浪漫殖民主義在法國特別強盛，讓這些人聯想到先祖偉大十字軍東征的年代。在大馬士革，法國將軍亨利．古羅（Henri Gouraud）勝利入城時，大膽宣稱：「薩拉丁，我們回來了。」類似情況也在君士坦丁堡出現。法國將軍法蘭切．德斯貝希（Franchet d'Espérey）騎著白馬，穿過狄奧多西城牆，喚起蘇丹穆罕默德二世征服都城的景象，以及現代的反挫。都城裡的基督徒族群歡欣喜慶，穆斯林則不可置信地看著帝國崩毀。協約國入駐君士坦丁堡，嚴格管制金角灣港口，運輸系統，警力及火砲槍枝。一九一九年，君士坦丁堡的管控分為三區，法國人占據史丹堡，英國人擁有佩拉，義大利人則前往博斯普魯斯海峽對岸的郊區（參見彩色插圖十五）。

蘇丹穆罕默德六世順服解散內閣，將帝國困境歸咎於聯合進步委員會。恩維爾與傑馬爾在缺席情況下受審，許多聯合進步委員會的領導人與支持者被捕定罪。一九一九年一月，戰勝國在巴黎齊聚，決定議和條件，同時重劃歐洲與中東地圖。君士坦丁堡與安納托利亞的土耳其人以無可挽回的心情，看著事態發展。毫無疑問地，帝國剩餘領土將被列強瓜分，成為託管地，直到新的獨立國家成立。其中一項提案是將君士坦丁堡與海峽轉由國際共管，小亞細亞近期由美國託管。由於爭議較小，君士坦丁堡許多人傾向此一方案。

然而，巴黎和會卻受困於先前承諾與偉大視野之間的衝突。雖然美國總統威爾遜冀求「沒有勝利者的和平」，以民族界線劃定邊界，但許多與會者卻是帶著勝利承諾參戰。其中一位就是希臘首相埃萊夫塞里奧斯・韋尼澤洛斯（Eleftherios Venizelos）。他在國內支持協約國，現在希望能獲得回報。身為「偉大理念」（Great Idea，即拜占庭帝國復國）的強力支持者之一，韋尼澤洛斯堅持協約國支持希臘從士麥拿（伊茲密爾）入侵，占領小亞細亞西部。由於該城以及附近區域擁有大量希臘人口，有些區域甚至超過半數，這對巴黎和會與會者來說可以接受。因此在協約國戰艦保護下，一九一九年五月十五日，希臘軍隊登陸士麥拿，快速占領該城後，開始鞏固對海岸區域的控制權。次年，他們向東推進深入安納托利亞。

在君士坦丁堡占領區，希臘勝利是所有戰敗中最讓土耳其人難以忍受的。希臘人曾受土耳其人統治長達五世紀，此刻一場接一場的希臘勝利，等同推翻蘇丹們的聖戰，令土耳其人無法容忍。希臘軍隊的終點何在是毫無疑問的。對他們來說，比起君士坦丁堡聖城，安納托利亞並不重要。考量最近所有發展，不難想像聖索菲亞清真寺很快將薰香繚繞，迴盪希臘正教士的吟唱。反希臘抗爭在都城各處爆發。

士麥拿落入希臘之手當日，凱末爾正登上蒸汽船前往黑海，承蘇丹之令解散鄂圖曼軍隊。對充滿魅力的戰爭英雄來說，這份工作極不恰當。曾帶領將士撐過加里波利恐怖戰場的人，今日卻親眼見到帝國首都奉交敵人之手。生於一八八〇年代初期，凱末爾受教於現代軍事學校，他與同代的軍官在此吸收改革派教義。他參與了一九〇八年的軍事政變，重啟國會，最終罷黜蘇丹。次年，他親自指揮君士坦丁堡軍隊，鎮壓軍方反動，這是鄂圖曼保守派的最後一搏。一次大戰結束時，他加入許多鄂圖曼軍官及官員的行列，前往君士坦丁堡占領區，希望能在新秩序中尋求一個職缺，不論那是什麼位置。當協約國對他不感興趣，凱末爾親近許多地下反對團體，然而卻沒有適當職位或好計畫。經過六個月的搜尋，他最終覓得東安納托利亞鄂圖曼軍督察使的職務。然而他將以任何人，特別是送他前往的蘇丹，都無法想像的方式進行這份工作。

倘若換做任何其他國家入侵安納托利亞，戰敗的土耳其人可能不會有所反應。事實上，義大利早已在未獲反對下，占領安塔利亞[1]。但希臘人不同。這兩群人數世紀來住在同一塊土地上，深刻了解彼此。希臘打了勝仗在土耳其人心中激起反抗意志。在安納托利亞，凱末爾開始招募組織土耳其軍隊，防禦希臘人進一步入侵。事態此後快速發展。辭去軍中職務的凱末爾召集了好幾次國會，最後則在一九二〇年四月於安卡拉（Ankara）召開大國民議會（Grand National Assemby）。議會代表們堅稱自己忠於蘇丹，決心拯救蘇丹與帝國免於外國勢力侵略。

在君士坦丁堡，當凱末爾軍力成長時，土耳其民族主義者持續造成動亂。厭惡只會服務歐洲人利益的蘇丹，他們上街抗議，搶奪協約國軍事補給站，將搶來物資送到安卡拉。英國人搜尋逮捕這些民族主義者，將其送出都城，但這並非易事。面對安卡拉的大國民議會，穆罕默德六世以遜尼伊斯蘭教哈里發的身分，發出宗教裁決（fatwa），強烈抨擊凱末爾與支持者，甚至宣稱殺害

1　安塔利亞（Antalya）位於在安納托利亞東南方，是土耳其地中海岸的最大城市。

民族主義者是所有穆斯林的責任。凱末爾與其同黨在未出席的情況下，於君士坦丁堡受審，被判死罪。安卡拉的議會則齊聚超過百位穆夫提，宣稱在外國的威脅下，哈里發的裁決無效，並再次呼籲拯救蘇丹。

隨著安納托利亞事態發展，君士坦丁堡的情況也快速轉變。一九一九及一九二〇年的希臘勝利中，西化佩拉區的歡慶派對連綿不斷。街上揮舞著藍白旗幟，君士坦丁堡的希臘人脫去氈帽，慶祝民族再起。許多人開始計劃都城的復興。事實上，由於太多人議論聖索菲亞清真寺將重新祝聖成為基督教堂，導致鄂圖曼政府必須在周圍駐軍。土耳其人抱怨光頭希臘人臉上喜逐顏開，預示著終結到來。在倫敦，英國首相勞合・喬治（Lloyd Gorge）清楚表示希望看到君士坦丁堡國際化，或返回希臘人手中。

一九二〇年八月十日，蘇丹政府簽下色佛爾條約（Sèvres Treaty），決定鄂圖曼政府的最終議和條件。希臘將獲得阿德里安堡、色雷斯大部分及小亞細亞的占領區。達達尼爾海峽與整個馬摩拉海岸將去軍事化，置於國際管轄。君士坦丁堡名義上留在鄂圖曼人手中，但將由西方國家共管。小亞細亞其他區域不是由土耳其人控制，就是成為義大利或法國託管地。蘇丹下令各地土耳其軍隊解除戒備，準備執行條約內容。

君士坦丁堡的命運，取決於凱末爾的民族主義軍隊與希臘軍之間的戰爭。一九二一年，戰爭在安納托利亞持續進行，土耳其民族主義者在撒加利亞[2]取得重大勝利。厭倦無能的君士坦丁堡當局的外國政府，開始承認凱末爾與民族主義者為合法政府。一九二一年三月，蘇維埃與他們簽訂條約；十月，法國人跟進。同時間，雅典政府災難性的變化，導致希臘戰場指揮官在最糟的時刻被撤換。土耳其民族主義者利用情勢，於隔年八月開始驅逐希臘人。希臘軍隊被迫自占領地全面撤退，九月從士麥拿（伊茲密爾）離開亞洲。與軍隊同行的還有數萬名希臘難民，在土耳其民族主義軍隊來臨前逃離。小亞細亞的偉大理念至此告終。

凱末爾的下個目標，是將希臘逐出色雷斯，重新取得埃迪爾內。為達此目標，他必須跨過英軍控制的達達尼爾海峽。勞合．喬治決心與凱末爾一戰，將他的軍隊逐出海峽及君士坦丁堡。然而英國人民與保守黨不同意。英國首相下台後，協商開始進行。一九二三年七月二十四日洛桑條約（Treaty of Lausanne）簽訂，民族主義者、帝國與協約國之間終於達成和平協議。雖然多數內容在簽訂前已付諸實行。條約規定外國軍隊將撤出色雷斯、君士坦丁堡及小亞細亞，但仍保持達達尼爾海峽的去軍事化。希臘人則要將埃迪爾內返還土耳其。這是驚人的勝利。在國際條約認可下，民族主義政府達成所有一戰戰敗國未竟之事。他們拒絕了列強加諸的條件，提出新的和平架構，甚至比戰前更加強盛。

凱末爾的才能在於，游刃有餘地從軍事將領轉變為政治領袖。即便蘇丹曾發出過反對他的宗教裁決，凱末爾也未曾歸咎蘇丹，反而堅稱蘇丹是為了捍衛帝國與穆斯林信仰，免受外人攻擊。凱末爾了解外國勢力允許自己取得勝利，是因為切合他們實踐民族自決的熱情。同時，相對於君士坦丁堡的混亂局勢，外國更信任凱末爾的大國民議會。但若凱末爾欲將軍事勝利延伸到其他帝國失落的領土，如敘利亞、巴勒斯坦或馬其頓，他不但難以獲得信任，也將看來就像想建立中古

2 撒加利亞（Sakarya）位於安納托利亞東北方，黑海與馬摩拉海之間，非常靠近君士坦丁堡。

帝國的聖戰士。相反地，凱末爾與支持者一心想建立一個土耳其人的國家，而非鄂圖曼帝國。

當然，這是個問題。因為蘇丹仍舊是合法國家元首，也是洛桑條約簽署人。蘇丹同時也是哈里發，受到宗教當局支持，受多數土耳其人的尊崇。即便在民族主義者中，也有一股強烈情緒，認為國家改革應奠基於蘇丹國與哈里發的基礎之上。對此凱末爾卻不贊同。十月份，他在安卡拉議會面前提案，終結蘇丹統治。場內爭辯激烈，然最終凱末爾贏得勝利。他提出的理由簡潔有力：奧斯曼王室得以擔任蘇丹，並非因為天賦，而是六個世紀前透過武力取得。而現在土耳其人民已重新掌握政府。因此，蘇丹統治必須終結，因其存在的目的已然終結。最終決議於一九二二年十一月一日通過，宣布終結蘇丹統治。然此決議並未終結哈里發制度，因其宣稱土耳其國家有權，將此聖職加諸最合適的奧斯曼子孫身上。

兩週後，蘇丹穆罕默德六世致信君士坦丁堡的英軍指揮官查爾斯・哈靈頓（Charles Harrington）將軍，要求政治庇護。考量凱末爾與議會在君士坦丁堡受歡迎的程度，他擔心可能在例行的週五祈禱出遊時遭到槍殺。哈靈頓同意，將蘇丹偷偷運上等待的英國軍艦，送往馬爾他島，這個此刻由英國掌控，最後十字軍軍團的前基地。穆罕默德六世的離去，終結了自一四五三年穆罕默德二世開啟的君士坦丁堡歷史。蘇丹統治終結。在安卡拉，議會稍後選出穆罕默德的堂弟為新任伊斯蘭教哈里發。他在位僅僅兩年，直到議會完全廢除哈里發制度。

十六個世紀以來頭一次，君士坦丁堡不再是帝國統治者。它仍舊是充滿宮殿與紀念物的城市，但政府或統治者皆已消逝。它同時也逐漸失去大都會性格。民族主義者的勝利讓君士坦丁堡得意洋洋的希臘人收起旗幟，連忙戴上氈帽。洛桑條約中包含現代史上最大型的民族強迫遣返。

希臘將五十萬名土耳其人送到土耳其，並接受一百五十萬名希臘人，多數來自安納托利亞。雙方政府都殘酷快速地強力推動今日以「種族清洗」為名的政策。數十萬名希臘人的先祖在西元前一〇〇〇年就定居小亞細亞，卻被迫返「家」，留下空無一人的村莊、商鋪與土地。根據條約內容，唯有居住在君士坦丁堡的希臘人免於強迫遣返。雅典政府對外宣稱自己缺乏資源來安置君士坦丁堡的希臘人，但主因還是不願讓都城流失基督教人口。不意外地，留下來的希臘人發現城裡生活愈發困苦。成千上萬希臘人隨著英軍撤出君士坦丁堡，更多人在後續年代中離開。君士坦丁堡的希臘人口從一九一九年的三十五萬人，陡降到一九二五年的十萬人。同樣情況也發生在君士坦丁堡其他少數族裔身上，特別是亞美尼亞人與猶太人。土耳其是土耳其人的民族國家，其他族裔不再受到歡迎。

緊接著發生的事更令人驚訝。一九二三年十月二日，最後一批協約國軍隊撤出君士坦丁堡。四天後，民族主義軍隊入城，接受城中多數的土耳其人歡呼迎接。接著，十月十三日，國民議會發布命令，將以安卡拉為土耳其國家首都。此後，博斯普魯斯海峽上的偉大都市，將不再是首都。

回頭思考，遷離君士坦丁堡對現代土耳其國家的形成，是個正確的決定。此舉明示現代土耳其與過去的決裂，以及全新事物的誕生。君士坦丁堡所有的雄偉庫利葉、偉大清真寺、寬廣宮廷，都持續提醒著對蘇丹、烏理瑪與帝國的記憶。根據一九二三年十月二十九日議會命令所成立的新土耳其政府，是個憲政共和國，也是穆斯林世界中的第一個共和國。君士坦丁堡與共和國的關係已斷裂將近兩千年。這是一個凱撒與蘇丹的城市。它是前現代世界十字路口上的大都會，多民族帝國的理想首都。而另一方面，安卡拉是個安納托利亞中部的小山城。位於土耳其人的核心地帶，它可以建設成新的土耳其人國家的中心。君士坦丁堡屬於舊世界；安卡拉則大步向前。

此外還有一項改變。在成立土耳其共和國的命令中，君士坦丁堡正式改名為伊斯坦堡。

第四部

伊斯坦堡，

西元一九二三至二〇一六年

位於兩個世界之交，伊斯坦堡是土耳其國家的華飾，土耳其歷史的珍寶，土耳其國家最親密之物，在每個土耳其人心中都占據一席之地。[1]

——凱末爾

1 作者注：出自《君士坦丁堡：世界欲望之都，一四五三至一九二四年》（*Constantinople: City of the World's Desire, 1453-1924*，St. Martin's出版社，一九九六年）。

第二十三章　進入現代

「伊斯坦堡」一名並非新創。阿拉伯與歐洲作者從十世紀就開始使用這個名稱。如我們所見，它來自希臘文 στην Πόλη 或 εις την Πόλιν，意為「在／進城」。君士坦丁堡是眾城之最，因此整個東羅馬帝國的人都簡稱其為「都城」。外國人聽到這種說法，便從自己的語言裡找到最接近的用法。畢竟，這只是個地名，原由通常無關緊要。例如，很少人在意「芝加哥」（Chicago）一字，其實是法國人訛聽邁阿密－伊利諾北美原住民語中意指「芹菜」的「席卡誇」（shikaakwa），再經英語化而成。

土耳其人也長期使用希臘暱稱來稱呼君士坦丁堡。土耳其人經常在硬子音開頭的名詞前，加上一個「伊」（i）或「伊斯」（is）的音。其他希臘地名也有類似狀況，例如士麥拿變成伊茲密爾，尼西亞變成伊茲尼克。在君士坦丁堡，στην Πόλη 則變成伊斯坦堡。此一用法在鄂圖曼帝國時代非常普遍，因此某些十七世紀作者甚至宣稱，應稱為「伊斯蘭堡」（Islambol），意為「充滿伊斯蘭」。這個說法並未風行。相反地，都城持續使用兩種常見名稱。君士坦丁堡是正式用法；而伊斯坦堡（或歐洲寫法的史丹堡）則是非正式用法。也就是說，類似洛杉磯（Los Angeles）與

LA，或費城（Philadelphia）與Philly的關係。

然而，若許多世紀以來，一個城市兩個名稱都相安無事，民族主義者為何在一九二三年後，堅持只用非正式的「伊斯坦堡」？又為何在一九三〇年通過立法，限制土耳其郵政投遞任何寄往「君士坦丁堡」的信件呢？許多西方人懷疑，為城市強加新土耳其名，是去西化或去基督教化的作為。然而，這卻是一個希臘名。事實上，希臘人仍稱其為η Πόλη，意即「都城」。隨著遷都政策，答案應該就在於都城與蘇丹統治之間的關聯。數世紀來有不同版本的「伊斯坦堡」，但在蘇丹的正式典禮與文件上，總是使用「君士坦丁堡」。各種改革與民族主義運動起源的鄂圖曼軍隊中，則通用較不正式的「伊斯坦堡」。君士坦丁堡是蘇丹的都城；而伊斯坦堡是改革的城市。

外國人對於一九二三年改名一事，反應遲緩。西方出版的地圖、書籍及報紙持續使用「君士坦丁堡」。美國國家地理協會（National Geographic Society）直到一九二九年底，才將新名稱加入他們的歐洲地圖。《紐約時報》及《芝加哥論壇報》直到一九二九年底開始使用「伊斯坦堡」，不久後才完全放棄「君士坦丁堡」。一九三〇年的法律通過後，才提升「伊斯坦堡」在英語世界中的接受度；美國國務院於一九三〇年五月二十七日正式改變使用習慣。然而，直到二次世界大戰，「君士坦丁堡」仍舊是小說創作與日常用法中的常態。等到一九五三年，一首四小子合唱團（Four Lads）唱紅的「伊斯坦堡（不是君士坦丁堡）」（Istanbul “Not Constantinople”）登上告示牌排行榜第十名時，新名稱才牢牢烙印人心。

然而，伊斯坦堡的城市與人民將迎接更深刻的改變。一九二四年廢除哈里發制度後，君士坦丁堡再也不是穆斯林世界的中心。不久後，凱末爾與國民議會針對全國宗教團體採取行動；他們不只是可能危害革命，更開始積極鼓吹反革命。一連串政府命令大幅改變了國家的宗教與法律架構。烏理瑪遭到廢除，穆斯林教法部停止運作，數百間宗教學校及學院關門。由君士坦丁堡宗教當局訂定的家事法與基本教育架構，遭到翻轉。此後將由獨立法庭，以西式、世俗化的方式執行法律。此舉當然招致強大反對，甚至動亂。然而凱末爾有效且殘酷地鎮壓了反對聲浪。

凱末爾的改革途徑漸趨清晰。當土耳其青年團統治君士坦丁堡時，他們尋求改革鄂圖曼文明，令其與西方文明並存，但仍保留穆斯林性格。凱末爾卻認為，世上只有一種文明，未能加入者終將為其所葬。「未開化者，」他說，「終將匍匐於開化者腳下。」廢除中古伊斯蘭教法是第一步主要動作。下一步也同樣重要，雖然對西方人來說無足輕重。一個世紀前，改革者試圖透過禁止象徵男性地位的繁複多樣頭巾及其他頭飾，來建立一個平等的穆斯林社會。他們找到的答案是氈帽。從此之後，氈帽成為鄂圖曼子民的普遍象徵，一種拒絕全盤變成異教徒的驕傲不馴，凱末爾則視其為落後的可悲標誌。一九二五年，議會通過禁止配戴氈帽。如同凱末爾稍後解釋：「廢除氈帽有其必要，它坐在我們國家頭上，有如無知、疏忽、盲信、厭恨文明進步的象徵。取而代之，我們應該接受整個文明世界所戴的帽飾、頭飾。」

婦女服裝是另一個議題。如同所有穆斯林國家，土耳其婦女在少數踏出家門的時刻，傳統上都是自頭包覆到腳。在聯合進步委員會時代，土耳其女性菁英開始改變穿著，至少從不以紗遮面開始。協約國聯軍占領時期，更多君士坦丁堡菁英開始採行西式打扮，但土耳其婦女只占很小的一部分。凱末爾強烈鼓勵土耳其婦女扔掉面紗。他指責男性經過時女性應退避蓋頭的想法。「文明國家的母親與女兒怎能採取如此奇怪的行為？這種野蠻姿態？」他質問。「讓國家成為受恥笑的對象，實在令人費解。」他並未立法禁止面紗，但持續鼓吹反對。不多時，土耳其婦女穿戴樸素西式穿著，成為一種愛國且為革命奉獻的象徵。然而，面紗從未走上類似頭巾或氈帽的命運，今日仍舊是伊斯坦堡的重要象徵之一。

即便軟呢帽已風行伊斯坦堡街頭，日常生活仍舊迎來更多改變。一九二五年，廢棄伊斯蘭曆法，改行公元曆（Gregorian Calendar），後者的制定是基於耶穌基督降生日期，並由羅馬教宗頒布。由於公元曆是現代世界通用的曆法，所以土耳其也應當採用。西方時鐘也基於同樣道理，在君士坦丁堡四處普及。一九二八年，國民議會由憲法刪除「土耳其國家宗教為伊斯蘭」的條文，讓這個國家比多數仍舊承認國教的歐洲國家更加世俗化。

一九二八年八月九日晚間，已成為土耳其共和國總統的凱末爾，在伊斯坦堡薩拉基里奧角的居爾哈尼公園，舉辦了一場歡樂西式派對。輪到總統致詞時，他宣布一項新計畫完工。在全國各地，土耳其的書面文字，將由阿拉伯文字母改成羅馬字母。藉著黑板白筆，他從派對主人搖身一變成學校老師，向群眾展示母語的新書寫方式。他說，這將會立刻施行：

> 我們必須讓自己從這些難以理解的符號中解脫。數世紀以來，它們以鐵鉗束縛我們的心靈。你必須盡快學會新的土耳其文字，並教會你的同胞，女性與男性，挑夫與船夫。將這件事視為你的愛國心及對國家的責任。

阿拉伯文字母一直不適合土耳其語言。它們難以學習，印刷昂貴。凱末爾相信，轉成羅馬字毋可以提升識字率，並讓土耳其躋身先進國家之列。此刻即便在伊斯坦堡，識字率仍低於百分之三十。這項實驗取得全面性成功。土耳其菁英們追隨總統的典範，進入全國學校與教室教導這種新文字。一年內，土耳其各級政府已全面採用這種文字。

一九三五年，當政府要求所有公民都要有法定姓氏時，伊斯坦堡的日常生活再次撼動。政府明訂星期天為公休日，因此所有政府機關與工作場所都會關閉。穆斯林並沒有週休日的概念，星期五是祈禱日，並非公休日。土耳其青年團的改革中，某些商業及政府辦公室在星期五休息，但這波最新改革將休日改到基督教的休息日。再一次，這項政策是為了讓土耳其與西方同步。

在伊斯坦堡，凱末爾的西化政策，對城市看待古蹟的態度，有深遠影響。傳統上，城內的中古時期鄂圖曼建築，例如清真寺與庫利葉，都由興建時同時成立的宗教基金會維護。倖存的拜占庭與羅馬遺址，卻未受到維護。木造房屋經常倚靠著，或建在狄奧多西哨塔與陸牆中，或靠著賽馬場的半圓觀眾席。君士坦丁立柱在一七七九年獲得加固，以石料包圍羅馬人蓋的基部，稍後又以巨大鐵條纏繞。比起拉倒立柱清運巨大石鼓，此舉被認為較為便宜。一九二〇及一九三〇年代推動許多新都市計畫，拓寬街道的同時，許多古蹟也重見天日。巴耶濟德廣場上的木造建築全部移除後，重現伊斯坦堡大學門前，狄奧多西廣場的開放空間。聖索菲亞附近擁擠的屋舍也獲清除。

新的土耳其政府不再送出古物，相反地，開始發掘並將古物保存在博物館中。伊斯坦堡的考古學博物館在戰前開幕，緊接著成立的是土耳其與伊斯蘭藝術博物館、海軍博物館及軍事博物館。土耳其政府積極支持伊斯坦堡考古挖掘，並從歐美引入專家揭開古代都會的失落層。賽馬場挖掘中發現三座倖存紀念物的基礎，大皇宮區域開挖也發現了拜占庭皇宮中精美的地面鑲嵌畫。

然而，最精采的發現莫過於聖索菲亞清真寺。美國社交名士暨募款人湯瑪士・惠特莫爾（Thomas Whittemore）一次大戰後來到伊斯坦堡，為十月革命後逃到此地的俄國難民籌辦學校。他變成城裡最知名的外國人之一。旅行經驗豐富，穿著得體，人脈廣闊的惠特莫爾愛上拜占庭藝術，並展開修復計畫。他在波士頓成立拜占庭研究所（Byzantine Institute），並與富有的收藏家敦巴頓橡樹園（Dumbarton Oaks，位於美國華府）的米爾翠德與羅伯特・伍茲・布里斯（Mildred and Robert Woods Bliss）合作。惠特莫爾決定利用伊斯坦堡的改革精神，尋求政府允許，重現城內最知名建築的鑲嵌壁畫裝飾。某個程度上，他知道自己會找到什麼。約莫一世紀前，一八四七年，蘇丹阿卜杜勒麥吉德一世曾雇用義大利－瑞士建築師傑薩柏與賈斯柏・佛薩提兄弟（Giuseppe and Gaspare Fossati）整修聖索菲亞清真寺。兩年時間裡，兩兄弟監督支撐、廊柱與天花板的整修工程。檢修清真寺牆面時，他們清除了幾個世紀積累的髒汙、油漆及石膏，展現藏在底下的拜占庭鑲嵌壁畫。由於時間緊迫，佛薩提兄弟全力素描記錄這些佚失作品，又將其覆蓋，為清真寺再次開放進行準備。他們的工作是復原及整修主要結構。

憑著毅力與魅力，惠特莫爾自安卡拉取得特別許可，再一次讓聖索菲亞清真寺的鑲嵌壁畫重見天日。他的工作始於一九三一年，艱難地剝除牆上層層疊疊的遮掩，重現隱蔽的藝術品，部分作品從征服者的年代就未曾再見天日。惠特莫爾緩慢穩定地，透過相機協助，以及長於公關的腦袋，將被遺忘的君士坦丁堡藝術品，重現在驚訝的世人面前。

凱末爾總統也受到聖索菲亞清真寺的發掘震撼。他很快看到，這是另一次關閉君士坦丁堡帝國過往的機會。數世紀以來，聖索菲亞清真寺一直是蘇丹的官方清真寺。此時，凱末爾已經將托卡比宮轉成博物館，開放遊客參觀。何不讓清真寺也加入行列？從石膏監獄後新探出頭來的每位皇帝或聖人，都進一步讓這座建築，不適合做為穆斯林崇拜之所。凱末爾與惠特莫爾見過幾次面，有一次甚至在安卡拉的總統官邸。他鼓勵惠特莫爾持續精采工作，並討論將聖索菲亞轉成博物館的可能性。此舉完全違反穆斯林律法，但穆斯林律法已非土耳其律法。惠特莫爾對於這個可能性非常興奮。經過一陣討論後，土耳其內閣於一九三四年十一月二十四日宣布，聖索菲亞將不再是清真寺，而是「一座獨特的藝術紀念建築」，因此將轉為博物館。雖然所屬的叫拜塔持續呼喚信徒，但查士丁尼偉大教堂的內部大廳，將不再迴響祈禱聲。一九三五年二月一日，聖索菲亞正式向遊客開放。清真寺世俗化的這一天，凱末爾被尊為「阿塔圖克」（Atatürk，土耳其國父）；幾個月後，他也造訪了這座稀有美麗的建築。

一九三八年十一月十日，凱末爾在蘇丹的朵爾巴切宮中，因肝硬化過世。然而他啟動的政黨與運動仍舊持續。在歐洲各地，法西斯政權風起雲湧，再次走向恐怖的世界大戰。然而這一次，土耳其將置身事外。安卡拉政府一開始就宣布保持中立，並堅持到底。戰爭期間，自然有許多軍事及物資運輸經過博斯普魯斯海峽，然而土耳其並未對特定一方展現支持。監視船艦進出提供有用情報，因此大戰期間許多國家都派遣間諜前來伊斯坦堡。這段期間是國際間諜戰極盛的浪漫時期，各方人馬齊聚佩拉區的咖啡廳與豪華旅館酒吧。例如知名的帕克大飯店（Park Hotel），隔壁正是德國使館；或者佩拉皇宮，美國使館就在同一條街上。所有主要國家都在城裡派駐特工，十分樂意購買關於敵人或傳遞對敵人有害的情報。問題在於資金太多，情報太少，導致雙面間諜提供假消息的市場十分活絡。這段伊斯坦堡歷史的特殊時期，提供好幾代小說家與劇作家豐厚的寫作背景。伊恩・佛萊明（Ian Fleming）與約翰・勒卡雷（John le Carré）等作家，在西方讀者心中創造穩固意象，伊斯坦堡是個充滿陰謀詭計的頹廢異國之都。事實上，它確實也是。

戰爭所及，對君士坦丁堡的少數族裔傷害最大。為了籌募土耳其軍隊對抗潛在敵人的花費，安卡拉政府在一九四二年開徵特別稅。理論上是向土耳其全民開徵，然而穆斯林的稅率之低，甚至可忽視不計。非穆斯林的稅率之高，比直接徵收更甚。亞美尼亞人遭開徵房地產價值百分之兩百三十二的特別稅，猶太人是百分之一百五十九，希臘人則是百分之一百五十六。土耳其穆斯林則只需支付少於百分之五。由於非穆斯林幾乎都住在伊斯坦堡，此舉對於城市帶來重大影響。許多人即便出售所有財產，也無力支付稅金。超過上千名不幸的人被送往安納托利亞東部的勞改營。此一巨額稅金是跟隨前十年通過的另一條法律而來，該法禁止非穆斯林從事三十種專業，包括房地產、醫療及法律。不意外地，許多伊斯坦堡的少數族裔因此離開，特別是希臘人，因為附近就有展開雙臂迎接的國家。部分亞美尼亞人移民到紐西蘭或澳洲。伊斯坦堡的猶太人雖討厭搶錢新稅，但在中立土耳其的困境，還遠勝過許多歐洲城市裡的猶太人處境。

一九四六年，土耳其舉行第一次多黨選舉，同年廢除了這項懲罰性的特別稅。然而直到一九五〇年大選，凱末爾的共和人民黨（Republican Party）才失去政權，由阿德南・曼德列斯（Adnan Menderese）領導的民主黨（Democratic Party）所取代。曼德列斯政府主政十年，給伊斯坦堡帶來深遠影響。部分政策更是對於凱末爾致力建設安卡拉為首都的反動。謹慎採取新路線的曼德列斯投注資源，致力於鄂圖曼舊都的現代化。

要追求戰後世界的一部分現代化，表示得在冷戰中選邊站。土耳其已於一九四五年加入總部位於紐約的聯合國。在曼德列斯主政下，一九五二年也加入了北大西洋公約組織（NATO）。隨著國家加入西方聯盟，美國文化主宰了伊斯坦堡。牛仔褲、T恤、好萊塢電影、摩天大廈及多數汽車，都是新的超級強權向世界傳播的進步象徵。曼德列斯與他的都市規劃者擴張伊斯坦堡市地，將西方與北方的大片新區域納入都市範疇。曼德列斯在經濟上採取較自由開放的政策，開放土耳其邊界，接受漸增的東方移民。此舉也導致更多安納托利亞土耳其人移入伊斯坦堡，希望獲得廉價住房與好工作。都市地景上高層公寓此起彼落。原木與大理石的城市，迅速變成水泥砂石之城。

馬歇爾計畫（Marshall Plan）與杜魯門主義（Truman Doctrine）帶來大筆美援，新政府將金援大量用在伊斯坦堡的公共建設上。最大的改變莫過於引入快速道路。鄂圖曼的君士坦丁堡是擁擠的步行城市；馬匹稀少，幾乎不見貨運車輛。現在推土機鏟起古老道路，拓寬鋪成寬闊大道。拜占庭的古老梅塞大道，被蘇丹艾哈邁德與阿克賽瑞之間的現代快速道路所取代（歐都大道）。在阿克賽瑞，過往的狄奧多西廣場蓋起了大型交流道，引導車流通往不同方向。梅塞大道北線為另一條快速道路覆蓋（現在的阿德南・曼德列斯大道），一路延伸通往埃迪爾內門。在阿克賽瑞交流道，城市也被南北向快速道路切分（阿塔圖克大道）。其他快速道路沿著舊城海岸線興建，因此拆毀許多拜占庭海牆，以向海延伸陸地。這些快速道路連接拓寬後的加拉塔橋，及其他跨越金角灣的橋梁。北方與西方也增建更多快速道路。為了彌補露天市場消失，政府蓋了許多人行地下道，在頭頂隆隆車聲中提供商業空間。伊斯坦堡大幅增加的車流空間，正符合此時城市居民終於能夠負擔購車費用。一九五〇年代，經濟快速發展，城內人口倍增。伊斯坦堡的汽車數量由一九四五年的三千輛，躍升到一九六〇年的三萬五千輛，一九七〇年更達十萬輛。一九七三年，現代伊斯坦堡的兩側終於透過博斯普魯斯海峽大橋連結，這座大橋優雅地跨越兩座大陸。到了一九八〇年，連歷史核心區域都陷在汽車、計程車及多穆斯（dolmuşes，小巴士）喇叭狂鳴、煙霧瀰漫、塵埃撲面的車陣中。

舊牆內外的快速都市擴張，為伊斯坦堡生活的各方面都帶來重大改變。長久以來一直是商業與運輸核心的海洋，變成僅是背景風光。新的工業區沿金角灣林立，進一步汙染海水，並威脅此處的古老漁業。一九七〇年代，金角灣臭味驚人，途經的人都會建議屏住呼吸。這對附近商家及在新的現代加拉塔橋下開業的海鮮餐廳來說，是個壞消息，

一九五〇年代裡，伊斯坦堡的族群組成持續變化。前十年的緊張關係持續升溫，特別是在希臘與土耳其政府因賽普勒斯開戰之後。伊斯坦堡希臘人在自己的城市裡，愈發不安。最糟的事件發生在一九五五年九月六日，曼德列斯政府對伊斯坦堡的希臘人導演了一場大型暴動。在塞薩洛尼基（凱末爾出生地）土耳其使館一起炸彈案挑起暴徒怒火後，政府特工發送榔頭鐵鍬，並鼓動群眾攻擊希臘鄰居的房屋及店鋪。警察冷眼旁觀。暴動開始於塔克辛區，往佩拉（貝伊奧盧，Beyoğlu）擴散。沿獨立大道（舊佩拉大道）的希臘店家受創最深，合計有五千六百戶屋舍、教堂與店鋪遭毀。許多希臘人與部分亞美尼亞人遭到毆打，約十數人遭殺害。最終，政府在伊斯坦堡實施戒嚴。由於生計岌岌可危，加上土耳其鄰居濃濃的恨意，城裡的希臘人開始搬離家園，搬離這座二十六個世紀前由希臘先祖所建立的城市。到了一九六四年，伊斯坦堡只有不到五萬名希臘人。十年後僅剩數千人。今日，伊斯坦堡裡的年長希臘人口持續減少，幾近消亡。這座城市，

就像這個國家，已然土耳其化。

君士坦丁堡二十世紀歷史的其他時間，可以一字總結：擴張。自曼德列斯以降，不論是發動政變的軍人政府或其後的政府，都持續推動將伊斯坦堡建設為土耳其的偉大經濟引擎，小市鎮國家中的巨型大都會。二十世紀後半葉，伊斯坦堡持續產出全國百分之四十以上的經濟產值，因此造成都市範圍快速擴張與人口爆炸成長。二〇一五年，伊斯坦堡大都會地區，比起凱撒與蘇丹的舊城範疇，大了二十倍以上。一九五〇年，伊斯坦堡人口約為一百萬人左右。到了一九六〇年，成長到一百八十萬。一九八〇年的總人口數是五百萬。一九九五年時，伊斯坦堡已奪回歐洲人口最多城市的榮耀，超越倫敦的八百萬。二〇一五年，伊斯坦堡名列全球第五大城市，擁有近一千五百萬人。

驚人成長主要由兩大原因驅動：伊斯坦堡愈發融入世界經濟，以及土耳其農民的艱苦困境，特別是在東方省分。幾十年來，這些動力已經吸引教育程度不高的農民遷往大都市，追求好工作與現代生活。然而，這現象本身不足以造成都市的快速成長。都市成長主要是來自一種獨特結構：「格切孔都」（gecekondu）。

「格切孔都」意指「在一夜之間建成」，是二次大戰後在伊斯坦堡郊區違法建造的一房或兩房建築。這些並非南美常見的那種貧民窟。占地者會蓋起品質不佳的木造屋舍，且由於多數占地者來自同一個村落，因此蓋屋時會鄰近彼此，故在伊斯坦堡西部形成一大片「格切孔都」聚落。由於城裡成長中的產業提供工作機會，政府也會定時改善村落狀況，甚至在幾個案例中，讓他們就地合法，直接將「格切孔都」區域納入城市範疇。此舉導致更多占地村落產生，愈來愈多農村人口利用這種情況進入伊斯坦堡。「格切孔都」甚至也在城裡的高級區域出現，雖然往往會被拆除。「格切孔都」村落雖缺乏水電及下水道，但仍然強過農村生活。同時在伊斯坦堡工作的收入，通常是全國平均的兩到三倍。因此很快就造成一種今日仍舊持續的習慣模式：「格切孔都」區域持續擴大，政府一方面為了處理公共衛生問題，一方面認為居民是潛在的選票，最終就會為「格切孔都」帶來水電、街道與就地合法。此一模式十分普遍，甚至房地產投機客也在過程中投資，將一房的「格切孔都」建築改建成四層樓公寓。建築雖然非法，但可立即入住。今日，約有百分之六十的伊斯坦堡人口住在「格切孔都」區域中。

城市人口如何移動，又是另一個問題，汽車與巴士車流擠滿馬路，城市漫無章法地興建電車與地鐵。伊斯坦堡最大的交通瓶頸就是博斯普魯斯海峽，城市擴張更為穿梭兩岸的水路帶來巨大壓力。在海峽上增建橋梁或加開渡輪並不足以應付需求。到了二〇一三年，每天有兩百萬人次穿越博斯普魯斯海峽。二〇〇四年政府欲施行一項大眾計畫，在博斯普魯斯海峽底下興建高鐵，並連結耶尼卡皮區。但計畫很快就碰到釘子。在伊斯坦堡舊城區興建地下鐵路存在一個問題，就是不論怎麼挖，古蹟遺址都如影隨形。尤其在一九八五年聯合國教科文組織將整個舊城區指定為世界文化遺產後，工程只要碰到任何埋在地下的建築都代表著延誤。這也是都市計畫者選擇耶尼卡皮做為新地鐵節點的原因。這個伊斯坦堡的新區域，是在原拜占庭狄奧多西港上填海造陸而成，可能是個沒有古蹟的地方。然而，就在挖掘工程展開後，工程師驚訝地發現了大量古沉船。二〇〇五至二〇一三年間，耶尼卡皮挖掘計畫發現三十七艘保存完整的沉船，年代從西元五世紀到十一世紀不等。這些船隻經過研究、保存，今日多在考古學博物館中展出。在拜占庭海床之下，考古學家發現更令人驚奇的事。冰河時期的伊斯坦堡海平面較今日低，因此拜占庭港曾是一塊陸地。此地出土可追溯至西元前六〇〇〇年左右的人類聚落，是整個區域目前發現最早的人類聚落。工程延誤雖令人困擾，但這些考古發現確實值得。新隧道於二〇一四年啟用，四分鐘內乘客就可抵達博斯普魯斯海峽對岸。

持續擴張的都市聚落環境，與城內少數區域的巨大財富及優雅，形成強烈對比。塔克辛與附近區域以其歐洲風情和綠蔭公園，快速吸引豪華旅館及國際企業的摩天大廈進駐。長期以來，觀光事業為伊斯坦堡帶來收入，而在二十一世紀的前十年，伊斯坦堡希望能做得更多來吸引美國和亞洲有錢的遊客前來。伊斯坦堡關閉金角灣區的工廠來驅走臭味，並沿著海岸成立新公園來美化古老海港的景觀。蘇丹艾哈邁德公園的綠地及噴泉，讓歷史核心區域更加宜人。城市古老區域最重要的改變，是選擇性關閉聖索菲亞與蘇丹艾哈邁德區的部分街道，讓其成為徒步區。此舉有效隔絕交通噪音與臭味，帶來某種程度的寧靜，尤其在夜間時分。隔著金角灣，獨立大道也變成徒步區，時尚餐廳、嘈雜酒吧、咖啡廳及書店林立。二〇一四年，「法國區」在阿爾及利亞街（Cezayir Sokaği）開幕，蜿蜒街道充滿時尚店面，重現一個多世紀前已消逝的佩拉風華。

這些現代娛樂都由伊斯坦堡持續成長中的龐大當代藝術圈支持。伊斯坦堡文化藝術基金會（Istanbul Foundation for Culture and Arts）模仿一度以君士坦丁堡為家的威尼斯人，於一九八七年舉行第一次雙年展。後來該展由伊斯坦堡當代藝術博覽會（Contemporary Istanbul）接棒，吸引全世界藝術家來此展示作品。另一項活動，伊斯坦堡藝術節（Istanbul Art Fair）每年吸引超過四十萬訪客。今日，伊斯坦堡擁有超過兩百間商業藝廊，多數都位於加拉塔／佩拉的舊歐洲區。

快速轉向西方的伊斯坦堡舊城在土耳其政治上，卻受到移入都市郊區的農村居民及遺留在安納托利亞內陸的人口所牽制。鄉村地區視伊斯坦堡為巨大的罪惡城市蛾摩拉（Gomorrah），同時這也是正義與發展黨（Justice and Development Party）的看法。此黨於二〇一三年取得安卡拉政權。黨的領袖雷傑普・塔伊普・埃爾多安（Recep Tayyip Erdoğan）曾於一九九〇年代擔任伊斯坦堡市長，二〇〇二年正義與發展黨贏得國會選舉，取得國家權力。埃爾多安成長於伊斯坦堡的卡希姆帕夏區，是金角灣北岸貝伊奧盧的保守、勞動階級區域。他的掌權在許多方面都挑戰凱末爾模式，後者多年前便將伊斯坦堡定位為落後鄂圖曼過往的象徵。埃爾多安不只擁抱伊斯坦堡，也擁抱過去。十餘年的時間裡，他成為土耳其歷史上權力最大的總理。對伊斯坦堡，他有許多計畫。

類似同一街區中的許多人，年輕的埃爾多安先就讀宗教學校，然後加入稱為「民族視野」（Millî Görüş）的伊斯蘭主義運動。民族視野雖非穆斯林兄弟會（Muslim Brotherhood），但也倡議土耳其政府與伊斯蘭之間的關係應該更緊密。該運動對凱末爾嚴格的世俗主義感到憤怒，對西方政府也持懷疑態度。當伊斯坦堡吸引愈來愈多農村人口，擁有埃爾多安理念與政治手腕的人注定將要崛起。一九九四年，他當選伊斯坦堡市長，聽起來比實際權力來得大。在凱末爾施行改革後，幾乎所有權力都集中在安卡拉。然而埃爾多安與支持者已開始為將來的勝利鋪路，他們支持移民並興建更多「格切孔都」區域。一九九〇年代末期，埃爾多安曾因公開朗誦一首伊斯蘭詩歌而短暫入獄，此經驗似乎讓他改變政治策略。他的演講開始連結土耳其加入歐盟的強烈期望。他提出重商政策，宣稱將大幅提升國家經濟狀況，讓土耳其不再只能哀求西方，而是成為西方的平等夥伴。至於伊斯蘭文化議題，他則重新包裝成宗教自由與基本寬容的問題。

這是個成功的結合。埃爾多安新的訊息內容，獲得倍受眾人敬重的費特胡拉·居倫（Fethulla Gülen）的賞識。居倫的廣大國際支持者與學校網絡提升了埃爾多安的全國能見度。居倫運動的追隨者（Gulenist）支持與西方對話的文化伊斯蘭。他們強烈反暴力，全面重商，非常愛國。與埃爾多安及他新成立的正義與發展黨展開合作前，居倫主義者多年來已深耕伊斯坦堡警界及檢察署。埃爾多安贏得國會大選後，開始廣泛改革土耳其法律，與歐盟法律接軌，也同時增加外國投資機會。此舉造成外資大量湧入，埃爾多安更以全國各地大型公共建設及建築計畫為號召。伊斯坦堡如雨後春筍般出現的摩天大樓、購物中心、橋梁及豪華公寓，更被視為埃爾多安經濟政策的明顯象徵。二〇〇二至二〇一五年間，超過六千億美金投資在政府支持的建設計畫中，三分之一直接來自國庫。這些建築根本改變了伊斯坦堡的天際線，超前衛摩登大樓與叫拜塔交織成景。

然而這些只是埃爾多安的伊斯坦堡計畫中，比較普通的項目。在白板上還有好幾件超大型建設，他認為這將讓伊斯坦堡重回世界的十字路口。這些計畫以他的話來說，是「瘋狂的計畫」。二〇一〇年，他宣布將於伊斯坦堡北方一小時車程處，興建第三座懸索橋，溝通博斯普魯斯海峽兩岸的公路與鐵路線。二〇一五年啟用的驚人建築，是世界上最大的公路／鐵路懸索橋。然而就如同埃爾多安本人，這座橋從興建伊始就爭議不斷。懸索橋工程必須清除等同紐約曼哈頓面積的森林，這塊區域不只是重要的生物棲地，更是都市涵水區的一部分。「市長」埃爾多安曾稱第三橋工程將「謀殺」伊斯坦堡，如今「總統」埃爾多安則說這是伊斯坦堡的救贖。此外，埃爾多安還不無挑釁意味地以第一位造成西方恐懼的鄂圖曼蘇丹「冷酷者」塞利姆一世，來為這座橋命名。

若連同另外兩項「瘋狂計畫」一起思考，就能理解大橋的真正目的。在本書寫作之時，這兩項計畫仍在發展中。第一項計畫是在伊斯坦堡西北二十英里處，興建第三座國際機場。完工後的新機場將擁有占地三十平方英里的六條跑道，每年可服務一億五千萬名旅客。以面積與客流量而論，這將是世界上最大的機場，令倫敦的希斯洛（Heathrow）機場與亞特蘭大的哈茲斐爾德－傑克森（Hartsfield-Jackson）機場都相形見絀。然而，建築工程遭遇不少延誤，主要是跟另一項瘋狂計畫有關：伊斯坦堡運河。最後這項計畫在各方面的規模都是最宏大的。該計畫將在伊斯坦堡的歐洲側（西側）開鑿一條四分之一英里寬的運河，共綿延二十七英里，可連接黑海與馬摩拉海，計畫完成後伊斯坦堡絕大部分區域將變成一座島嶼。伊斯坦堡運河將提供付費者較經由博斯普魯斯海峽更迅捷的航運，沿線則會有公園、別墅、高級住宅區及商業開發。然而，該計畫的經費籌募緩慢，此外運河開挖出來的土壤預計將用在前述機場建設中，兩項計畫因此都停滯不前。

環保人士尖銳批評這些計畫大規模破壞森林。同時，伊斯坦堡是否還需要另一座機場，特別是一座如此的大型機場。至於有些人稱之為「第二博斯普魯斯」的運河，科學家已經警告運河工程將降低黑海水位，造成馬摩拉海海水缺氧，導致大量海洋生物死亡及環境破壞。

埃爾多安採取的伊斯坦堡優先路線，讓他在城裡贏得許多支持者，儘管他難以掩藏其伊斯蘭主義色彩。雖然世俗主義者經常批評他出賣凱末爾的遺產，但土耳其經濟的空前榮景卻讓人難以爭論他的政策。隨著經濟榮景，他更進一步地將伊斯蘭引入城市生活主流，儘管鮮少明目張膽地進行。伊斯坦堡好幾座拜占庭教堂遺跡被改建成清真寺；伊斯坦堡近郊預備興建新的超大型清真寺；街頭餐廳的酒類販售受到更嚴格規範；伊斯坦堡大學的女性面紗禁令遭取消；正義與發展黨黨員經常討論將聖索菲亞重新轉為清真寺。事實上在二〇一四與二〇一五年，古建築外都爆發要求將聖索菲亞轉為清真寺的抗議事件。事態仍方興未艾。

二〇一三年，埃爾多安在伊斯坦堡大都會西化區域中心的塔克辛廣場宣布，將有一座鄂圖曼軍營風格的新購物中心，蓋在這塊曾是鄂圖曼軍營所在地的位址上。這項指涉鄂圖曼過往的最新行動，似乎令當地人大為不滿。此區選民並未支持正義與發展黨，且通常反對埃爾多安。更糟的是，這表示將摧毀法國風格的蓋齊公園。抗議立即爆發，吸引不少國際注意力，更加煽動群眾怒火。接下來十九天中，數千名抗議者占領公園，暴動與遊行持續整個二〇一三年的夏季。

塔克辛抗議事件的國際餘波，導致埃爾多安與居倫運動支持者之間的決裂。居倫運動已經開始憂慮埃爾多安持續上升的獨裁力量，害怕將招致西方不滿。居倫運動冀望透過耐心服務贏得民心；但埃爾多安明顯喜歡更直接的方式。裂痕很快白熱化。埃爾多安關閉伊斯坦堡的居倫運動學校，這些學校是運動支持者的主要來源。支持居倫運動的檢察官接著瞄準埃爾多安政府高層，宣布關於工程招標及合約回扣和賄賂的大規模貪汙指控。埃爾多安的兒子也是被指控收賄的人之一。埃爾多安隨即採取報復行動，宣稱居倫運動為「國中之國」，開始肅清警界數千名居倫運動者，並以貪汙的檢察官取代。二〇一五年十月，在指控居倫運動叛國後，埃爾多安政府開始掌握與運動有關的媒體與銀行。二〇一六年三月，伊斯坦堡市警衝進土耳其第一大報《時代報》（*Zaman*）的辦公室。該媒體報導了調查貪汙的相關新聞，埃爾多安則將其定調為企圖政變。二〇一六年七月十五日，真正的政變爆發，部分軍隊掌握了伊斯坦堡與安卡拉的道路、橋梁及部分地區。埃爾多安呼籲土耳其人出面捍衛政府，他們也回應了。擁有大批伊斯蘭人口的伊斯坦堡爆發大規模反政變抗議，許多反對在政爭中使用武力的伊斯坦堡世俗主義者也加入抗爭。事後，埃爾多安將政變歸罪於居倫運動，並下令逮捕數千人。他同時也宣布七月十五日為國定假日。他說這是「新土耳其」的建國紀念日，這個新國家將同時擁抱現代民主與伊斯蘭鄂圖曼歷史。

直到本書寫作時，緊張與不確定情勢持續，但並未減緩埃爾多安或他的計畫。雖然埃爾多安在二〇一四年當選土耳其總統，但在許多方面他依舊扮演著伊斯坦堡市長的角色。

現代伊斯坦堡餘波盪漾的紛擾不安，在都城許多世紀的歷史中都可聽到無盡迴響。自從第一位墨伽拉商人駛進金角灣，意圖掌握黑海貿易開始，商業就持續是都市的核心。位於世界與世界之間，從波斯將領梅格巴蘇斯開了盲人鄰居的玩笑開始，伊斯坦堡一直都是不同文化的交會處與戰場。正因如此，今日如同過去千年，伊斯坦堡始終引人注目。它的重要性難以放棄，策略地位無法迴避，如此雄美難以抗拒，伊斯坦堡長期吸引著地中海子民，它的街道市集令人迷醉，更創造出持續改變的社群。伊斯坦堡的力量從來不僅在偉大城牆或訓練精良的軍隊，而是無計代價也要捍衛城市的居民。因此不訝異地，兩個橫跨世界的帝國雖已終結博斯普魯斯海峽上的歲月，仍要緊緊抓著都城，直到不得不放手。

現代伊斯坦堡雖不再統轄帝國，依舊傲視歐洲與中東的其他城市。然而讓它獨樹一格的，從來不是城市規模。建在橫跨兩片海與兩座大陸的水道之上，伊斯坦堡立於多樣人種、語言、宗教與思想之間。它一直是，未來也仍然是，橫亙不同面向的透膜，平衡外在相互沖抵的力量，同時也大量擷取資源，讓自己一再重生。伊斯坦堡的魅力不只是古老，或壯大，或繁華，而是精巧獨特地堅握過往，同時擁抱未來。古老年代裡，創建在世界邊界之上，今日依然在此屹立；伊斯坦堡仍舊是世界十字路口上的偉大城市。

誌謝

對於伊斯坦堡的癡迷，引領我走上專業史學家的道路，更沿途滋養這條追尋之道。這項計畫綿延超過二十年，一路上所受助益之多，令我難以一一感謝。無數教師、同僚、文獻學者及策展專家，協助這項歷史研究；家人朋友則一路支持我前進。然而，我仍想藉此機會感謝直接貢獻本書成形的人。

我永遠感激我的舊導師，已故的唐諾．奎樂（Donald E. Queller），對一名除了熱愛研究主題外，一無是處的博士學生投注心血。他對第四次十字軍東征的研究，引我進入中古時代的君士坦丁堡；在他的指導下，我愛上這個城市與威尼斯。已故的羅諾德．詹寧斯（Ronald C. Jennings）是鄂圖曼歷史專家，也是我的研究所老師，引領我開始學習探索中古城市的地形學，並讓我有機會返回伊斯坦堡持續研究。此刻於賓州大學任教的知名拜占庭建築史學家羅伯特．奧斯特豪特（Robert Ousterhaut），在早年教授生涯及伊斯坦堡生活中助我良多。讓我有機會爬上全能基督大修院教堂圓頂瞭望整座城市，深刻影響我對君士坦丁堡漫長歷史中空間的認知。同時也想感謝傑出的中古伊斯蘭史學家凱羅爾．希倫布蘭德（Carole Hillenbrand）與羅伯特．希倫布蘭德（Robert

Hillenbrand）。兩位任教愛丁堡大學與聖安德魯斯大學的學者，多年來給予我極度慷慨的協助。他們正是學術頂尖又心正良善的最佳典範。

我也感謝許多財務上的支持。本書在伊斯坦堡、威尼斯及土耳其各處進行的研究，來自約翰・西蒙・古根漢紀念基金會（John Simon Guggenheim Memorial Foundation）、美國學術團體聯合會（American Council of Learned Society）、葛萊蒂斯・克里伊博・德爾瑪斯基金會（Gladys Krieble Delmas Foundation）及聖路易大學梅倫校內研究發展基金（Mellon Faculty Development Fund）的支持厥功甚偉。我同時感謝維京出版社（Viking）的編輯梅蘭妮・托爾托洛利（Melanie Tortoroli），透過熱情與微調，讓本書文字更加生動，也讓過度沉迷主題的初稿節奏更為緊湊。一如以往感謝我的經紀人約翰・桑頓（John Thornton），他總是伴我同行。

我絕對不會忘了感謝妻子佩姬，及兩個女兒海蓮娜與梅琳達。過去二十幾年，她們曾前往許多遙遠地點，並不是因為這些地方充滿異國風情、或美景、或趣味（至少對她們來說），而是因為我的工作總是充滿這些地方檔案文獻、圖書館、田野地點或機構。然而，帶著歡快的心情，她們享受所到的每個地方。將伊斯坦堡介紹給她們時，我心中洋溢愉悅；如同世世代代受到都城吸引的人，伊斯坦堡迅速占據了她們的心。身邊有這幾位獨特女性相伴，令人很難不深深愛上歷史研究。

延伸閱讀

拜占庭／君士坦丁堡／伊斯坦堡歷史研究出版品數量浩瀚，然而多數都是相當技術性的學術作品。以下以西方文字書寫的專書，提給有興趣進一步研究伊斯坦堡歷史某些面向的讀者參考。專門主題研究，請參閱清單書籍中的注釋與參考書目。

一般歷史

Freely, John. *Istanbul: The Imperial City*. Viking, 1996.
Grosvenor, Edwin A. *Constantinople*. Roberts Brothers, 1895.
Kuban, Doğan. *Istanbul: An Urban History*. Türkiye Bankası, 2010.
Rice, David Talbot. *Constantinople: From Byzantium to Istanbul*. Stein and Day, 1965.
Yerasimos, Stéphane. *Constantinople: Istanbul's Historical Heritage*. Trans. by Sally M. Schreiber, Uta Hoffmann, Ellen Loeffler. H. F. Ullmann, 2012.

拜占庭君士坦丁堡

Angold, Michael. *The Fourth Crusade: Event and Context.* Longman, 2003.

Bassett, Sarah. *The Urban Image of Late Antique Constantinople.* Cambridge University Press, 2004.

Cameron, Alan. *Circus Factions: Blues and Greens at Rome and Byzantium.* Clarendon Press, 1976.

———. *Porphyrius the Charioteer.* Oxford University Press, 1973.

Dagron, Gilbert. *Constantinople imaginaire.* Presses Universitaires de France, 1984.

———. *L'hippodrome de Constantinople: Jeux, people et politique.* Gallimard, 2011.

———. *Naissance d'une capitale: Constantinople et ses institutions de 330 à 451.* Presses Universitaires de France, 1974.

Downey, Glanville. *Constantinople in the Age of Justinian.* University of Oklahoma Press, 1960.

Ducellier, Alain, and Michel Balard, eds. *Constantinople, 1054–1261.* Éditions Autrement, 1996.

Grig, Lucy, and Gavin Kelly, eds. *Two Romes: Rome and Constantinople in Late Antiquity.* Oxford University Press, 2012.

Haldon, John F. *Byzantium in the Seventh Century: The Transformation of a Culture.* Cambridge University Press, 1990.

Harris, Jonathan. *Constantinople: Capital of Byzantium.* Continuum, 2007.

Hatlie, Peter. *The Monks and Monasteries of Constantinople, ca. 3 50–850.* Cambridge University Press, 2007.

Jenkins, Romilly. *Byzantium: The Imperial Centuries, AD 610–1071.* Weidenfeld and Nicholson, 1966.

Laiou, Angeliki E. *Constantinople and the Latins.* Harvard University Press, 1972.

Mango, Cyril. *Le développement urbain de Constantinople (IVe–VIIe siècles).* De Boccard, 1985.

Mango, Cyril, and Gilbert Dagron, eds. *Constantinople and Its Hinterland.* Variorum, 1993.

Miller, Dean A. *Imperial Constantinople.* John Wiley and Sons, 1969.

Necipoğlu, Nevra, ed. *Byzantine Constantinople: Monuments, Topography and Everyday Life.* Brill, 2001.

Nicol, Donald M. *The Immortal Emperor: The Life and Legend of Constantine Palaiologos, Last Emperor of the Romans.* Cambridge University Press, 1992.

Ousterhout, Robert. *Master Builders of Byzantium.* 2nd ed. University of Pennsylvania Museum Publications, 2008.

Philippides, Marios, and Walter K. Hanak. *The Siege and the Fall of Constantinople in 1453.* Ashgate, 2011.

Queller, Donald E., and Thomas F. Madden. *The Fourth Crusade: The Conquest of Constantinople.* 2nd ed. University of Pennsylvania Press, 1997.

Runciman, Steven. *The Fall of Constantinople, 1453.* Cambridge University Press, 1965.

Treadgold, Warren. *A History of the Byzantine State and Society.* Stanford University Press, 1997.

鄂圖曼君士坦丁堡

And, Metin. *Istanbul in the Sixteenth Century.* Akbank, 1994.

Babinger, Franz. *Mehmed the Conqueror and His Time.* Princeton University Press, 1978.

Boyar, Ebru, and Kate Fleet. *A Social History of Ottoman Istanbul.* Cambridge University Press, 2010.

Çelik, Zeynep. The Remaking of Istanbul: Portrait of an Ottoman City in the Nineteenth Century. University of Washington Press, 1986.

Criss, Nur Bilge. *Istanbul Under Allied Occupation, 1918–1923.* Brill, 1999.

Eldem, Edhem. *French Trade in Istanbul in the Eighteenth Century.* Brill, 1999.

Eldem, Edhem, Daniel Goffman, and Bruce Alan Masters. *The Ottoman City Between East and West: Aleppo, Izmir, and Istanbul.* Cambridge University Press, 1999.

Hamadeh, Shirine. *The City's Pleasures: Istanbul in the Eighteenth Century.* University of Washington Press, 2007.

Kafescioğlu, Çiğdem. *Constantinopolis/ Istanbul: Cultural Encounter, Imperial Vision, and the Construction of the Ottoman Capital.* Pennsylvania State University Press, 2009.

Lewis, Bernard. *Istanbul and the Civilization of the Ottoman Empire.* University of Oklahoma, 1963.

Mansel, Philip. *Constantinople: City of the World's Desire, 1 453–1924.* St. Martin's Press, 1996.

Necipoğlu, Gülru. *Architecture, Ceremonial, and Power: The Topkapi Palace in the Fifteenth and Sixteenth Centuries.* MIT Press, 1991.

Rogan, Eugene. *The Fall of the Ottomans: The Great War in the Middle East.* Basic Books, 2015.

Rozen, Minna. *A History of the Jewish Community in Istanbul: The Formative Years, 1453–1566.* Brill, 2002.

Runciman, Steven. *The Great Church in Captivity.* Cambridge University Press, 1968.

Zarinebaf, Fariba. *Crime and Punishment in Istanbul, 1 700–1800.* University of California Press, 2010.

現代伊斯坦堡

Göktürk, Deniz, Levent Soysal, and İpek Türeli. *Orienting Istanbul: Cultural Capital of Europe?* Routledge, 2010.

Gül, Murat. *The Emergence of Modern Istanbul: Transformation and Modernisation of a City.* I. B. Taurus, 2009.

Keyder, Çaglar, ed. *Istanbul: Between the Global and the Local.* Rowman and Littlefield, 1999.

King, Charles. *Midnight at the Pera Palace: The Birth of Modern Istanbul.* W. W. Norton and Co., 2014.

Lewis, Bernard. *The Emergence of Modern Turkey.* 2nd ed. Oxford University Press, 1968.

Nelson, Robert S. *Hagia Sophia, 1 850–1950: Holy Wisdom, Modern Monument.* University of Chicago Press, 2004.

Neuwirth, Robert. *Shadow Cities: A Billion Squatters—A New Urban World.* Routledge, 2005.

Rutz, Henry J., and Erol M. Balkan. *Reproducing Class: Education, Neoliberalism, and the Rise of the New Middle Class in Istanbul.* Berghahn Books, 2009.

Vryonis, Speros. *The Mechanism of Catastrophe: The Turkish Pogrom of September 6–7, 1955, and the Destruction of the Greek Community of Istanbul.* Greekworks, 2005.

White, Jenny B. *Islamist Mobilization in Turkey: A Study in Vernacular Politics.* University of Washington Press, 2002.

建築與考古

Barillari, Diana, and Ezio Godoli. *Istanbul 1900: Art Nouveau Architecture and Interiors.* Rizzoli, 1996.

Casson, Stanley, et al. *Preliminary Report upon the Excavations Carried out in the Hippodrome of Constantinople in 1927.* British Academy, 1928.

———. *Second Report upon the Excavations Carried out in the Hippodrome of Constantinople in 1928.* British Academy, 1929.

Dark, Ken, and Ferudun Özgümüş. *Constantinople: Archaeology of a Byzantine Megapolis.* Oxbow Books, 2013.

Ebersolt, Jean. *Le grand palais de Constantinople.* Ernest Leroux, 1910.

Freely, John, and Ahmet S. Çakmak. *Byzantine Monuments of Istanbul.* Cambridge University Press, 2004.

Goodwin, Godfrey. *A History of Ottoman Architecture.* Johns Hopkins University Press, 1971. Guilland, Rodolphe. *Études de topographie de Constantinople byzantine.* Akademie-Verlag, 1969.

Harrison, Martin. *A Temple for Byzantium. The Discovery and Excavation of Anicia Juliana's Palace Church in Istanbul.* University of Texas Press, 1989.

Janin, Raymond. *Constantinople byzantine: Développement urbain et répertoire topographique.* 2nd ed. Institut Français d'Études Byzantines, 1964.

Mainstone, Rowland J. *Hagia Sophia: Architecture, Structure, and Liturgy of Justinian's Great Church.* Thames and Hudson, 1988.

Mango, Cyril. *The Brazen House: A Study of the Vestibule of the Imperial Palace of Constantinople.* Munksgaard, 1959.

Marinis, Vasileios. *Architecture and Ritual in the Churches of Constantinople, Ninth to Fifteenth Centuries.* Cambridge University Press, 2014.

Mark, Robert, and Ahmet S. Çakmak, eds. *The Hagia Sophia: From the Age of Justinian to the Present.* Cambridge University Press, 1992.

Matthews, Henry. *Mosques of Istanbul.* Scala, 2010.

Matthews, Thomas F. *The Early Churches of Constantinople.* Pennsylvania State University Press, 1971–1977.

Müller-Wiener, Wolfgang. Bildlexikon zur Topographie Istanbuls. Ernst Wasmuth, 1977.

Ousterhout, Robert G. *The Architecture of the Kariye Camii in Istanbul.* Dumbarton Oaks, 1987.

Striker, Cecil L. *The Myrelaion (Bodrum Camii) in Istanbul.* Princeton University Press, 1981.

Tsangadas, Byron C. P. *The Fortifications and Defense of Constantinople*. Columbia University Press, 1980.

Van Millingen, Alexander. *Byzantine Constantinople: The Walls of the City and Adjoining Historical Sites*. John Murray, 1899.

———. *Byzantine Churches in Constantinople: Their History and Architecture*. Macmillan and Co., 1912.

Yeomans, Richard. *The Art and Architecture of Ottoman Istanbul*. Garnet, 2012.

【Historia歷史學堂】MU0010X

榮耀之城．伊斯坦堡：位處世界十字路口的偉大城市

Istanbul: City of Majesty at the Crossroads of the World

作　　者❖湯瑪士．麥登（Thomas F. Madden）
譯　　者❖林玉菁
封面設計❖陳文德
排　　版❖張彩梅
校　　對❖魏秋綢
總 編 輯❖郭寶秀
責任編輯❖郭棤嘉
行銷業務❖力宏勳

事業群總經理❖謝至平
發 行 人❖何飛鵬
出　　版❖馬可孛羅文化
台北市南港區昆陽街16號4樓
電話：02-25000888
發　　行❖英屬蓋曼群島商家庭傳媒股份有限公司城邦分公司
台北市南港區昆陽街16號8樓
客服服務專線：(886) 2-25007718；25007719
24小時傳真專線：(886) 2-25001990；25001991
服務時間：週一至週五9:00～12:00；13:00～17:00
劃撥帳號：19863813　戶名：書虫股份有限公司
讀者服務信箱：service@readingclub.com.tw
香港發行所❖城邦（香港）出版集團有限公司
香港九龍九龍城土瓜灣道86號順聯工業大廈6樓A室
電話：(852) 25086231　傳真：(852) 25789337
E-mail：hkcite@biznetvigator.com
馬新發行所❖城邦（馬新）出版集團 Cite (M) Sdn. Bhd.(458372U)
41, Jalan Radin Anum, Bandar Baru Seri Petaling,
57000 Kuala Lumpur, Malaysia
電話：(603) 90578822　傳真：(603) 90576622
E-mail：services@cite.com.my
輸出印刷❖中原造像股份有限公司

初版一刷❖2018年4月
二版一刷❖2025年1月
紙本書定價❖550元
電子書定價❖385元

ISBN：978-626-7520-45-1
EISBN：9786267520437

城邦讀書花園
www.cite.com.tw

國家圖書館出版品預行編目資料

榮耀之城伊斯坦堡：位處世界十字路口的偉大城市/湯瑪士.麥登(Thomas F. Madden)作；林玉菁翻譯. -- 二版. -- 臺北市：馬可孛羅文化出版：英屬蓋曼群島商家庭傳媒股份有限公司城邦分公司發行, 2025.01
面；　公分
譯自：Istanbul: city of majesty at the crossroads of the world
ISBN 978-626-7520-45-1(平裝)
1.CST: 歷史 2.CST: 土耳其伊斯坦堡
735.1711　　113017684